Dietrich Engelhard

Man muß sich nur zu helfen wissen

Die 2.500 besten Profitips und Tricks
für erfolgreiches Do-it-yourself.
Rund 1.200 Abbildungen in Farbe.

SONDERAUSGABE

 Alle Anleitungen wurden sorgfältig
erprobt – eine Haftung kann dennoch nicht
übernommen werden.
Texte, Arbeitsfotos, Graphiken: Dietrich Engelhard
Redaktion und Herstellung: Claudia Schäfer
Titelbilder: Ropönus Communications/Hebel AG, München
Umschlaggestaltung: Inga Koch
ISBN 3-8174-2697-6
2626972

Vorwort

Gehören Sie auch zu den Menschen, die selbst zu Hammer und Bohrmaschine greifen, um die eigenen vier Wände zu verschönern oder um kleine und große Schäden im und am Haus zu beheben? Dann ist **Man muß sich nur zu helfen wissen** genau der richtige Ratgeber für Sie.

Man muß sich nur zu helfen wissen bietet die besten Lösungen für die „kniffligsten" Fälle und die wichtigsten Grundtechniken. Auf 240 Seiten werden Schritt-für-Schritt komplexe Reparaturarbeiten vorgeführt und mit Hilfe von zahlreichen farbigen Abbildungen anschaulich gemacht. So können auch Sie schwierige Arbeiten mit Erfolg erledigen.

Man muß sich nur zu helfen wissen vermittelt Ihnen nicht nur das richtige Know-how, sondern gibt Ihnen auch Hinweise für geeignete Materialien und das beste Werkzeug. Zahlreiche Öko-, Profi-, Sicherheits- und Extratips garantieren, daß Sie Ihre Arbeiten sicher und umweltbewußt durchführen können.

Inhalt

Inhalt

Fußböden

Die Fußböden gehören zu den strapaziertesten Teilen des Hauses. Aber viele Schäden und Abnutzungserscheinungen lassen sich selbst ausbessern – egal ob Holz, Kunststoff oder Teppich. Auch bei Neuverlegungen können Sie leicht selbst Hand anlegen.

Bodenfliesen verkleben

Auch bei Fußbodenplatten ist vollflächiges Verkleben die sicherste Befestigung. Der Untergrund und die Plattenart bestimmen die Wahl des Klebers und dieser wiederum das Klebeverfahren.

Wenn der Untergrund **Feuchtigkeit** aufnehmen oder die Feuchtigkeit durch den **Belag** verdunsten kann, lassen sich wassergelöste

Erst Platten als Fixpunkte nur mit Gewichten beschweren.

Kleber verwenden. Für leichte Beläge genügt flüssiger **Kleber,** den man mit der Farbrolle auftragen kann, oder Einseitkleber mit nur noch geringem **Wasseranteil** als Lösemittel.

Kleber mit Zahnspachtel zu gleichdicker Schicht verteilen.

Sehr hohe Forderungen an die **Kleberfuge,** wie etwa Wasserfestigkeit in Bereichen mit **Waschgeräten,** kann Epoxidharz-Bodenbelagskleber erfüllen. Da er allein durch chemische **Reaktion** aushärtet, eignet er

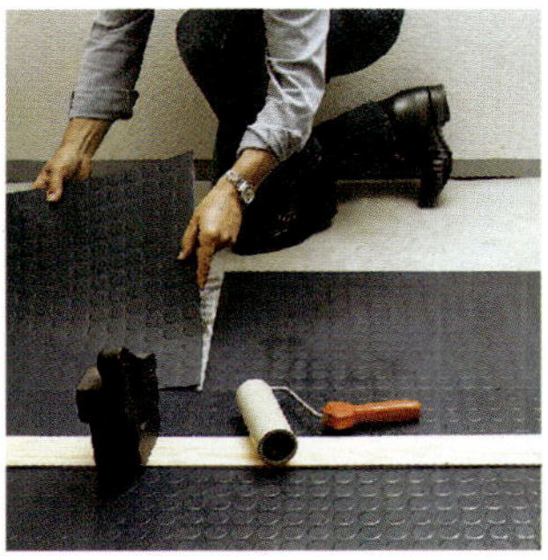

Die Platten in die Kleberschicht legen.

sich auch dann, wenn weder der Belag noch Untergrund **Feuchtigkeit** aufnehmen können, zum Beispiel bei **Kautschukplatten** auf kunststoffbeschichteten Böden. In dieser Situation lassen sich Kunststoffplatten jedoch auch mit **Kontaktklebern** verlegen, die

Für Kontaktkleber die Bodenflächen genau eingrenzen.

auf beide Klebeflächen (Untergrund und Plattenrückseite) aufzutragen sind.

Einseitiger Kleberauftrag

Zunächst die Angaben in der Verarbeitungsanleitung, was den Zahnspachtel (Zahnform und -abstand) betrifft, sowie **Wartezeiten** zum Ablüften berücksichtigen. Flüssige Kleber lassen sich auf größeren **Flächen**

Kleber mit Stoßspachtel entnehmen, mit Zahnspachtel verteilen.

auftragen. Man kann sie in schmaler **Spur** einfach auf den Unterboden gießen. Mit eng aneinanderliegenden **Zickzackbewegungen** verteilen. Sie erzielen dadurch eine gleichmäßige **Kleberschicht,** wobei man auch zwei- oder dreimal kurz hintereinander über die gleiche

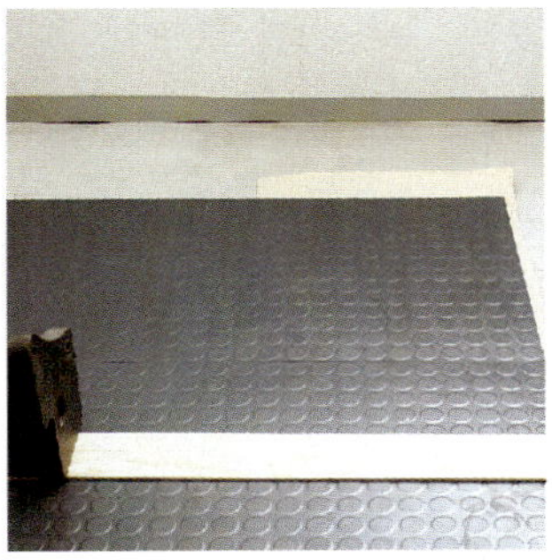

Zwei schmale Randstreifen soll die Zwischenlage frei lassen.

Stelle ziehen kann, wenn dort die Kleberschicht zu dünn erscheint. Die Platten oder Teppichfliesen in diese **Schicht** legen und wenigstens mit einer Andrückrolle, besser mit einer schweren **Bodenbelagswalze** intensiv festwalzen. Warten Sie, bis die ersten Platten fest liegen, bevor Sie weitere **Platten** anlegen. Zuvor jedoch Kleber von freien **Bodenflächen** abnehmen, damit er dort nicht antrocknen kann.

Beidseitiger Kleberauftrag

Kontaktkleber fixiert die erste **Platte** sofort fest an ihrem Platz, wenn er auf **Bodenfläche** und Plattenrückseite aufgetragen wurde und das Lösungsmittel nahezu

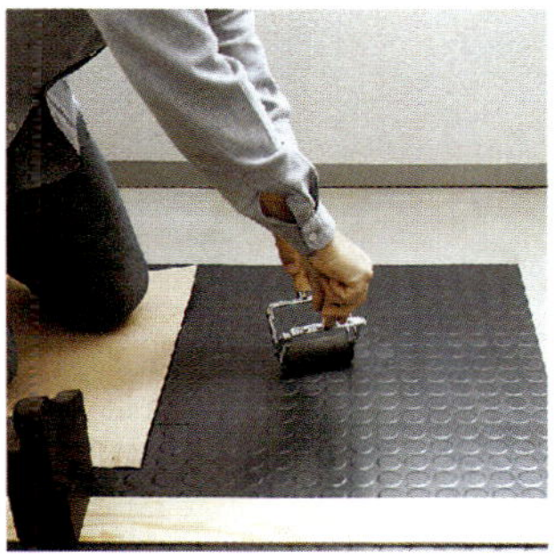

Mit beidhändiger Andrückrolle läßt sich mehr Druck ausüben.

verdunstet ist. Ein Stück **Packpapier,** als trennende Zwischenlage auf der grifftrockenen **Kleberschicht,** erleichtert das Ausrichten der ersten Platte. Denn nach dem ersten **Kontakt** der Kleberflächen miteinander ist keine **Korrektur** mehr möglich. Sind die Plattenränder fixiert, das Papier wegziehen und die Fliese mit der **Andrückrolle** fest anwalzen. Bei diesem Verfahren jeweils nur Platte für Platte verkleben.

ARBEITSMATERIAL

- Bodenbelagskleber
- Gewichte
- Zahnspachtel
- Farbroller
- Andrückrolle
- Bodenbelagswalze
- Stoßspachtel

Bodenfliesen anordnen

Plattenbeläge lassen sich aufgrund ihrer handlichen Formate leichter verlegen als Bahnenbeläge. Dabei kann man die Fugen als dekoratives Element einsetzen.

In jedem Fall ist deren Anordnung von **Bedeutung.** Ein Raum stimmt höchst selten weder in seinen **Abmessungen** noch in seiner Geometrie mit dem **Format** der Platten überein. Deshalb werden alle rechtwinkligen Formate grundsätzlich symmetrisch von der **Raummitte** aus verlegt.

Wiederum aus optischen und praktischen Gründen will man vermeiden, daß die anzupassenden Platten an den **Rändern** zu schmal werden. So läßt sich entwe-

Abstand zur Wand in voller Plattenbreite festlegen.

der »A« eine **Fuge** oder »B« die Mitte einer Platte auf der Raummitte plazieren. Damit

Dicht aneinandergestoßen die erste Reihe auslegen.

ist es möglich, die **Randplatten** nicht kleiner als eine halbe Platte werden zu lassen.

Zuletzt weitere Platten spiralförmig im Uhrzeigersinn anlegen.

Keine Regel ohne Ausnahme

Abweichend davon ist es jedoch üblich, den Abstand von der Hauptwand zur Mitte etwas zu verschieben, um in diesem Bodenbereich

Die Reihe parallel verschieben, bis eine Fuge in der Raummitte liegt.

volle Platten zu behalten, sofern die Randplatten auf der Gegenseite nicht besonders auffallen z.B. an der Fensterwand, weil sie dort wahrscheinlich von der Fensterdekoration kaschiert werden. Auf diesem Prinzip basiert auch die **Bildfolge.** Zuerst ist die **Raummitte** als Beginn für das Verkleben der Platten zu ermitteln. Das geht zwar auch mit Bandmaß und Bleistift. **Sicherer** ist es aber, als Maßstab die verwendeten Platten zu nutzen. An der Wand mit dem **Haupteingang** beginnen und eine Reihe der Platten parallel im Abstand einer vollen **Plattenbreite** auslegen. Je nach Größe der gewünschten **Randstreifen** die Reihe parallel verschieben, um die Raummitte zu finden.

Als Alternative die Mitte einer Platte auf der Raummitte positionieren.

Position bestimmen

Die **Mittelachse** läßt sich jedoch auch schon vorher

Weitere Platten an der Basisreihe anlegen.

aufzeichnen, um die erste **Plattenreihe** gleich danach auszurichten. Diese wird jedenfalls in der richtigen **Position** mit Gewichten beschwert, damit sie sich nicht verändert, und um weitere Platten im rechten **Winkel** zur Basisreihe bis zur Position der Platte »1« anzulegen. **Teppichfliesen,** die sich frei verlegen lassen, nur mit **Gewichten** fixieren.
Für die erste Platte zum Verkleben den **Kleber** rand-

Die Anlegekanten für die erste, fest zu fixierende Platte nutzen.

scharf begrenzt auftragen und die Platte ebenfalls beschweren.

Die weiteren **Platten** so anlegen, daß immer zwei **Anlegekanten** im rechten Winkel zur Verfügung stehen. Die **Randplatten** werden erst zugeschnitten, eingepaßt und verklebt, wenn die **Bodenfläche** voll mit Platten belegt ist.

ARBEITSMATERIAL

- Maßstab
- Bleistift
- Gewichte
- Brett als Unterlage

Kunststoffbelag neu verkleben

Nach einem Wasserschaden klaffen die Plattenfugen oft auseinander. Bei sorgfältiger Nachbesserung, wenn alle Feuchtigkeit aus dem Unterboden und den Wänden abgetrocknet ist, hält sich der Schaden in Grenzen.

Wasser hat die Platten nur teilweise vom Untergrund gelöst.

Nur ist der Kleber häufig nicht ausreichend wasserfest. Wenn sich ein erneuter Schaden nicht ausschließen läßt, sollte vorsichtshalber der gesamte **Bodenbelag** mit wasserfestem Kleber neu verlegt werden.

Wasserfest verkleben

Ist das Risiko eher gering, genügt es vielleicht auch, die **Platten** nur dort, wo sie sich gelöst haben, neu zu verkleben und alle **Fugen** wasserfest abzudichten. Auch dafür sollte man die Platten, soweit notwendig, lösen und zur Seite biegen, um darunter die zerstörte Kleberschicht abzustoßen und alle losen **Reste** abzusaugen. Für die Neuverklebung ist eine Epoxidharz-Spachtelmasse besonders geeignet. Sie härtet durch chemische **Reaktion** aus.

Die alte Kleberschicht unter gelösten Platten entfernen.

PROFITIP
Gewichte zum Beschweren sollte man sich bei passender Gelegenheit und nicht erst bei Bedarf besorgen. Zum Beispiel: Kunststoffkanister (Sand-/Wasserfüllung), Ausgleichgewichte (alte Waschautomaten), großformatiges Granitpflaster, Bleiplatten (Schrotthandel). Das genaue Gewicht läßt sich auf der Personenwaage ermitteln.

Dauerhafte Verklebung mit Epoxidharzspachtel oder -kleber.

Epoxidharz aus der Spritze dichtet die Fugen ab.

Vor allem kann man damit geringe **Fehlstellen** im Untergrund füllen. Epoxidharz-Spachtel wird mit einem **Zahnspachtel** in gleichmäßig dünner Schicht auf dem **Untergrund** verteilt. Die Platten sollten mit **Gewichten** auf einem Brett belastet werden, bis der Kleber fest geworden ist. Kautschukplatten werden in der Regel dicht aneinander stoßend verlegt. Durch einen Wasserschaden können die **Fugen** zwar etwas klaffen, es ist jedoch nicht sinnvoll, diese Fugen mit einem Schmelzkleberdraht zu füllen. Dafür läßt sich reines **Epoxidharz** verwenden. Beide **Komponenten** zusammengemischt sind etwa so fließfähig wie dünnflüssiger Honig. Sie lassen sich gut aus einer **Einwegspritze** ohne Nadel verarbeiten. Die **Verarbeitungsanleitung** genau einhalten.

Schwere Gewichte drücken die Platten eben auf den Boden.

ARBEITSMATERIAL
- Epoxidharzspachtel
- Epoxidharz
- Stoßspachtel
- Zahnspachtel
- Einweg-Injektionsspritze
- Heißluftgebläse

Fertigelemente verlegen

Holzfußböden sind heute Produkte, die sich ähnlich einfach wie textile Auslegeware verlegen lassen. Neben ihrem besonderen dekorativen Reiz haben sie zusätzliche Vorteile beim Neu- und Umbau.

Fertigdielen werden auf einer dünnen Dämmschicht aus Mineralfaserdämmplatten für Trockenestrich und Weichfaserdämmplatten verlegt. Hochwertige Elemente sind mit einer derart perfekten Präzision gefertigt, daß die Fugen an Längs- und Stirnkanten dicht schließen.

In der Regel entsteht aus den **Fertigdielen** eine zusammenhängende Fläche. Die kann durch das **Verleimen** in der ringsum angeformten Nut- und Federprofilierung ohne feste Verbindung auf der **Unterlage** »schwimmen«. So wird auch das Dehnen und Schwinden der **Holzfläche,** abhängig von der jeweiligen und ständig schwankenden **Luftfeuchtigkeit,** umschrieben.

Diagonalverlegung

Um einen **Abstand** von 10 mm zur Wand auch trotz kräftiger **Hammerschläge** beim Zusammentreiben der einzelnen **Elemente** zu garantieren, sollte man geeignete **Distanzhölzer** einsetzen, zum Beispiel keilförmi-

Leim nur mit wenig Druck aus der Düse fließen lassen.

ge Leisten (150 x 50 x 7/3 mm) mit sehr geringer **Steigung** quer zur Längsrichtung. Bei diagonaler **Anordnung** wenigstens an den ersten Elementfugen. Bei den folgenden **Elementen** läßt sich der Abstand, vor allem auch an unebenen **Wänden,** beim Zuschnitt berücksichtigen. Verwendet man senkrecht eingesteckte **Keile** als Abstandhalter, können diese so sehr zwischen **Wand und Holzboden** eingeklemmt werden, daß man sie kaum noch herausbekommt.

Die Empfehlung, das erste Element mit der Nut zur Wand zu legen ist nur zwingend, wenn man die Elemente durch die **Feder** auf Kanthölzer schrauben will. Hochwertige **Dielenelemente** sollte man beim Verlegen so schonend wie ein fertiges **Möbelteil** behandeln, damit die Kanten unbeschädigt bleiben. **Leim** in der Nut auf der unteren Wange hält gut und kann nicht aus der **Fuge** quellen, um die Oberfläche zu verschmutzen. Welche Art der

Keilleisten lassen sich einfach herausheben.

Anordnung Sie auch wählen, die **Stirnkanten** sind profiliert. So läßt sich mit dem abfallenden Stück die nächste Reihe beginnen. Für den Zuschnitt genügt deshalb der **Fuchsschwanz** oder die Elektrostichsäge. Denn die Schnittkante verschwindet unter der **Sockelleiste.**

Parallelverlegung

Polyethylenschaum-Dämmbahnen als **Unterlage** sollte man an Wänden und an stumpf gestoßenen Nähten auf dem **Untergrund** fixieren. Dieser darf keine Unebenheiten haben, die sich durch die nur 5 mm dünne **Schicht** drücken könnten. An krummen **Wänden** zunächst zwei volle Elemente in der gesamten **Länge** mit-

Standardunterlage Rippenpappe und PE-Schaum als Dämmbahn.

einander verleimen und die Platte nach einer straff gespannten **Schnur** gerade ausrichten. Der größte Abstand zur Wand darf eine **Elementbreite** plus 10 mm Zwischenraum nicht überschreiten. Mit genau eingepaßten **Leisten** abstützen. Erst wenn die Bodenfläche belegt ist, die **Randelemente** einpassen. Auf diese wird, genau deckungsgleich ausgerichtet und mit **Gewichten** beschwert, die Wandkontur Stück für Stück übertragen. Zum Absägen das **Holz auf einer Unterlage** festspannen. Oberfläche mit Abdeckband bekleben, damit die **Grundplatte** der Maschine keine Spuren auf der fertig versiegelten **Oberfläche** hinterläßt.

Lamellenparkett

Für die **Anordnung** von Parkettafeln gelten die gleichen Regeln wie auch für andere Bodenplatten (Seite 8). Mit einer Abweichung: Die **Randplatten** sollten kleiner

Dämmbahnen mit doppelseitigem Verlegeband fixieren.

als eine halbe Tafel werden. Anders als die großen **Fertigelemente** müssen die nur 8 mm dünnen Tafeln mit der ganzen **Fläche** verklebt werden. Als Anlage für die **Basisreihe** ein Aluwinkelprofil oder eine gerade **Richtlatte** mit einigen Stücken doppelseitigem Verlegeband auf dem **Boden** fixieren. Als

Distanzleisten mit Beilagen stützen die Platte an der Wand.

Parkettkleber läßt sich ein lösungsmittelfreies **Produkt** angenehmer verarbeiten. Mit dem **Stoßspachtel** aus dem Eimer nehmen und mit dem **Zahnspachtel** randscharf Tafel für Tafel verteilen. Die Tafeln werden mit Hammerschlägen und einem **Schlagklotz** als Unterlage gleichmäßig in den Kleber eingebettet. Wenn Sie den Klotz auf der Unterseite mit **Gummi** belegen und eine Kante als **Schlagfläche** abschrägen, lassen sich damit auch die **Fugen** dicht zusammentreiben.

Die Wandkontur auf das Element übertragen.

Um Schallbrücken zu vermeiden die **Ausgleichsplatten** zur Wand mit wenigstens 6 mm **Abstand** deckungsgleich auf die letzte volle **Tafel** legen und die Schnittlinie markieren. Vor

Die Ausgleichsplatten mit der Elektrostichsäge abschneiden.

Mit der Montagehilfe Randstreifen einfügen.

Basisreihe an absolut gerader Anlage verkleben.

dem Zuschnitt die **Lamellen** mit Klebefilm zusammenhalten. Für Rohrdurchführungen die **Mittelachsen** der Rohre aus zwei Richtungen auf der Tafel anzeichnen oder mit einer **Kammlehre** übertragen.

Wenn es perfekt sein soll, die Tafel an der Mittelachse der **Rohre** mit der Kreissäge auftrennen und einen 3 mm schmalen (Sägeschnittbreite) **Lamellenstreifen** einseitig dazwischen leimen.

Schnittlinie nur an der Nutkante markieren.

Mit dem Stecheisen über einem Rundstab die Randplatten anfügen.

Die Mittelachse der Rohre auf den Tafeln anzeichnen.

Die Durchführungen (Rohrdurchmesser plus 12 mm) werden in die zusammengespannte **Tafel** gebohrt.
Erst wenn die Basisreihe festklebt, weitere Tafeln ansetzen.

EXTRATIP: Für die übliche feuchte Reinigung, besonders jedoch für die pflegende Intensivreinigung der Oberflächenbeschichtung mit Spezialwachs, ist ein Wischer mit Tuch aus Microfasergewebe besonders geeignet.

ARBEITSMATERIAL

- Fertigelemente
- Lamellenparkett
- Holzleim
- Parkettkleber
- Aluwinkelprofil/Richtlatte
- Elektrostichsäge
- Montagehilfe
- Richtschnur
- Hammer
- Schlagklotz
- Stoß-/Zahnspachtel

Dielen befestigen

Alte Dielenfußböden neigen zu Geräuschen. Die verdeckt in den Fugen eingeschlagenen Nägel haben sich gelockert, und das Holz ist geschrumpft. Die Bretter können sich in der Nut- und Federverbindung aneinander reiben.

Diese **Geräuschkulisse** beruhigt sich, wenn es gelingt, die **Bewegungen** und damit die **Reibung** in den Verbindungen zu verhindern. Die erfolgreichste **Methode** ist,

Die Tiefe der Bohrungen wird begrenzt und für den Schraubenkopf aufgerieben.

die Dielen von oben sichtbar auf allen **Lagerhölzern** zu verschrauben, sofern man die unter dem Dielenboden lokalisieren kann. Dazu dürfen die sichtbaren Schrau-

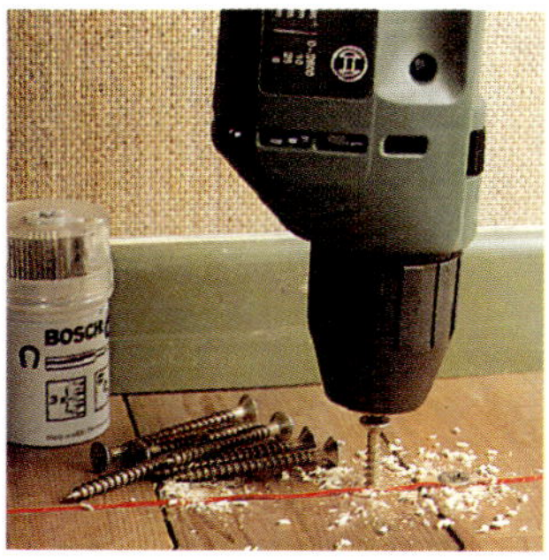

Der rote Klebefilm bestimmt die Linie der Schraubenreihe.

benköpfe in der **Bodenfläche** nicht stören. Entweder man läßt sie bewußt sichtbar und dreht die **Schrauben** (mindestens 5,0 x 70) sehr korrekt in gleichmäßigen Abständen sowie in einer perfekten Reihe ausgerichtet ein, oder sie verschwinden einfach unter der **Auslegeware.**

Schraubenlöcher vorbohren

Wenn Sie **Spanplattenschrauben** verwenden, deren Gewinde bis unter den Kopf reicht, muß das Schraubloch mindestens im **Gewindedurchmesser** in den Dielen vorgebohrt werden. Nur dann ist sicher,

Das Gewinde soll sich voll ins Holz einschneiden.

daß die Schraube das Brett fest auf das **Lagerholz** zieht. Sonst hängt die Diele mit etwas **Abstand** zum Lager auf dem Gewinde. Im Lauf der Zeit können an dieser Stelle wieder **Geräusche** auftreten, weil sich das Brett wieder bewegen kann.

Außerdem sollten Sie die **Schraublöcher** für Schrauben über 4 mm Durchmesser für den **Senkkopf** aufreiben, damit der entweder genau eben mit der Oberfläche oder auch etwas vertieft liegt. Sonst wird sich der Kopf in kurzer Zeit auf dem **Belag** abzeichnen. Wo

Deshalb nur für den Kopf eine Vertiefung aufreiben.

sich keine **Schrauben** in die Lagerhölzer drehen lassen, kann man wenigstens versuchen, den **Spielraum** in der Nut- und Federverbindung zu fixieren. Dazu lassen sich kurze, mehr als 6 mm dicke Schrauben in kurzen **Abständen** in die Fugen eindrehen. Nicht vorbohren, aber die Stelle für den Schraubenkopf etwas aufreiben. Das Schraubengewinde kann zumindest verhindern, daß sich die **Bretter** gegeneinander bewegen und dabei knarren.

Wachs in die Fugen fließen lassen

Völlig unsichtbar bleibt **Kerzenwachs** in den Fugen, das quasi als Schmiermittel das **Knarren** verhindern kann.

Gesammelte Kerzenreste werden wiederverwendet und dann, in kleinen **Mengen** geschmolzen, in die Fugen gefüllt. Ein Stück dünnes Kupfer- oder **Messingblech** wird dazu V-förmig gebogen, um das Wachs in die **Fugen** zu lei-

Erwärmtes Kerzenwachs tropft in die Fugen.

ten. Mit einem Gaslöter, der auf **Heißluftstrom** eingestellt ist, gelingt das ohne **Wachsspritzer.**

Von Heißluft unterstützt,fließt das Wachs möglichst tief hinein.

Der starke Luftstrom aus dem Heißluftgebläse oder gar eine offene **Flamme** sind weniger geeignet.

Anschließend wird das in den Fugen erstarrte Kerzenwachs mit dem **Heißluftgebläse** wieder soweit verflüssigt, daß es in die **Zwischenräume** der Nut- und Federverbindung fließen kann. Damit lassen sich zwar nicht die **Bewegungen,** aber wenigstens die „Begleitmusik“ weitgehend unterbinden.

ARBEITSMATERIAL

- Bohrschrauber
- Schrauben
- Gaslöter
- Heißluftgebläse
- Schmelzblech

Lineal fixieren

Glatte Flächen geben einem Lineal meistens wenig Halt. Wenn es jedoch nicht fest liegen bleibt, kann das recht unangenehme Folgen haben. Gut gebremst funktionieren auch andere Hilfen besser.

Das ist recht einfach zu erreichen. Alles, was auf glatten **Flächen** wegrutschen könnte, aber nicht darf, läßt sich mit einer **Gummischicht** dagegen sichern. Solche **Bremsbeläge** kann man gut aus einem alten, notfalls auch neuem **Fahrradschlauch** herstellen. So

Mit rollender Messerklinge läßt sich Gummi besser schneiden.

zum Beispiel für das **Lineal,** das als Schneidschiene benutzt wird.

Talkumpuder auf dem Schlauchstück ist abzuwaschen.

Gummi mit geeignetem Werkzeug trennen

Gummi selbst läßt sich allerdings mit einer feststehenden Messerklinge aufgrund der eigenen **Bremswirkung** schlecht schneiden. Mit einer rollenden Messerklinge, mit der sich übrigens auch viele andere Stoffe besser trennen lassen, ist das kein Problem. Auch mit einer Schere läßt sich dünner Gummi leicht schneiden. Die Gummiflächen können ihre Bremswirkung jedoch nur dann entfalten, wenn sie fest auf-

Je Meter Lineallänge drei 10 cm lange Gummiflächen vorsehen.

geklebt werden. Dazu muß auf jeden Fall der Talkumpuder von der Gummioberfläche mit Wasser und Seife

Kontaktkleber auf Schlauchabschnitt und Lineal auftragen.

abgewaschen werden, denn er wirkt wie Antihaftmittel. Kontaktkleber eignet sich besonders gut, um Gummi

Von einer Kante aus den Gummi auf das Metall rollen.

mit jedem anderen klebfähigen Material zu verbinden. Die Umrisse der Klebeflächen sollte man aufzeichnen. Der Kleber läßt sich dann auf kleine Flächen gut,

EXTRATIP: Unter einem Bremskeil für Türen sorgt der Gummi auf glatten Böden dafür, daß Keil und damit auch die Tür an Ort und Stelle bleiben. Und er kann so auch zu weites, lautloses Öffnen der Tür verhindern.

präzise, dünn und direkt aus der Tubendüse auftragen. Er wird auf beide Kontaktflächen aufgetragen und haftet sofort, wenn die, entsprechend der Verarbeitungsanleitung, etwas angetrockneten Schichten zusammengefügt werden.

Kontaktkleberflächen problemlos zusammenfügen

Man hat jedoch genügend Gelegenheit, die Gummifläche genau auszurichten, wenn man die Kleberschicht zunächst mit einem Stück **Siliconpapier** (Schutzpapier von Klebefolien oder Trägerpapier von Selbstklebeetiketten) abdeckt und nur einen schmalen **Streifen** frei läßt. Dann kann man die Gummifläche genau ausrichten, auf dem freien Streifen andrücken und anschließend das **Abdeckpapier** entfernen, um den Rest anzudrücken. Eine besonders feste **Verbindung** ergibt sich, wenn die verklebten Teile kurzem, kräftigem **Druck** ausgesetzt werden.

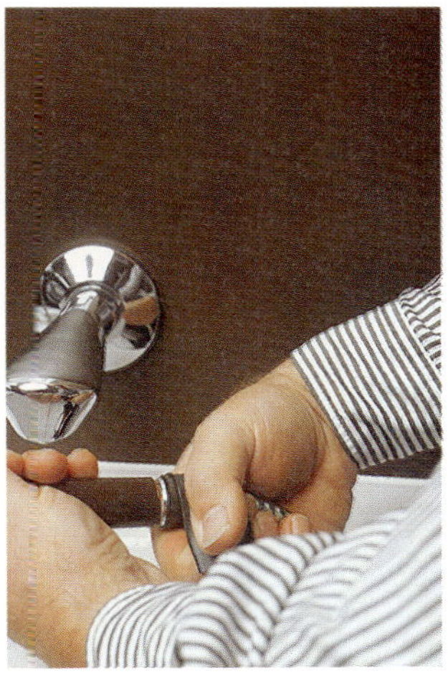

EXTRATIP: Auch beim Greifen zum Lösen glatter Armaturenteile ist ein Schlauchrest zwischen Hand und Verschraubung hilfreich. Die Kraft läßt sich so voll auf das Gewinde übertragen.

ARBEITSMATERIAL

- Fahrradschlauch
- Kontaktkleber
- Rundklingenmesser
- Schere
- Schraubzwinge

Belagsfugen abdichten

Es kann vorkommen, daß sich im Lauf der Zeit die Fugen zwischen Bahnenbelägen, zum Beispiel Linoleum oder Kunststoffplatten, öffnen.

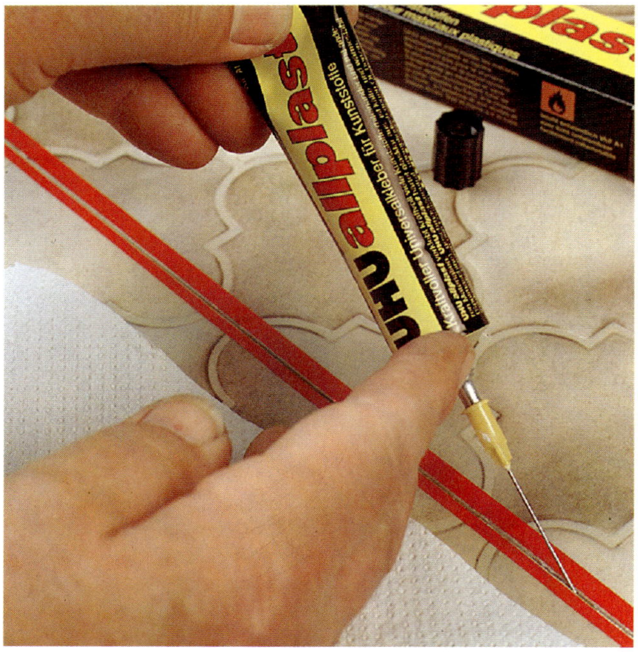

Klebstoff vorsichtig in die Fuge fließen lassen.

Wenn durch offene Fugen **Feuchtigkeit** in den Untergrund eindringen kann, muß man, abgesehen vom Schmutz, der sich in diesen **Fugen** und in Folge auch unter dem Belag sammelt, weitere Schäden befürchten. Es ist also ratsam, den **Spalt** so schnell wie möglich zu schließen. Eine naheliegende **Methode** ist es, die Fuge mit einem Kleber zu füllen. Feuchtigkeit zunächst mit warmer Luft aus dem **Heißluftgebläse** mit schmaler Düse oder mit dem Haarfön abtrocknen und eventuell Schmutz lockern und absaugen.

Injektionsnadeln als Werkzeug

Da Injektionsnadeln auch auf die **Düse** gebräuchlicher **Klebstofftuben** passen, sind sie eine sehr geeignete Hilfe, um den **Kleber** akkurat in der Fuge zu plazieren. Man kann sich Einwegspritzen mühelos in jeder Apotheke besorgen, sollte allerdings darauf achten, daß die Nadelstärke nicht weniger als 0,9 mm beträgt. Trotzdem passiert es leicht, daß auch der **Fugenrand** etwas Kleber abbekommt. Deshalb sollte man die Fugenränder mit **Klebefilm** schützen. Tube mit Nadel dabei beidhändig führen und die **Nadelspitze** öfter auf einem Papiertuch säubern. Zum Füllen der **Fuge** werden meist zwei bis drei Schichten erforderlich, weil das Lösungsmittel im Kleber verdunstet und damit die **Kleberschicht** einsinkt. Mit den einzelnen Schichten jeweils so lange warten, bis der Kleber nach etwa 15 **Minuten** noch weich, aber nicht mehr flüssig ist. Die ganz gefüllten Fugen muß man dann etwas länger trocknen lassen. Man kann genau den **Zeitpunkt** abpassen, wo der Kleber noch so weich ist, daß sich die **Reste** auf dem Klebefilm leicht von der Kleberfüllung der Fuge trennen, ohne **Fäden** zu ziehen, die den Belag verschmutzen könnten. Das wird je nach **Raumtemperatur** etwa nach 30 Minuten soweit sein.

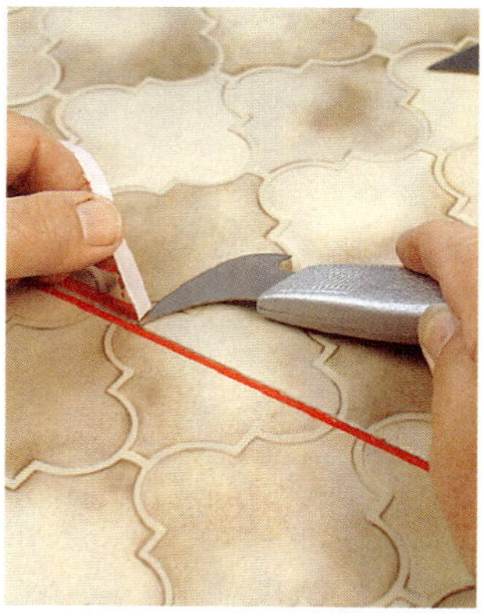
Mit der Klingenschneide den Klebefilm durchtrennen.

Warten bis sich der Kleber schneiden läßt

Die letzte Schicht kann man jedoch auch über **Nacht** trocknen lassen. Man muß dann jedoch mit einer scharfen **Messerklinge** nachhelfen, um den Klebefilm abzulösen. Dabei ist die gerundete Schneide einer **Dekoklinge** im Universalmesser besonders hilfreich, wenn sie nur scharf genug ist. Diese Klinge läßt sich ganz flach über den **Belag** führen, ohne in dessen **Oberfläche** zu schneiden. Wenn man die **Nähte** ohnehin nachschneiden muß, weil sie ungleichmäßig oder

Trennmittel schützt den Belag vor Kleber oder Schmelzdraht.

zu schmal sind, verhindern Vaseline oder **Wachs,** daß Kleber, Schweiß- oder Schmelzdraht auf der **Oberfläche** haften. In der Fuge dürfen diese **Trennmittel** nicht bleiben, denn sie würden ja die Verbindung zwischen Belag und Kleber verhindern. Auf der Fläche darf diese **Trennschicht** beim Säubern der Fuge dagegen nicht zerstört werden.

Zuerst Fugen vorbereiten

Werden die Fugen nicht nachgeschnitten, gelingt es nicht, den **Heißkleber** mit der 4 mm dünnen Düse der Heißklebepistole oder den 3 bis 4 mm Schweiß- oder Schmelzdraht sauber in die **Fugen** einzuschmelzen. Mit der Messerklinge am **Lineal** ist das jedoch nicht ohne Risiko. Denn verrutscht das Lineal, landet man mit dem Schnitt in der **Oberfläche.** Man muß auf jeden Fall dafür sorgen, daß das **Lineal** fest liegen bleibt (siehe Seite 13). Außerdem muß die **Messerklinge** scharf bleiben. Wenn man damit nur einmal auf den **Estrich** gerät, ist die scharfe Spitze der Trapezklinge weg. Deshalb mit nur leichtem **Druck** den Belag in mehreren Schnitten vorsichtig durchtrennen.

Mit professionellem Werkzeug leichter arbeiten

Profis benutzen für diesen Arbeitsvorgang einen **Fu-**

Mit der Messerklinge die Fuge nachschneiden.

genhobel. An seinem Halter ist eine U-förmige Klinge befestigt, die am Lineal entlang eine 4,5 mm breite **Nut** ausspart. Die dünnen Späne werden mit diesem Werkzeug in mehrfachen Schnitten abgehoben. Auch dabei muß das Lineal unverrückbar festgehalten werden. **Abschnitte und Späne** anschließend restlos absaugen. Wenn man nur kurze **Nahtstücke** aufzufüllen hat, kann man mit Heißkleber improvisieren. Dazu die dünne **Fugendüse** (Düsen lassen sich nur in heißem Zustand vorsichtig wechseln) verwenden. Führt man sie entlang einem **Metallineal,** ist die Gefahr gering, daß die heiße Düse auch die **Bahnenränder** anschmilzt. Kann man das professionelle **Verfahren** anwenden, läßt sich entweder universell verwendbarer, transparenter Fugendraht oder auch Draht mit passender sowie gegensätzlicher **Farbe** verwenden.

Mit Heißluft schweißen

Diese PVC-Schweißdrähte (für **Linoleum** verwendet

Genau parallele Kanten erzeugt der Fugenhobel.

man dem Heißkleber ähnlichen **Schmelzdraht**) werden in einer speziellen Fugendüse am Heißluftgebläse im **Luftstrom** plastisch gemacht und in die Fugen gebügelt. Ein Vorgang, der etwas **Übung** verlangt. Ei-

Elastischen Schmelzkleber als Fugenfüllung verwenden.

nerseits darf der Schmelzdraht nicht zu weich und die angrenzende **Fläche** nicht zu warm werden, andererseits müssen Draht und **Fugenflanken** jedoch warm genug werden, damit sich der Draht auch fest mit den Flanken der **Fugen** verbindet. Regulieren kann man das durch die **Geschwindigkeit** der Bewegung, etwa 10 mm je Sekunde, und mit der **Temperatur** der

Weicher Schweißdraht in der speziellen Fugendüse.

Heißluft. Die wird zuerst so einreguliert, bis der **Draht** plastisch, aber nicht zu weich aus der Düse fließt, wenn diese etwa 5 mm **Abstand** zu einer Fläche hält. Sowohl **Temperatureinstellung** als auch die gleichmäßig langsame **Bewegung** ohne Unterbrechungen muß man entsprechend dem verwendeten **Material** auspro-

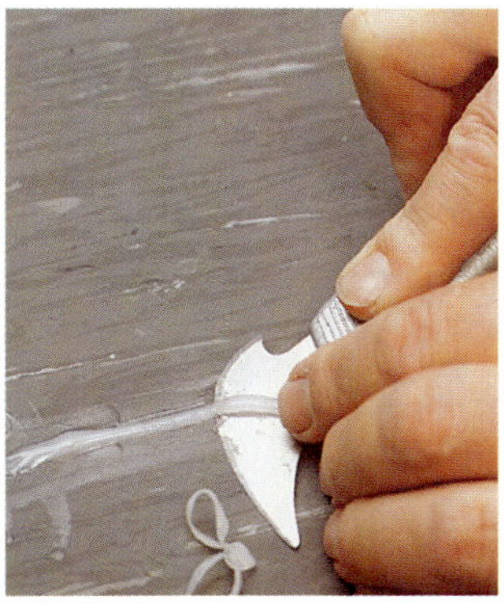

Nur mit einer bogenförmigen Schneide die Naht ebnen.

bieren und üben. Es ist sinnvoll, wenn Sie sich eine **Mustersituation** aufbauen, um diesen diffizilen Vorgang zu erlernen und um dabei die **Risiken** zu testen, bevor man den Bodenbelag verdirbt. Denn auch das **Ebnen**

Das Viertelmondmesser eignet sich auch gut zum Ebnen der Naht.

der Fugen will geübt sein, wenn es auch einfacher zu beherrschen ist. Beim **Abstoßen** der überstehenden Fugenfüllung gerät man mit einer geraden **Schneide** (Stecheisen, Schaber- oder Trapezklinge) unwillkürlich in den **Bodenbelag.** Die Messerklinge muß bogenförmig und sehr scharf geschliffen sein. Wie zum Beispiel die wechselbare **Dekoklinge** im Martor-Universalmessergriff. Oder das Pajarito-Viertelmondmesser, mit dem sich schon aufgrund seiner Größe leichter arbeiten läßt. Beide Klingen sollte man in kurzen **Zeitabständen** auf dem Abziehstein nachschärfen, um mit exzellenter **Schneide** die Überstände mit einer zügigen Bewegung abstoßen zu können. Wenn die Schneide dabei eine minimale **Seitwärtsbewegung** ausführt, fördert das den glatten Schnitt. Kurze **Zickzackbewegungen** führen dagegen nicht zu einem fachgerechten Ergebnis.

ARBEITSMATERIAL

- Injektionsnadel
- Spezialmesserklingen
- Lineal (rutschfest)
- Heißkleberpistole
- Heißluftgebläse
- PVC-Kleber
- Heißkleber
- Schweißdraht

Teppichnähte verkleben

Auslegeware wird zwar auch im »Raummaß« zugeschnitten, wenn die Bodenfläche nicht breiter als vier Meter ist. Zusammensetzen einzelner Bahnen ist jedoch häufig günstiger.

Ein maßstabsgerecht aufgezeichneter Grundriß und **Papierstreifen** als Auslegeware helfen bei der Planung.

Voraussetzung ist allerdings, daß der **Bodenbelag** mit

Kleber mit breitem Stoßspachtel aus dem Eimer nehmen.

seiner ganzen Fläche mit **Haftkleber** fixiert (Seite 22) oder verklebt wird. Auslege-

Den Haftkleber mit einem großen Zahnspachtel gleichmäßig verteilen.

ware, die sich zur freien **Verlegung** eignet, läßt sich an den Stoßnähten auch auf doppelseitigem **Klebeband** verlegen.

Teppichbahnen belasten

Die einzelnen **Bahnen** zuerst zwischen den Wänden einpassen. **Gewichte** auf dem Teppich verhindern, daß man ihn unabsichtlich

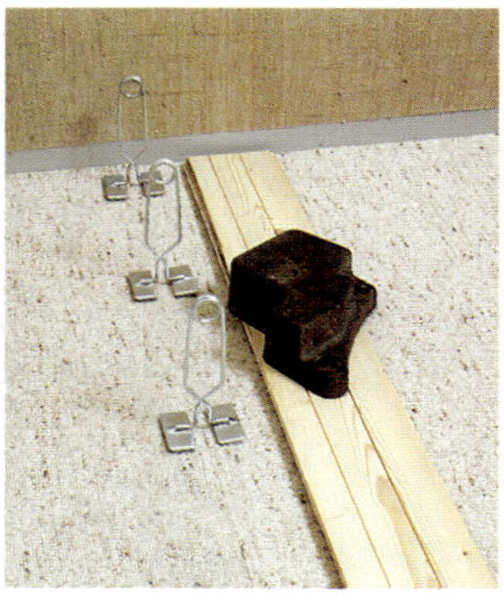

Nahtklammern und Gewichte halten auch störrische Nähte zusammen.

und vor allem unbemerkt verschiebt. Dann bleiben auch die **Nähte** dicht geschlossen. An der Naht beide Bahnen aufklappen, damit eine etwa 60 cm breite **Bodenfläche** frei liegt. Zusätzliche Gewichte auf den **Bahnenrändern** verhindern, daß diese früher als gewollt wieder zurückklappen. Mit dem **Stoßspachtel** soviel Kleber auf die Bodenfläche übertragen, daß die **Bahnenränder** insgesamt etwa 40 cm breit verklebt werden können. Wenn man den **Kleber** ausgießt, läßt sich die Menge nicht so genau dosieren. Den Kleber mit dem Zahnspachtel im **Nahtbereich** gleichmäßig auf dem **Unterboden** verteilen. Um genau die vom Hersteller des Klebers empfohlene **Spachtelzahnung** zu verwenden, kann man einen Zahnspachtel mit auswechselbaren **Zahnleisten** benutzen. Sind die Bahnenränder in die **Kleberschicht** zurückgeklappt, diesen Be-

Kurze Nähte besonders sorgfältig auf den Untergrund kleben.

reich mit einer **Walze** fest anrollen. Die Gewichte jetzt auf den **Nahtbereich** legen

Kleber per Injektionsnadel zwischen die Kanten spritzen.

und die restliche Bahn verkleben. Dazu den **Teppich** bis an den Kleberrand im Nahtbereich zurückschlagen. Zur **Sicherheit** lassen sich etwas störrische Nähte noch mit **Nahtklammern** zusammenhalten, bis der Kleber fest geworden ist.

EXTRATIP: Um die Florrichtung festzustellen, einen Hammer, auf die Naht gestellt, umfallen lassen. Der Stiel federt in einer bestimmten Richtung ab. Die muß bei beiden Bahnen übereinstimmen, sonst können sich je nach Lichtrichtung unterschiedliche Schattierungen zeigen.

Bei genau in der **Noppengasse** getrennten Schnittkanten wird das jedoch nicht notwendig sein.

In **Durchgängen** oder Türen werden Teppichnähte besonders hoch beansprucht. Bei gleichem, durchgehendem **Belag** können Nahtdeckschienen jedoch recht störend wirken. Doppelseitiges **Klebeband** wenigstens in drei- bis vier **Streifen** auf den Unterboden kleben. Mit einem dünnflüssigen, transparenten **Allzweckkleber** in einer Einmalspritze läßt sich der Teppichrücken zusätzlich sichern.

ARBEITSMATERIAL

- Teppichkleber
- Stoßspachtel
- Zahnspachtel
- Gewichte
- Klebeband, doppelseitig
- Einmalspritze

Teppichbodennähte verschließen

Nicht immer genügen Nahtdeckschienen den optischen Ansprüchen. Besonders an Übergängen zwischen verschiedenen Belägen oder Belagsfarben kann das andersartige Material der Nahtschiene stören.

Man sollte kleine **Schäden** unverzüglich instandsetzen, bevor **Schuhe oder Staubsauger** hängen bleiben und den Schaden plötzlich vergrößern.

Tubendüse sauberhalten, damit keine Fasern hängenbleiben.

Auch Florschlingen sind geklebt

Die **Florschlingen** werden bei der heute üblichen getufteten Auslegeware ohnehin im **Trägergewebe** verklebt. Dieses Verfahren läßt sich auch für die Reparatur mit Kontaktkleber anwenden. Dazu wird der Kleber zunächst nicht zu knapp auf dem Grund der Naht aufgetragen. Das läßt sich mit der Düse der Klebertube ganz gut bewerkstelligen. Mit einem spitzen Werkzeug, wie Vorstecher oder schmaler Schraubendreher, an dem kaum Kleber hängen bleiben kann, das Garn mit den unteren Bögen der Schlingen in den Kleber drücken. Nach einigen Minuten ist der Kleber soweit angetrocknet, aber noch weich, daß man mit einer Pinzette die einzelnen Schlingen fassen kann, um sie am ursprünglichen Platz dicht an dicht fest ins Kleberbett zu drücken. Da sich der Klebepunkt nicht mehr korrigieren läßt, muß man schon recht genau vorgehen. Zum Abschluß mit Hammerschlägen auf ein Unterlegklötzchen die Florschlingen noch etwas verdichten, um sie noch fester auf dem Trägergewebe zu verankern.

Garn nur unten mit Kleber benetzen und gleich wieder anheben.

Die Schlingen in der ursprünglichen Form einbetten.

Leichte Hammerschläge verfestigen die geklebte Verbindung.

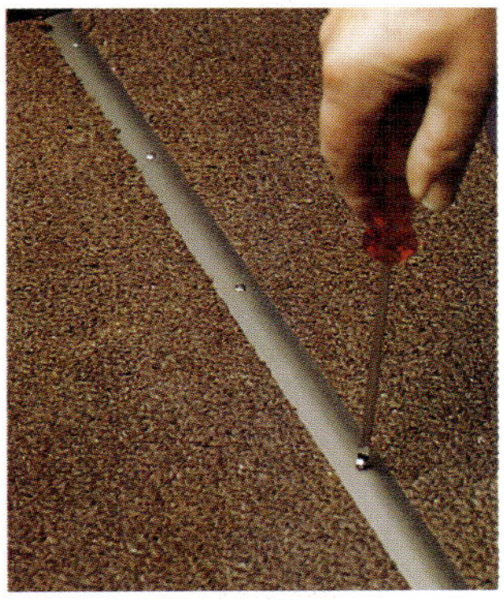

Auch Nähte mitten im Raum lassen sich abdecken.

Nahtschienen verdecken den Verschleiß

Wenn **Nähte** zu sehr auszufransen drohen oder die Auslegeware schrumpft, weil auch der **Teppichrükken** wie alle weichmacherhaltigen **Kunststoffe** schrumpfen kann, läßt sich der Schaden nur noch unter einer Nahtdeckschiene verstecken. Diese Schienen zum nachträglichen **Aufschrauben** gibt es bis 40 mm breit. Auf Zementestrich sollte man sie in 5 oder 6 mm-Dübeln mit **Edelstahlschrauben** befestigen. Eine genau passende Schraubendreherklinge verwenden, damit die **Schlitze** nicht vermurksen. Wenn alle Schlitze in eine **Richtung** zeigen, macht das einen recht professionellen **Eindruck.** Dabei aber auch aufpassen, damit die farbige Eloxalschicht auf Aluprofilen nicht zerkratzt wird.

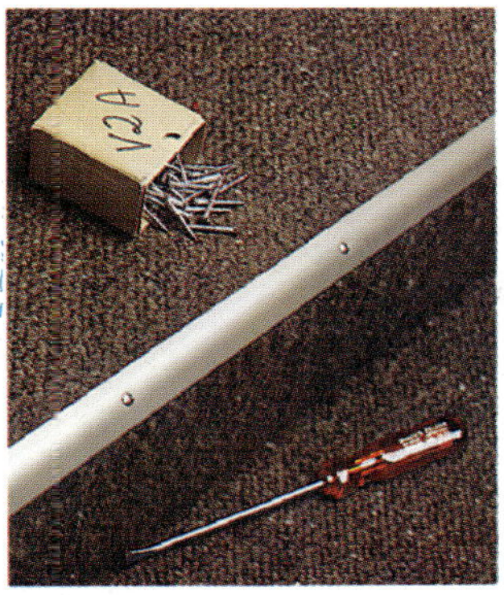

Abgetretene Stufenkanten verschwinden unter der Schiene.

Da Stufen- oder **Podestkanten** besonders schnell verschleißen, kann auch hier eine rechtzeitig aufgeschraubte Deckschiene einen Schaden verhindern. Auf gerundeten **Trittkanten** lassen sich nur 30 mm breite Schienen besser verwenden.

ARBEITSMATERIAL

- Kontaktkleber
- Vorstecher
- Werkzeugpinzette
- Hammer
- Unterlegklotz
- Schraubendreher

Teppichränder genau beschneiden

Da Räume weder exakt gerade Kanten noch rechte Winkel in allen Ecken haben, kommt man nicht umhin, die Auslegeware entsprechend anzupassen. Mit dem geeigneten Werkzeug ist das jedoch nicht schwierig.

Teppichfläche ausrichten

Um die zugeschnittene **Teppichfläche** im Raum auszu-

Schläge mit dem Fuß ziehen die Ware in gewünschter Richtung.

richten, den Belag an Ecken oder Kanten zwischen den **Beinen** hochnehmen und

Bretter unter den Gewichten verteilen die Last.

mit dem Fuß in die gewünschte **Richtung** schlagen, bis er allseitig an den **Wänden** fünf bis sechs Zentimeter hochsteht, sofern das Stück mit dieser **Reserve** zugeschnitten wurde. Wenn wenigstens eine **Wand** sehr gerade ist, kann man die **Teppichkante** auch dort anstoßen lassen und spart sich so die **Zuschnitts-**

Breite und beschwerte Flächen verhindern Eindrücke im Teppichflor.

arbeit wenigstens an dieser Wand. Ausgerichtet darf sich der **Teppich** nicht mehr verschieben. Mit schweren **Gewichten** belastet, ist das

Zum ersten Schnitt die Klinge durch den Teppich stoßen.

ausgeschlossen. Nach Art der Handwerker wird zuerst die Innenecke mit der **Tra-**

Ein Spachtel verschärft den Knick zwischen Boden und Wand.

pezklinge im Universalmesser eingeschnitten. In der Ecke durch den **Teppich** stoßen und nach oben füh-

So paßt die Schnittkante dicht an die Wand.

ren. Falls notwendig, den **Schnitt** noch nach unten erweitern. Dann können sich die **Ränder** übereinander legen, wenn man mit einem breiten **Stoßspachtel** die Ware in die Ecke zwischen Boden und Wand drückt, damit eine scharfe **Innenecke** entsteht. So paßt die Ware dicht an die Wand.

Der Kantenschneider führt die Hakenklinge kontrollierter.

Überstände abtrennen

Jetzt kann man mit der **Hakenklinge** in einem zweiten Universalmesser, bei fest in den **Winkel** gedrücktem Teppich, Stück für Stück den Überstand sauber abtrennen.

EXTRATIP: Doppelseitiges Teppichklebeband hält umso besser, je fester es angerieben wird. Mit einem Teppichrest unter den Fingern läßt sich mehr Druck aufbringen. Den Teppich mit dem Hammer auf dem Band festklopfen.

ARBEITSMATERIAL

- Unterlagebretter
- Gewichte
- Stoßspachtel
- Universalmesser
- Hakenklingen
- Trapezklingen
- Kantenschneider

Teppichbahnen anpassen

Ausmessen, Anzeichnen und Abschneiden verlangt zwar mehr Zeit, ist aber leichter und risikoloser zu bewältigen als die handwerkliche Methode der Kantenschnitte und führt zu einem perfekt passenden Ergebnis.

Ist die Wand zwar weitgehend gerade, steht aber schräg zur ausgerichteten **Teppichkante,** kann man das Schneidlineal an gleich langen **Abstandsleistchen** auf dem Teppich ausrichten. Die Teppichkante, mit der Hakenklinge am **Lineal** geführt, beschneiden.

Mit der Hakenklinge entlang dem Lineal schneiden.

Konturen übertragen

Ungleichmäßige, geschwungene **Konturen** der Wand werden Stück für Stück an einem **Abstandsbrettchen** mit farbiger Schneiderkreide

Unregelmäßige Wandkonturen am Abstandsbrettchen aufzeichnen.

oder Filzstift auf den **Teppich** aufgezeichnet. Mit einer kräftigen Teppichschere läßt sich die **Randkontur** si-

Freihändig mit einer schweren Teppichschere die Kontur nachschneiden.

cher und exakt ausschneiden.

Etwas mehr **Übung** erfordert der Teppichschneider, um freihändig auf der richtigen **Spur** zu bleiben. Ebenso die Methode, den Überstand mit der **Hakenklinge** im Universalmesser abzutrennen. Dabei den **Teppich** fest auf den Untergrund drücken und die **Klinge** langsam und gleichmäßig entlang der **Markierung** durch den Teppich ziehen. Ein ausreichender **Klingen-**

Schwieriger zu handhaben ist der Teppichschneider.

Die Hakenklinge erfordert etwas Übung.

vorrat ist sehr zu empfehlen. Denn der **Kraftaufwand** bei stumpfer Klinge er-

Mit der Spitze vom Schraubendreher die Noppengasse öffnen.

schwert den Schnitt und erhöht das **Risiko,** sich zu verschneiden.

Noppengasse als Führung

Stoßnähte zwischen den **Bahnen** grundsätzlich nur in der Noppengasse in **Längsrichtung** der Teppichbahn schneiden. Diese ausgeprägte **Gasse** entsteht bei

Der Nahtschneider hat in der Noppengasse eine exakte Führung.

der Herstellung im Tufting-Verfahren. Man kann die **Noppen** leicht mit der Spitze eines **Schraubendre-**

Auch mit der Schere kann man nach der Noppengasse schneiden.

hers auseinanderdrücken, damit die Führungsnase am **Nahtschneider** in dieser Gasse bleibt. An einer so beschnittenen **Kante** stehen die Noppen etwas über die Kante vom **Teppichrücken.**

ARBEITSMATERIAL

- Schneidlineal
- Universalmesser
- Hakenklingen
- Teppichschere
- Teppichschneider
- Nahtschneider
- Schraubendreher

Teppichboden exakt ausschneiden

Auch wenn man Fußleisten verwendet, bleiben in einem Raum an Heizkörper, Ecken und Türen noch genügend Bereiche, die man sehr sorgfältig ausschneiden und anpassen sollte.

Einschnitte vom Rand her erlauben es, den Teppich flach unter den Heizkörper zu rollen und die Ausschnitte um die Rohre zu legen.

Zum Herstellen der **Ausschnitte** sollte die Auslegeware bereits soweit an den **Wänden** eingepaßt sein, daß sie sich nicht mehr verschieben kann. Sonst stimmen bereits paßgerecht eingeschnittene Aussparungen plötzlich nicht mehr mit der Situation überein. Deshalb zur Sicherheit auch die Gewichte noch auf der Fläche lassen. **Rohrleitungen** und Konsolen von Heizkörpern kann man nur so genau wie möglich ausmessen und auf der **Teppichrückseite** spiegelbildlich aufzeichnen. Das spiegelbildliche Übertragen läßt sich jedoch mit einer **Schablone** aus kräftigem Papier umgehen. Dabei lassen sich die Maße und Formen seitenrichtig aufzeichnen, ausschneiden und auf den Teppich übertragen. Das Papier darf nicht zu steif sein, damit man die Paßform einfach und ohne größere Schwierigkeiten kontrollieren kann.

Als Ausschnitt für Rohre genügt auch ein Achteck.

Teppich bis zum Rand durch die Noppengasse auftrennen.

Nur den Rücken durchschneiden

An den **Konturen** nur den Teppichrücken vorsichtig mit der **Trapezklinge** durchschneiden. Bei Schlingenware die **Noppen** einzeln mit der Schere auftrennen. Die **Ausschnitte** dürfen auch geringfügig kleiner werden. Um so dichter schmiegt sich der **Teppichflor** dann um die aus dem Fußboden ragenden Rohre.

An **Außenecken,** zum Beispiel beim Auslegen von Nischen, kann man das Teppichstück für die **Nische** zurückschlagen. Die Teppichkante muß in einer **Flucht** mit der Nischenwand liegen. Dann lassen sich die Schnittlinien mit einem **Lineal** von der Wand direkt auf den Teppichrücken übertragen, aufzeichnen und schneiden.

Wandvorsprünge anpassen

Man kann den Teppichboden an einem **Wandvorsprung** auch scharf geknickt in die **Innenkanten** drücken und die Ecken mit Stecknadeln kennzeichnen. Dann läßt sich der **Ausschnitt,** durch die sichtba-

Auch für gerade Schnitte nur den Teppichrücken schneiden.

ren Nadelspitzen markiert, auch von der **Oberseite** her durch die Noppengassen

Mit Stecknadeln die Eckpunkte vom Ausschnitt markieren.

einschneiden. Die **Gasse** quer zur Bahnenlänge ist zwar weniger ausgeprägt, aber immer noch gut erkennbar und deshalb auch als **Markierung** für Einschnitte im rechten Winkel besser als **Linien** auf dem

Ecken einschneiden, damit sich der Teppich andrücken läßt.

Teppichrücken zu gebrauchen, vor allem um bei **Schlingenware** durchtrennte und dann ausfransende Noppen zu vermeiden. Außerdem kann man auch an einem **Vorsprung** die übliche Methode der Handwerker wählen. Erst den **Teppich** an den Wandecken bis zum Boden einschneiden, damit man ihn mit einem **Stoßspachtel** in die Innenkanten zwischen **Boden und Wand** drücken

kann. Dann die Überstände mit der **Hakenklinge** abtrennen. Anstelle der Ha-

Die Pappschablone übernimmt die Form der Zarge.

Die Konturen werden auf den Teppich übertragen.

kenklinge kann man auch mit der **Trapezklinge** den hochstehenden Teppichrand abtrennen. Zum

Mit der Schere werden die Konturen ausgeschnitten.

Schutz der Klingenspitze dann aber einen Streifen

Graupappe zwischen Teppich und Wand legen und festhalten.

Kammlehre zum Abgreifen wechselnder Konturen.

Konturen übertragen

Um **Auslegeware** an sehr kleine und unregelmäßige **Konturen** anzupassen, werden häufig an die gerade Teppichkante nur **Füllstücke** angeflickt. Im wenig sichtbaren Randbereich hat das kaum Nachteile. Für den Bereich der **Türschwellen** ist es jedoch ein zwar sparsames, aber nicht sonderlich fachgerechtes **Verfahren.** In besonders beanspruchten **Bereichen** sollten weder kleine Flicken noch zusätzliche **Stoßfugen** liegen. Besser ist es, zu-

Mit Winkel und Maßstab die Maße auf den Teppichrücken übertragen.

nächst eine **Schablone** aus kräftiger Graupappe von der Kontur anzufertigen, die läßt sich dann exakt mit **Filzschreiber** auf den Teppich übertragen und mit der **Teppichschere** ausschneiden. Eine Stecknadel markiert den genau ausgemessenen **Fixpunkt** als Anlage für die Schablone. Die Linien so aufzeichnen, daß sie auf dem abfallenden **Stück** bleiben. Anstelle einer selbstgefertigten Pappschablone

Den Teppichrücken an den Linien durchtrennen.

kann man auch eine sogenannte **Kammlehre** verwenden. Deren bewegliche **Nadeln** lassen sich mit leichtem Druck den vorhandenen **Konturen** genau anpassen.

Konturen ausschneiden

Es hat jedoch deutliche **Vorteile,** die Konturen spiegelbildlich mit ihren Maßen auf die **Teppichrückseite** zu übertragen. Dabei wird nur der **Teppichrücken** mit der Trägerschicht durchtrennt, der **Flor** bleibt erhalten.

ARBEITSMATERIAL

- Graupappe
- Filzschreiber
- Tischlerwinkel
- Universalmesser
- Hakenklingen
- Trapezklingen
- Teppichschere
- Gliedermaßstab
- Stoßspachtel

Teppichboden auf Klebebahn verlegen

Auslegeware auf der gesamten Fläche zu verkleben ist zweifellos die sicherste Methode der Befestigung. Aber auch die Methode, die beim Belagwechsel die meiste Arbeit verursacht.

Vorteile der Klebebahnen

Dieses **Problem** läßt sich jedoch mit beidseitigen **Klebebahnen** lösen. Das sind Netze oder Vliese auf 95 oder 100 cm breiten **Rollen,**

Mit den Klebebahnen an einer kurzen Wand beginnen.

die beidseitig mit einem sehr alterungsbeständigem **Kleber** beschichtet und einseitig mit einer **Schutzfolie** abgedeckt sind. Geeignet für alle üblichen, auch feuchtigkeitsempfindlichen **Teppichrücken** sowie der zusätzlichen Beanspruchung durch **Fußbodenheizung** oder Stuhlrollen gewachsen.

Außerdem eignet sich als Untergrund jede intakte, ebene und saubere **Bodenfläche.** Der Preis ist im Vergleich zu flüssigen **Klebern** zwar spürbar höher, dafür steigen jedoch auch die Lebensdauer hochwertiger **Auslegeware** und der Komfort.

Bahn mit einer Leiste fest anreiben.

Klebebahnen einpassen

Die erste Bahn paßgenau von einer **Raumecke** aus an der Wand ausrichten, abrollen und mit einer teppichbezogenen **Leiste** fest auf

Ein- und Ausschnitte herstellen wie beim Bodenbelag.

dem Untergrund anreiben. An der gegenüberliegenden **Wand** die Klebebahn falten und mit der **Hakenklinge** in der Ecke zwischen Wand und Boden abtrennen. So wird **Bahn** dicht an Bahn gelegt, bis die gesamte **Bodenfläche** bedeckt ist. An den Raumkonturen werden die **Klebebahnen** nach den gleichen Grundsätzen eingepaßt, wie zuvor bei den **Teppichbahnen** erläutert. Auf dieser Fläche zunächst

Schutzfolie in flachem Winkel von der Klebebahn abziehen.

die **Auslegeware** ausbreiten, ausrichten, mit Gewichten belasten und einpassen. Die **Schutzfolie** bleibt so lange auf der Kleberschicht, bis diese **Arbeiten** abgeschlossen sind.

Auslegeware verkleben

Zum Verkleben zunächst die üblichen **Gewichte** nur in einer Raumhälfte verteilen und die andere Hälfte des **Teppichs** zurückschlagen. Damit sich die **Schutzfolie,** in einer Ecke beginnend, von der **Klebebahn** abziehen läßt, bis zum Teppich und dort abschneiden. Anschließend den Teppich oder die **Teppichbahnen** von der Mitte aus zu den Seiten auf der Klebebahn ausbreiten und anwalzen. Mit einer schweren **Teppichwalze** geht das zwar

Mit kräftigem Druck den Teppichboden anwalzen.

leichter, bei etwas größerem Kraftaufwand reicht aber auch die Andrückrolle für Tapeten aus.

EXTRATIP: In mäßig beanspruchten Wohnräumen kann man auch Teppichfixierung verwenden. Einfach mit einem Farbroller aufzutragen. Je nach Rückenbeschichtung in unterschiedlichen Abstufungen der Klebkraft, aber stets mitsamt der Auslegeware leicht wieder aufzunehmen.

ARBEITSMATERIAL

- Klebebahnen
- Anreibeleiste
- Universalmesser und Klingen
- Andrückrolle

Sockelleisten anbringen

Wenn der Bodenbelag korrekt verlegt wird, kann man sich häufig die Arbeit für die Sockelleisten sparen. Sie erfüllen jedoch auch notwendige Aufgaben oder können dekorativ wirken.

Wer auf **Sockelleisten** nicht verzichten kann oder will, hat die Wahl der **Art und der Montage.** Die eleganteste Lösung ist die nicht

Beim Bohren der zahlreichen Löcher unbedingt eine Schablone verwenden.

sichtbare **Befestigung** von Leisten, die genau zum **Bodenbelag** passen. Dazu werden zunächst Clips oder Haken aus Kunststoff in **Dübeln** auf der Wand befestigt. Eine selbstgefertigte

Für die Eckverbindungen müssen die Leisten genau auf Gehrung zugesägt werden.

Bohrschablone aus einem Aluwinkelprofil mit den zum Clip passenden **Löchern** rationalisiert die zahlreichen

Fester Druck genügt zur Montage, wenn der Clip genau sitzt.

Bohrungen. In der **Regel** genügen 5 mm-Kunststoffdübel mit **Schrauben** 3,5 x 35 mm.

Schwere Leisten müssen mit Schrauben befestigt werden.

Gehrungen sägen

An Innen- und Außenecken sind die profilierten **Leisten** im Winkel von 45 Grad »auf Gehrung« zusammenzupassen. Leisten mit furnierter und behandelter **Oberfläche** sollten so exakt wie **Bilderrahmen** zusammenpassen. Das ist nur mit speziellem **Werkzeug,** wie Kappkreissägen, zu erreichen.

Letztlich ist die ansehnlich eingedrehte **Schraube** nicht die schlechteste aller Möglichkeiten. Wie sie zum **Beispiel** bei schweren Leisten, in denen Rohre liegen können, ohnehin notwendig ist. An **Leisten** mit derartigen Querschnitten (80 x 30 mm) auch die **Schnittflächen** der Gehrungen passend zur **Oberfläche** behandeln. Für hohe **Sockelleisten** (bis 90 x 12 mm) kann man sich eine besondere **Schneidlade** anfertigen. Mit einer stabilen Rückensäge kann die **Gehrung** genauer werden, sofern der Einschnitt für die **Sägenführung** gelingt.

Die Gehrung wird an flach liegenden Leisten genauer.

Sockel kleben

An geraden **Wänden,** zum Beispiel beim trockenen **Ausbau** mit Leichtbauwänden, lassen sich die Leisten auch gut mit **Montagekleber** anbringen. Wird die Leiste mit dem **Kleber** an die Wand gedrückt und wieder abgenommen, läßt sie sich nach einigen Minuten im **Kontaktverfahren** fest auf der Wand montieren.

Schließlich sind auch an der **Oberkante** gekettelte Tep-

Es genügt, die Kleberraupe einseitig aufzutragen.

pichstreifen der gewählten **Auslegeware** eine unauffällige

Beim Kleben die Auslegeware mit Folie oder Papier abdecken.

lige Art, die Wand zu schützen.

Befestigt man diese Streifen mit **Kontaktkleber** direkt auf der Tapete, gehen sie beim nächsten **Tapetenwechsel** mit ab.

ARBEITSMATERIAL

- Sockelleisten
- Clipse
- Montagekleber
- Bohrschablone
- Schlagbohrer
- Mauerbohrer
- Schneidlade
- Rückensäge
- Gehrungssäge

Teppichboden ausbessern

Ein kleiner Schaden in der Auslegeware läßt sich nahezu unsichtbar reparieren. Wenn möglich sollte man jedoch zum Ausprobieren und Anpassen mehr als nur ein Füllstück zur Verfügung haben.

Schadstelle im Teppichboden und Füllstück lassen sich gleichermaßen mit einem **Locheisen** ausstanzen, am besten auf stabilem, nicht federndem Untergrund. Die **Hirnholzfläche** von einem Astabschnitt oder Kaminholzscheit ist eine zusätzliche Unterlage. Vor dem Ausstanzen der Füllstücke und der Schadstelle das **Untergewebe** vom Teppich um die Schneide des Werkzeugs freilegen,

Mit dem Locheisen das Füllstück austanzen.

sonst gibt es Lücken in der Nahtstelle. Beim Ausstanzen der Schadstelle das **Locheisen** möglichst nicht bis ganz auf den Unterboden durchschlagen, auf Zementestrich würde die Schneide des Eisens sonst unbrauchbar. Den Rest kann man mit der Spitze einer scharfen Trapezklinge im Universalmesser nachschneiden.

Die Reste lassen sich mit einem **Stecheisen** besonders gut entfernen, weil man es schräg ansetzen kann.

PROFITIP
Hat man Reste der Auslegeware aufbewahrt, lassen sich diese natürlich gut für das Füllstück verwenden. Sonst kann man versuchen, ein ähnliches Stück aus den ohnehin nicht sichtbaren Flächen unter Möbeln auszustanzen. Falls man das Füllstück nicht in ganzer Größe herausbekommt, muß man das beim Herausnehmen der beschädigten Stelle berücksichtigen.

Es wird allerdings stumpf, da auch die **Kleberschicht** möglichst bis auf den Estrich abzuschaben ist.

Noppen, Schlingen oder Flor dürfen nicht aufgetrennt werden.

Beim Einpassen auch das Licht beachten

Achten Sie nicht nur auf eventuelle **Muster** und die Richtung der einzelnen Flor- oder Noppenreihen, sondern vor allem bei Veloursware auch auf den **Lichteinfall** vom Fenster her. Durch die fertigungsbedingte leichte Neigung der **Florfäden,** zeigt die Teppichoberfläche mit und gegen den Lichteinfall eine unterschiedliche Tönung. Durch entsprechendes Drehen um 180° kann man diesen **Effekt** berücksichtigen. In der Aussparung sollten Sie den **Kleber** auch auf die Schnitt-

Behutsame Hammerschläge treiben das Eisen durch den Teppich.

kante der unteren Teppichschicht auftragen, desgleichen auf dem Füllstück,

Alte Kleberschicht bis auf den Estrich abschaben.

damit auch hier eine gute **Verbindung** entsteht. Das eingefügte Teppichstück zunächst mit dem Hammer gefühlvoll festklopfen.

Zum Einkleben der kleinen Scheibe eignet sich Kontaktkleber.

Der Schaden ist nicht mehr erkennbar

Durch leichte Schläge mit einer **Drahtbürste** läßt sich der Teppichflor dann wieder

Schläge mit der Drahtbürste gleichen Unterschiede aus.

lockern. Dabei verschwinden auch eventuell noch sichtbare **Übergänge** an der kreisrunden Naht.
Ein solches Locheisen kostet aber um die 60 Mark.

ARBEITSMATERIAL
- Hammer
- Hirnholzabschnitt
- Locheisen
- Spitzbohrer
- Stecheisen
- Universalmesser
- Kontaktkleber
- Drahtbürste

Ausgebleichtes Teppichstück ersetzen

Zuweilen lassen sich Flecken von Bleichmitteln, Glut oder Tieren auf größerer Fläche nicht mehr entfernen. Auch Farben, tief in den Teppichflor eingetreten, kann man oft nicht mehr auflösen.

Ein Kreis hat im Verhältnis zur Fläche den geringsten Umfang und läßt sich genau einpassen. Doch dabei ist besonders auf **Dekor** und Florrichtung zu achten. Im seitlichen **Tageslicht** vom Fenster her sieht man **Farbunterschiede** zwischen Originalbelag und Füllstück. Die richtige Anordnung sollten Sie zuerst festlegen und mit **Klebeband** auf beiden Flächen sichtbar kennzeichnen.

Zuerst die Größe der beschädigten Fläche ermitteln.

Kreisschneider

Einen Kreisschneider kann man auch selbst anfertigen, sogar mit präziserem Schnitt durch die noch recht neuen **Rundklingen** für Rollschneider.

Hartholzstäbe mit quadratischem Querschnitt sind dafür zwar besser zu bearbeiten, **Rundstäbe** aus Buche (25 mm Ø) jedoch leichter zu bekommen. Die Rund-

Aus einem Rundstab läßt sich leicht ein Kreisschneider anfertigen.

klingen (25 mm Ø) haben eine 6 mm-**Achsbohrung.** Deshalb eignen sich Sechskantkopfschrauben 6,0 x 50 mit ihrem glatten Schaft besonders gut als **Achse** für Klinge und Drehpunkt. In der Stirnseite die Bohrung für die Klingenachse in

Zuerst das Füllstück ausschneiden.

Schraubenlänge mit 5,0 mm vorbohren und nur in **Schaftlänge** auf 6 mm erweitern, damit die Schraube im Holz festen Halt findet.

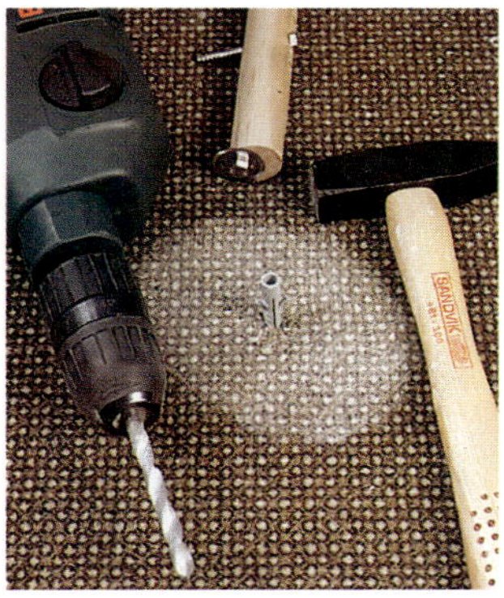

Im Estrich fixiert ein Mauerdübel den Kreisschneider.

Die **Stablänge** (min.120 mm) richtet sich vorrangig nach dem vorhandenen Fleck.

Wenn Sie sich jedoch schon so ein **Gerät** anfertigen, schadet es nicht, wenn es auch für andere **Durchmesser** geeignet ist. Zum Bei-

Das Werkzeug muß sich ohne Spielraum um seinen Drehpunkt bewegen können.

spiel auch als Leihgabe für **Freunde.** Einen Rundstab sollten Sie einspannen können. Ebenso die Bohrmaschine.

Arbeitsfolge

Den **Teppichrest** mit Drahtstiften auf einer Holzplatte fixieren, sonst verschiebt sich das **Material** durch den Druck der Klinge und der **Ausschnitt** wird ungenau. Mit zwei bis drei Umdrehungen hat die **Klinge,** den Teppich durchtrennt. Dann läßt sich die **Kreisfläche** lösen und der Untergrund säubern. Damit Füllstück und Teppichrand fest auf dem **Untergrund** bleiben, beides auf möglichst großer Fläche verkleben. Ist der Untergrund noch saugfähig, d.h. **Wassertropfen** verschwinden in kurzer Zeit, läßt sich das Füllstück leichter mit wassergelöstem **Teppichkleber** einfügen. Sonst soll-

Den Kleber auch unter dem Teppichrand auftragen.

ten Sie Kontaktkleber verwenden. Ein gefüllter Wassereimer als **Gewicht** auf einer größeren Platte drückt das Füllstück auf den Boden, bis der Kleber fest ist.

ARBEITSMATERIAL

- Teppichrest
- Teppichkleber
- Hartholzstab 150 x 25 x 25 mm
- Rundklinge 0,6 x 25 mm Ø
- Sechskantkopf-Holz schrauben 6,0 x 50 mm

Teppich reinigen

Schmutzflecken auf dem Teppich sind zwar ärgerlich, aber meistens noch zu beseitigen, wenn man das geeignete Verfahren ausprobiert und dabei behutsam vorgeht.

Flüssiges sofort mit saugfähigem Papier auftupfen.

Mit einer Bürste läßt sich die Reinigung unterstützen.

Mit möglichst saugfähigem Papier nur tupfen, nie reiben.

Es verspricht stets den besten **Erfolg,** wenn man die Substanz frischer, feuchter oder nasser **Flecken** unverzüglich mit Papiertaschentüchern oder Toilettenpapier durch **Tupfen** aufsaugt.

Nur nicht reiben, denn das vergrößert mit Sicherheit das Ärgernis, eher ein paar **Tücher** übereinanderlegen

Flecken mit Schaum aus Wasser und Waschmittel anfeuchten.

und mit breitem **Schuhabsatz** Druck ausüben. Damit läßt sich Restfeuchtigkeit mit dem geringsten **Risiko** aufnehmen.

Schaum genügt in den meisten Fällen

Bei angetrocknetem Schmutz und **Flecken** unbekannter Herkunft versucht man es zuerst einmal

Spezialspray anwenden, wo Wasser ohne Wirkung bleibt.

mit **Wasser,** nicht in flüssiger Form, sondern als **Schaum,** der sich aus wenig Leitungswasser mit reichlich **Feinwaschmittel** (ersatzweise Spülmittel, Allzweckreiniger) und dem Handquirl erzeugen läßt. Mit den **Fingern** oberflächlich auftragen. Wenn der **Schmutz** tiefer sitzt, den Schaum mit einer **Bürste** einmassieren. Damit bekommt man viel Reiniger in den **Teppichflor,** ohne daß er allzu naß wird. Nach ein paar **Minuten** Einwirkzeit benutzt man die Prozedur des **Aufsaugens** wie bei frischen Flüssigkeiten. Wenn sich danach keine **Wirkung** zeigt, muß man zu einem Spezialreiniger greifen. Wo man sicher ist, daß auch **Fett** mitspielt, kann man es außerdem vorsichtig mit **Lösungsmitteln** probieren. In der Reihenfolge **Spiritus**, **Testbenzin** (Terpentinersatz), **Nitroverdünnung** oder **Aceton.**

Wenig auftragen, dafür häufiger versuchen

Immer in der Reihenfolge: sparsam **Auftragen,** kurz weichen lassen und dann durch **Abtupfen** aufsaugen. Wenn nötig auch mehrfach hintereinander. Aber **Vorsicht** bei Teppichflor aus Kunstfasern. Organische **Lösemittel** wie Testbenzin,

Erst getrocknet läßt sich das Ergebnis der Mühe beurteilen.

Nitroverdünnung, Aceton oder gar Speziallöser aus dem gewerblichen Einsatz

EXTRATIP: Feuchte Stellen in Naturfaserteppichen mit saugfähigem Papier abdecken und gewichtig beschweren, damit sich keine Beulen bilden. Unmittelbar auf den Teppich nur unbedrucktes Papier legen.

können **Kunststoffe** mehr oder weniger schnell auflösen, besonders natürlich feine Fasern. Naturfasern sind in dieser **Hinsicht** etwas robuster, sofern sie nicht eingefärbt sind und damit ausbleichen könnten.

ARBEITSMATERIAL

- Mixbecher
- Feinwaschmittel
- Handbürste
- Fleckenspray
- Heißluftgebläse

Teppichflecken entfernen

Hartnäckiger als Schmutz und Flüssigkeiten können sich Wachsflecken und Kaugummireste auf dem Teppichboden erweisen. Doch auch da gibt es Mittel und Wege, diese Substanzen nahezu restlos zu entfernen.

Denn neben der Verwendung von **Wasser** und Lösungsmitteln kann man auch **Wärme und Kälte** benutzen, um Flecken zu entfernen. Reine **Wärmestrahlung** ist zum Verflüssigen der Wachsreste geeigneter als der Druck mit dem **Bügeleisen** oder ein heißer **Luftstrom**. Damit transportiert man das Wachs möglicherweise nur tiefer in den **Teppichflor.**

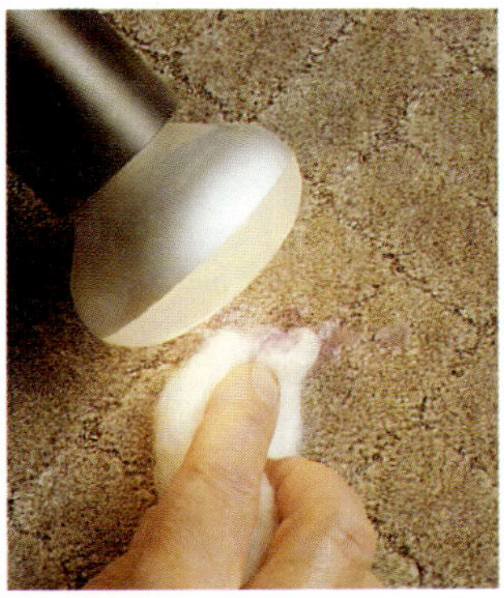

Strahlungswärme macht Wachs wieder flüssig.

Glühbirne liefert Strahlungswärme

Eine 100 Watt Reflektorlampe, zum Beispiel in einem **Klemmstrahler,** entwickelt mit gut 100 Grad Oberflächentemperatur genügend **Strahlungswärme,** um das Wachs in geringem Abstand zu schmelzen, ohne den **Teppichflor** zu verbrennen, sofern die Lampe nicht auf dem Teppich liegt. Zum Aufsaugen der flüssigen **Wachsreste** eignet sich in diesem Fall am besten Verband- oder Polierwatte aus **Baumwolle.** Was dann noch bleibt, vor allem die kleinen **Wachsspritzer** in der Umgebung der dicken

Bügeleisen nur mit geringem Druck über die Fläche führen.

Tropfen, läßt sich sehr gut mit dem Bügeleisen auf saugfähigem **Papiertuch** aufnehmen. Auch bereits tiefer in den **Teppichflor** eingedrungenes Wachs erreicht man gut mit der **Bügeleisenspitze.** Als Tempe-

Farbreste lösen sich im Fleckenspray.

ratureinstellung reicht Perlon/Kunstseide. Solange bügeln, bis keine neuen Flekken im frischen Tuch sichtbar werden.

Sind nach dieser **Prozedur** immer noch Flecken zu sehen, ist das wahrscheinlich **Farbstoff** aus dem Wachs. Der weicht dann auch noch dem Spezial-Fleckenspray, das auch wieder behutsam mitsamt der **Farbe** von der Teppichfläche abgetupft wird.

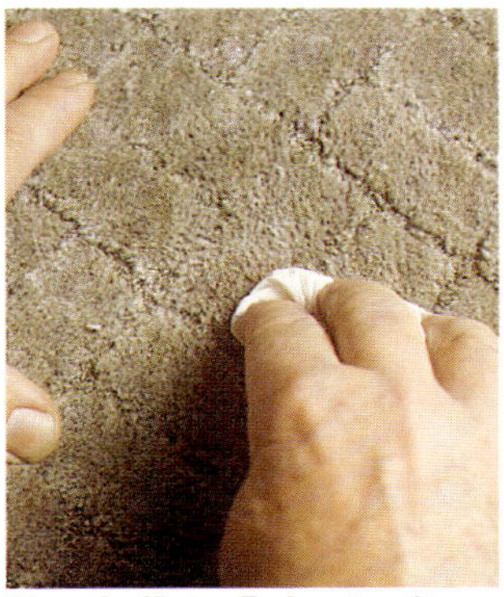

Die aufgelösten Farbreste mit einem Papiertuch wegtupfen.

Um frischen **Kaugummi** auf dem Teppich macht man zunächst besser einen **Bogen,** bis er trocken ist. Mit einer **Kühlbatterie** aus dem Tiefkühlfach, notfalls auch mit einem Beutel voll

Durch Kälteeinwirkung wird Kaugummi spröde.

Die zerbröselten Reste lassen sich später absaugen.

Eiswürfel, wird der Batzen tiefgekühlt. Den Teppich durch untergelegte Plastikfolie gegen **Kondenswasser** schützen. Davon wird Kaugummi (auch Kerzenwachs) so spröde, daß man

EXTRATIP: Druckstellen im Teppichflor richten sich im heißen Dampf unterm Bügeleisen wieder auf. Je nach Eisen feuchtes oder trockenes Bügeltuch unterlegen und Vorgang in Abständen mehrfach wiederholen.

ihn mit einer schmalen **Zange** zerbröseln und mit dem Staubsauger entfernen kann.

ARBEITSMATERIAL

- Reflektorlampe
- Bügeleisen
- Fleckenspray
- Kühlbatterie
- Zange

Holztreppe ausbessern

Wenn Treppenstufen knarren, kann das lästig werden. Hat das Reaktivieren vorhandener Schrauben keinen Erfolg, bleiben drei Möglichkeiten, um mit neuen Verbindungen die Holzstufen zum Schweigen zu bringen.

Quelle für Geräusche ist vor allem die Nut- und Federverbindung zwischen Tritt- und Setzstufe.

Geräusche können nur dann entstehen, wenn sich einzelne **Treppenteile** gegeneinander bewegen. In der Regel ist das nur in den **Verbindungen** möglich. Es gilt also, diese Bewegungen zu unterbinden. Knarren die waagerechten **Trittstufen** nur in den Wangen an beiden Seiten, genügt es oft schon, wenn nur die Muttern der eisernen **Zugstangen** nachgespannt werden. Bewegungen in der Nut- und Federverbindung zwischen Trittstufe und senkrechter **Setzstufe** (auch Stoßbrett) lassen sich dagegen nur mit zusätzlichen Verbindungen verhindern.

Schraublöcher eng beieinanderliegend ankörnen und bohren.

Eingelegte Kartonstreifen halten Abstand zur Trittstufe.

Versteckte Verstärkung

Von der **Rückseite** her mit zusätzlichen Leisten. Diese werden erst mit 2 Millimeter **Abstand** zur Trittstufe auf die Setzstufe geleimt und geschraubt und gleich anschließend mit der Trittstufe verschraubt. Denn halten soll der **Holzleim,** und das kann er am besten, wenn er frisch **Kontakt** mit den Leimflächen bekommt. Durch den 2 Millimeter-Abstand können die **Schrauben** die Verbindung zusammenziehen. Bei der **Gelegenheit** auch gleich die alten Schrauben in den Setzstufen zu den Trittstufen nachziehen oder mit neuen Schrauben die **Verbindung** verstärken. Nicht ohne zuvor eventuelle Fugen zwischen diesen Bauteilen von der **Vorderseite** her mit Leim zu füllen. Nicht immer ist die Treppe jedoch auf der **Rückseite** zugänglich. Dann kann ein filigranes Aluminium-Winkelprofil 10 x 10 x 1 mm auf der Vorderseite die Verbindung zwischen den **Stufen** verstärken. Befestigt man es wenigstens alle 10 cm mit Pan-Head-Schrauben, erspart man sich das **Aufreiben** für den Kopf von Linsen- oder Senkkopfschrauben.

Ansehnliche Hilfen

Andererseits bieten diese Schrauben eine elegantere **Ansicht.** Dann sollte das Profil 1,5 bis 2,0 Millimeter dick sein. Ohne Zusatz-Winkelgetriebe auf der **Bohrmaschine** ist das Eindrehen der Schrauben mit Kurz- oder Winkelschraubendreher aber doch recht mühsam. Einfacher lassen sich die **Schrauben** von oben durch die Trittstufe in die Setzstufe drehen. Wenn sich die Köpfe mit **Belägen** verdecken lassen, ist das sicher das einfachste Verfah-

Ein Winkelschraubendreher erleichtert die Arbeit.

ren. Für Treppen aus naturfarbigen **Hölzern** aber weniger geeignet.

Gekürzte Stifte durchstoßen als Markierung das Klebeband.

Füllverfahren

An solchen Stufen kann man die **Schraubenköpfe** nur unter farbgleichen oder bewußt unterschiedlichen **Füllplättchen** verstecken. Handelsüblich sind nur Querholzplättchen aus **Kiefer.** Für decklackierte, gebeizte oder farblasierte Stufen vielleicht noch akzeptabel. Mit einem **Fräser** für Querholzplättchen kann man sich auch selbst zum **Holz** der Trittstufen passende Füllstücke herstellen

Die Bohrtiefe an der Führung genau begrenzt einstellen.

oder auch bei einem **Tischler** anfertigen lassen. Auch aus schwarzem Plexiglas lassen sich solche **Plättchen** ausfräsen. Außerdem ist es auch noch möglich, die exakt ausgebohrte **Vertiefung** über den Schraubenköpfen mit flüssigem **Kunstharz** zu füllen. Dafür eignet sich Epoxidharzkleber oder Modell- und Bootsbauharz mit **Färbepaste** oder Gußeisenpulver (Kunstharz-Hobby-Gießtechnik) eingefärbt.

Schraubenlänge: wenigstens doppelte Dicke der Trittstufen.

Arbeitsvorgänge

Für die zuvor genannten **Füllverfahren** sollten Sie die Stufen mit kräftigem **Packpapier** schützen, um Schäden auf den Flächen durch Werkzeug und **Bearbeitung** zu vermeiden. Mittelpunkte für Bohrungen zuvor alle 100 bis 120 mm in gleichbleibenden **Abständen** mit feinen Stiften markieren. Genau die Mitte über der Setzstufe ausmessen. Zuerst die **Vertiefungen** mit einem Zylinderkopfbohrer herstellen. Mit eingespannter Bohrmaschine gelingt das exakt.

Füllplättchen einleimen und noch knapp überstehen lassen.

Fräsen von Querholzplättchen aus passenden Holzarten.

Die Schraublöcher in der **Trittstufe** im Schraubendurchmesser vorbohren. Sonst könnte das bis unter den Schraubenkopf reichende **Gewinde** der Spanplattenschrauben die Verbindung auf **Distanz** halten, anstelle sie zusammenzuziehen. Üblicherweise wird der **Überstand** der Füllplättchen abgehobelt und die gesamte Fläche geschliffen. Damit die vorhandene **Oberfläche** nicht beschädigt wird, kann man versuchen, den Überstand mit sehr scharfem **Stecheisen** in ganz feinen Spänen abzuschälen.

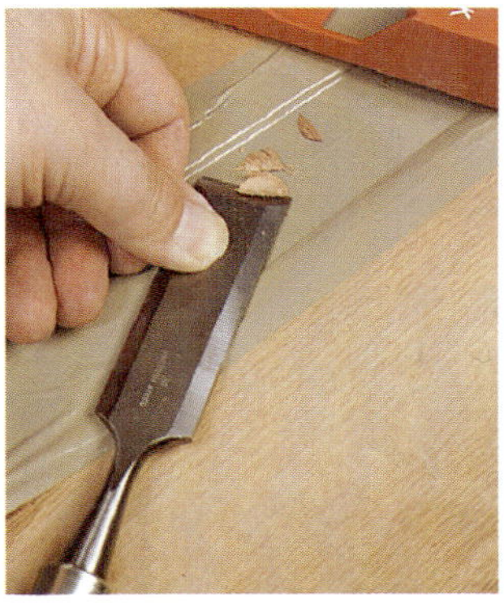

Das Stecheisen mit dem Daumen ganz flach auf Fläche drücken.

Schrauben mit gefärbtem Harz absichtlich sichtbar abdecken.

Beim Füllen der Vertiefungen mit **Kunstharz** die letzten Millimeter der Füllung tropfenweise vom **Spatel** einträufeln. Vorsichtiges Erwärmen im **Warmluftstrom** läßt das Harz leichter fließen. Es soll sich eher eine flache **Mulde** als eine leichte Erhöhung bilden.

EXTRATIP: Geleerte Aluflaschen ergeben noch ideale, wärmefeste Mischbehälter mit angeformter Gießrinne. Den gesägten Rand mit der Feile und die Innenflächen mit Nitroverdünnung säubern.

ARBEITSMATERIAL

- Bohrmaschine
- Zusatz-Winkelgetriebe
- Bohrmaschinenführung
- Alu-Winkelprofil
- Leisten
- Schrauben
- Holzleim

Abgetretene Treppenstufe auffrischen

Selbst mit einer hochwertigen Beschichtung zeigen sich bei farbig gebeizten Treppenstufen nach mehr als einem Jahrzehnt Verschleißspuren an den Vorderkanten. An schwarzen Stufen erkennt man sie noch früher.

Damit die neue **Beize** das Holz intensiv färben kann, muß die alte Beschichtung, scharf begrenzt, bis aufs rohe **Holz** herunter. Das gelingt mit Ziehklinge oder Dreikantschaber besser als mit Schleifpapier. Zum **Abziehen** können Sie jedoch auch ein dickes **Glasbruchstück** benutzen, da sich die speziellen Werkzeuge nicht so einfach schärfen lassen. Das gewässerte, wieder trockene **Holz** mit Schleifvlies ‚sehr fein' oder Stahlwolle ‚00' glätten. Auch feines Schleifpapier ist dafür noch recht steif. Sorgfältig absaugen, denn Stahlfasern in der Beize können die **Ursache** für Verfärbungen sein.

Behutsam ganz dünne Späne abschaben und auf Splitter achten.

Trocknen mit Warmluft verkürzt die Wartezeit.

Die Holzporen müssen sich mit Beize vollsaugen können.

Feine Holzfasern richten sich durch heißes Wasser auf.

Anschmiegsame Schleifmittel für die gerundeten Kanten.

Lack zum Versiegeln

Die erforderliche Holzbeize sollten Sie abhängig von der vorgesehenen **Holzversiegelung** wählen. Für die hohe Belastung eignet sich eine hochwertige Kunstharz-Versiegelung am besten. Wenn man die **Geruchsbelästigung** im Haus für einige Zeit in Kauf nehmen will, erreicht man mit lösungsmittelhaltigem **Polyurethanlack** immer noch die beste Oberfläche. Zu diesem besonders ergiebigen Lack gehört, auch zur **Werkzeugreinigung,** eine spezielle Verdünnung. Geeignet sind wassergelöste Beizen. Wassergelöste Polyurethanlacke verlaufen nicht so leicht zu einer glatten **Oberfläche,** lassen sich jedoch angenehmer verarbeiten. Dafür gibt es speziell geeignete **Holzbeizen.**

Mit Beize färben

Für die vorhandenen Stufen müssen Sie möglicherweise verschiedene **Beiztöne** miteinander mischen, um den richtigen Ton zu treffen. Das kann man allerdings nur auf einem **Musterstück** aus möglichst farbtongleichem Holz, fertig gebeizt und versiegelt, zuverlässig kontrollieren. Die Beize so naß wie möglich auftragen. Dann den **Pinsel** auf saugfähigem Papier ausdrücken, um mit ihm nach wenigen **Minuten** die überschüssige Beize wieder aufzunehmen.
Völlig durchgetrocknet die gebeizte Fläche mit einer Bürste aus **Pflanzenfasern** glätten. Mit Schleifmitteln gerät man zu leicht wieder bis auf das rohe **Holz.** Für ein fachgerechtes Ergebnis sollte man die Kanten erst mit unverdünntem **Lack** vorstreichen. Nach dem Trocknen die gesamte Stufe mit Schwingschleifer und **Schleifpapier** bearbeiten, um ebene Flächen zu erzielen. Mit verdünntem **Versiegelungslack** (bis 15% Zugabe) grundieren. Und darauf, nach jeweiligem **Zwischenschliff,** noch ein bis zwei Schichten auftragen.

Kanten mit unverdünntem Lack vorstreichen.

ARBEITSMATERIAL

- Schabwerkzeug
- Schleifvlies
- Stahlwolle
- Holzbeize
- Versiegelungslack

Treppenstufen neu belegen

Treppenstufen sind besonders hoher Beanspruchung ausgesetzt. Trotzdem ist ein Teppichbelag auf der Treppe komfortabel und sicher. Er muß jedoch ein paar spezielle Voraussetzungen erfüllen.

Die Auslegeware sollte, durch das **Teppichsiegel** dokumentiert, speziell für

Die Stufen mit einem Bandmaß vermessen.

diesen Zweck geeignet sein. Auch ein eventuelles **Dekor** sollte dieser Verwendung entsprechen. Es darf weder schmutzempfindlich noch allzu großformatig sein damit sich **Verschiebungen** durch die meist recht unregelmäßigen Formen nicht so

Stichmaßleisten erfüllen den gleichen Zweck.

bemerkbar machen können. Die Vorderkante der **Trittstufe** ist besonders gefährdet. Vor allem dann, wenn die **Kante** der Stufe abgenutzt und damit uneben ist. Zweckentsprechende **Reparatur** schützt vor vergeblichem Aufwand. Entweder durch **Füllen** der Fehlstellen

Schablonen schützen vor ungewolltem Verschnitt.

mit Spachtelmassen oder durch das **Belegen** mit dünnen Ausgleichsplatten in Kantenprofilen.

Beginnen an der untersten Stufe und nach oben streben.

Jede Stufe ausmessen

Grundsätzlich wird bei allen **Treppenarten** jede Tritt- und Setzstufe gesondert zugeschnitten und belegt. Denn die **Zuschnitte** für Stufen sollten genau zwischen die **Treppenwangen** passen. Am sichersten ist die Anfertigung von **Schablonen** aus kräftigem Packpapier. Das **Papier** mit einem breiten Spachtel in die **Stufenecken** drücken. Entlang der so entstandenen Markierungen kann man dann das Papier zuschneiden.

Nach Schablone zuschneiden

Nach einer **Kontrolle,** ob die Schablone paßt, läßt sich dann der Teppichzuschnitt entsprechend der **Schablonengröße** zurichten. Besonders einfach, speziell auf Treppen, ist die **Befestigung** der Teppichzuschnitte mit **Klebevlies.** Es wird ebenfalls in Einzelstücken nach den gleichen Verfahren wie die **Auslegeware** zugeschnitten.

Das Vlies oder Gittergewebe ist beidseitig selbstklebend beschichtet und hält die **Zuschnitte** auf ihrer gesamten Fläche fest. Aber auch bei der Verwendung von flüssigen **Klebern** oder Spannleisten ist der Beginn immer

Teppich und Papier lassen sich auch gemeinsam schneiden.

an der untersten **Stufe.** Bei etwas störrischer Auslegeware, die sich nicht um die **Stufenvorderkante** legen will, kann man mit besonders klebstarkem **Teppichklebeband** oder **Tackerklammern** nachhelfen.

ARBEITSMATERIAL

- Auslegeware
- Klebevlies
- Packpapier
- Schneiderkreide
- Bandmaß
- Spachtel
- Universalmesser
- Teppichschere

Wände

Der Eindruck eines Raumes wird maßgeblich von der Gestaltung seiner Wände bestimmt. Ob Sie nur zur Verschönerung beitragen wollen oder eine Renovierung durchführen müssen, zu allen Themen finden Sie wichtige Tips und Tricks im folgenden Kapitel.

Pinsel pflegen

Mit gebrauchten Qualitätspinseln arbeitet es sich leichter, besser und preiswerter. Allerdings nur dann, wenn sie wie wertvolle Natur oder Kunstfasern gepflegt werden.

ÖKOTIP
Pinselreiniger sind zwar biologisch abbaubar, belasten aber die Kläranlagen sehr stark. Daß geringe Mengen beim Ausspülen in die Kanalisation gelangen, läßt sich zwar nicht vermeiden, den größten Teil kann man jedoch, von Sägemehl aufgesaugt, in den Hausmüll geben. Reste von Lösungsmitteln an speziellen Sammelorten abgeben, wo sie entsprechend recycelt werden.

Ein Maler wird selten seine eigene **Leistung** durch ungepflegtes Werkzeug behindern, denn das Arbeitsergebnis wird mit hochwerti-

Vorwaschen in gesammelten Reinigerresten.

gen **Pinseln** immer besser, weil sie erst nach längerer **Benutzung** richtig eingearbeitet sind. Besonders aus **Naturborsten** sind nicht nur alle Farbreste auszuwaschen, erst die weitere sorgfältige **Pflege** erhält die Geschmeidigkeit und befreit das Borstenpaket von den losen Haaren, die beim Arbeiten ärgerliche **Nebenwirkungen** verursachen. Denn die **Aufbewahrung** der Pin-

Kräftiges Walken in frischem Pinselreiniger.

sel in Wasser, luftdichten Behältern, Reinigern, Kunststoff- oder Alufolie taugt allenfalls für kurze **Arbeitspausen** und ist, allen guten Ratschlägen zum Trotz, nicht für längere **Zeiträume** zu empfehlen. Wasser macht Naturborsten weich und lappig. Lösemittel können das Aushärten der Anstrichmittel zwischen den Borsten nur verzögern, aber

Auswaschen, bis das Wasser klar bleibt.

Einschäumen mit Kernseife, ausgiebig nachspülen.

nicht verhindern. Außerdem können sie Borstenfassungen aus Kunststoff oder den Lack auf dem Pinselstiel anoder gar auflösen.

Für die Vorwäsche die benutzten Reiniger sammeln

Bei der **Vorwäsche** wird zunächst ein Großteil der

Den Pinsel auf saugfähigem Papier ausdrücken.

restlichen Farbe aus dem Borstenpaket entfernt. Bereits wenig frischer Pinselreiniger emulgiert die restlichen **Lackreste** bis tief in die Borstenfassung hinein. Unter fließendem, lauwarmem **Wasser** anschließend die Lack und Reinigerreste ausspülen. Kräftiges Reiben der Borsten soll auch die letzten **Farbreste** lösen. Diese **Behandlung** erhält,

Pinsel stets hängend trocknen und aufbewahren.

durch die rückfettende Wirkung der Seife, die **Naturborsten** elastisch und geschmeidig. Damit möglichst wenig Wasser zwischen den Borsten verbleibt, den **Pinsel** kräftig ausschleudern und ausdrücken. Sollten sich jetzt noch Farbreste auf dem Papier zeigen, ist es besser die ganze Prozedur zu wiederholen. Damit bei erneutem Gebrauch keine störrisch abstehenden Borsten stören, formt **Klebeband** die Borsten zu einem geschlossenen **Paket.** Nach dem gleichen Prinzip werden auch Pinsel mit **Kunststoffborsten** für wasserhaltige Anstrichmittel gereinigt. Bei **Farbrollern** zum Abschluß die Walze mit einer schnellen Bewegung über eine Fläche rollen.

ARBEITSMATERIAL
- Behälter für Reinigerreste
- Pinselreiniger
- Waschgefäß
- Kern-/Grünseife
- Zeitungspapier

Farben mischen

Man kann Kontrastfarben wählen oder farbige Accessoires mit weißen Wänden und umgekehrt kombinieren. Einen genau zum Dekostoff der Gardinen passenden Farbton wird man jedoch meistens selbst mischen müssen.

Testmischungen führen in die gewünschte Richtung.

Mit Wassermalfarben lassen sich vorab die erforderlichen Farben festlegen. In der **Regel** sind es nur zwei Farben mit Weiß zum **Aufhellen.**

Erst getrocknet läßt sich der Farbton genau beurteilen.

Mustermischungen

Der **Grundton** ist stets erst aus den Volltonfarben, von dunkel nach hell, zu mischen. Weiß kommt erst, wenn der Grundton stimmt, in kleinen **Mengen** nach und nach dazu. Wieder dunkler zu tönen, kostet viel **Farbe,** denn mit Schwarz würde jeder Farbton schmutzig. Je nach **Glück** und **Geschick** sind eine ganze Reihe Mischversuche notwendig. Dazu die **Grundfarben** zuerst gut aufrühren und kleine Mengen mit dem **Rührstab** auf die Rauhfasertapete heben.

PROFITIP

Acrylfarben halten sich jahrelang, falls die Dosen nicht rosten und die Farbe verschmutzen. Dispersionsfarben möglichst in kleinere Plastikeimer füllen, damit die Luftschicht über der Farbe gering bleibt. Auf Lacken mit Lösungsmitteln einen Löffel voll Testbenzin vorsichtig verteilen. In jedem Fall die Deckel gut schließen und die Gefäße unbewegt, kühl, aber trocken lagern.

Zählen Sie die kleinen **Pinselspitzen** mit Farbe zu dem jeweiligen Muster ab. Dann haben Sie einen ungefähren **Anhalt** für die Mengenanteile zur endgültigen **Mischung.**

Die dunklere Grundfarbe mit der helleren tönen.

Den Grundton auf einer Tapete kontrollieren.

Jedes Farbmuster aufstreichen und mit **Warmluft** trocknen. Vor jeder neuen Testmischung den **Pinsel** auswaschen, sonst verfälschen die Farbreste das Muster. Der **Bedarf** derartiger Spezialtöne ist meistens gering. Zum Anrühren kleiner **Farbmengen** ist der Quirl aus einem alten Handrührer in einer kleinen **Akkumaschine** handlicher als ein langer Mischpropeller, der mitunter bei kleinen Mengen zuviel **Luft** unter die Farbe mischt.

Mit weißer Farbe die Mischung aufhellen.

Mischtechnik

Ebenso wie beim **Muster** zuerst die festgestellten Anteile der **Grundtöne** mischen. Dabei nur etwa die Hälfte der dunkleren Farbe mit dem helleren Grundton aufhellen, um genügend **Spielraum** zum Nachtönen in der einen wie in der anderen **Richtung** der Grundtöne zu behalten. Mit **Farbproben,** zwischendurch genommen und getrocknet, das Ergebnis kontrollieren.

Bei einem **Voranstrich** können Sie den Farbverbrauch genau ermitteln, um für den **Schlußanstrich** ausreichend, aber nicht zuviel Farbe anzumischen. Fünf Prozent **Reserve** sollten Sie jedoch auf jeden Fall einkalkulieren.

EXTRATIP: Pigmente, die sich beim Aufrühren alter Farbvorräte nicht verteilen, durch eine Feinstrumpfhose ausfiltern. Mit einem kräftigen Gummiband (ausgemusterte Hosenträger) am Eimerrand festspannen.

ARBEITSMATERIAL

- Tuschpinsel
- Rauhfaserreste
- Volltonfarben
- Mischquirl
- Bohrmaschine
- Heißluftgebläse

Dekofilzdekor anbringen

Persönliche, kreative Wanddekoration hat gegenüber vorgefertigten Dekoren stets besonderen Reiz. Grafische Motive wie geometrische Flächen, Lettern oder Ziffern gelingen leicht und wirken attraktiv.

Für perfekt kreisförmige **Zuschnitte** läßt sich die Elektrostichsäge, bei etwas Im-

So läßt sich die Säge in großen, genauen Kreisen führen.

provisationstalent, mit einer längeren **Zirkelstange** ausrüsten, aus Aluminium-Flach- oder Rundprofil oder geeigneten **Holzstäben.**

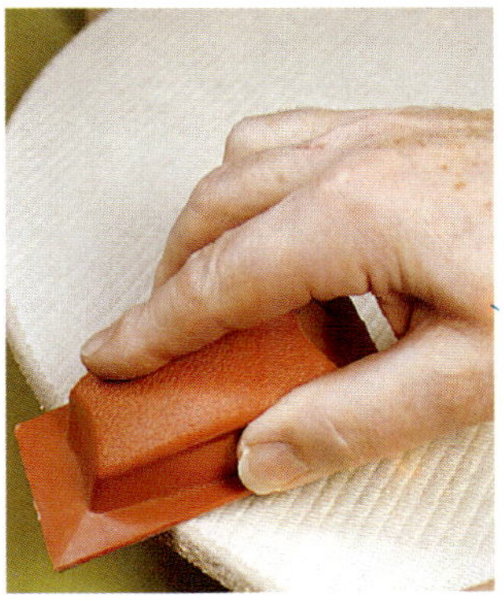

Gerundete Kanten unterstützen den professionellen Eindruck.

Zum Beispiel mit einem aufgeklebten Holzstreifen (doppelseitiges Klebeband), um die Stange an der Grundplatte zu fixieren. Wasserhaltiger **Kontaktkleber** eignet sich gut, um den Filz auf die **Plattenrückseite** zu kleben. Für eine ausreichende Kleberschicht die **Dämmplatten** zunächst mit Kleber grundieren. Solange dieser trocknet, den Filz mit reichlicher **Zugabe** zuschneiden. In die zweite, üppig aufgetragene Kleberschicht den **Filz** eindrücken

Warmluft hilft, die Kleberschichten schneller zu trocknen.

und wieder lösen. Falls notwendig noch Kleber nachstreichen. Beginnt der **Kleber** glasig anzutrocknen, ist es Zeit, den Filz zu verkleben. Am **Anfang** auf einem handbreiten Stück. Dann den Filz nicht zu straff zur

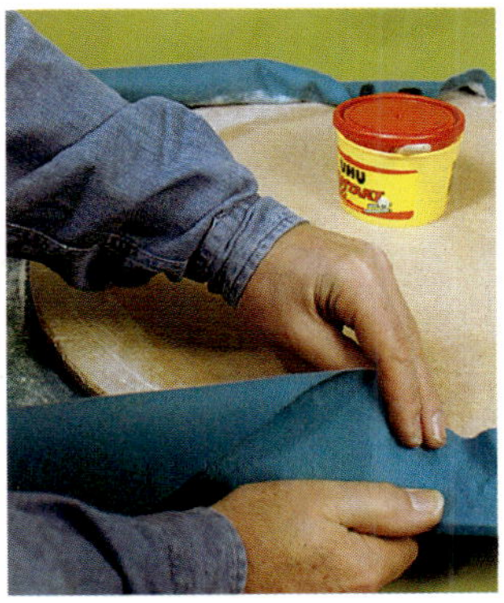

Den Filz vom Rand zum Mittelpunkt hin andrücken.

gegenüberliegenden **Kante** streichen und auch dort festdrücken. Weiter geht es

Die Distanzleisten mit Holzleim befestigen.

im rechten Winkel zur **Anfangsrichtung** und ebensofort mit den **Zwischenpartien.** Ist der Kleber fest, kann man die Falten abschneiden.

Klettband auf den Leisten zur Sicherheit festklammern.

Befestigung

Die etwa 14 mm dicken Distanzleisten in großzügig aufgetragenen **Holzleim** einlegen und über Nacht trocknen lassen. Durch diese Leisten heben sich die **Dekoelemente** plastisch von der Wandfläche ab.

Für kleberbeschichtetes **Klettband** sollten Sie die

Durchmesser der Kreisflächen: 25, 30, 45 und 50 cm. Die Stufen reichen von 160 x 35 bis 70 x 9 cm.

Klebeflächen auf der Wand senkrecht anordnen und mit Kontaktkleber grundieren.

EXTRATIP: Zum Malen vielgestaltiger Dekore wie Kunstmaler einen Stützstab benutzen. Ein Buche-Rundstab mit einem Stoffknäuel oder Tennisball an der Spitze erfüllt diesen Zweck.

ARBEITSMATERIAL

- Weichfaserdämmplatten
- Dekofilz
- Kontaktkleber
- Holzleim
- Klettband
- Elektrostichsäge
- Handtacker

Richtig Maß nehmen

Genaues Maß ist eine der Grundlagen für das Gelingen jeder handwerklichen Arbeit. Darauf hat die Qualität der Meßzeuge wenigstens ebenso großen Einfluß wie die Sorgfalt beim Maßnehmen.

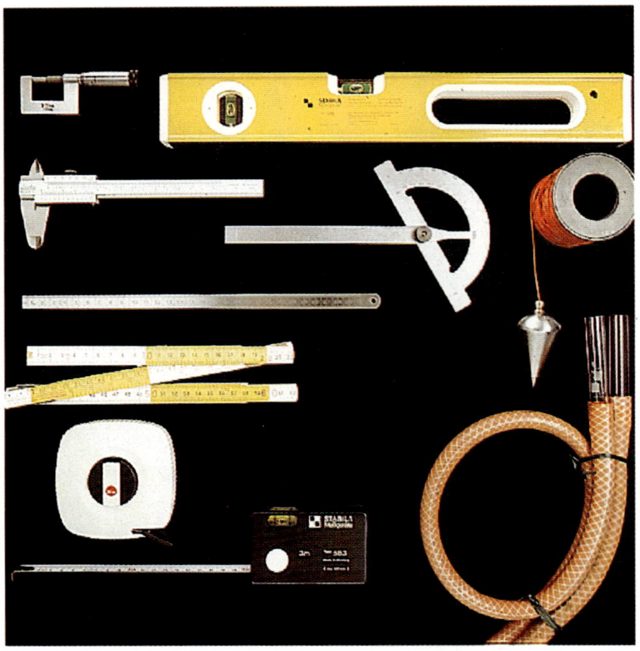

Mikrometerschraube, Wasserwaage, Schiebelehre, Winkelmesser, Senklot, Stahllineal, Gliedermaßstab, Maßband, Stahlbandmaß und Schlauchwaage (von links oben nach rechts unten).

Auch hochwertige **Werkzeuge** leiden jedoch unter nachlässiger **Behandlung.** Man sollte sie vor allem vor **Feuchtigkeit** schützen und möglich an einem bestimmten **Platz** aufbewahren. Bei seltener Benutzung verhindert ein Hauch **Fett** auf blankem Stahl, daß sich **Rost** ansetzt oder daß die **Gelenke** am Gliedermaßstab schnell verschleißen.

Meßzeuge

Die **Mikrometerschraube** ist nur für den interessant, der sich mit dem präzisen Modellbau oder anderen feinmechanischen Dingen befaßt. Hier ist sie nur der Vollständigkeit wegen vertreten. Anders dagegen die **Wasserwaage.** Denn ohne sie ist eine schnelle Kontrolle der Waagerechten und Senkrechten nicht möglich. Und das ist bei sehr vielen Aufgaben unbedingt erforderlich. Ein stabiler Aluminiumkörper mit unverrückbar eingegossenen Libellen und geschliffenen Anlageflächen garantiert hohe Genauigkeit über Jahrzehnte.

Eine **Schiebelehre** sollte eigentlich das wichtigste Werkzeug zum Messen sein. Denn im Bereich bis 150 mm braucht man meistens recht genaue Maße, die sich mit diesem Meßinstrument schnell und eindeutig feststellen lassen. Die Noniusskala zum Feststellen von Zehntel Millimetern muß man dabei ja nur selten bis nie beachten. Aber rundes Material oder Bohrlochtiefen lassen sich ohnehin nur mit der Schiebelehre zweifelsfrei bestimmen. Mitunter sind auch andere Winkel als der rechte mit 90 Grad anzuzeichnen und wenn, dann sehr genau. Der **Winkelmesser** aus Stahl ist dabei dem Winkelmesser aus der Schulmappe weit überlegen.

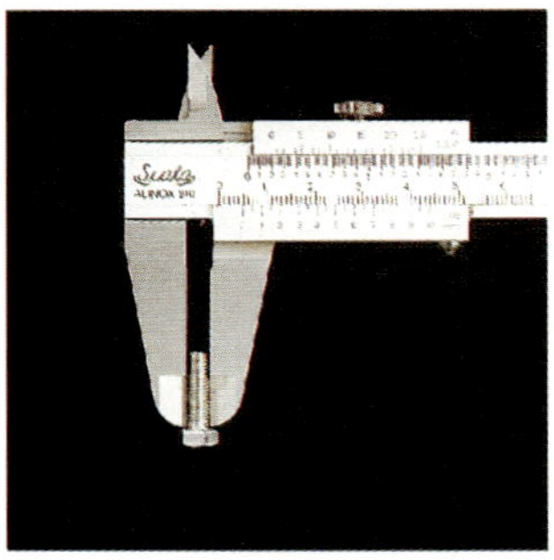

Außendurchmesser an Rundmaterial oder Gewinde feststellen.

Wenn sich das **Senklot** eingependelt hat, etwas anheben und fallen lassen. So lassen sich, mit der Stahlspitze an dem schweren Metallkörper, zum Beispiel

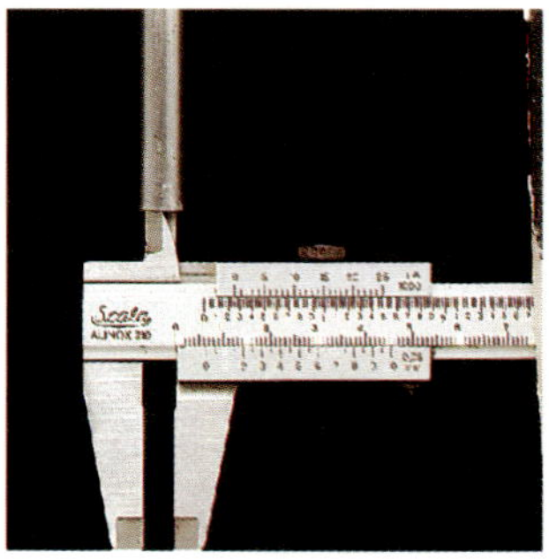

Innendurchmesser an Rohren oder Bohrungen ausmessen.

Markierungen von der Decke direkt auf den Fußboden übertragen. Markierungen mit kurzen Abständen auf Metall verlangen meistens etwas höhere Genauigkeit als auf Holz. Es lohnt sich jedoch, auch dabei und in jedem Fall das **Stahllineal** zu benutzen. Seine eingeätzte Skala, zum Teil im 0,5 mm Abstand, ist eindeutiger ablesbar.

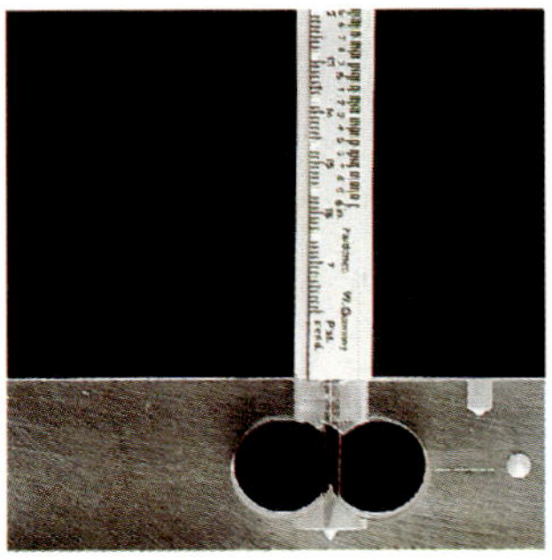

Bohrlochtiefe mit der Meßzunge ermitteln.

Längenmaße

Zur Grundausstattung gehört der **Gliedermaßstab.** Der steife „Zollstock" aus Holz überbrückt leichter

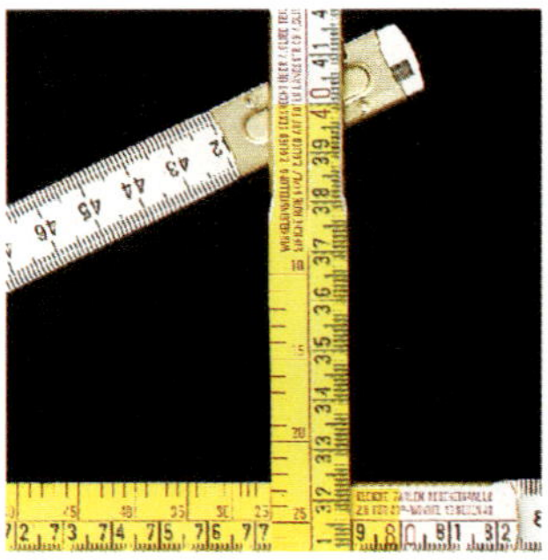

Zusätzliche Winkelskala am Gliedermaßstab.

größere Abstände als elastische Maßstäbe aus Kunststoff. Größere Distanzen kann man besser mit einem **Maßband** feststellen als mit dem aneinander gelegten Gliedermaßstab und das **Stahlbandmaß** mit drei Meter Länge ergänzt ihn mit weiteren Funktionen.

Richtig anzeichnen

Ob Längenmaße, Bohrungen, Ausschnitte - je exakter die Markierungen umso genauer lassen sich die Maße einhalten. Dabei darf man auch bei Arbeiten mit Holz ruhig ungewöhnliche Wege gehen.

Tischlerwinkel, Anschlagwinkel, Streichmaß, Schmiege, Bleistifte, Bogenzirkel, Körner, Reißnadel, Universalmesser, Außentaster, Innentaster (von links nach rechts).

Ein Strich mit einem mehr oder weniger spitzen **Bleistift** reicht für grobe Balkenkonstruktionen. Beim **Umgang** mit gehobeltem **Holz,** Kunststoffplatten oder **Metallprofilen** ist man auf schärfere Linien angewiesen. Da der **Tischlerwinkel** auch zum Anzeichnen von längeren, winkelrechten **Kanten** dient, darf sich der genaue Winkel von 90 Grad zwischen **Anschlag** und

Markierung mit Messerklinge auf Holz.

Schiene auch unter harten Bedingungen nicht verändern. Trotzdem empfiehlt sich eine gelegentliche

Tischlerwinkel durch Umwenden kontrollieren.

Kontrolle. Den Winkel an einer exakt geraden Plattenkante anlegen und einen feinen **Strich** entlang der Schiene ziehen. Auch gewendet, muß die **Schiene** mit der Linie perfekt übereinstimmen. Der kleine **Anreißwinkel** aus einem Stück 6 mm dickem Stahl ist so massiv, daß er sich nicht verändern kann.

Markierungen aufzeichnen

Bleistifte sollten für Markierungen auf Holz nicht weicher als die Härte „H" sein. Für Striche auf Wand und Boden ist der dicke **Zimmermannsbleistift** besonders geeignet. Das **Streichmaß,** ein typisches Tischlerwerkzeug, eignet sich nicht nur für Markierungen parallel zu einer Kante. Beliebige Winkel lassen sich mit der **Schmiege** übertragen.

Markierungen einritzen

Mit dem **Bogenzirkel** lassen sich Kreisbögen und Rundungen markieren. Auf Metall wird die Spitze für den Mittelpunkt in einer kleinen, mit dem **Körner** eingeschlagenen Vertiefung plaziert. Diesen kleinen Schlagstift mit gehärteter Spitze benutzt man auch, um Bohrlochmittelpunkte auf Metall „anzukörnen". Das ist

Bohrungen markieren mit Streichmaß auf Holz.

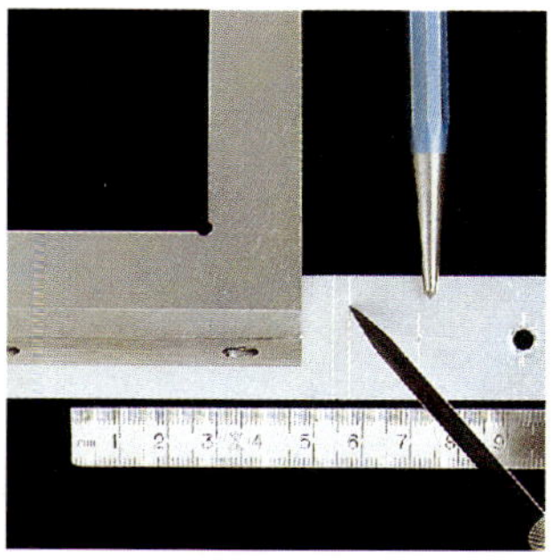

Markierungen mit Reißnadel und Körner auf Metall.

auf harten Holz- oder Kunststoffoberflächen (ausgenommen Plexiglas) ebenso zu empfehlen. In weichen Hölzern mit ausgeprägter Maserung lassen sich die Mittelpunkte besser mit den Spitzen vom Streichmaß oder mit dem Vorstecher markieren.

Mit der **Reißnadel** ritzt man die Markierungen in die Oberfläche von Metall. Die

PROFITIP

Vielfach ist als Lineal ein Aluwinkelprofil, 40 x 20 x 4 bis zu 250 cm Länge, besser geeignet als ein Richtscheit aus Holz.
Wenn man das nicht ständig benutzt und überprüft, könnte es sich schon etwas verzogen haben, bevor man es bemerkt. Aluwinkelprofile können Sie auch mit den Kantenlängen 3:4:5 zu einem übergroßen Winkel verbinden.

Spitze vom Körner sollte stets so spitz geschliffen sein, daß sie fast automatisch in die feine Vertiefung findet. Nach einem feinen Schnitt mit der Klinge im **Universalmesser** entlang der Schiene vom Tischlerwinkel läßt sich in jedem Fall präziser arbeiten als nach einem Bleistiftstrich.

Jalousettenhalter fest anbringen

Bei Befestigungen in Wänden und Decken landet man nicht selten in einem Hohlraum. Das kann auch im Rolladenkasten unterm Fenstersturz oder in Verkleidungen der Dachschräge passieren.

Hohlraumtiefe feststellen

An der Stelle für die Befestigung zunächst ein **Loch** mit 3 mm Durchmesser bohren. An einem längeren Stück **Bindedraht** wird das Ende mit der Flachzange abgewinkelt und auf 2 Millimeter gekürzt. Mit dem **Draht** in der Bohrung läßt sich jetzt sowohl die gesamte Höhe wie auch die Dicke der Platte feststellen, wenn das Ende auf **Widerstand** stößt,

Bohrlochmittelpunkte mit dem Vorstecher markieren.

oder sich der Winkel an der Deckenplatte verhakt. Mit einem Hohlraumanker bleibt, im Gegensatz zum **Klappdübel,** die Bohrung bei 6, 8 oder 10 mm Durchmesser.

Als Hohlraum über der Deckenplatte genügt ein Abstand von wenigstens 16 mm (Anker 6 mm Ø), damit sich die **Flossen** am Anker hinter der Bohrung wieder spreizen können.

Test- und Führungsbohrung mit dünnem Bohrer.

Schraubendurchmesser gezielt wählen

Der **Anker** hat ein für Holz- und Spanplattenschrauben geeignetes **Innengewinde.** Man kann damit Träger oder andere Gegenstände befestigen, aber auch **Schraubhaken** mit fester Scheibe verwenden. Notfalls läßt sich das **Schraubengewinde** auch entsprechend kürzen. Wanddicke vom Befestigungsgegenstand plus Plattendicke plus **Dübellänge** ergeben die Schraubenlänge. Als **Beispiel:** für die 1,0 mm Jalousiehalterung an der 10 mm dicken Gipskartondecke genügt eine **Panhaedschraube** 3,0 x 30. Oder mit einer 4,0 x 50 mm langen Schraube kann man eine gesamte **Dicke** (Gegenstand und Platte) bis 30 mm überbrücken. Beim Bohren lassen sich **Späne** oder **Staub** auch in einer leeren Verpackung auffangen. Die kann man, einmal

Schraubenschachtel als Bohrstaubfänger.

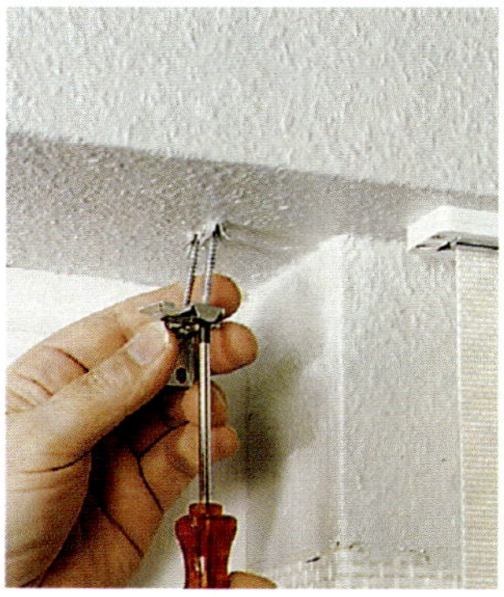

Anker auf den Schrauben gemeinsam mit Halter montieren.

benutzt, mitsamt dem Dreck in den **Müll** geben.

Hohlraumanker montieren

Zur **Montage** den Gegenstand, die Schraube und den **Dübel** vormontieren. Die **Schraubenspitze** soll nur knapp aus dem Dübel ragen. Der wird mit **Hilfe** der Schraube durch die Bohrung geschoben. Dabei kann der **Schraubendreher**

An der Bedienungsseite sind zusätzliche Kräfte zu halten.

willkommene Hilfe leisten. Wenn sich der **Anker** nicht mehr zurückziehen läßt, haben sich die **Flossen** ge-

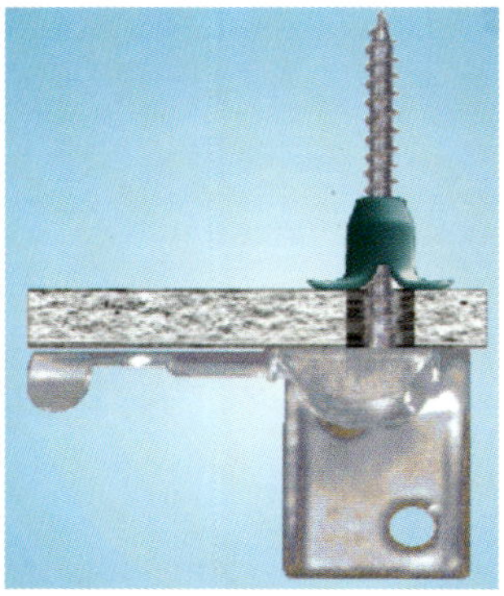

Mit gespreizten Flossen wirkt der Anker als Gewindemutter.

spreizt. Zum Eindrehen der Schrauben mit dem Befestigungsgegenstand wenig **Zug** auf die Schraube ausüben, damit sich der **Dübel** nicht mitdrehen kann. Diese Art der Hohlraumbefestigung eignet sich hervorragend auf senkrechten **Flächen** wie Wänden oder auf innen hohlen **Türen.**

ARBEITSMATERIAL

- Hohlraumanker
- Spanplattenschrauben
- Bindedraht
- Vorstecher
- Bohrmaschine
- Spiral- oder Mauerbohrer
- Schraubendreher

Weinflaschen aufbewahren

Begrenzte und erst recht größere Weinvorräte wollen übersichtlich gelagert werden, damit man den Überblick behält. Mit Eigenanfertigungen läßt sich der vorhandene Platz bestmöglich nutzen.

Schon in ein paar Brettern können auf einem **Quadratmeter** Wandfläche über 100 Flaschen perfekt waagerecht lagern, in etwa 10 Grad schräg nach unten und hinten geneigten **Löchern,** die in glattkantig ge-

So lassen sich Weinvorräte gut unterbringen.

hobelte und gefaste **Bretter** (145 x 24 mm) gebohrt werden: mit der Maschine im **Bohrständer,** je nach vor-

Die Flaschen stecken mit ihrem Hals in Löchern.

handenem Bohrer zwischen 32 und 40 mm Durchmesser.

Die geeignete **Neigung** der Bohrachse erreicht man, wenn die Bretter schräg auf einer **Unterlage** liegen. Zur Befestigung auf der **Wand** zuerst je Meter drei Latten 40 x 25 mm hochkant aufdübeln. Die Bretter, mit 10 mm Abstand voneinander, festschrauben. Abstände der Latten so wählen, daß sie zwischen den Löchern bleiben und je Brett und Meter 3 x 3 Schrauben eindrehen.

Sortierregal

Noch mehr läßt sich in einem **Regal** unterbringen, das aus den preiswertesten

Bretter zum Bohren an einer Kante 25 mm hoch unterlegen.

Holzbaustoffen, **Betonschalbrettern** und ungehobelten **Dachlatten,** gebaut ist. Jeder **Flaschenhals**

Unter dem Regal bleibt Platz für das Leergut.

kann hier übersichtlich in einer eigenen Aussparung liegen. Wenn auch Bocksbeutel oder Konserven unterzubringen sind, werden kurze **Brettstücke** lose auf die Wandleisten und in die vorderen Querleisten gelegt.

Flaschen liegen auf Latten an der Wand und an der Vorderseite.

Das Konstruktionsprinzip: Auf die **Wand** geschraubte Latten (50 x 25 mm) übernehmen den **Halt** und einen

Bohrloch-Achsabstand 100 mm, für 0,7l Flaschen 90 mm.

Teil der Last. Dübelabstand höchstens 60 cm und nur im vollen **Stein.** Die vorderen Querlatten (56 x 36 mm) werden in **Ausschnitte** (Abstand 160 mm) in den senkrechten Stützen geschraubt. Brettstücke (260 mm lang), jeweils hinter einer **Stütze** aufgeschraubt, verbinden die **Latten** an der Wand mit den vorderen Querlatten. Die sind dazu um 38 x 18 mm ausgefälzt. Um einen ähnlichen, winkelförmigen **Querschnitt**

Lose Fasern abschleifen, um Verletzungen auszuschließen.

zu erreichen, kann man auch zwei entsprechende **Leisten** zusammenleimen.

Die halbkreisförmigen **Ausschnitte** für die Flaschenhälse entstehen, wenn man zwei **Latten** zusammengespannt gemeinsam durchbohrt. Preiswerte **Flachfräsbohrer** genügen für diesen Zweck. Die Ausschnitte in den Stützen mit der **Elektrostichsäge** herstellen.

Die sägerauhe **Oberfläche** der Schalbretter und Dachlatten sollten Sie mit **Sandplateschleifer** oder grobem Schleifpapier glätten. Ein Schutz der **Oberfläche** ist nur in feuchtem Keller unbedingt erforderlich, ansonsten kann man darauf verzichten.

ARBEITSMATERIAL

- Glattkantbretter
- Betonschalung
- Dachlatten
- Kunststoffdübel
- Schrauben
- Bohrmaschine
- Tischkreissäge
- Flachfräsbohrer

Handsägenzähne feilen

Sägeblätter, wie bei der Bügelsäge, auszuwechseln ist sicher einfacher. Wenn man sich jedoch die Arbeit mit Feinsäge und Fuchsschwanz nicht unnötig erschweren will, sollte man diese ab und zu nachschärfen.

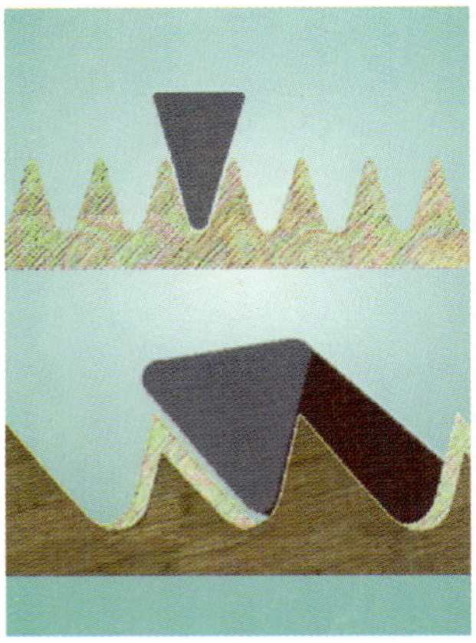

Feinsäge mit 30° Feile, Fuchsschwanz mit 60° Feile bearbeiten.

Die Ausnahme: Handsägen mit induktiv gehärteten **Zähnen.** Die vom Härten blau angelaufenen Zähne sind härter als jede **Feile.** Stumpf geworden taugt das **Sägeblatt** immer noch zum Abschälen von Rasensoden. Bei der speziellen Feinsägefeile stehen die Flächen mit dem **Feilenhieb** in steilem Winkel zueinander. Steckt man diese Feile um 90 Grad gedreht in das **Feilenheft,** läßt sie sich besser dirigieren, weil man dann das Heft, mit den flachen **Seiten** senkrecht halten kann.

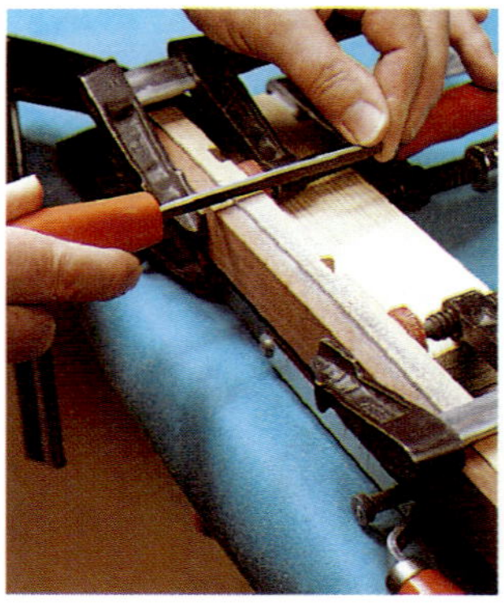

Schraubzwinge stets nahe der Arbeitsposition ansetzen.

Mit einem Schraubendreher die Zähne schränken.

Feinsäge schärfen

Im **Normalfall** werden die Zähne der Feinsäge symmetrisch geschärft. Damit das Sägeblatt bei der **Bearbeitung** nicht vibriert, ist es fest einzuspannen. Entweder in einer **Feillade** oder zwischen zwei nicht zu dicken **Leisten,** die wiederum an ein kräftiges Kantholz auf der **Arbeitsfläche** gespannt sind. Die Zähne dürfen nur ganz knapp überstehen. Jeden Zahn gleichmäßig mit drei **Feilstrichen** bearbeiten.

Zahnspitzen bearbeiten, bis alle wieder eine Linie bilden.

Jede zweite Lücke von rechts unten nach links oben feilen.

Anschließend die Zähne mit einem kleinen **Schraubendreher** ‚schränken'. In jeder zweiten **Lücke** einen Zahn nach rechts und den anderen nach links biegen. Dadurch wird der **Sägeschnitt** breiter, als das Blatt dick ist. Selbst nach gleichmäßigem, mehrfachen **Nachschärfen** ist die dann wellige Zahnreihe wieder geradezurichten. Dazu mit einer **Mühlsägefeile** (feiner, einfacher Hieb, aber ohne Heft) die **Zahnspitzen** egalisieren. Das Nachfeilen mit einer unterschiedlichen **Anzahl** von Feilenstrichen, je nachdem wie tief die **Zahnlücke** noch ist, und das Einhalten der Zahnteilung (13 Zähne je Zoll) geht nach gutem Augenmaß.

Baumsäge flach aufgespannt in vier Durchgängen feilen.

Fuchsschwanz schärfen

Für die Zähne am **Fuchsschwanz** benutzt man eine kleine **Dreikantfeile.** Bei den heute üblichen, wechselseitig geschliffenen **Zahnreihen** muß man die Feile im Winkel von jeweils 75 Grad ansetzen. Gefeilt wird jede zweite **Zahnlücke.** Für die anderen Lücken das Sägeblatt wenden und in der Gegenrichtung in einem zweiten **Durchgang** bearbeiten.

EXTRATIP: Scharfe Zähne sollten höchstens vom Sägen stumpf werden. Klemmrücken sind ein guter Schutz. Kerzenwachs läßt alle Sägen besser gleiten und schützt vor Rost. Öl oder Fett sind für Holzsägen ungeeignet.

ARBEITSMATERIAL

- Feinsägefeile
- Dreikantfeile
- Schärflade
- Schraubendreher
- Schraubzwingen

Kreissägezähne schärfen

Kreissägeblätter mit der Feile in Handarbeit zu schärfen kann nur ein Notbehelf sein. Aber immer noch besser als überlastetes Werkzeug, verdorbenes Material oder eine lästige Zwangspause.

Zwischen Kanthölzer gespannt, ist schnelle Nothilfe möglich.

Spezielle Schärffeilen

Für **Spitzzahnungen** ist eine Schärffeile für Feinsägen 6,8 x 4,8 mm, Schärfwinkel 40 Grad, geeignet. Oder eine **Kreissägefeile** mit einem Querschnitt wie ein flaches Dreieck (17 mm breit, 11 mm hoch), mit der Rücken und **Brust der Zähne** gleichzeitig bearbeitet werden. Normale, gleichseitige Dreikantfeilen (60° Winkel) würden die Zähne deformieren. Für Sägeblätter mit **Wolfszahnung** kann man die flache Seite einer Halbrundfeile mit einfachem Hieb verwenden. Bei grober Zahnung und nicht allzu hartem **Werkzeugstahl** ist auch das wichtige Nachschränken der Zähne vor dem Schärfen möglich. Dabei werden die einzelnen **Zähne** abwechselnd nur wenig nach links oder rechts, entsprechend dem **Urzustand** und nach Augenmaß, gebogen. Es gibt spezielle Schränkeisen, -zangen und -lehren. Mit dem Brechmaul am **Glasschneider** oder einem Flachstahl mit Einschnitt geht es ebenfalls, wenn auch provisorisch. Für den **Sägekranz** einer Lochsäge genügt auch die Klinge eines 5 mm-Schraubendre-

Sägezähne möglichst vor dem Schärfen auch schränken.

hers. Ganz wichtig ist es jedoch, daß das Sägeblatt bei

Grobe Wolfszahnung nur auf dem Zahnrücken bearbeiten.

der **Bearbeitung** fest und möglichst knapp an der **Zahnreihe** eingespannt wird. Mit einer Schraubzwinge zwischen stabile Leisten gespannt, kann es auch in der Kreissäge bleiben. Nicht vergessen, zuvor den **Netzstecker** aus der Steckdose zu ziehen.

Hilfsvorrichtung Feillade

Spannt man das Blatt in eine **Feillade,** ist die Bearbeitung jedoch einfacher. So eine Eigenbau-Hilfsvorrichtung für diverse **Handsägen** aus stabilem 15 mm-

Zum Schränken notfalls den Schraubendreher zweckentfremden.

Mehrschichtsperrholz hat außen Tragleisten zum Einspannen in die Spannzange der **Hobelbank.** Die

Eine vom Kranz ausgesägte Scheibe als Kern mit einspannen.

PROFITIP
Selbst preisgünstige, hartmetallbestückte Sägeblätter sind in fast allen Bereichen im Vorteil. Bei hochwertigen Blättern mit vielen HM-Zähnen rentieren sich die Kosten für professionelles Schärfen in einer Lohnschärferei noch immer. Für verschmutztes Material sind diese Werkzeuge dennoch zu wertvoll. Dafür lohnen sich preiswerte CV-Blätter.

aufgeleimten Spannleisten aus **Hartholz** sollen sich nach unten um etwa einen

Ein Scharnier läßt die Feillade aufklappen.

Millimeter öffen, damit sie oben dicht schließen. Als Träger für das Blatt einen **Zapfen** aufschrauben. Eine eigene Feillade für Kreissägeblätter kann eine bogenförmige **Oberkante** haben, damit sich mehr Zähne hintereinander, ohne umzuspannen, bearbeiten lassen.

ARBEITSMATERIAL

- Schraubzwingen
- Feillade
- Feinsägenschärffeile
- Kreissägenschärffeile
- Halbrundfeile Einfachhieb
- Schraubendreher
- Schränkeisen

Nägel verarbeiten

Ohne zu nageln, geht es manchmal nicht, auch wenn im Zweifelsfall das Leimen oder Schrauben für Holz die haltbareren Alternativen sind. Hier finden Sie einige hilfreiche Tips.

Den Hammer von Zeit zu Zeit über **Schleifpapier** hin und her schieben, um saubere Hammerschläge zu sichern. Um zu vermeiden,

daß sich schmale Leisten besonders an den Enden spalten, kann man die **Nagelspitze** etwas stumpf klopfen. Dann zerreißt sie die **Holzfaser** und wirkt nicht wie ein Keil, der die Fasern auseinandertreibt. Stets jedoch **Stahl** als Unterlage verwenden. Feine Stifte lassen sich häufig nur mit **Hilfsmitteln** gezielt halten. Ein dünner Kartonstreifen oder eine **Werkzeugpinzette** ersetzen spitze Finger. Der Stift kann, von

einem **Magnet** aus einem Magnetschnapper gehalten, nicht einmal kippen. Drahtstifte mit Stauchkopf kann man mit dem **Senkstift** nicht nur tiefer schlagen, um die **Vertiefung** mit Farbwachs auszukitten, man kann damit den Stift auch schon auf den letzten Milli-

metern eintreiben und so **Hammerspuren** auf dem Holz vermeiden.

Handnagler für Profilbrettkrallen sind auch sonst eine praktische **Hilfe** zum Nageln, weil in ihm eben auch ein Magnet den Nagel führt.

Größere **Nägel** halten grobe Leisten und Bretter besser zusammen, wenn man die **Spitze** auf der Rückseite abgewinkelt wieder ins Holz schlägt. Mit der Zange oder über einem **Stahlstift** die Spitze umbiegen. Wenn man den **Nagelkopf** zum Herausziehen nicht fassen kann, muß man ihn notgedrungen mit den **Stecheisen** freilegen. Bis die Schneiden der Kneifzange unter den Kopf passen, Oberflächen mit untergelegter **Spachtelklinge** schützen.

Unterschiedliches Material läßt sich zum Verkleben gut mit **Tackerklammern** fixieren, bis der Kleber fest ist. Durch einen untergelegten **Pappstreifen** kann man

anschließend die Klammern viel leichter entfernen. Kantholz- und **Balkenkonstruktionen** lassen sich mit Nagelverbindern zwar nicht

so elegant wie mit **Schlitz** und Zapfen, dafür einfach und ebenso haltbar zusammenfügen. Nägel, besser

gesagt, massive **Bolzen** für Bolzensetzgeräte, lassen sich auch mit einem Setzeisen ins **Mauerwerk** oder seine Fugen treiben: mit schnellen, kurzen, trockenen Treibschlägen. Das gilt auch für Stahlnadeln und größere Stahlnägel.

Schrauben verarbeiten

Wer in Holz schrauben will, sollte zuerst bohren. Denn außer Spanplattenschrauben, die man für grobe Arbeiten auch mal direkt ins Holz drehen kann, halten Schrauben in einem vorgebohrten Loch einfach besser.

Vorbohren für das Gewinde: in harten Hölzer wenigstens mit halbem Schraubendurchmesser, in weichen **Hölzern** halb so groß. Nur bei sehr dünnen Schrauben bis 2,7 mm Durchmesser genügt das **Vorstechen** mit dem Spitzbohrer. Vorbohren für den Schraubenschaft: alle **Teile,** die mit der Schraube zu befestigen sind. **Vorbohren** für Senkkopfschrauben: 0,5 bis 1,0 mm größer als der Schraubendurchmesser, wenn man das **Aufreiben** (Ansenken) für den Senkkopf sparen kann. Auch bei Spanplattenschrauben für den **Schraubenschaft** vorbohren. Sonst kann deren, bis unter den Kopf reichendes Gewinde ungewollte Abstände fixieren.

Der im Verhältnis zum schlanken Kern breite Senkkopf kann ab 4 mm Schraubendurchmesser die Oberfläche von massivem **Holz** spalten, wenn man das **Schraubloch** nicht vorbohrt. Wenn Sie nur die zum Schraubenkopf passende **Klinge** verwenden, wird das Eindrehen der Schraube in der Regel gelingen. Trotzdem kann ein **Gleitmittel** auf dem Gewinde (Kerzenwachs, Seife, kein Öl!) das Eindrehen deutlich erleichtern.
Im Bild: Holz- und Spanplattenschrauben mit Längs- oder Pozidrive-Kreuzschlitz. Senk-, Linsen-, Rund-, Sechskant- und Senkkopf- sowie Panhaedschraube.

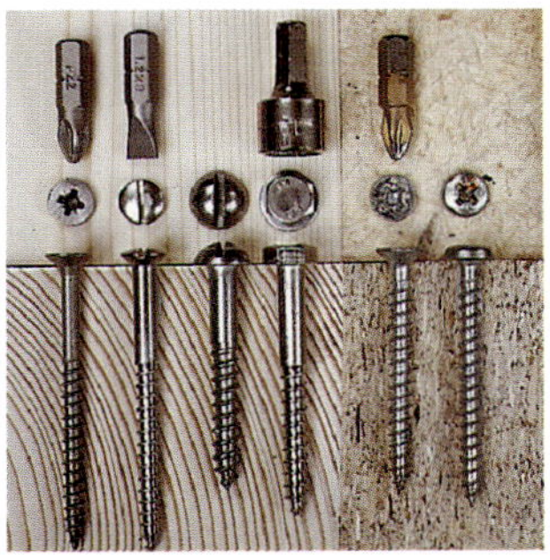
Holz- und Spanplattenschrauben und die Bits für die Köpfe.

Schrauben mit Metallgewinde für Muttern, Muffen und Scheiben

Verbindungsschrauben

Durchgehend geschraubte oder **Muffenverbindungen** an Hölzern sind noch fester und zudem lösbar. Dafür kann man Schrauben mit **Metallgewinde** und Muttern oder Muffen verschiedener Art verwenden. Unter Muttern oder Schraubenköpfen, die angedreht werden, stets große Unterlegscheiben verwenden.
Im Bild: Schloßschraube mit Flügelmutter, Linsensenkkopfschraube mit Messingdübel, Maschinenschraube mit Sechskantmutter, Linsenkopfschraube mit Hülsenschraube und Unterlegrosette, Senkkopfschraube mit Einschlagmutter, Senkkopfschraube mit Rampamuffe, Zylinderkopfschrauben mit Gewindemuffe, U-Scheiben.

Metallverbindungen

Metallschrauben werden entweder für durchgehende **Verbindungen** verwendet oder in eingeschnittenes **Gewinde** gedreht.

Nur für Blechschrauben genügt eine einfache **Bohrung** im Kerndurchmesser vom Gewinde. Das Kreuzschlitz-System Phillips-Recess wird vor allem bei Metallgewinde-Schrauben benutzt. Der **Pozidrive** Kreuzschlitz bei Holzschrauben, mit den 4 zusätzlichen **Kerben** zwischen den Schlitzen, ist ein weiterentwickelter Kreuzschlitz. Deshalb lassen sich mit diesen Bits zur **Not** auch Pozidrive-Schlitze verarbeiten – aber nicht umgekehrt.
Im Bild: Senk-, Linsen- und Sechskantkopf-, Halbrund- und Senkkopf-Blechschrauben sowie eine Zylinderkopfschraube mit Innensechskant und Hutmutter.

Werkzeuge zum Schrauben: Akku-Schrauber mit Magnetbitaufnahme, Sechskantstiftschlüssel, Winkelschraubendreher, Kurzschraubendreher, Taschen-Klingenset mit Magnetbitaufnahme, Drillschrauber, Schraubendreher, Steckschlüssel, Gabelschlüssel, Ringschlüssel und Ratsche für Stecknüsse.

Schrauben mit Metallgewinde für Profile und Bleche.

Fehler im Massivholz mildern

Fehler in Brettern und Balken gehören zwar zum Naturprodukt Holz, stören mitunter jedoch Nutzung oder Ansicht. Aussortieren der schadhaften Teile ist nicht immer möglich, und so bleibt nur das Nachbessern.

Astlöcher mit fest geführter Maschine ausbohren.

Bei unbehandelten Holzoberflächen lassen sich Fehler wie **Harzeinschlüsse** (Harzgallen), lockere **Aststellen** als sogenannte Durchfalläste oder tiefe **Schrammen** und Wuchsfehler aussparen und mit einem passenden Holzstück ausleimen. Neben **Spezialfräsern** für den gewerblichen Einsatz benutzt man dazu üblicherweise Forstner- oder Zylinderkopfbohrer, um den **Fehler** auszubohren.

Anschließend werden **Querholzplättchen** in die Vertiefungen eingeleimt. Bei größeren Fehlern können die **Bohrungen** eng aneinanderliegen oder sich auch überlappen. Dazu erst eng aneinanderliegende Boh-

Fehlstellen ausbohren, danach mit Plättchen füllen.

rungen herstellen, ausleimen, ebnen und anschließend die **Zwischenräume** ausbohren und ebenfalls ausleimen (große Abbildung). Handelsüblich sind Plättchen mit den Durchmessern 12, 15, 18, 20 und 25 mm aus **Kiefer.** Das reicht allenfalls, um Hölzer nachzubessern, deren **Oberflächen** anschließend deckend behandelt werden.

Einfärben

Wenn es sich bei dem **Originalteil** auch um die Holzart Kiefer handelt und man die Füllplättchen nach Färbung und Maserung sortiert, fällt die ausgebesserte **Stelle** auch unter einem Lasuranstrich wenig auf. Zum Beispiel an **Profilholz** aus

Die Feinsäge mit gekröpftem Griff liegt flach auf dem Holz.

minderer Sortierung mit **Schönheitsfehlern.** Im Außenbereich, zum Beispiel bei Fassadenbekleidungen, auf jeden Fall wasserfesten **Leim** zum Einleimen der Querholzplättchen verwenden. Um eine ebene **Oberfläche** zu erzielen, die Querholzplättchen nicht ganz eben mit der Oberfläche einleimen. Dickere **Füllstücke** sägt man zunächst mit der Feinsäge ab. Eine Unterlage aus **Hartplastik** oder dünnem Karton läßt einen geringen **Überstand** und schützt gleichzeitig die Oberfläche vor Spuren von den **Sägezähnen,** die sonst wieder herauszuschleifen sind. Der Überstand wird üblicherweise eben abgehobelt und die **Fläche** anschließend mit dem Bandschleifer bearbeitet. Mit

Kleine Hobel auf sehr feine Späne einstellen.

dem **Schwingschleifer** allein wird es kaum gelingen, den Überstand zu ebnen, weil seine Schleifplatte so elastisch ist, daß sie sich über größeren **Erhebungen** wölbt.

Holzbearbeitung

Deshalb zuerst den **Überstand** mit dem Hobel oder Stecheisen ebnen. Wer häufiger damit zu tun hat, wird auch über das notwendige **Tischlerwerkzeug** verfügen. In Einzelfällen kann man sich auch mit kleinen Modellbauwerkzeugen, wie einem **Hobel** für Balsaholz, behelfen. Für andere **Holzarten** als Kiefer und für besondere Situationen kann

ÖKOTIP
Wer die natürliche Schönheit der Holzflächen konsequent betonen will, füllt gesäuberte Harzgallen mit ausgehärteten Baumharzen wie Kolophonium (für Geigenbögen) oder Plättchen für Schellack. Diese Harze lassen sich, mit Heißluft oder Lötkolbenspitze geschmolzen, in den Hohlraum tropfen. Anschließend wie Holz weiter bearbeiten.

man diese **Füllstücke** auch selbst herstellen.

Hohlräume

Ein häufig sehr lästiger Fehler in Nadelhölzern sind **Harzgallen.** Wo sie stören, sollte man diese **Öffnungen** umgehend verschließen. Zuvor möglichst viel Harz aus dem Hohlraum entfer-

Als Ersatz für das Stecheisen einen Klingenschaber benutzen.

nen und Harztränen von der **Oberfläche** abschaben. Baumharze lassen sich auch mit Nitroverdünnung oder spezieller Holzseife auflösen.

Zum Füllen gibt es verschiedene **Holzkitte.** Wenn die Oberfläche noch bearbeitet werden soll, Kitt aus **Holzschleifstaub** und Bindemittel verwenden, auch wenn die bei tieferen Hohlräumen mehrfach aufzutragen sind, weil sie nachsacken. Von mineralischen Füllstoffen werden die **Werkzeugschneiden** angegriffen.

Holzkitt läßt sich direkt aus der Tube verarbeiten.

Schönheitsfehler

Kleine **Löcher** von Bildernägeln oder Schrauben lassen sich in fertig behandelten Oberflächen mit **Wachskitt** schließen. Falls Sie im Sortiment der Standardfarb-

Mit nassem Pinsel Oberfläche säubern und glätten.

töne nur einen annähernd genauen **Farbton** finden, kann man leicht kleine **Portionen** spezieller Farbtöne erzielen, denn Wachskitt läßt sich handwarm verkneten.

Zum Füllen und Ebnen sollten Sie die lange und starre Klinge eines scharf geschliffenen **Stecheisens** benutzen. Damit läßt sich das handwarme **Farbwachs** gut in das Loch drücken und mit schartenfreier Schneide auch glätten. Das gelingt noch besser, wenn Sie die **Klinge** zusätzlich anwärmen. Anschließend das wieder feste Wachs mit einem **Leinentuch** und leichter Hand nachpolieren.

Witterungsbeständig

Normaler **Holzkitt** eignet sich im Außenbereich nur, wenn er zusätzlich durch

Wachskitt kann man dem Holzfarbton unauffällig anpassen.

einen **Anstrich** geschützt ist. Füllmassen aus Holzschleifstaub oder mineralischen Füllstoffen mit

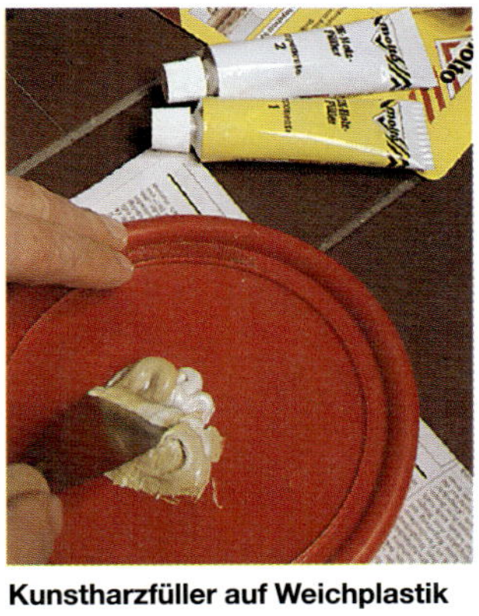

Kunstharzfüller auf Weichplastik oder Glas anmischen.

Kunstharzen als Bindemittel sind witterungsbeständig und nur aus optischen Gründen mit einem **Anstrich** zu versehen. Kleine Mengen aus **Schleifstaub** (Staubfangsack von Schleifern) und Zweikomponentenkleber lassen sich selbst

Kunstharz dient zum Füllen großer Hohlräume.

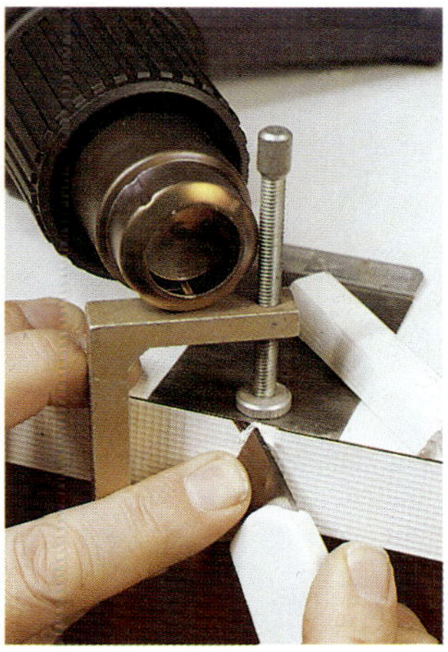

EXTRATIP: Unter weißem Wachskitt für Holz können Sie auch störende Fehler in weißen Kunststoffoberflächen verstecken. Mit entsprechenden Hilfen lassen sich sogar Schäden an Kanten ausbessern.

herstellen. Für größere **Fehlstellen** gibt es die hier gezeigte Füllmasse.

ARBEITSMATERIAL
- Querholzplättchen
- Holzkitt
- Wachskitt
- Bohrmaschine
- Feinsäge
- Stecheisen
- Hobel

Profilholz behandeln

Massives Holz braucht Schutz für seine Schönheit: mit einem Anstrich, der Wasserdampf, also die Feuchtigkeit aus der Luft, ungehindert in das Holz eindringen und wieder entweichen läßt.

Dafür eignet sich **Dekorwachs** besonders gut. Denn es behindert nicht das für **Massivholz** typische, Feuchtigkeit ausgleichende Verhalten. Nicht nur für Profilhölzer an der **Wand,** sondern auch für Oberflächen von **Massivholzmöbeln.** Selbst Nässe schadet den wachsbehan-

Dekorwachs ganz dünn auftragen, aber sehr intensiv verteilen.

delten Oberflächen nicht. Man muß sie nur gleich abwischen. Zwei bis drei hauchdünne Aufträge, **Pinsel** dazu nur ganz knapp eintauchen, bilden eine gute **Schutzschicht** auch gegen mittlere mechanische Beanspruchung.

Die Holzoberflächen aber nicht zu fein schleifen, damit sie den **Anstrich** aufsaugen können. Weichholz mit Körnung 80, Hartholz mit Körnung 100. Ein **Stoffballen** ist zum Auftragen ebenfalls geeignet, das gibt keine Streifen. Auch damit das Dekorwachs hauchdünn aufwischen und in Richtung der **Holzmaserung** mit lan-

ÖKOTIP
In Innenräumen genügt dem Profilholz ein Oberflächenschutz, völlig frei von bioziden Wirkstoffen. Bei Dekorwachs bilden natürliche und naturidentische Wachse den Anstrichfilm. Die sind in sehr wenig, besonders gereinigtem Testbenzin gelöst. So können die Wachse in das Holz eindringen, um es auch in den Poren vor Schmutz zu schützen.

gen Bewegungen verreiben. Die **Oberfläche** kann durch Dekorwachs nicht aufquellen und rauh werden, was sich bei wasserhaltigen **Anstrichmitteln** nicht immer

Mit den Kanten vom Glättholz die Wachsschicht verdichten.

vermeiden läßt. Der geringe Lösungsmittelanteil führt zwangsläufig zu langen **Trockenzeiten.** Wie bei anderen Anstrichen trocknet ein Anstrich über Nacht und bei **Temperaturen** knapp über 20°C am besten. Die durchgetrocknete Anstrichfläche kann mit einem sehr feinen **Stahlwollekissen**

geglättet werden, was aber nicht unbedingt die beste Art ist. Denn durch Schleifen wird die Fläche zwar glatt, aber matt und der **Anstrichfilm** dünner.

Erfolgreich mit alten Methoden

Die althergebrachte Methode mit dem **Glättholz,** für die Bearbeitung von Wachsbeizen, ist besser. Dazu benutzt man ein dünnes **Brettchen** (etwa 120 x 50 x 5 mm) aus Hartholz. Feinjährig und hart wie Ahorn, Ramin, Rot- oder Weißbuche. Die kurzen **Kanten** beidseitig keilförmig anspitzen. Kante sehr fein und sehr gerade schleifen.

Mit Bewegungen in Richtung der Maserung glätten.

Ecken etwas abrunden. Eine wellige **Kante und scharfe Ecken** hinterlassen sonst Spuren auf der Holzoberfläche. Die **Arbeitsweise**: Glättholz mit leichtem Druck vorwärts und rückwärts über die **Oberfläche** führen und am Ende jeweils den Druck wegnehmen. Wie beim Arbeiten mit dem Pinsel.

Anschließendes Bürsten mit der **Beizbürste** und etwas Kraftaufwand bringt Glanz auf die Fläche. Bequemer ist eine rotierende **Bürstenwalze** in der Biegewelle,

Anschließend erzielt man mit der Beizbürste den Glanz.

von der **Bohrmaschine** angetrieben. Eine Stoffunterlage (Packdecke) auf dem **Arbeitstisch** schont nicht nur das Werkstück, sondern hält es auch fest. Die Oberfläche einer maschinell und heiß gewachsten **Behandlung**

Eine rotierende Bürstenwalze verlangt weniger Anstrengung.

läßt sich jedoch nicht ganz erreichen.

ARBEITSMATERIAL

- Flachpinsel
- Stoffballen
- Glättholz
- Stahlwollekissen
- Beizbürste

Wandfarbe auftragen

Welche Farbe Sie auch verwenden, ob matte Kunststoffdispersion, seidenmatte Latexfarbe oder glänzende Acryllackfarben, nur auf gleichmäßig hellem Untergrund kann man einen ansehnlichen Anstrich erwarten.

Je höher der Anteil weißer **Grundfarbe,** umso größer ist die Chance, daß der erste **Anstrich** bereits genügt. Ansonsten wird man nur auf einem Voranstrich zu einem annehmbaren **Ergebnis** kommen.

Was ohne Farbe bleiben soll, mit Abdeckband schützen.

Voranstrich

Dazu werden kräftige **Farben** bis zu 50% mit weißer Farbe aufgehellt. Man kann sie auch noch verdünnen, dann spritzt die Farbe jedoch mehr. Intensiv und

Senkrecht auftragen, quer verteilen, senkrecht egalisieren.

Den Rundpinsel beim "Beschneiden" gleichzeitig drehen.

damit dünn verteilen dauert zwar länger, ist aber sinnvoller. Zu ansehnlichen **Flächen** verhilft eine angepaßte **Technik** beim Anstrei-

Ein Elektromotor pumpt die Farbe bequem zur Farbwalze.

chen. Wählen Sie keine zu großen Pinsel und Farbroller, wenn Sie nur selten mit diesen **Werkzeugen** umgehen. Schmale Wandflächen, Laibungen und ähnliches lassen sich ohnehin nur mit schmalen **Walzen** behandeln. Trotz aller Vorsicht lassen sich **Farbspritzer** nie ganz vermeiden. Breites **Abdeckband** benutzen. Flächen mit Zeitungspapier abdecken. Das ist nicht so glatt, aber saugfähiger als **Plastikfolie.** Farbspritzer trocknen schneller an.

Zum Verteilen und Egalisieren jeweils die Pumpe abschalten.

Grundtechnik

Farbe zuerst in allen Ecken und um alle Anschlüsse einer **Wandfläche,** unmittelbar vor der Behandlung der Fläche, mit dem Pinsel auftragen. Beim **Voranstrich** muß das nicht so millimetergenau ausfallen. Besser nur bis knapp an das **Abdeckband** streichen, denn absolut randscharf gelingt das **Abkleben** auch nicht. Wenn Sie den Farbroller weit eintauchen, müssen Sie damit auch über das **Abstreifsieb** rollen. Trotzdem bleibt genügend Farbe am Bügel und den **Walzenenden,** die kleckern kann. Man kann mit der Walze auch nur über die **Oberfläche** der Farbe rollen. Um nur soviel davon aufzunehmen, wie sich beim **Abrollen** auf der Wand in einem Zug verteilen läßt. Ausgiebige Acryllackfarben lassen sich auch gut aus einer **Lackwanne** in einem Plastikbeutel verarbeiten.

Anstrichregel

Auf der Wand die Farbe nach der **Regel:** sowenig wie möglich auf möglichst großer **Fläche,** gleichmäßig verteilen. Für den Deckanstrich sind die **Randzonen** dann genau zu „beschneiden". Damit meint der Maler das randscharfe Auftragen der Farbe auf die **Tapete,** ohne daß das Abdeckband viel abbekommt. Zum Auftragen der Farbe auf die

Trotz aller Sorgfalt können doch einmal Farbflecken bleiben. Von glatten Flächen mit einem Klingenschaber abschieben. Angetrocknet lassen sich auch alte Flecken mit Spezialentferner aufweichen.

Flächen können Sie eine **Farbwalze** verwenden, die durch eine elektrische Pumpe mit Farbe versorgt wird.

ARBEITSMATERIAL
- Wandfarbe
- Abdeckband
- Abdeckpapier/-folie
- Rundpinsel
- Farbroller
- Abstreifsieb
- Farbwanne

Profilholz anbringen

In der Regel erreicht man die beste Wirkung durch bewußt gewählte und ansehnlich gestaltete Schattenfugen. Mit drei Millimeter dicken Distanzleisten kann man sich die Anordnung erleichtern.

Standardprofil: Deck- und Profilbreite (94 - 146 mm) variabel, A: obere (vordere) Nutwange, B: Nut, C: untere (hintere) Nutwange, D: Profildicke (9,5 - 19mm), E: Schattennut, F: Fase, G: Feder.

Unabhängig davon ob **Profilbretter** an Wand oder Decke angebracht werden: In jedem **Fall** genau lot-

Gewachste Hölzer mit einem Baumwollballen nachbehandeln.

oder waagerecht (auch diagonal) und rechtwinkelig begrenzen.
Es gibt für jede Ecke und **Kante** mehr oder weniger passende **Deckleisten,** die man benutzen kann.

Berechnung

Den Bedarf nach **Stückzahl** und nicht nach Quadratmeter berechnen. Bezahlt wird allerdings nach **Quadratmeter** Holzfläche (Profilbreite x Länge). **Anfangs- und Endbrett** sollen möglichst die volle, stets aber mehr als die halbe **Deckbreite** behalten. Wird die Feder am **Anfangsbrett** nicht von einer anschließenden Holzfläche verdeckt, ist sie abzutrennen. Man kann das auch per Hand mit **Fuchsschwanz** und Hobel bewältigen.
Die Längen genau rechtwin-

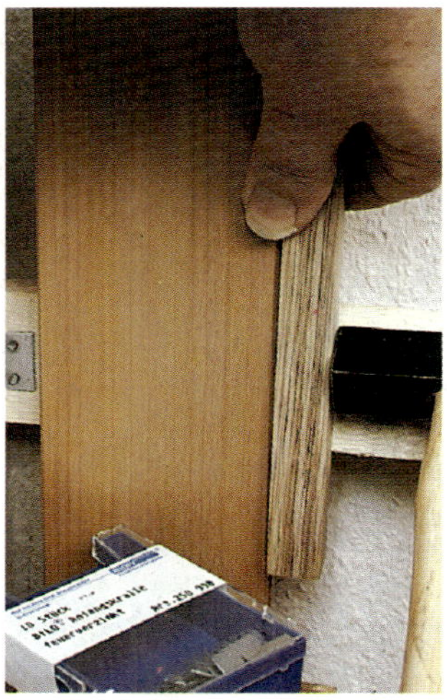

Anfangskralle als nicht sichtbare Befestigungen.

kelig und gerade absägen. **Hirnholzkanten** etwas abrunden und zusammen mit den **Flächen** der Vorder- und Rückseite behandeln. An fertig behandelten **Systemlängen** die Fase anschleifen und, ebenso an langen **Profilbrettern,** das rohe Holz passend zur fertigen Oberfläche nachbehandeln. Die **Schattenfuge** zur Wand darf an der engsten Stelle nicht weniger als drei **Millimeter** betragen. Hinter zu breiten Fugen die Wand dunkel tönen, um damit **Unebenheiten** zu verbergen. Das erste Brett kann man

Krallen mühelos mit dem Elektrotacker befestigen.

auf **Anfangskrallen** treiben. Ebenfalls möglich: sichtbar, aber korrekt eingedrehte verchromte **Linsenkopfschrauben.** Für die folgenden Bretter sind **Fugenkrallen** für Klammern oder Nä-

Die breite Deckenfuge scheint durch den Blickwinkel schmaler.

Befestigung mit Schrauben.

gel die geeignete Befestigung. Wenn man die auf die hintere **Nutwange** klemmen kann, lassen sich die Profilbretter einfacher verarbei-

In der Innenecke stehen sich die Fasen mit 3 mm Abstand gegenüber.

ten. Krallen und 3, 4 oder 5 mm dicke **Nutwangen** müssen zueinander passen.
Das letzte Brett einer **Fläche** kann man mit nicht sichtbaren Endkrallen, Druckknöpfen, Klettband oder mit **Schrauben** befestigen.
Zehn Millimeter ist das **Mindestmaß** für Schattenfugen an Decke und Boden.

ARBEITSMATERIAL

- Profilbretter
- Lasur/Dekorwachs
- Profilbrettkrallen
- Tacker
- Baumwollballen
- Fuchsschwanz
- Hobel
- Sandplateschleifer
- Linsenkopfschrauben
- Schraubendreher
- Hammer

Stahlkonsole montieren

Wollen Sie eine Arbeitsfläche, Sitzbank oder Treppenstufen freitragend vor stabilen Wänden anbringen? Dann können Sie dafür massive Stahlkonsolen mit Schwerlastankern aus Stahl auf der Wand montieren.

Die Schablone gewissenhaft vorbereiten.

So sind die Dübelbohrungen perfekt ausgerichtet.

Lästiger Bohrstaub verschwindet durch die Absaugeinrichtung.

Die Hand spürt schnell, wenn die Schraube fest genug sitzt.

In der Regel sollten **Stahlanker** für eine 12 mm-Bohrung mit M8-Gewindeschrauben allen Ansprüchen im privaten Bereich genügen. Die Befestigungspunkte sind mit **Bedacht** zu wählen, um günstige Positionen im vollen Stein und nicht etwa in **Mauerfugen** herauszufinden. Vor allem kommt es bei derart beanspruchten **Verankerungen** darauf an, daß die Dübelbohrungen auf Anhieb präzise passen. Den gewählten **Abstand** zwischen den Konsolen sollten Sie deshalb auf einer Leiste markieren, die Bohrungen genau aufzeichnen und im **Mittelpunkt** mit 6 mm Durchmesser die Leiste durchbohren.

Bis 150 Kilo trägt ein derart befestigtes Konsolenpaar.

Ein Klotz mildert zu harte Hammerschläge.

Gut vorbereiten, perfekt vollenden

Es lohnt sich sogar, erst eine Schablone mit einer **Hilfsbefestigung** aufzudübeln, damit sie mit Sicherheit bleibt, wo sie hingehört. Durch die 6 mm-**Bohrungen** wird zuerst jeweils nur eine dünne 6 mm-Führungsbohrung 20 bis 30 mm tief ins **Mauerwerk** gebohrt. Das Loch in der Wand gesondert aussaugen, damit keine **Bohrmehlrückstände** die Festigkeit der Verbindung mindern können. Die

EXTRATIP: Auch eine Staubsaugerdüse unter dem Bohrloch ist ein zuverlässiger Bohrmehlfänger. Häufig muß ein Helfer die Düse in der richtigen Position halten.

Schrauben nur soweit mit einem **Gabelschlüssel** festziehen, bis sie sich nur noch schwer weiterdrehen lassen.

ARBEITSMATERIAL

- Stahlkonsolen
- Schwerlastanker
- Meßwerkzeug
- Leistenschablone
- Schlagbohrer/Bohrhammer
- Hammer
- Gabelschlüssel

Fliesenfugen auffrischen

Grau verfärbte Fliesenfugen haben zwei Ursachen: Entweder haben sich Rückstände auf der rauhen Fugenfläche gesammelt, oder Schimmelpilze können wachsen, weil die Fugen immer feucht bleiben.

Um wieder ansehnliche, helle **Fugen** zu bekommen, kann man sie mit Farbe auffrischen. Das hält jedoch nur, wenn man zuvor den **Belag** von der Fugenoberfläche entfernt.

Steckdosen abkleben und vor dem Sprühen ganz abdecken.

Zwei Methoden

Einweichen mit Essigessenz oder Entferner für Zementschleier, um den **Kalk** zu lösen, und das Fett mit Spiritus abwaschen, ist ein Verfahren. Auch mit Haushaltsreiniger im **Wasser** und mit der rauhen, schleifenden

Mit der rauhen Seite des Topfschwamms den Belag abwaschen.

Seite vom **Topfschwamm** geht der Belag runter. Auf diese Weise werden die

Farbe von unten nach oben in schmalen Streifen auftragen.

Fugen bereits erheblich heller. Völlig durchgetrocknet kann man sie mit einer **Spezialfarbe** (Set einschließlich Werkzeug) beschichten, die in kurzer Zeit zum Teil auch in das Fugenmaterial ein-

Wasser aus dem Pflanzensprüher weicht die Farbe ein.

zieht und antrocknet. Nach etwa einer halben Stunde die getrocknete Farbe wieder anfeuchten. Sobald sich diese auf der **Fliesenglasur** deutlich kräuselt, in kreisenden Bewegungen abwaschen.

Zurück bleibt eine weiße **Fuge,** die sich noch mit einem **Holzspatel** (Eisstiel) randscharf begrenzen und mit dem **Topfschwamm** etwas egalisieren läßt. Damit sie nicht ganz so kalkweiß ins Auge springt.

Pilzwachstum stoppen

Schimmelpilze erkennt man an der mehr punktförmig gesprenkelten **Verfärbung,** die weiter in die Tiefe reicht. Die Verfärbungen kann man jedoch allenfalls von der

Überschüssige Farbe mit dem Schwamm abwaschen.

Oberfläche abbürsten. Mit der **Spezialfarbe** lassen sich zwar auch solche Fugen überdecken und weiteres Pilzwachstum brem-

Schimmel bekämpfende Flüssigkeiten ziemlich naß aufsprühen.

sen, auf **Siliconfugen** kann die Farbe jedoch nicht halten. Die werden nur wieder

Eine ausgediente Zahnbürste reicht tief in die Fugen.

heller, wenn man das **Pilzwachstum** mit bleichenden (chlorhaltigen) Mitteln bekämpft.

Wenn der Erfolg nicht ausreicht, kann man nur noch

Mit einem beständigen Kunststoff-Lacksystem (ähnlich Parkettversiegelung) erhalten Fugen und Fliesen ein neues Make-up. Darunter verschwinden sowohl verfärbte Fugen wie auch abgenutzte Fliesen.

die **Dichtungsmasse** herausschneiden und mit neuem, pilzbeständigem Siliconkautschuk füllen (Seite 168).

ARBEITSMATERIAL

- Spezialfarbe im Set
- Schimmelentferner
- Klebefilm
- Topfschwamm
- Pflanzensprüher
- Zahnbürste

Fliesenflächen restaurieren

Wenn's durch die Decke tropft, ist oft nicht der Abfluß, sondern die Fliesenfläche undicht. Konstruktionsfehler oder Baumängel lassen Wasser durch gerissene Fliesen und undichte Fugen sickern.

Alte Fugen und Fliesen vorsichtig entfernen.

Ersatzfliesen sind selten vorhanden oder nachzukaufen. Deshalb muß man versuchen, die vorhandene **Substanz** zu erhalten. Um solche Flächen zu restaurieren, ist zunächst einmal loses **Fugenmaterial** mit stumpfem Schraubendreher oder Messerklinge herauszukratzen. Etwas fester haftende **Fliesen** vorsichtig mit dem Stoßspachtel lösen, sehr vorsichtig und notfalls in Einzelteilen. Das **Scherbenpuzzle** gleich wieder zusammenlegen.

Untergrund angleichen

Ist alles lockere **Material** entfernt, wird der **Untergrund** saniert. Fehlstellen mit Spachtelmasse füllen. Zu waagerechte Flächen mit imprägnierten **Gipskartonplatten** schräg unterfüttern, damit das Wasser in **Zukunft** besser abläuft. Eine dünne Schicht **Epoxidharzspachtel** dichtet den Untergrund zuverlässig ab. Von den Fliesen alle Fugen und **Klebemörtelreste** entfernen. Gebrochene Platten mit Epoxidharzkleber wieder zusammensetzen. Dazu erst die **Oberfläche** dünn mit Vaseline einreiben, mit dem Lappen vorsichtig von der

Den Untergrund mit Spachtelmasse glätten.

Mitte zu den **Rändern** hin. Es darf keine Vaseline auf die **Klebeflächen** geraten.

Den Zweikomponentenkleber so dick auf die **Klebekanten** auftragen, daß er beim Zusammendrücken aus der Fuge quillt. Durch die **Vaseline** kann der Kleber nicht auf der **Fliesenfläche** haften. Wenn er fest, aber noch nicht ausgehärtet

Fliesen von allen Fugen- und Kleberresten befreien.

ist, wird er mit scharfer **Stecheisenklinge** abgestoßen. Bei langsam abbindenden Klebertypen (24 Stunden) je nach **Raumtemperatur** etwa nach 4 bis 6 Stunden. Anwärmen der

Scherben auf Plastikfolie über einer Platte zusammenkleben.

Fliesenscherben mit **Heißluft** auf max. 50 Grad (man kann sie gerade noch anfas-

Mit Epoxidspachtel als Kleber bleibt die Fläche wasserdicht.

sen) läßt den **Kleber** in der Fuge besser zerfließen und bewirkt damit fast unsichtbare **Fugen.** Vor allem wird dadurch abgesplitterte **Glasur** ersetzt.

Wasserdicht kleben

Zum Verkleben ist Epoxidharzspachtel das sicherste **Material.** Er ist auch in sehr dünner Schicht absolut wasserdicht. Wer wenig **Übung** hat, sollte den Kleber auf die Fliesenrückseite

Elastische Anschlußfugen verhindern erneute Schäden.

auftragen. Das dauert etwas länger, doch der **Verlegevorgang** läßt sich leichter beeinflussen. Für die **Fliesenfugen** gibt es auch weißen Epoxidharzspachtel für besonders anfällige **Bereiche.** Der erforderliche

Gründlich renoviert ist die Fliesenfläche wieder präsentabel.

Arbeitsaufwand ist jedoch nur bei sehr hohem Sicherheitsbedürfnis gerechtfertigt. Eck- und Anschlußfuge werden ohnehin mit elastischem **Fugenmaterial** gefüllt (S. 168).

ARBEITSMATERIAL

- Spachtelmasse (außen)
- Epoxidharzspachtel
- Siliconkautschuk
- Fugenmasse
- Schraubendreher
- Messer
- Stoßspachtel
- Zahnspachtel

Einzelne Wandfliese ersetzen

Beschädigte Wandfliesen zu ersetzen verlangt oft weniger Zeit, als passenden Ersatz zu beschaffen. Für eine Anfrage nach der Lieferfähigkeit sollten Hersteller, Format und die genaue Artikelbezeichnung bekannt sein.

Nach dem Füllen der Fugen ist der Schaden getilgt.

Wer als **Bauherr** vorsorgte und von den verwendeten Fliesen aus der Bauzeit weiß, wo er noch ein paar **Exemplare** aufgehoben hat, hat Vorteile. Oft nutzt auch ein Foto und eine Scherbe, um beim Handel halbwegs passenden **Ersatz** zu finden. In allen anderen **Fällen** kann man sich nur mit provisorischem Ersatz zufrieden geben und für nicht allzu ferne **Zukunft** neue Fliesen einplanen.

Je mehr Bohrungen, umso leichter lassen sich Scherben lösen.

Mit einem Fliesenmeißel Stück für Stück abtragen.

Reste vom Fugenmaterial mit dem Schraubendreher entfernen.

Gewalt vermeiden

Sicher läßt sich die defekte Fliese auch mit roher **Gewalt** vollends zertrümmern. Die **Gefahr,** daß davon noch ein paar weitere Fliesen betroffen werden, ist jedoch groß. Deshalb lieber vorsichtig vorgehen und mit mehreren **Bohrungen** im Dreiecksmuster die Voraussetzung für kleine **Bruchstücke** schaffen.

PROFITIP
Kleber und Fugenmassen mit dem Stoßspachtel oder einer Kelle aus dem Mischgefäß aufnehmen, auf den Aufzieh- oder Gummispachtel streichen und erst damit auf den Flächen verteilen. Nur kleine Flächen lassen sich auch gleich mit dem Stoßspachtel beschichten. Ein Zahnspachtel kann nur eine bereits aufgetragene Schicht durchkämmen.

Das Mauerwerk mit einem Meißel anpicken, damit die Feuchtigkeit aus dem Kleber zügig abwandern kann.

Fliesenglasur schonen

Damit der Bohrer nicht unabsichtlich auf benachbarte **Kanten** abrutscht, zur Sicherheit die **Ansatzpunkte** markieren. Sie können auch zuerst das **Fugenmaterial** auskratzen und damit die

Gefahr einschränken, daß sich **Druck** beim Bohren negativ auf benachbarte Fliesen auswirkt. Doch dabei entstehen leicht zusätzliche **Schäden** an der Kantenglasur. Mit einem kleinen **Fliesenmeißel** mit Hartmetallschneide läßt sich anschließend die Glasur zwischen den Bohrungen tren-

SICHERHEITSTIP
Unabsichtliche Schäden entstehen oft beim Schlagbohren in Wandfliesen. Es ist zwar sinnvoll, die Fliese mit eingeschaltetem Schlagwerk anzubohren. Dafür genügen aber ein paar Drehungen per Hand am Bohrfutter, um die Glasur anzukörnen. Dann bleibt der Bohrer auch auf dem Punkt, wenn man bei abgeschaltetem Schlagwerk den Fliesenscherben durchbohrt.

nen und **Scherbe** für Scherbe herauslösen. Die Reste vom Fugenfüller lassen sich am einfachsten entfernen.

Wurden die **Fliesen** mit Dispersionskleber verlegt (sie

Der Kleber soll die gesamte Fliesenrückseite bedecken.

erkennen es an gelblichen, zähen **Resten)** sollten Sie das Mauerwerk mit einem Meißel anpicken, damit die **Feuchtigkeit** aus dem neuen Kleber schneller ab-

Fugenabstände lassen sich mit Abstandshaltern regulieren.

wandern kann. Sonst dauert es länger als einen Tag, bis man die **Fugen** füllen kann. Unebenheiten auf der **Mauerfläche** mit Fliesenkleber glattspachteln, aber Kleber von den angrenzenden **Fliesenkanten** fernhalten. Er würde beim Ausfugen stören.

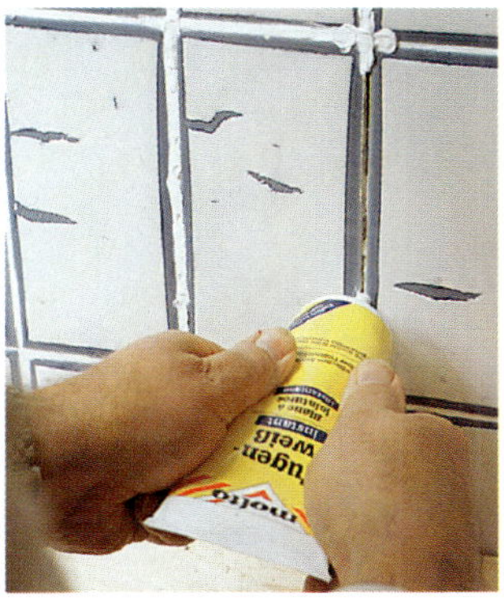

Aus der Tube in die Fuge ist der bequemste Weg.

Fliese einsetzen

Jetzt kann man Kleber mit dem **Stoßspachtel** auf die Ersatzfliese aufziehen und mit einem **Zahnspachtel** gleichmäßig durchkämmen. Mit der 3-Millimeter-Zahnung bleibt gut ein Millimeter, um die Fliese mit den umgebenden Fliesen in eine **Ebene** zu bringen. Dazu die Fliese andrücken und etwas hin und her bewegen. Überschüsse gleich mit nassem **Schwamm** aus den Fugen waschen. Mit einer geraden Leiste (Wasserwaage) kontrollieren, ob eine einheitliche **Ebene** erreicht wurde. Die **Anfangshaftung** des Klebers wird zwar ausreichen, um die Fliese zu halten, eingefügte **Fugenkreuzchen** oder Streichhölzer garantieren aber mit zusätzlicher Sicherheit, daß sich die einregulierte **Fugenbreite** nicht mehr verändert. Nach einem Tag ist der Kleber soweit erstarrt, daß man die **Fugen**

Mit einem Kunststoffspachtel die Fugenmasse tiefer drücken.

füllen kann. Wenn Sie das notwendige **Werkzeug** (Stoß- und Gummispachtel sowie Gummimischbecher) erst kaufen müssen, ist verarbeitungsfertiger Fugenfüller aus der Tube bei so geringen **Mengen** praktischer. Man kann ihn leicht aus der Tube in die Fugen drücken und falls erforderlich noch mit einem **Kunststoffspachtel** ebnen.

Fugen vollenden

Bis zum **Abwaschen** des überschüssigen Fugenfüllers einige Zeit warten. Die **Masse** sollte bereits etwas erstarrt sein. Je nachdem wie schnell die Feuchtigkeit in den **Untergrund** wandert und an der Luft verdunstet, kann das zwischen 10 und 30 Minuten dauern. Ein **Küchenschwamm** mit fe-

Naß, aber nicht triefend überschüssigen Füller aufnehmen.

ster Vliesschicht eignet sich besonders gut zum Abwaschen und Nachformen der **Fugen.** Erst diagonal über die Fugen wischen, bis die **Überschüsse** beseitigt sind. Und dann die Fugen

Baumwollfrottee nimmt den trockenen Schleier am besten auf.

etwas nachziehen, bis sie der Form der übrigen Fugen entsprechen. Den **Schleier** über den Fliesen erst mit einem weichen **Küchenhandtuch** nachpolieren, wenn die **Fläche** völlig getrocknet ist. Sonst erzeugt man nur einen neuen Schleier.

ARBEITSMATERIAL
- Ersatzfliese
- Fliesenkleber
- Fugenfüller
- Bohrmaschine
- Fliesenmeißel
- Hammer
- Stoß-/Zahnspachtel

Fliesenfläche renovieren

Alte, gesprungene Fliesen in unterschiedlichen Farben und ausgebrochene, undichte Fugen sind sanierungsbedürftig. Es müssen jedoch nicht unbedingt neue Fliesen über die alten geklebt werden.

Das attraktive Ergebnis einer Renovierung mit Glasfasertapete.

Auch stark beschädigte geflieste **Flächen,** ob in Bad, Dusche oder Küche, lassen sich noch mit einer hochfesten Tapete aus **Glasfaser** renovieren. Diese wird mit speziellem, rollfähigem **Dispersionskleber** verarbeitet und mehrfach mit **Acryllack** beschichtet. Das ergibt einen dauerhaften, spritzwasserdichten **Belag.** Fehlstellen und offene Fugen im **Untergrund** lassen sich besonders einfach mit einem zementfesten Dispersionskleber schließen. Der mit **Zement** (bis zu 30 Prozent) angemischte Kleber ist als **Spachtelmasse** besonders geschmeidig, härtet schnell und haftet sehr gut auf glasierten Fliesen.

Loses Fugenmaterial mit altem Stecheisen herauskratzen.

Mit Dispersionskleber-Zementgemisch Übergänge füllen.

Geschmeidiger Spachtel

Er läßt sich auch in nahezu beliebiger **Dicke** auftragen. Dadurch kann man zum Beispiel in den Ecken eine große **Hohlkehle** formen. Diese läßt sich nicht nur besser tapezieren, sondern auch nach dem **Duschen** leichter trocknen. Dafür die Spachtelmasse mit einem abgerundeten **Kunststoffspachtel** in die Ecken ziehen und mit nassem Pinsel glätten. Glasfasertapete wird an den **Nähten** gegeneinander gestoßen und nicht übereinander geklebt. Zum **Beschneiden** braucht man vor allem geeignetes **Werkzeug.**

Hohlkehlen in Ecken formen und Öffnungen zuspachteln.

Zum **Tapezieren** wird der Dispersionskleber mit einem Farbroller mit kurzfloriger **Rolle** auf die zuvor gesäuberten Fliesen aufgetragen. Auf **Flächen,** die sich nicht tapezieren lassen, wie zum Beispiel die **Seifenschale,** ebenfalls Kleber auftragen. Getrocknet bildet er eine gute Haftbrücke für die anschließende Lackierung.

Die **Übergänge** von Wand zur Duschwanne zuerst mit einem Tapetenstreifen belegen, der an der **Wand** etwa 2 cm hochsteht. So kann die Tapetenbahn von der Wand über diese **Kante** greifen und diese besonders kritischen **Fugen** gut abdecken. Nach dem Einlegen der Tapete in das **Kleberbett** wird die Glasfasertape-

Die Oberfläche mit nassem Pinsel einfach glätten.

SICHERHEITSTIP

Fugenmörtel greift wie Zementmörtel auch Ihre Haut und Ihre Fingernägel stark an. Schützen Sie deshalb Ihre Hände beim Verfugen mit wasserdichten Gummihandschuhen. Wenn Sie keine Gummihandschuhe zur Verfügung haben, so bietet auch das sorgfältige Eincremen mit einer fetthaltigen Handcreme einen gewissen Schutz. Mörtelspritzer im Auge sollten Sie sofort mit viel klarem Wasser auswaschen.

te weich und elastisch. So läßt sie sich zwar gut den **Konturen** von Rundungen - zum Beispiel um die Armaturenanschlüsse - anpas-

Übergänge zuerst mit einem Tapetenstreifen belegen.

sen, dann aber nur noch mit der **Schere** schneiden. Ausschnitte sollten Sie deshalb an der noch trockenen **Tapetenbahn** herstellen.

Glasfaserarmierung

Die Tapetenbahn für **Außenecken** mit exakt ge-

Kleber mit kurzflorigem Farbroller großzügig auftragen.

raden Stoßkanten zuschneiden. Der um die **Ecke** reichende Streifen darf nicht zu breit sein, weil er sich an unebenen **Kanten** sonst nicht sauber verkleben läßt. Alle zunächst nur mit der **Hand** glattgestrichenen Tapetenflächen gleich anschließend mit der **Andrückrolle** intensiv, aber bei

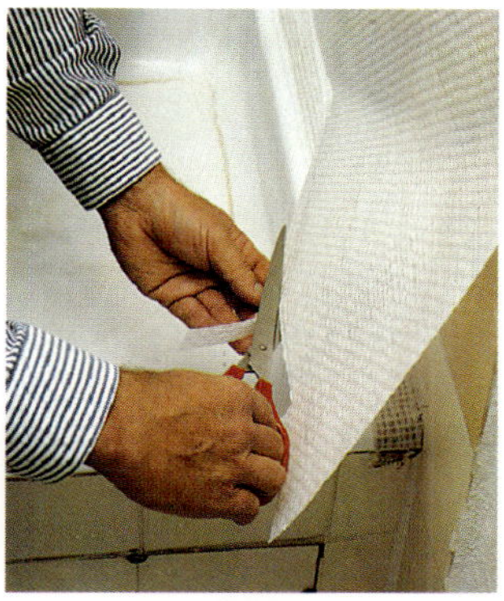

Untere Kante mit Scherenspitze markieren und abschneiden.

wenig Druck im Kleber anwalzen.

Aus **Glasfasertapete** und Kleber entsteht eine armierte **Kunstharzschicht,** wenn

Ausschnitte genau ausmessen, aufzeichnen und ausschneiden.

man die Oberfläche noch mit zwei möglichst dünnen **Kleberschichten** überzieht. Nicht naß in naß, sondern auf zuvor getrocknetem **Untergrund.**

Lackbeschichtung

Für den **Acryllack** ist ein Farbroller mit kurzfloriger **Mohairwalze** besonders geeignet. Durch zwei bis drei dünne Lackschichten wird die **Oberfläche** dicht geschlossen, ohne die **Struktur** der Tapete zu verdecken. Wo die Acrylatfarbe bis auf die **Duschwanne** reichen soll, ebenfalls vorher

Außenecken etwa 5 bis 8 cm weit umkleben.

Dispersionskleber als Haftbrücke auftragen und vor dem **Farbanstrich** durchtrocknen lassen. Dort wird der **Anschluß** zur Duschwanne exakt und gerade,

Faltenfreie Tapete fest und gleichmäßig anrollen.

wenn man den unteren Rand mit naßfestem **Kreppband** eingrenzt und den Anschluß zweimal mit dem Pinsel

Tapetenfläche dünn mit zwei Kleberschichten grundieren.

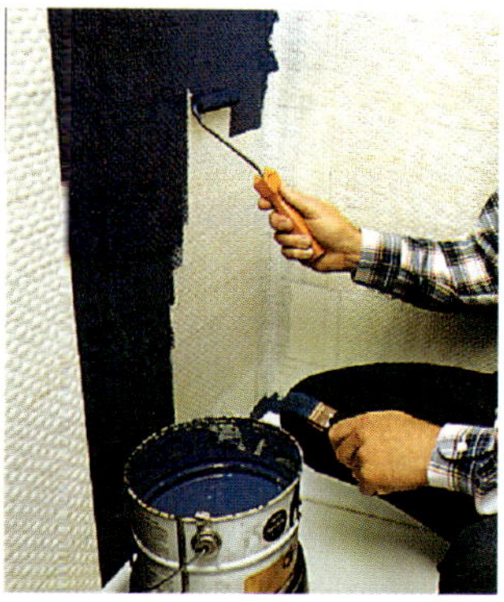

Wasserdichte und strapazierfähige Oberfläche mit Acryllack.

streicht. Die zweite **Lackschicht** soll zwei bis drei Millimeter weiter auf die Wannenglasur reichen. Das Kreppklebeband bei jeder einzelnen **Lackschicht** ent-

Perfekter Abschluß der Lackfläche am Rand der Duschwanne.

fernen, solange der **Farbauftrag** noch feucht ist. Dann die Flächen bis knapp an die Duschwanne mit Farbe beschichten und als **Abschluß** die Kante noch einmal abgeklebt lackieren.

ARBEITSMATERIAL

- Dispersionskleber
- Glasfasertapete
- Acryllack
- Stecheisen
- Kunststoffspachtel
- Pinsel
- Farbroller
- Tapetenschere
- Andrückrolle
- Kreppklebeband

Bohrwerkzeug wählen

Allein für übliche Anwendungen gibt es acht grundverschiedene Bohrwerkzeuge für Holz, Stahl oder Stein. Es lohnt sich, die Unterschiede zu beachten, um Mißerfolge auszuschließen.

PROFITIP
Was für Werkzeuge im allgemeinen gilt, betrifft Bohrwerkzeuge im besonderen. Billige Spiralbohrer werden letztlich immer teurer als preiswerte Markenware. Bei verdichteten oder beschichteten Holzwerkstoffen hält ein hartmetallbestückter Bohrer ohne weiteres zehnmal länger als ein HSS-Bohrer, kostet aber nicht mehr als das Vierfache.

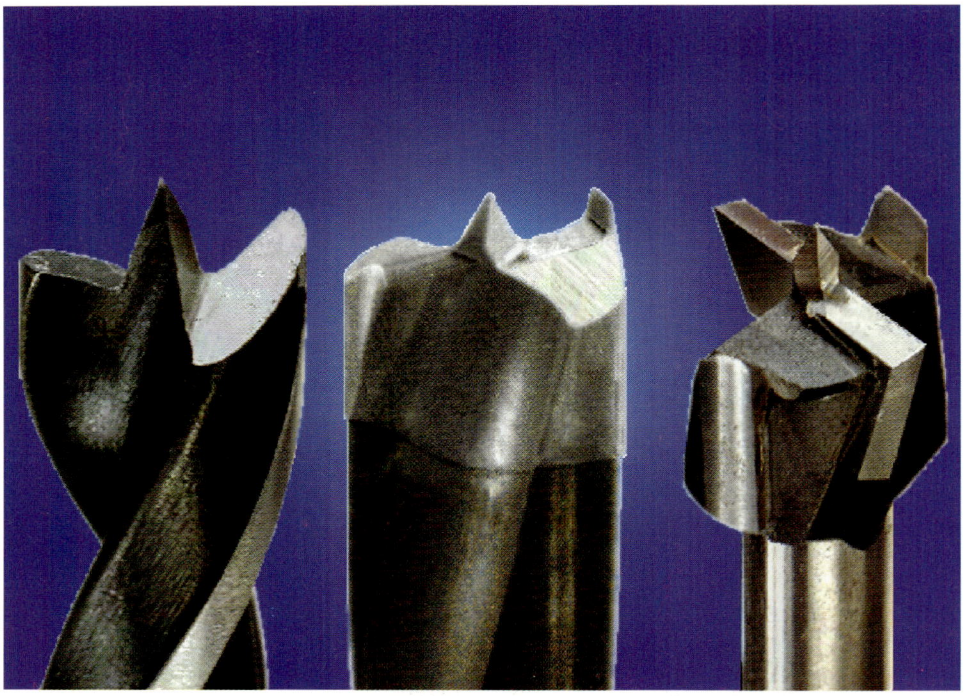

Spiralbohrer, hartmetallbestückter Spiralbohrer und hartmetallbestückter Zylinderkopfbohrer für Holz.

Massivholz und Holzwerkstoffe mit Massivholzschichten haben eine ungleichmäßige **Materialstruktur.** Harte Jahresringe wechseln sich mit mehr oder weniger weichen Zonen ab. Davon wird ein Bohrer unter Umständen abgelenkt, wenn ihn nicht eine **Zentrierspitze** führt und Vorschneider am Umfang das Holz erst durchschneiden, bevor es die Schneiden erfassen, abschälen und über die eingearbeitete **Spirale** abtransportieren. Die Zentrierspitzen erlauben außerdem genaues Ansetzen am Bohrlochmittelpunkt, wobei eine zuvor mit dem **Spitzbohrer** eingestochene Vertiefung das Abrutschen an harten Jahresringen zuverlässig verhindert. Spiralbohrer für **Holz** gibt es von 3 bis 16 mm Durchmesser. Unter 5 mm Durchmesser läßt sich auch mit Spiralbohrern für Stahl eine meist ausreichende **Bohrlochqualität** in Holzwerkstoffen erreichen.

Hartmetall bleibt lange scharf

Wer häufiger saubere Bohrungen in kunstharzverleimten oder -beschichteten **Holzwerkstoffen** herstellen will, sollte Spiralbohrer für Holz mit Schneiden aus **Hartmetall** einsetzen. Damit werden Bohrungen sauberer und präziser. Das gilt besonders für Zylinderkopfbohrer (Durchmesser 10 bis 50 mm), die sich auch besonders gut für harte **Kunststoffe** (Acrylglas, faserverstärkte Kunststoffe) eignen. Mit den Durchmessern 26, 30 oder 35 mm und kürzer werden sie auch als Scharnierlochbohrer angeboten. Diese hochwertigen **Werkzeuge** behalten ihre Qualitäten jedoch nur bei sorgfältiger Behandlung, denn die überaus harten Schneiden und Spitzen aus **Sinterhartmetall** sind auch spröde und bleiben nur scharf und spitz, solange sie nicht unsanft oder hart mit anderem Stahl oder gar Stein in **Berührung** kommen.

Fräsbohrer und Schneckenbohrer für Holz.

Bohrwerkzeuge für große Durchmesser

Sonst bleiben sie außerordentlich lange scharf, und die Kosten für das Nachschärfen in einer professionellen **Werkzeugschärferei** bleiben im Verhältnis zum Kaufpreis wirtschaftlich. Dagegen kosten **Forstnerbohrer** mit ihren geschlossenen Schneiden am Umfang (Peripherieschneiden) zwar relativ wenig, die **Schneiden** aus gehärtetem Stahl werden jedoch erheblich schneller stumpf und sie lassen sich in Eigenleistung nur unvollkommen nachschärfen. **Ausschnitte** von

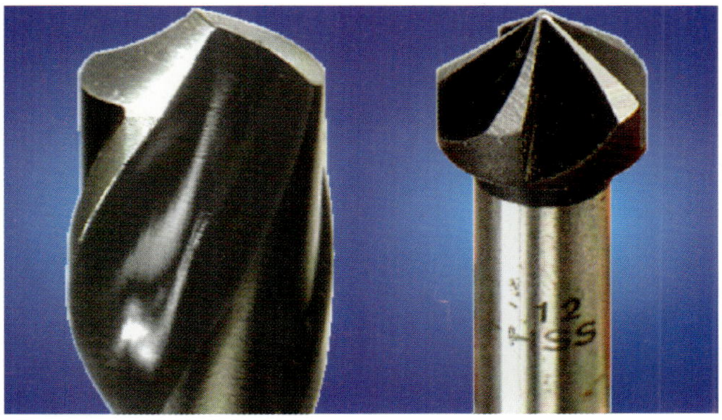

Spiralbohrer und Kegelsenker für Stahl.

25 bis 105 mm Durchmesser lassen sich mit Lochsägen herstellen. Es gibt sie anstelle einsetzbarer **Sägeringe** in einen Mehrfachhalter noch in der präziseren Glockenform außerdem auch mit hartmetallbestückten Zähnen. Wenn es genügt, anstelle einer perfekten Bohrung ein einfaches **Loch** in Massivholz zu boh-

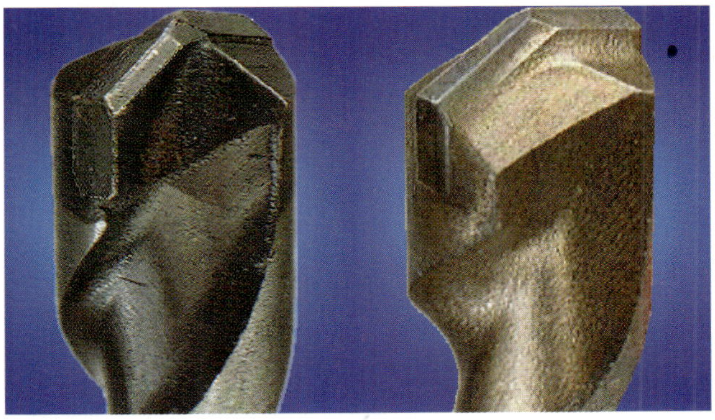

Betonbohrer und Hammerbohrer für Stein.

ren, sind Flachfräsbohrer von 8 bis 38 mm Durchmesser eine preiswerte **Alternative** zu teuren Hartmetallwerkzeugen und auch zu **Schlangenbohrern.** Damit lassen sich besonders tiefe oder durchgehende Bohrungen (10 bis 32 mm Durchmesser) in dicken Balken herstellen. Die **Gewindespitze** zieht den Bohrer selbsttätig ins Holz und verlangt damit ab und zu beträchtlichen **Kraftaufwand.**

Standard- und Spezialbohrer

Für alle **Metalle,** auch für harte Kunststoffe und mineralische Leichtbaustoffe (Faserzementplatten, Porenbeton), eignet sich der HSS-Metall-Spiralbohrer mit dem Standard-Spitzenwinkel von 118 Grad und für Durchmesser von 1,0 bis 13 mm.

Höhere Ansprüche an **Bohrlochqualität** und Ausführung lassen sich mit hochwertigeren Ausführungen aus speziellen Stählen, Spiralbohrer mit gefrästen Spiralnuten und 138 Grad Spitze oder Spitzenwinkel 90 Grad für Faserzement oder Acrylglas, erfüllen. Dünne **Bleche** und auch bis 6 mm dickes Acrylglas kann man dagegen besonders gut mit Schäl- oder **Stufenbohrern** durchboh-

PROFITIP
Bohrer kühlen, wo immer möglich: in Kunststoffen mit Testbenzin, in Metall mit Bohremulsion (Öl in Wasser emulgiert) oder in Stein mit Wasser. Die Bohrer leisten mehr, verschleißen weniger, die Bohrung wird sauberer und der Kraftaufwand verringert sich.

ren. Für Mineralglas gibt es ebenfalls speziell geformte **Hartmetallbohrer** für Löcher von 3 bis 12 mm Durchmesser.

Bohrer zum Fräsen

An **Bohrungen** in Metall entsteht meistens ein feiner, aber störender **Grat** am Bohrlochrand, um den zu entfernen oder die Bohrung für einen **Senkschraubenkopf** zu erweitern, verwendet man den Kegelsenker mit 90 Grad Spitze. Möglichst in einer Bohrmaschine im **Ständer** mit genau eingestellter **Tiefenbegrenzung** einsetzen, um ungünstige Rattermarken zu vermeiden. Für Holz gibt es zwar eigens geformte **Senker** (Krauskopf). Wenn man die Spanräume zwischen den Schneiden öfter säubert, was auch bei **Aluminium** notwendig ist, lassen sich Kegelsenker aber ebenso gut für Holz, Holzwerkstoffe und Kunstoffe verwenden.

Bohren in Stein

Harte **Baustoffe,** wie Mauersteine, Beton und Fliesen, lassen sich nur mit hartmetallbestückten Stein-(Beton-)Bohrern (3,0 bis 20 mm Durchmesser) bearbeiten. Die **Schneiden** dieser Werkzeuge sind, anders als die scharfkantigen Schneiden der anderen Bohrer, mit einer negativen **Fase** angeschliffen. Eine scharfkantige Schneide würde die Belastung beim **Schlagbohren** in Mauerwerk nicht aushalten. Das ist beim Nachschleifen besonders zu be-

Bohrwerkzeuge sollte man stets so aufbewahren, daß sie sich nicht gegenseitig berühren. In der Werkstatt hält eine Holz- oder auch eine Magnetleiste die Bohrer gut sichtbar und stets griffbereit.

achten. Massiver und aufwendiger in der **Herstellung** sowie aus hochwertigerem Stahl müssen Hammerbohrer mit Durchmessern zwischen 4 und 30 mm sein, um die hohe Leistung der **Bohrhämmer** in Bohrleistung umzusetzen. Um Aussparungen im Mauerwerk von 40, 50, 65 oder 80 mm Durchmesser herzustellen, muß man **Bohrkronen** einsetzen.

Ihr Werkzeugschrank sollte sich mit Ihren Ansprüchen und Fertigkeiten erweitern. Wichtig ist qualitativ gutes Werkzeug, das Sie in Baumärkten und Fachgeschäften erhalten.

Bohrer schärfen

Bei Heimwerkerarbeiten am Wochenende sollten Sie auf Überraschungen gefaßt sein: Werkzeugbruch, kein Ersatz, Geschäfte zu, das zwingt zur Unterbrechung, wenn man sich nicht wenigstens provisorisch helfen kann.

Grundsätzlich mag zwar als wirtschaftlich gelten: Hartmetallbestückte Werkzeuge in der **Lohnschärferei** schärfen lassen und stumpfe HSS-Werkzeuge durch neue ersetzen, denn Schärfen in **Handarbeit** wird in der Regel ungenau. Doch freihändig nachgeschärft ist immer noch besser als stumpfe **Schneiden.** Wo beim Schärfen jedoch Funken sprühen, ist es heiß und

Steinbohrerschneiden im 90-Grad Winkel formen.

damit schädlich für die harten **Werkzeugstähle.** Wenn Sie behutsam vorgehen, die Schleifvorgänge zählen, um je Schneide gleichmäßig abzuschleifen und das Werkzeug häufig in **Wasser**

Schleifscheiben lassen sich auch nachträglich verändern.

Einseitig konisch geformte Scheibe für Holz-Spiralbohrer.

kühlen, kann nichts verbrennen.

Schleifscheiben

Hartmetallschneiden können Sie allerdings nur an Scheiben oder mit Abziehsteinen aus **Siliciumkarbid** (grün/grau) bearbeiten. Für

Schneiden am Forstnerbohrer wenigstens notdürftig schärfen.

Schnellstahl sollte es, meist rötlich gefärbter, **Edelkorund** sein. Freihändig, ohne besondere Führung, lassen sich ohnehin nur die kurzen **Bohrerschneiden** nachschärfen, vor allem die Hartmetallspitzen von **Steinbohrern.** Die nehmen eine ungleiche Spitzengeometrie nicht so übel und haben zudem eine leichte, nachschärfbare ‚negative' **Fase.** Nehmen Sie einen neuen Bohrer oder die Abbildung auf Seite 56 als **Vorbild.** Holzspiralbohrer und die preiswerten **Flachfräsbohrer** verlangen nach scharfkantig, einseitig konisch profilierten Scheiben. Kleinschleifscheiben auf einem **Aufspanndorn** kann

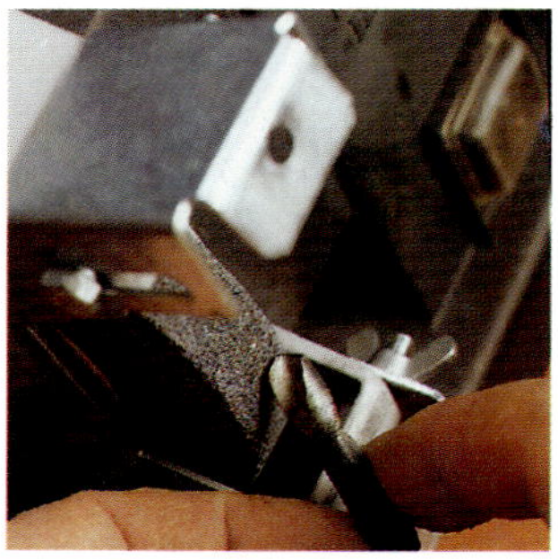

Freihändig zu schleifen gelingt nur mit Glück oder viel Übung.

man mit einem Abrichtstein relativ leicht auf die gewünschte Form zurichten. Nur die **Vorschneiderspitze** und die Grundschneide bearbeiten, damit sich die **Zentrierspitze** nicht verändert. Miniaturschleifscheiben auf festen **Stiften** lassen sich für Grund- und

Mit einer hochwertigen Führung läßt sich ein sicheres Ergebnis erreichen.

Umfangschneide am **Forstnerbohrer** einsetzen. Dazu sollte der Scheibenumfang genau in den Bogen der Umfangschneide passen. Das erfordert für jeden Bohrerdurchmesser eine eigene **Scheibengröße**.

Erwartungen einschränken

Die exakte Hinterschneidung an einer Spiralbohrerschneide mit beidseitig identischem **Spitzenwinkel** schaffen auch geübte Könner selten. Sie müssen also nicht verzweifeln, wenn trotz aller **Mühe** der nachgeschärfte Bohrer nur wenig besser arbeitet als ein stumpfer. **Schutzbrille** und Arbeitshandschuhe tragen, und nicht auf die **Funkenschutzscheiben** am Schleifbock verzichten.

EXTRATIP: Eine Schleifmaschine taugt nicht nur zum Bohrer schärfen. Sie sollte mit einer Naßschleifscheibe ausgerüstet sein und betriebsbereit auf einem eigenen Schleifplatz stehen.

ARBEITSMATERIAL

- Schleifmaschine
- Schleifscheiben Edelkorund 80M und Siliciumkarbid 80K
- Schleifstifte
- Abrichtstein

Dübelloch korrigieren

Falls eine Dübelbohrung etwas daneben geht, kommt es möglicherweise auf die eine Schraube nicht an. Bei Schwerlastbefestigungen in Beton oder Vollsteinmauerwerk darf man jedoch nicht nachlässig sein.

Die beste Möglichkeit, den **Fehler** auszubügeln, ist, das falsch gebohrte Loch wieder

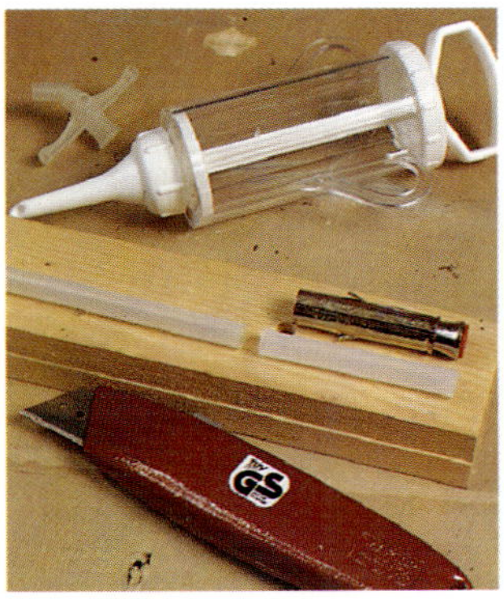

Die Spritzdüse auf Dübellochtiefe verlängern.

mit einem hochfesten **Werkstoff** zu füllen. Mit normalem **Montagezement** ist das, mit Stößel und Spachtel, nur bei längerer **Wartezeit** zu machen. Nimmt man Blitzzement, der bindet und härtet fast so schnell wie er heißt, lassen sich lästige **Verzögerungen** um-

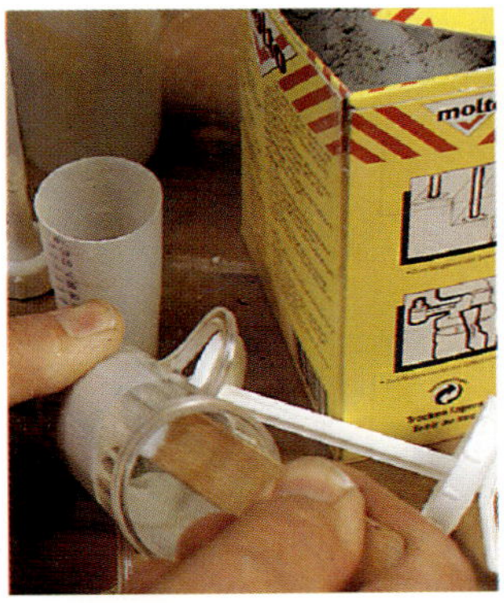

Beim Anmischen den Wasseranteil ein wenig größer bemessen.

gehen. Ein Plastikrohr, zum Beispiel von Bauschaum-Treibgasdosen, ist eine geeignete Verlängerung für die

Die schlanke Mischung läßt sich leichter einfüllen.

enge Düse einer **Teigspritze,** denn die Füllung muß zuverlässig bis tief in die Bohrung gelangen. Die

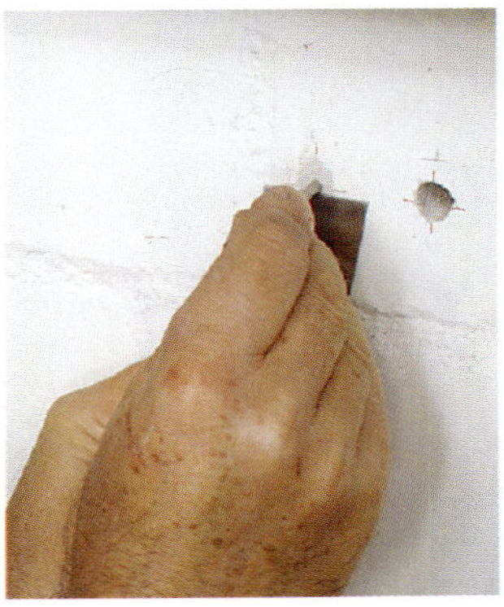

Im noch weichen Zement den richtigen Mittelpunkt markieren.

Spritze wird hier zum **Injektionswerkzeug** zweckentfremdet, in der man auch den Blitzzement gleich nach Gebrauchsanleitung mischen sollte. Zum Füllen die **Düsenverlängerung** bis zum Bohrlochgrund einführen. Dann so langsam zurückziehen, wie sich die Bohrung beim **Auspressen des Blitzzements** aus der Spritze füllt.

PROFITIP
Wer nicht über professionelle Erfahrung und Übung verfügt, dem bietet die Technik der zweifachen Dübelbohrung wesentlich mehr Sicherheit. Ein dünner Bohrer läßt sich, vor allem jedoch in einer besonderen Führung, genauer dirigieren. Der größere Bohrer folgt dann automatisch dem vorgebohrten Loch.

Bohrhilfen nutzen

Nach etwa 10 Minuten können Sie dann das richtige **Dübelloch** mit einem 6 mm-Bohrer vorbohren und anschließend auf den gewünschten Durchmesser erweitern. Schlagbohrgetriebe dazu ausschalten! Es ist stets sicherer, den Bohrer zum **Vorbohren** in einer Führung zu halten. Dann

Der Dübelbohrer wird von der kleinen Bohrung sicher geführt.

kann der Bohrer weder von glatten Glasuren abrutschen, noch von rauhen Oberflächen abgelenkt werden.

In leichten Baustoffen genügt oft fertiger Füllspachtel.

Die langsame **Anbohrstufe** der Bohrmaschine allein ist keine Garantie dafür, daß der Bohrer nicht unkontrollierbar wandert. Mit der ge-

EXTRATIP: Eine Bohrerführung ist aus einem Hartholzstück (Holzbaukasten) mit aufgeklebten Gummistücken (Fahrradschlauch) schnell angefertigt. Die kleinen Gummiflächen lassen den Klotz auch auf etwas unebenen Flächen nicht wegrutschen.

schilderten **Fülltechnik** können Sie einen Dübel auch in porösem Mauerwerk verankern, wenn die Bohrung wenigstens 16 mm groß ist.

ARBEITSMATERIAL
- Blitzzement
- Teigspritze
- Plastikröhrchen
- Stoßspachtel
- Bohrmaschine

Mauerdübel fest fixieren

Darüber haben sich schon viele geärgert: Das Dübelloch war zwar leicht zu bohren, aber die Schraube saß noch relativ fest. Doch nach einiger Zeit ließ sich die Schraube samt Dübel einfach aus der Wand ziehen.

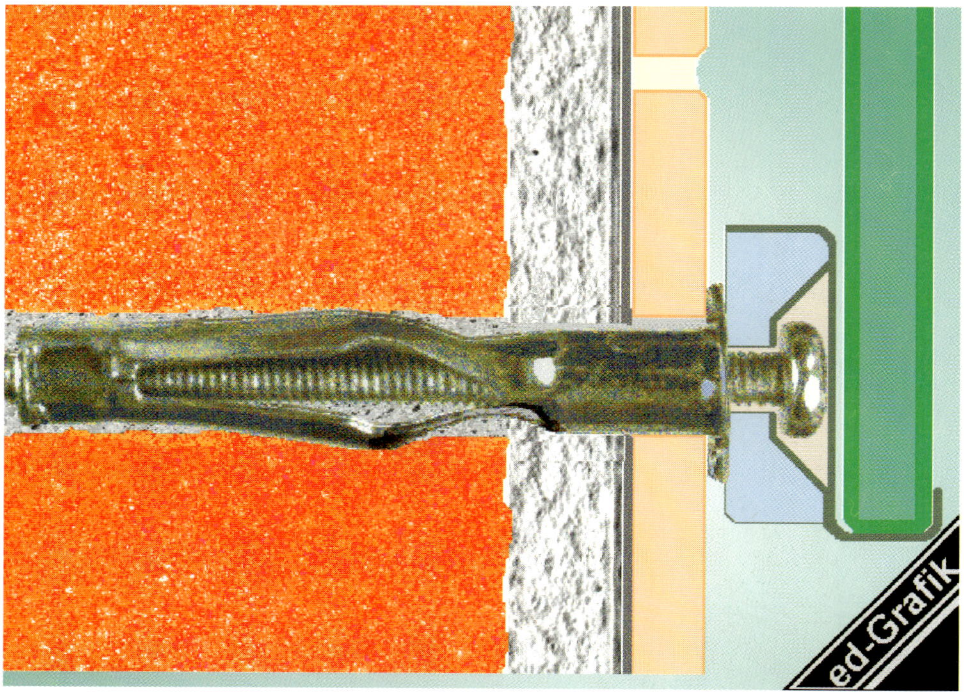

Dieser Metalldübel läßt sich in weiten Grenzen dem Hohlraum anpassen, bis er sich an festem Material verkrallen kann.

Die Ursache: Der **Spreizdruck** um den Dübel hatte das nachgiebige **Material** zur Seite gedrückt. Entweder ist der gesamte Wandbaustoff nicht sehr fest, oder man war in eine **Mauerfuge** geraten, die größere Lücken hat oder deren Mörtel aus mehr **Sand** als Zement besteht. Um dem Dübel dennoch den notwendigen **Halt** zu verschaffen, kann man verschiedene Methoden wählen. Mehr als die Wand erlaubt, kann die **Befestigung** allerdings auch nicht tragen.

Manchmal hilft es schon, wenn man das **Loch** auf 10 mm Durchmesser erweitert und die **Befestigung** mit einem üblichen 6er-Dübel in dem 10er-Dübel sowie entsprechend dicker **Schraube** versucht.

Hohlraumdübel

Als **Soforthilfe** kann man auch einen Hohlraumdübel aus Metall einbauen. Er hat den **Vorteil,** daß er sich schnell mit einer Spezialzange oder einem Schraubendreher auf das **Mehrfache** seines Durchmessers spreizen läßt. Auf Fliesen stören jedoch die Spitzen der **Verdrehsicherung.** Die kann man zurückbiegen und den Dübel vorgespannt im Loch fixieren, wenn man ihn mit dem **Schraubendreher** spreizen will.

Faserdübel

Wenn das vorhandene **Loch** nicht ins Bodenlose führt, läßt es sich ganz praktisch mit einer faserverstärkten **Mineralstoffmasse** vollstopfen. Die wird vorher mit Wasser zurechtgeknetet. In einer zusätzlichen, zuvor in das auf 10 mm erweiterte Loch gesteckten **Siebhülse** kann die Masse auch nicht mehr in **Hohlräumen** verschwinden. Da die Mineralstoffe mit Wasser abbinden, darf die verwendete **Schraube** nicht rosten. Denn sie wird in die noch weiche **Masse** gedreht und erst, wenn diese hart ist, endgültig festgezogen.

Stopfmasse

Auch mit einem **Gemisch** aus Kunstharz und Füllstoff läßt sich ein ausgeweitetes **Bohrloch** füllen und verfestigen, um Schrauben direkt darin zu verankern. Die **Originalmasse** ist zu plastisch, um sie einfach in einer

Zange, mit Dübel gegen die Wand gepreßt, zusammendrücken.

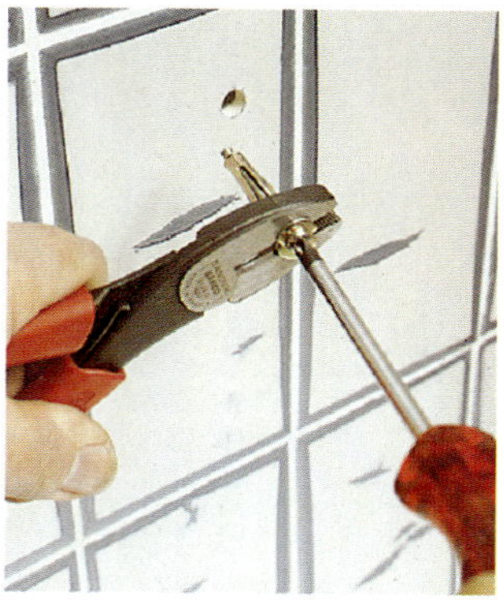

Vorspannung verhindert, daß er sich im Loch mitdreht.

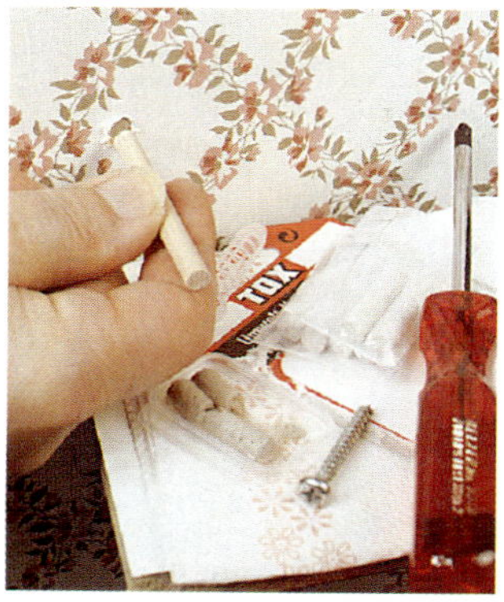

Die Bohrung jeweils nur mit kleinen Stücken vollstopfen.

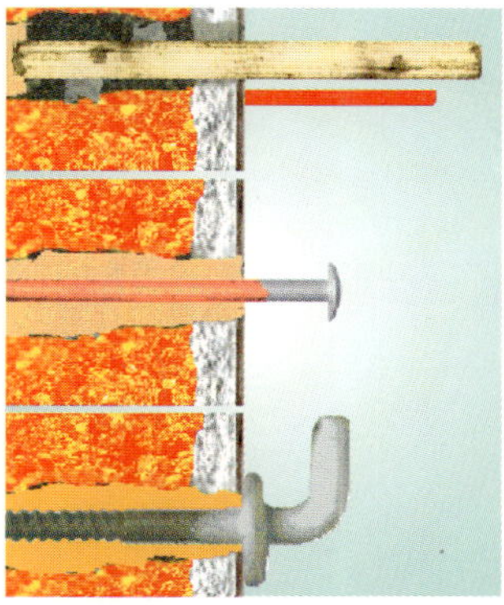

Verankern im unregelmäßigem Hohlraum.

engen Bohrung zu plazieren. Deshalb den Zweikomponenten-Füller intensiv mit wenig **Holzschleifstaub** vermischen, bis sich auf

Aus Schleifstaub und Epoxidfüller gut klebenden Teig mischen.

einem Brettchen in einer **Staubschicht** kleine elastische Röllchen formen lassen. Die werden in der Bohrung verdichtet.

Nur kleine Portionen von einem Spachtel ins Loch schieben.

Da sich das Kunstharz mit dem **Wandbaustoff** verklebt, kann man noch akzeptable Festigkeiten erwarten.

Für das Schraubloch einen **Nagel** in die Stopfmasse drücken. Er sollte zuvor in flüssiges **Kerzenwachs** getaucht werden, damit er sich wieder aus der klebenden (nach etwa 12 Stunden aber festen) **Masse** lösen läßt. Auf diese Weise kann man auch einen **Metallgewindestab** verankern, wenn Befestigungen mit Muttern geplant sind.

Auch **Epoxidharz-Knetmasse** läßt sich in ähnlicher Weise für diese Methode verwenden.

Hohlraumfüllung

In kritischeren **Situationen** mit insgesamt porösem, relativ weichem Wandbaustoff kann man einen größeren **Hohlraum** schaffen und den mit haltbarem Material fül-

Bohrer am, um 15 Grad abgeschrägten, Klotz ausrichten.

len. Die Bohrerführung dazu muß man aus einem Aluprofilabschnitt mit Holzklotz als **Griff** selbst anfertigen.

Durch den Gummibelag auf der Auflagefläche kann sich die **Führung,** sehr fest auf die Wand gedrückt, kaum verschieben.

So verankert, trägt der Haken soviel wie die Wand erlaubt.

Ein 6 mm-Mauerbohrer steckt mit seinem **Schaft** in einer 5 mm-Bohrung im Profil. Wenn man mit dem so geführten **Bohrer** nach allen Richtungen in die Wand bohrt, entsteht letztlich ein nach hinten erweiterter **Hohlraum.** Feines Bohrmehl läßt sich durch das beim Bohrvorgang vergrößerte Loch mit dem **Staubsauger** absaugen. Dieses Loch muß ohnehin etwas größer sein als die **Tubendüse** (10 mm Ø), damit sich die Luft nicht im Hohlraum stauen kann.

Verarbeitungsfertige Spachtelmasse in den Hohlraum pressen.

Die Masse soll um die Tubendüse herum aus der **Wand** quellen, um zu erkennen daß der Hohlraum voll

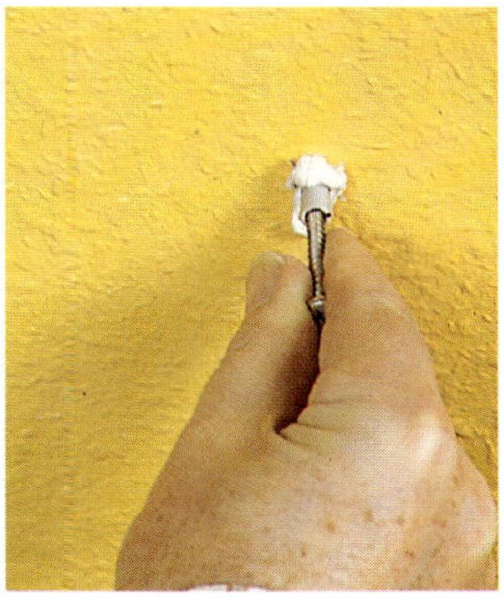

Üblichen Dübel mit Schraube in die weiche Masse drücken.

genug ist, um den Dübel aufzunehmen. Bis zum **Eindrehen** der Schraube einen Tag warten.

ARBEITSMATERIAL

- Füllmassen
- Spezialdübel
- Schlagbohrer
- Hammer
- Schraubendreher

Regalbord montieren

Ein Wandbord unsichtbar auf der Wand anzubringen, ist sicher eine elegante Lösung, unabhängig vom Design irgendwelcher Bordträger. Mit einer Befestigungstechnik, die gar nicht für diesen Zweck geschaffen wurde.

Sogenannte **Stockschrauben,** bis zu 12 mm dicke und bis 180 mm lange Stahlstifte, die an einem Ende ein **Metallgewinde** und am anderen Ende ein

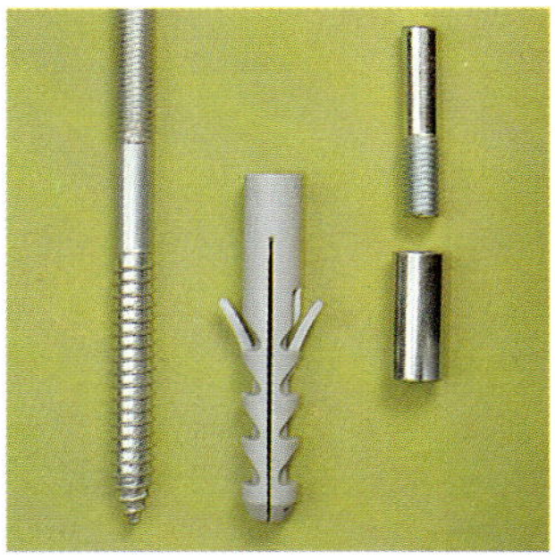

Stockschraube, Dübel und improvisiertes Eindrehwerkzeug.

Holzschraubengewinde tragen, lassen sich auch als **Bordträger** verwenden. Im Normalfall werden sie, zusammen mit 14 mm-Mauerdübeln und Befestigungs-

Eine Leiste als Bohrschablone, so lang wie das Bord.

muttern, als Set zur **Waschtischbefestigung** angeboten. Als Bord eignen sich 25 mm dicke **Fensterbankelemente** (Kunststoff-Oberflächen) bis zu 200 mm tief oder 30 mm dicke **Leimholz-Zuschnitte** bis zu 250 mm tief. Je dicker das Bord, umso tragfähiger ist auch die **Befestigung.** Vor allem dann, wenn man die Bohrung in der **Hinterkante** soweit wie möglich nach oben versetzt, wobei etwa 5 mm Material über der Schraube verbleiben müssen. Wenn Sie schwere **Bücher** auf dem Bord unterbringen wol-

Die Gewindemuffe soll an den Spannbacken anliegen.

len, sollten die **Trägerabstände** nicht größer als 50 cm auseinander liegen.

Damit die **Dübelbohrungen** in der Wand mit den Bohrungen in der Hinterkante genau übereinstimmen, kann man eine Leiste als **Bohrschablone** zu Hilfe

Holzleim hält das belastete Bord an der Wand.

nehmen. Zuerst wird sie auf die Bordhinterkante geschraubt, um die **Führungsbohrungen** mit 8 mm Durchmesser herzustellen. Die Leistenschablone läßt sich dann waagerecht auf der **Wand** ausrichten, um die Bohrungen ebenfalls mit einen 8 mm-**Mauerbohrer** auf die Wand zu übertragen.

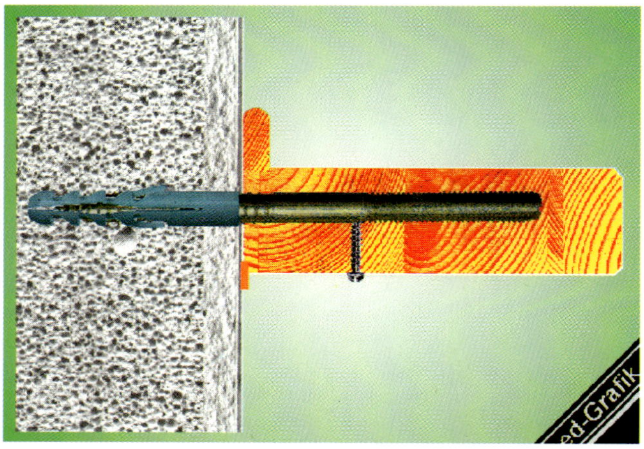

An der Unterkante stützt eine Leiste (oder Siliconkautschuk) das Bord an der Wand ab.

EXTRATIP: Heraus- oder auch Eindrehen läßt sich die Stockschraube mit kraftvoll gegeneinander gekonterten Sechskantmuttern. Oder beim Drehen mit einem Maulschlüssel an der jeweiligen Kontermutter etwas gegenhalten.

Vorbohren vermeidet Ungenauigkeiten

Dübelbohrungen über 10 mm **Durchmesser** werden stets genauer, wenn man mit einem halb so großen Bohrer ein **Führungsloch** herstellt. Denn je größer der Bohrerdurchmesser, desto leichter kann er sich beim Bohren vom geplanten **Mittelpunkt** entfernen. Das Eindrehen der dicken Stockschrauben kann man sich mit der **Bohrmaschine** erleichtern. Als **Eindrehwerkzeug** genügt eine passende Gewindemuffe mit einem Gewindeende (abgesägte Stockschraube). Das **Gewindeende** muß mit dem Gewinde zur Hälfte in die Muffe reichen. Das **Bord** kann dauerhaft oder demontierbar befestigt werden.

ARBEITSMATERIAL

- Bohrmaschine
- Leistenschablone
- Waschtischbefestigungen
- Holzleim
- Gewindemuffe
- Gewindeende

Großspiegel aufhängen

Große, rahmenlose Spiegelflächen wirken nur dekorativ, wenn man sie auch zuverlässig aufhängen kann. Sichtbare Befestigungen wirken an den spiegelnden Flächen jedoch meistens recht störend.

Für ein Kilo **Gewicht** werden 30 Zentimeter Klebeband empfohlen (Scotch). Ein 150 x 50 cm großer **Spiegel** aus 4 mm dickem Glas wiegt rund 6 kg. Das sind 1,8 Meter von dem 19 mm breiten Band. Demnach sollte die tragende **Fläche** dafür mindestens 45 cm lang und 8 cm breit

Dübel markieren: Leisten auf ebener Fläche zusammendrücken.

sein. Die Klebefläche auf zwei tragende **Leisten** zu verteilen, ist nicht sinnvoll, weil sich das Gewicht durch **Toleranzen** bei der Befestigung nicht gleichmäßig auf beide Leisten verteilen läßt. Für größere **Spiegel** sollten Sie deshalb Furnierplatten für die Hängeleiste verwenden.

Leistenbefestigung

Im **Normalfall** reichen drei Leisten. Eine wird auf die **Wand** gedübelt; die Hängeleiste wird sorgfältig auf die **Spiegelrückseite** geklebt. Im unteren Spiegelbereich ist noch eine, mit kurzen Klebebandstücken auf

Spezialklebeband aus dicker und fester Schaumschicht.

Wand oder Spiegel befestigte **Distanzleiste** notwendig. Wo der Spiegel auch mal einen **Stoß** aushalten muß, sollten die Distanzleisten senkrecht und im Abstand von 50 cm über die ganze **Spiegelhöhe** reichen. Wand- und Hängeleiste greifen ineinander, da man den Spiegel auf- und vermutlich auch mal abhängen muß. Wer keine Tischkreissäge hat, leimt **Dübel** in die Leisten. Damit die Bohrungen genau übereinstimmen, zwei **Nägel** einschlagen, abkneifen und zusammendrücken. Eingeleimte 6 mm-**Dübel** genügen. Durch gegenüberliegende 8 mm-Bohrungen werden geringe Toleranzen ausgeglichen. Einfacher ist es, die **Leisten** auf der Tischkreissäge zu profilieren.

Von links nach rechts eine gedübelte und zwei profilierte Hängeleisten.

Klebeflächen vorbereiten

Zum Säubern der **Klebeflächen** eignet sich Brennspiritus, falls man nicht gerade zu intensiv und andauernd auf dem **Schutzlack** herumreibt. Auf der Spiegelrückseite, in genau rechtem **Winkel** zur senkrechten Spiegelkante, den Platz der Hängeleiste kennzeichnen.

Wandleiste genau ausgerichtet mit einem Stahlnagel fixieren.

Die **Wandleiste** wird exakt waagerecht ausgerichtet, um anschließend die Dübelbohrungen durch die vorgebohrten **Schraublöcher** hindurch herzustellen. Dann läßt sich ein für die Durchsteckmontage geeigneter **Mauerdübel** direkt durch die Leiste in die Wand treiben und verschrauben.

Einfache Durchsteckmontage mit dafür geeignetem Mauerdübel.

ARBEITSMATERIAL

- Holzleisten
- Spezialklebeband
- Brennspiritus
- Mauerdübel
- Stahlnagel
- Schrauben

Decken

Decken sollen nicht nur einen schönen Anblick bieten, sie müssen auch allerhand aushalten. Wie Sie Decken professionell bearbeiten und sichere Befestigungen anbringen, darüber informieren Sie unsere praktischen Anleitungen.

Pilzbefall entfernen

Stockflecken, Schimmel oder Pilzbefall auf Wand oder Decke sind nur verschiedene Begriffe für die gleiche Ursache – eine oder mehrere Pilzarten haben sich angesiedelt und wachsen.

Pilze und ihre Sporen sind leider ungenießbar und sehr unansehnlich und manchmal auch gesundheitlich nicht unbedenklich. Der sichtbare Teil dieser biologischen **Strukturen** besteht meistens aus punktförmig gesprenkelten, dunkelgraugrün-braunen bis schwarzen **Verfärbungen.** Wenn man nichts dagegen unternimmt, dehnen sie sich

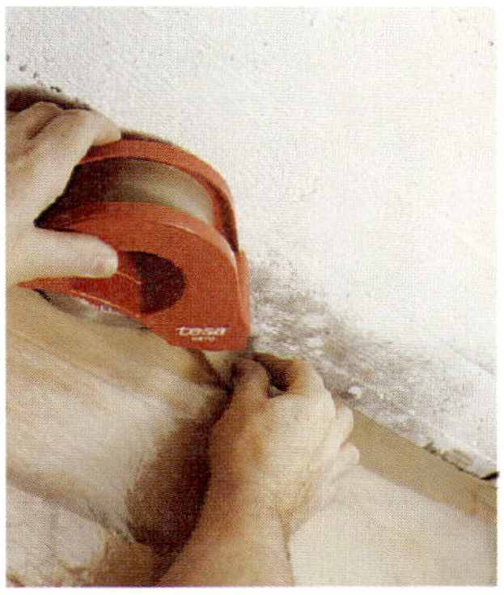

Plastikfolie mit breitem Packklebeband durchgehend fixieren.

langsam, aber stetig so weit aus, wie **Nährstoffe** und **Feuchtigkeit** aus dem Untergrund zum **Wachstum**

Schimmelbekämpfende Flüssigkeiten ziemlich naß aufsprühen.

reichen. Die Nährstoffe aus **Wandfarben** oder auch aus der Luft reichen nicht nur aus, um unschöne **Flecken**

Mit Topfschwamm, Bürste oder hartem Pinsel den Belag abschrubben.

zu hinterlassen, sondern auch um **Sporen** zu produzieren. Die notwendige Feuchtigkeit kondensiert bei ungenügend bewegter **Luft** auf den kühleren Flächen.

Heißluft zum Vorwärmen oder um die Bleichwirkung zu testen.

Pilzbefall entfernen

Bevor man weiteres **Pilzwachstum** durch konsequente Lüftung austrocknet, sind zunächst einmal ge-

ÖKOTIP
Wenn man für Schimmelpilze im Haus keine Lebensgrundlage zuläßt, kann man auch auf fungizide Wirkstoffe verzichten. Am einfachsten durch ausreichende Lüftung, um die mit Feuchtigkeit aus der Wohnung (Küche, Bad, Waschgeräte) angereicherte Luft wenigstens einmal täglich auszutauschen. Vor allem in Bereichen mit kalten Wänden kondensiert sonst die Luftfeuchtigkeit schnell zu einem feuchten bis nassen Film – mit guten Voraussetzungen für das Pilzwachstum.

Vor einem Neuanstrich zunächst mit Isolierfarbe grundieren.

wachsene **Strukturen** abzutöten. Wo möglich mit **Heißluft** oder mit, für Pilzgewächse giftigen, chemischen sowie natürlichen **Wirkstoffen.** Da der Belag bei erneutem Pilzbefall jedoch wiederum als **Nährstoffquelle** dienen könnte, ist er nicht nur aus optischen Gründen zu entfernen. Gegen den **Sprühnebel** der dafür verwendeten Flüssigkeiten sollte man die nicht betroffene **Umgebung** schützen. Vor allem unter Decken könnte es sonst zu unliebsamen **Bleichflecken** kommen. Plastikfolie läßt sich mit einer Stütze zur **Auffangwanne** formen. Seiden- oder Zeitungspapier in dieser Folienwanne saugt den **Sprühnebel** auf. So kann er nicht abperlen und wiederum **Schaden** anrichten.

Empfindliche **Hände** mit Plastikhandschuhen schützen, denn **Sprühflaschen** tropfen mitunter auch da, wo man sie anfaßt. Chlorfreie Schimmelentferner lösen den **Belag** an, so daß man ihn abschrubben kann. Mit Chlor oder anderen **Bleichmitteln** ist die Nachbehandlung mit Bürste und Wasser nur notwendig, um **Überreste** zu entfernen. An unzugänglichen Stellen kann man darauf verzichten.

Pilzbefall vorbeugen

In jedem Fall die sauberen **Flächen** zur Vorbeugung noch einmal reichlich einsprühen und den **Film** antrocknen lassen. An angewärmter Decke trocknet die Flüssigkeit schneller. Zum **Neuanstrich** läßt sich auch wirkstoffhaltige (bakterizide, fungizide) **Farbe** verwenden. Oder man kann selbst einer beliebigen Wandfarbe ein entsprechendes **Wirkstoffkonzentrat** beimischen.

ARBEITSMATERIAL
- Schimmelentferner
- Abdeckfolie
- Packklebeband
- Seidenpapier
- Topfschwamm
- Bürste

Decken tapezieren

Tapezierte Decken schaffen mehr Wohnlichkeit. Im Gegensatz zum nackten Putz vermittelt die gleichmäßige, feine Struktur der Rauhfaser der Decke einen bekleideten Eindruck.

Wenn Sie beim Zurichten der **Bahnen** die Tapete maßgenau abreißen, lassen sich mit dieser ausgefransten Kante weichere **Übergänge** zur Tapete der Wand erreichen. Anstelle von professionellem Gerät können Sie auch einen **Fuchsschwanz** benutzen.

Kanten reißen

Das geht auch direkt an der Decke, wenn Sie mit größerer Zugabe arbeiten wollen.

Reißen von Rauhfasertapeten am Fuchsschwanz.

Die **Tapete** darf nur nicht zu durchgeweicht sein. Als **Ablage** für das gefaltete Tapetenpaket ist ein spezielles **Bord** an der Leiter sicherer als der hilfreich gehaltene Besen, vor allem am Anfang der Bahn. Zwei **Zuschnitte** aus 12 mm dickem Sperrholz 10 x 53 und 25 x 53 cm miteinander und an zwei **Stützlatten** (ca. 30 x 15 mm) verschrauben. Als Anlage für die erste **Bahn** eine dünne Maurerschnur zwischen zwei **Stahlnadeln** in der Decke spannen. Zur malerüblichen Markierung, dem »Schnurschlag«,

Stützlatten bringen die Ablage bis knapp unter die Decke.

gehören zwei **Personen** und eine mit farbiger Kreide eingestäubte Hanfschnur. Der **Abstand** dieser Markierung soll zur Wand eine **Ausgleichsbahn** ergeben, die mit gerissener Kante noch 10 bis 15 mm durch die Ecke auf die **Wand** reicht. Überlange, eingekleisterte **Tapetenbahnen** lassen sich besser im Zick-Zack zusammenlegen, entsprechend der Entfernung der **Ablage** auf der Leiter von der Wand, für den Anfang gut zweimal 50 cm und anschließend etwa 80 cm lange Teilstükke. Ein Bleistiftstrich auf Decke und dem Anfang der Tapetenbahn erleichtert genaues Anlegen. Auch dieser Anfang soll noch auf die Wand reichen. Zum **Beginn** die auseinandergezogene Tapete über einem Rundstab an die **Bleistiftmarkierung** legen und möglichst gerade zur Wand hin leicht mit der **Hand und dem Stab** andrücken. Danach das andere Teilstück zur **Raummitte** hin nach der Schnur ausgerichtet andrücken.

Tapete über einem Rundstab an den Markierungen anlegen.

Fläche anwalzen

Wenn die **Tapetenkante** auf gut einem halben Meter genau mit der **Schnur** übereinstimmt, dieses Stück mit der **Hand** etwas fester anstreichen. Zum Korrigieren

Rest der Bahn über die Ablage hängen lassen und anbürsten.

kann man den **Anfang** noch einmal abziehen. Anschließend auf dem ersten Stück mit der **Andrückrolle** mögliche Luftblasen herauswalzen. Den längeren Rest der Bahn **Stück für Stück** anbürsten und von der Mitte zum Rand hin anwalzen. Die weiteren **Bahnen** auf gleiche Weise mit dicht aneinandergestoßenen **Nähten** anfügen. Falls notwendig, die Nähte zusätzlich mit dem Nahtroller andrücken.

Zum **Decken** tapezieren Spezialkleister tags zuvor nach Vorschrift anmischen. Vom Beginn des Kleisterauftrags bis zum Ansetzen sollen exakt zehn **Minuten** verstreichen. Sonst werden die Bahnen durch die längere Zeit der **Verarbeitung** zu weich.

ARBEITSMATERIAL

- Rauhfasertapete
- Spezialkleister
- Tapeziertisch
- Tapezierwerkzeug
- Fuchsschwanz
- Maurerschnur
- Stahlnadeln

Spielgeräte sicher aufhängen

Ob Seile von Kinderschaukeln, Kletterseile oder Netze, aber auch Sicherheitsgeschirre (Bauchgurt), ihre Verankerung im Mauerwerk, in Decken oder Balken kann nicht stabil genug sein.

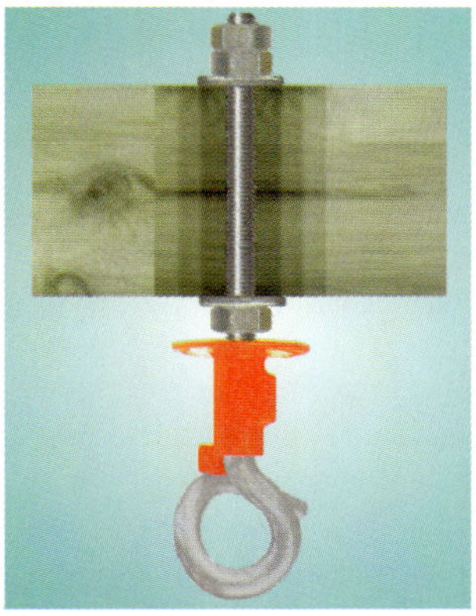

Durch den Balken reichendes Gewinde mit Muttern verschraubt.

Üblich sind für solche **Befestigungen** die herkömmlichen **Schneckenhaken,** aus denen sich die eingehängten Ringe im Normalfall nicht herauswinden können. Bei **Schaukeln** soll das Auge vom Schneckenhaken zudem immer quer zur **Schaukelrichtung** stehen. Schneckenhaken mit Gewinde für **Holz** bedürfen schon einer sehr sorgfältigen Befestigung in **Kunststoffdübeln,** um die Belastungen sicher auszuhalten. In Holzbalken auf jeden **Fall** vorbohren, jedoch höchstens etwas kleiner als der Kerndurchmesser vom Gewinde am **Haken.**

Metallgewinde

Sicherer ist der **Einsatz** von Haken mit 12 mm-**Metallgewinde.** Reicht das Gewinde durch den Balken und wird mit Sechskantmuttern auf Unterlegscheiben unter und über dem **Balken** verschraubt, garantiert das ein hohes Maß an Sicherheit. Auch mit **Messing-Spreizdübeln** ist die Befestigung der Haken in Holzbalken möglich. Die werden auf das **Gewinde** geschraubt und tief in eine 15 mm-Bohrung im Holz getrieben. Aber nur so tief, daß man den **Haken** noch mindestens 20 mm tiefer eindrehen kann, um den Messingdübel auf knappe 19 mm Durchmesser zu spreizen. In festen **Baustoffen** sollten Sie die größtmögliche Sicherheit durch **Schwerlast-Metalldübel** anstreben.

Messingdübel werden durch das Metallgewinde gespreizt.

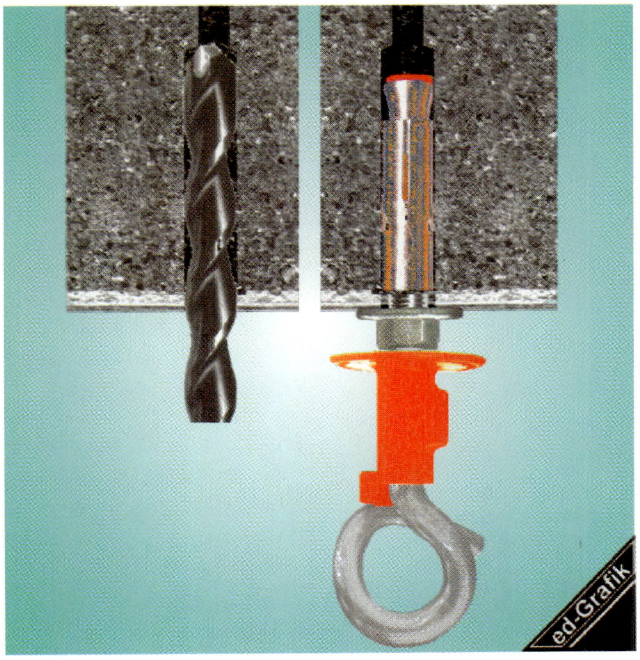

Bohrtiefe für Schwerlastdübel auf Gewindelänge abstimmen.

Ösenschrauben

Wenn man allerdings der **Empfehlung** der Baubeerufsgenossenschaft folgt, verwendet man anstelle der Schneckenhaken besser zum **Ring** verschweißte Ösenschrauben für Gerüstbefestigungen. Dabei genügen außerdem etwas kleinere **Bohrungen** von 12 oder 14 mm Durchmesser für die **Kunststoffdübel.**

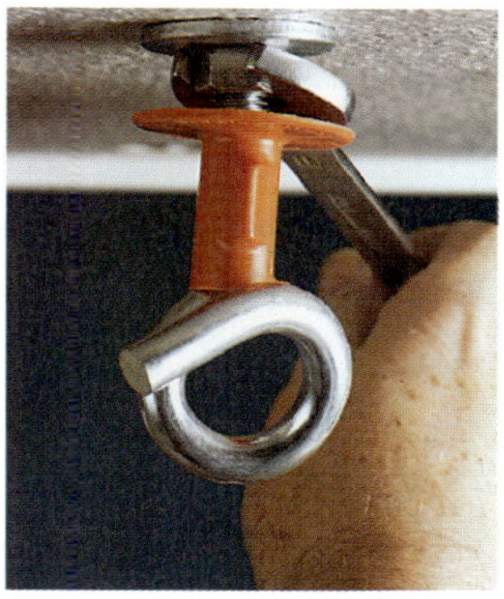

Spreizkonus vom Schwerlastdübel mit der Mutter anziehen.

Hängt man dann noch die ordentlich um **Stahlkauschen** gespleißten (verflochtenen) **Seile** mit Sicherheits-Karabinerhaken ein, kann man kaum mehr für die **Sicherheit** tun.

Sicherheits-Karabinerhaken in Ösenschraube.

ARBEITSMATERIAL

- Gerüst-Ösenschrauben
- Schneckenhaken
- Schwerlastdübel
- Kunststoffdübel
- Bohrhammer
- Gabelschlüssel

Tragseile montieren

Serienmäßige Befestigungen für Tragseile von Fensterdekorationen oder Halogenstrahlern sind bei häufigen Ausnahmen wie Wandverkleidungen oder speziellen Wänden nicht zu gebrauchen.

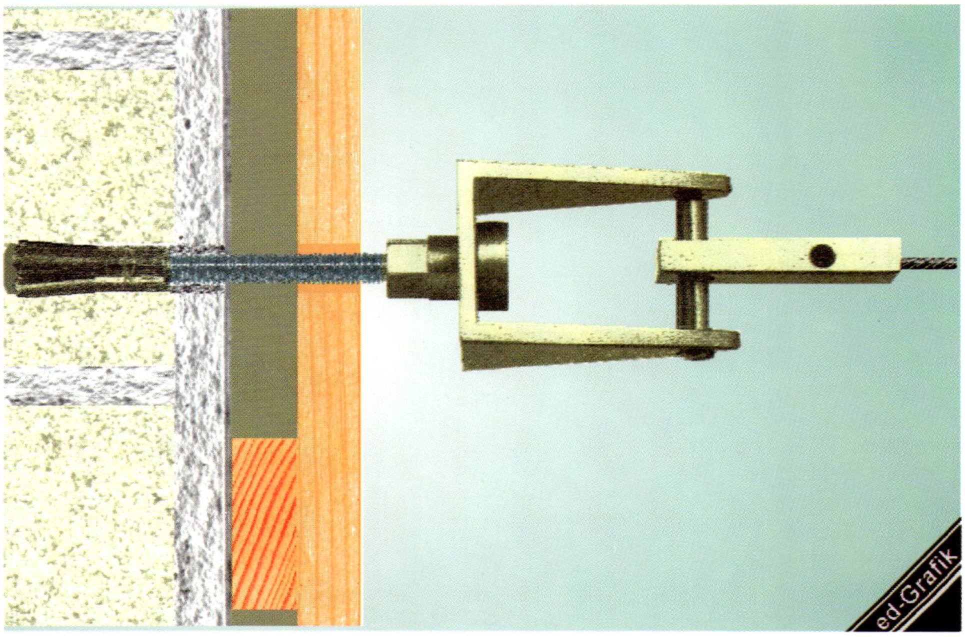

Wo der Abstand zwischen Mauerwerk und Beschlag relativ groß ist, kann man mit einem Gewindestab im geeigneten Stahldübel den Abstand überbrücken.

Wenn dann noch beträchtliche Zugkräfte durch schwere Stoffe oder sehr straff gespannte Seile auftreten, hel-

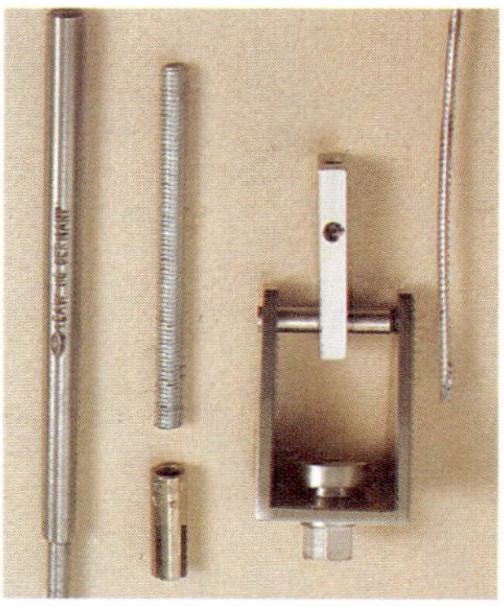

Einschlagwerkzeug, Gewindestab mit Anker, Seilspanner und Stahlseil.

fen nur andere Verankerungen weiter. Eine Profilholz-Wandverkleidung kann zum Beispiel kaum zusätzliche Belastungen aufnehmen. Die **Verankerung** für die Seilspanner muß hinter der Verkleidung im festen Mauerwerk liegen, möglichst ohne große Löcher in der **Holzverkleidung** zu hinterlassen. So hat zum Beispiel der abgebildete Einschlaganker mit Innengewinde M6 von Fischer-Dübel einen Außendurchmesser von nur 8 mm. Nach Befestigungen dieser Art muß man eher im gut sortierten **Eisenwaren-Fachhandel** als im Heimwerkermarkt fragen.

Vom Üblichen abweichende Verfahren sind Lösungen für spezielle Ansprüche

In diesen Einschlaganker aus Stahl wird ein Gewindestab M6 mit der erforderlichen Länge montiert. Der Anker läßt sich mit dem **Einschlagwerkzeug,** einem

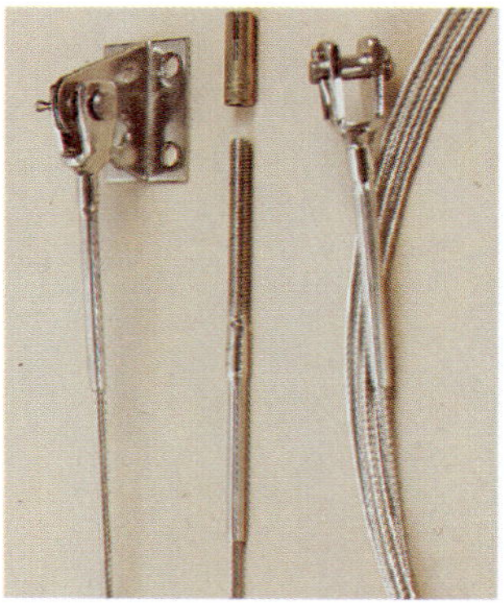

Gabelterminal und Augplatte, Gewindeterminal mit Anker, Stahlseil mit angewalztem Beschlag.

Stahlstift, der am vorderen Ende dünner ist, durch eine 9 mm-Bohrung in der Verkleidung in das Dübelloch in der Wand schieben. Anschließend wird er mit ein paar **Hammerschlägen** auf den Stahlstift in der Wand verankert. Dabei spreizt ein runder Keil (Konus) in dem Anker das Dübelende auseinander. Das Dübelloch muß dazu bis ins feste **Mauerwerk** reichen. Es darf jedoch nicht ganz so tief liegen, wie der **Einschlagstift** lang ist, da der Stahldübel zur **Verankerung** im Dübelloch anstoßen muß. Und das Werkzeug will man ja auch wieder herausbekommen. Jetzt bleibt nur noch, den Gewindestab auf die richtige Länge abzusägen und das Zubehör der gewählten Anlage zu montieren. Wer übrigens großen

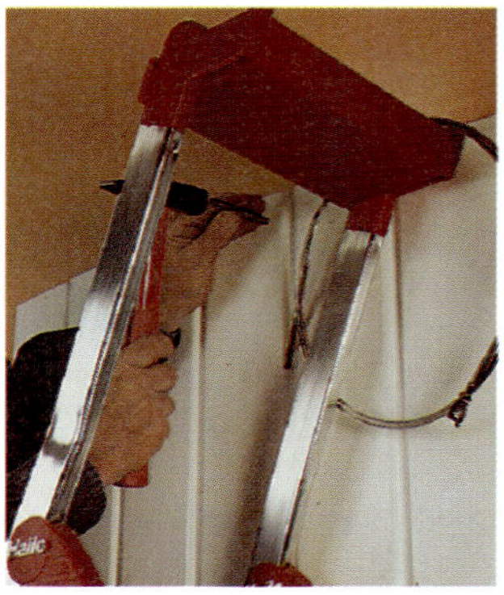

Der Einschlaganker verschwindet hinter der Wandverkleidung.

Wert auf hohe technische und optische **Qualität** legt, kann für solche Anlagen mit Spannseilen auch **Edelstahlbeschläge** und -seile vom **Yachtausrüster** verwenden. Mit den angewalzten Gabel- oder Gewindeterminals und schlanken Wantenspannern wirken sie nicht nur elegant, trotz **Einzelanfertigung** sind sie meist sogar preiswerter.

ARBEITSMATERIAL

- Schlagbohrmaschine
- Hammer
- Bügelsäge

Pendelzugleuchte fest aufhängen

Der Deckenanschluß für Leuchten ist oft an einem anderen Platz als über der geplanten Stellfläche für den Tisch. Deshalb ist es gut, möglichst viel über die Decke zu wissen, bevor man Leuchten auswählt oder aufhängt.

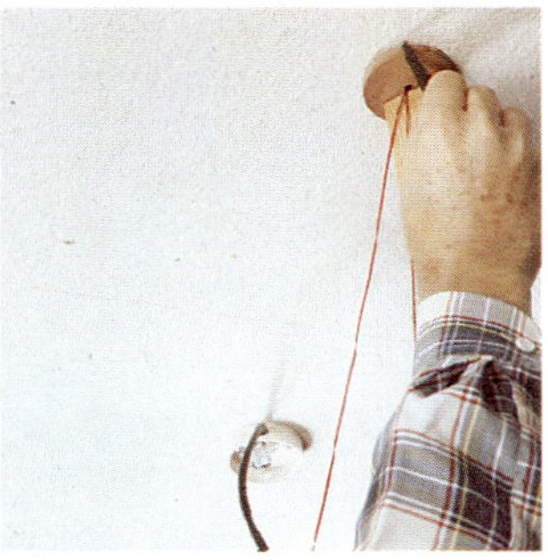

Den Umriß vom Baldachin an der Decke kennzeichnen.

Das gilt nicht nur für schwere **Kronleuchter,** auch moderne Pendelzugleuchten mit kleiner Lichtquelle, aber großem **Glasschirm** können recht gewichtig sein. Der zugehörige Baldachin mit der Federzugeinrichtung hängt deshalb dann auch nicht mehr an einem einfachen **Deckenhaken,** son-

Überprüfen, ob sich Metall in Nähe der Bohrstelle befindet.

dern ist zur direkten Befestigung unter der Decke vorgesehen. Wenn man nicht selbst **Bauherr** ist, sind Vormieter, Vermieter oder Hausmeister die Informationsquellen über Decken-

Bohrmehl in einer durchbohrten Spraydosenkappe auffangen.

Staubabsaugung direkt am Bohrer schont Augen und Bohrfutter.

konstruktion und -material. Die Auskünfte sollte man zur Sicherheit mit einer **Testbohrung,** möglichst vor dem Tapezieren der Decke, überprüfen. Dazu ist erst einmal der genaue Platz für den **Baldachin** festzulegen. Er läßt sich mit einem **Senklot** oder auch einfach einem Hammer am Bindfaden von der **Tischmitte** an die Decke loten.

Freileitung

Der Stromanschluß ist dann über einen **Verteilerbaldachin** möglich. Über dem Deckenanschluß montiert, gelangt der Strom durch einen der seitlichen **Auslässe** über eine Freileitung von der Lüsterklemme im **Verteiler** zur Lüsterklemme im **Leuchtenbaldachin.** Damit diese Leitung in halbwegs gleichmäßigem **Bogen** unter der Decke hängt, ein möglichst flexibles Kabel verwenden. Querschnitt und Adernanzahl bestimmt die anzuschließende **Leuchte.** Auch dafür die Aderenden mit **Hülsen** ausstatten. Vor der Testbohrung sollten Sie den markierten Bereich noch mit einem **Leitungssucher** überprüfen und dem Testergebnis zum Trotz auf jeden Fall den Stromkreis im Sicherungskasten unterbrechen. In **Betondecken** kann man mit dem Leitungssucher außerdem den Stahl von **Bewehrungsmatten** lokalisieren, soweit die nicht zu tief in der Decke liegen.

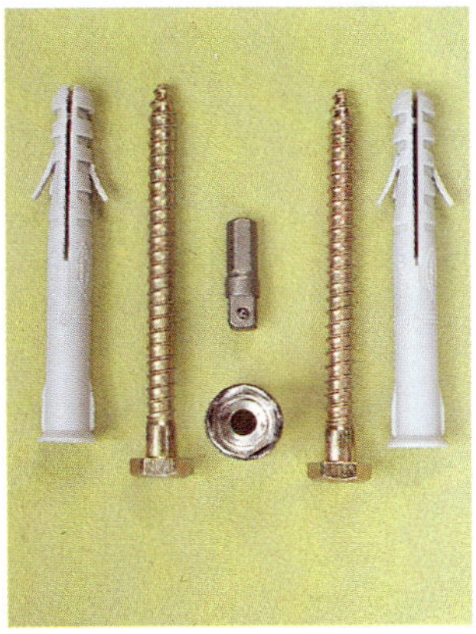

Möglichst lange Schrauben Sechskantkopf verwenden.

Dübelauswahl

Auch aus dem Widerstand beim **Probebohren** und der Farbe des Bohrmehls läßt sich vielleicht ableiten, welche **Dübelbefestigung** geeignet ist. In günstigen Situationen **Kippdübel** für Hohlkonstruktionen und **Kunststoffdübel** für Beton. Bei Baustoffen mit hohlen Kammern möglichst lange **Rahmendübel,** die tief in die Decke reichen, vorsehen. Sind zwei Schrauben für die Befestigung der Leuchte notwendig, läßt sich der **Abstand** zwischen den Bohrungen mit einer angefertigten **Bohrerführung** genauer einhalten. Man kann sie mit zwei zur erforderlichen Länge zu-

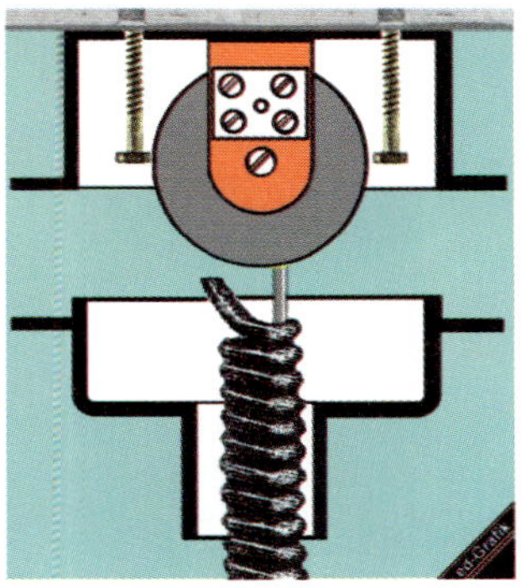

Lange Rahmendübel bieten größte Sicherheit.

sammengespannten Leisten unter die Decke klemmen. In massiven Betondecken erleichtert das **Vorbohren** mit einem 5- oder 6 mm-Bohrer die Dübelbohrungen. Sollten Sie auf Stahl stoßen, mit ei-nem Spiralbohrer die **Stahlarmierung** durchbohren.

ARBEITSMATERIAL

- Verteilerbaldachin
- flexibles Kabel
- Senklot
- Leitungssucher
- Schlagbohrer
- Mauerdübel

Schalldämmschale einbauen

Wenn Luftschall in der Wohnung, meistens als laute Musik, in den umliegenden Räumen als lästig empfunden wird, kann man dem nur mit schalldämmenden Konstruktionen begegnen.

Schallschluckmatten liegen lose auf den Montagelatten. Diese hängen an Rahmendübeln knapp unter der Decke und tragen die 19 mm dicken Profilholzbretter

Gewicht dämmt Schall

Auf wirksame **Weise** läßt sich dieser Schall nur mit schweren, biegeweichen **Schalen** aufnehmen und in lautlose Bewegungsenergie und **Wärme** umwandeln. Das bedeutet: Befestigen Sie Decken- oder Wandverkleidungen sowie Wandkonstruktionen mit möglichst elastischen **Verbindungen** und ohne direkten Kontakt an den Rändern zu **Wänden** oder Decke, damit sie Schallwellen nicht weiterleiten können. Darüber hinaus müssen diese **Schalen** so schwer wie möglich werden, sollten eine deutlich strukturierte **Oberfläche** aufweisen und an den Rückseiten mit schalldämpfendem **Material** aus Mineralfilz gefüttert sein, damit sich die unterschiedlichen **Arten** von Schallwellen und Frequenzen bereits in dieser **Konstruktion** totlaufen.

Auf schwimmenden Estrich als **Unterboden** trifft das schon weitgehend zu, sofern er frei von **Schallbrücken** zu den Wänden ist. Denn sonst kann man von zusätzlicher Schallschutzverkleidung allenfalls eine schalldämpfende **Wirkung** erwarten. Eine Profilholzverkleidung an der Decke, als gewichtige, profilierte Stürzerdecke, ist eine attraktive Variante von vielen **Möglichkeiten** einer schalldämmenden Schale. Deckelbrett und Unterbrett bilden die Flächen, die zwischen **Scheinbalken** an zwei Wänden liegen, je nach **Raumgröße** wird die Fläche noch von zwei oder mehr Balken gegliedert.

Dichtungsbänder aus Weichschaum verhindern Schallbrücken.

Scheinbalken nicht sichtbar an Wandlatten montieren.

Schalltechnische Trennung

Da die Scheinbalken an der **Wand** keinen Kontakt zur Deckenfläche haben dürfen, wird die **Oberkante** der Balken mit einem **Weichschaumprofil** (Fensterdichtung) beklebt. Dann kann sich das **Unterbrett** dicht darauf legen und ist trotzdem schalltechnisch von der **Wand** getrennt. Die unteren Deckelbretter enden dagegen mit einem **Abstand** von 2 mm vor den Scheinbalken an der Wand, die sich an **Montageleisten** von oben befestigen lassen. Bei geringem Abstand zur Decke lassen sich die Schrauben nur mit einem **Winkelschraubendreher** eindrehen.

Präzise Bohrungen für Dübel und Schraube in den Traglatten.

Tragfähige Sicherheit

An die **Befestigung** der Latten für die Unterkonstruktion sind besondere **Ansprüche** zu stellen. Möglichst wenige Schrauben in **Dübeln** sollen hohes Gewicht sicher tragen. In **Einzelfällen** können technische Informationen des Dübelherstellers weiterhelfen. Im **Zweifel** ist die Hilfe eines Statikers preiswerter als ständige Ungewißheit.

Wo nur das **Gewicht** von Holzprofilen, Montagelatten (50 x 25 mm) und **Schallschluckmatten** zu tragen ist, genügt ein **Abstand** zwischen den Latten von 50 cm und 25 cm zur Wand. Mit 10 mm-Rahmendübeln 100 mm lang (Schrauben 7,0 x

105) darf der Abstand zwischen den Dübelbohrungen in **Beton** höchstens 80 cm betragen. Das entspricht etwa fünf **Dübeln** je Quadratmeter Schalldämmschale. Tragfähige **Baustoffe** und korrekte Montage nach den **Vorschriften** des Dübelherstellers vorausgesetzt.

Dübelbefestigung

Die 10 mm-**Dübelbohrungen** in den Latten für den

Wo der Metallsucher warnt, die Bohrung etwas verlegen.

Dübelrand und den Schraubenkopf so weit auf-

Latten als Bohrschablone für die Dübelbohrung nutzen.

reiben, daß beides etwas vertieft in der **Latte** liegt. Eine quer neben der **Bohrung** eingedrehte Schraube hält das **Holz** zusätzlich zusammen. Bevor Sie die **Dübellöcher** in Beton bohren, sollten Sie an der jeweiligen Latte die **Bohrstelle** mit einem Metallsucher testen, damit Sie nicht auf den **Stahl** der Bewehrungsmat-

ten geraten. Denn zur **Montage** können Sie die Latten, einschließlich der Schallschluckmatten an der endgültigen **Position mit Stützen** unter die Decke klemmen. Die Latten der Unterkonstruktion dürfen nicht an die **Wand** stoßen.

Die Bohrung muß tief genug in den **Beton** reichen. Dann können Sie die Enden der Dübelschäfte genau nach einer von **Wandlatte** zu

Dübelschäfte genau nach einer gespannten Schnur ausrichten.

Wandlatte gespannten Schnur in die **Bohrung** treiben und ausrichten. Sind alle **Schrauben** eingedreht, werden die **Latten** heruntergezogen. Dann sollte die Unterkonstruktion in einer

Schrauben eindrehen mit Gabelschlüssel am Sechskantansatz.

Ebene an den Dübeln unter der Decke hängen.

Profilholz montieren

Für den **Anfang** der Holzfläche je nach **Deckenflä-**

che ein halbes oder schmaleres Deckelbrett mit einem Unterbrett verschrauben und zusammen auf **Fugenkrallen** schieben. Die sollten Sie so anschrauben, daß zwischen Wand und **Brett** eine wenigstens 3 mm breite Schattenfuge bleibt. Die **Winkelklammern** der Deckelbretter müssen sich mit einem Ende knapp an der **Montagelatte** auf das zuvor montierte Unterbrett legen können. Mit dem an-

Besondere Winkelklammern auf die Deckelbretter schrauben.

deren **Ende** werden sie unter die Montagelatte geschraubt. Deshalb sind die **Klammern** etwas schräg angeordnet. Die Unterbretter können dann mit einer **Kante** auf dem Deckelbrett liegen. Die andere Kante wird mit **Fugenkrallen** angetackert.

Unterbrett mit Fugenkrallen (5 mm Nutwange) befestigen.

Gewicht erhöhen

Wenn Sie die biegeweiche **Schale** für besonders hohe

Strukturierte Oberflächen brechen die Schallwellen.

Dämmwirkung mit zusätzlichem **Gewicht** ausstatten wollen, können Sie dafür spezielle **Schalldämmplatten** einsetzen.

EXTRATIP: Schwere schalldämmende Decken lassen sich auch als abgehängte Decken erstellen. Dazu besonders massive Lochbandstücke von der Rolle, Querschnitt 40 x 2 mm, an die Decke dübeln und die Unterkonstruktion daran befestigen.

ARBEITSMATERIAL

- Stürzerprofile
- Stürzerbefestigungen
- Montagelatten
- Schallschluckmatten
- Rahmendübel
- Bohrhammer
- Akkuschrauber
- Schraubendreher
- Gabelschlüssel
- Metallsucher
- Schrauben
- Tacker

Innendachfläche dämmen

Die aktuellen Bestimmungen der Wärmeschutzverordnung berücksichtigen umfangreicher als zuvor die winddichte Ausführung der Maßnahmen zur Wärmedämmung, auch und gerade an Decken im Dachgeschoß.

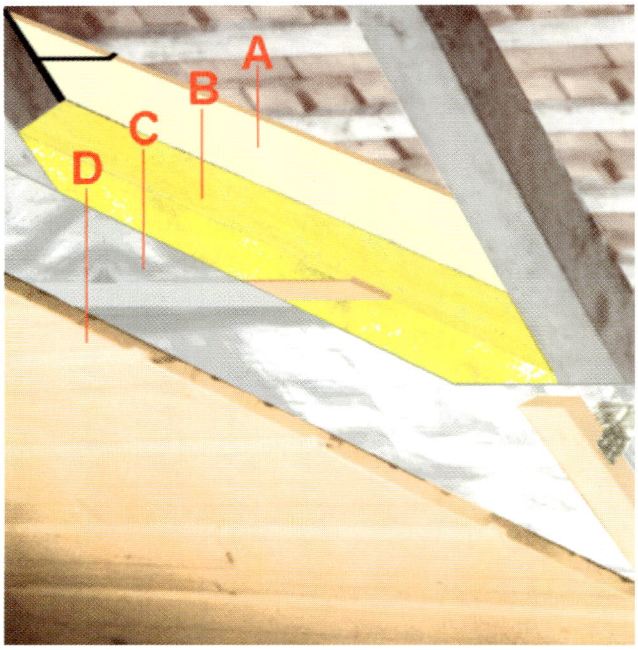

A: nachträglich eingebaute, winddichte, aber dampfdurchlässige Schutzschicht mit der Funktion einer Vordeckung. B: Dämmschicht. C: winddichte und dampfundurchlässige Sperrschicht. D: Verkleidung der Dachuntersicht.

Ursache für die **Wirkung** einer Dämmschicht ist ausschließlich die unbewegte Luft. Bereits durch leichte, nicht wahrnehmbare Luftbewegung wird diese **Wirkung** gemindert.

Luftaustausch erhalten

Das unterbindet zwar auch, ebenso wie moderne konsequent abgedichtete Fenster, den erforderlichen Austausch der Raumluft. Dieser läßt sich jedoch durch bewußtes tägliches, kurzes, aber kräftiges **Lüften** steuern.

Unkontrollierbarer **Energieverlust** durch undichte Konstruktionen ist jedenfalls das weit größere Übel. Ein neues Dach läßt sich von außen mit einer korrekten **Vordekkung** fachgerecht abdichten. Bei einem bestehenden Dach bleibt nur die Möglichkeit, eine ähnliche **Schicht** zwischen den Sparren einzubauen.

Ausbauplatten mit langen Klammern festtackern.

Dafür eignen sich naßfeste Ausbauplatten, die auch mal bei ungünstigen Bedingungen durch die Dachdekkung eindringenden **Regen** oder **Flugschnee** aushalten. Zum Beispiel 13 mm dicke, kochfest verleimte **Spanplatten** mit der Zusatzbezeichnung »AW100« oder mit Bitumenpapier kaschierte Hartschaumtafeln. Derartige Platten lassen sich mit langen **Klammern** unter die Dachlatten tackern. Einseitig selbstklebendes **Fugendichtband** ist auf 4 mm verdichtet und dehnt sich innerhalb weniger **Stunden** bis auf 20 mm aus: Viel **Spielraum** für den Plattenzuschnitt, den man jedoch nur so knapp wie möglich nutzen sollte.

Mineralfilz als Dämmstoff

Den noch verbleibenden Raum bis zur Sparrenunterkante kann man voll mit Dämmstoff auffüllen. Die Möglichkeiten reichen vom **Korkschrot** bis zum Klemmfilz aus Mineralwolle. Langfaserige Dämmfilze stauben zwar weniger. **Mineralfaserstaub** ist, wenn er auch nicht gesundheitsschädlich sein soll, auf der **Haut** und im **Hals** aber mehr als lästig. Deshalb nicht auf **Mundschutz** und **Handschuhe** verzichten, auch wenn das manchmal ähnlich lästig ist. Mit einem **Brett** als Druckplatte auf einem Alu-T-Profil als Schneidlineal läßt sich die Klingenlänge auch für den **Zuschnitt** von 16 cm dicken, weichen Dämmfilzen nutzen.

Dämmfilz mit 10 cm Wellenschliffklinge zuschneiden.

Sperrschicht anbringen

Aus den Innenräumen einwandernder Wasserdampf könnte die **Funktion** der Dämmschicht erheblich mindern. Um das zu vermeiden, ist diese **Schicht** mit einer für Wasserdampf undurchdringlichen **Sperrschicht** zu versehen. Die muß zudem an allen **Fugen** luftdicht abgedichtet werden. Sonst könnte mit der eindringenden **Luft** und deren **Feuchtigkeit** auch wiederum Wasserdampf in die **Dämmschicht** gelangen.

Mit einem Glasfasergewebe verstärkte **Aluminiumfolie** läßt sich besonders gut selbst verarbeiten. Die ein Meter breiten **Bahnen** sind handlicher, aber auch stabiler als große Folienplanen.

Eine dicke Dämmschicht zwischen dfie Sparren klemmen.

Schräg eingeschossene Klammern halten die Fugenlatten fest.

Fugen abdichten

Für die **Verarbeitung** gilt als Faustregel: flache **Dachneigung** (bis 45 Grad) oben beginnen und bei steileren Dächern unten beginnen. Für die **Befestigung** mit einigen tausend Tackerklammern an einem Dach ist ein Elektrotacker schon recht angenehm. Wenn man auch auf einen zierlichen **Handtacker** für enge Stellen

Folie an Sparren und Fugenlatten festklammern.

nicht verzichten kann. Die Gesamtlänge der **Fugen** ist zwar relativ hoch, diese lassen sich mit doppelseitig klebendem **Dichtungsband** jedoch zuverlässig schließen. Das **Band** vor dem Anbringen der folgenden Bahn über die Tackerklammern kleben. Da doppelt genäht besser hält, kann man auch die Fugen zur **Sicherheit** noch mit selbstklebenden **Alufolienbändern** abdekken. Wenn Sie zunächst nur ein kurzes **Stück** vom Abdeckpapier abziehen, können Sie das noch abgedeckte **Band** genau parallel zur Naht ausrichten. So lassen sich **Falten** im Klebeband vermeiden.

Latten als Gegenlager

Diese **Bänder** sind jedoch, um zuverlässig abzudichten, fest auf der **Folie** anzudrücken. Die weichen Dämmstoffe bieten dafür relativ wenig Widerstand. Zwischen den Sparren eingefügte **Fugenlatten** sind ein ausreichend fester Untergrund, um die Folie auf dem **Dichtungsband** mit einem

Fugendichtband aus reiner Dichtungsmasse.

Nahtroller für Tapeten intensiv anzudrücken. Zum **Anreiben** von selbst klebendem Alufolienband ein **Tuch** benutzen. Die luftdichte Abdichtung der **Anschlüsse** zu Wänden und Balken erfordert jedoch etwas mehr Überlegung und Sorgfalt als die bequem erreichbaren **Fugen** an den Flächen. Die Regeln der **Technik** sehen zwar aufgeschraubte Anpreßlatten mit Fugendichtungsband zwischen **Folie** und Bauteil vor.

Auf glatten oder glatt gespachtelten **Wandflächen** läßt sich die Folie jedoch auch mit dem doppelseitigen **Fugenklebeband** wesentlich einfacher befestigen und abdichten als mit **Schrauben** in Mauerdübeln,

Der Druck vom Nahtroller schafft eine innige Verbindung.

sofern das die nachfolgende Wandverkleidung zuläßt. An der **Balkenkonstruktion** lassen sich Anpreßlatten mit dreieckigem Querschnitt

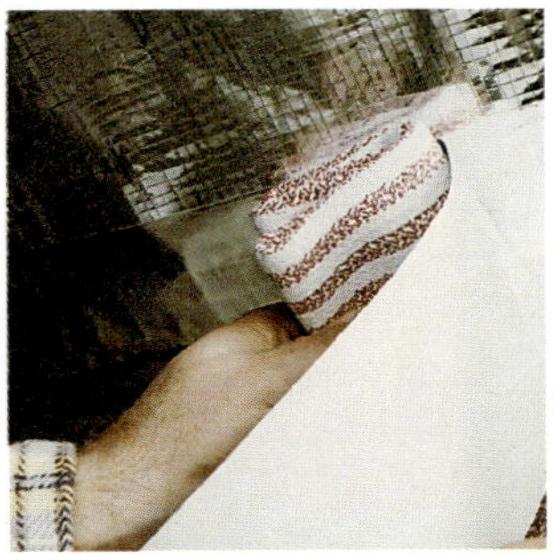

Das Folienband wird durch das Tuch vollflächig angedrückt.

dagegen leichter verschrauben. Die dargestellte **Situation** an der Mittelpfette gilt ebenso für die Fußpfette oder auch für die Firstpfette, sofern die sichtbar bleiben soll.

Vor der Fußpfette läßt sich ein mehr oder weniger hohes Wandstück als **Drempel** jedoch einfacher mit Folie abdichten. Und an der **Mittelpfette** wird die Situation einfacher, wenn unter den **Kehlbalken** eine Decke eingezogen wird. Notfalls läßt sich der schwierige **Kreuzungspunkt** Kehlbalken/Sparren/Mittelpfette auch mit der etwas geschmeidigeren **Polyethylenfolie** einpacken oder mit Bauschaum füllen. Die Verkleidung aller **Flächen** mit Platten für den trockenen Ausbau ist mit ihren sorgfältig verspachtelten und tapezierten Fugen eine zusätzliche Sicherheit für die winddichte Ausführung. Auch **Profilhölzer** sind als Verkleidung ebenso möglich. Die **Unterkonstruktion** mit Montagelatten an Direktabhängern ist für beide **Systeme** eine praktikable Lösung.

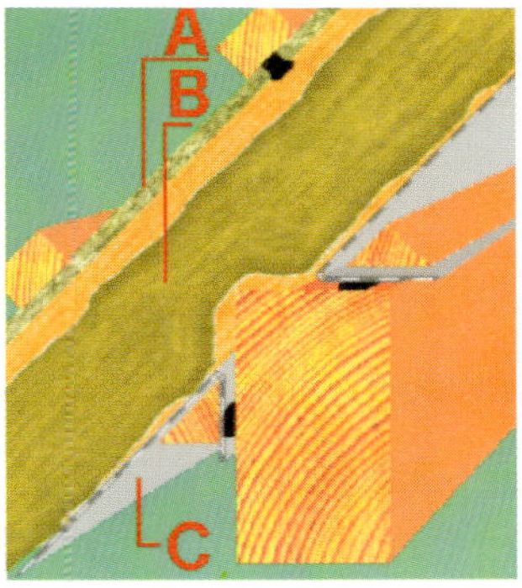

A: Anbauplatten
B: Dämmschicht
C: Sperrschicht

Abdichtung an Giebelwand, Drempel und Dachfläche.

ARBEITSMATERIAL

- Dämmstoff
- Ausbauplatten
- Sperrfolie
- Dichtungsbänder
- Anpreßlatten
- Tacker
- Mundschutz
- Handschuhe
- Schneidlineal
- Wellenschliffklinge
- Universalmesser
- Nahtroller

Fenster

Fensterflächen verschönern die Hausfassade und bringen Licht in die Wohnräume. Gleichzeitig erwartet man von ihnen optimalen Wärme- und Schallschutz. Um dies zu gewährleisten, müssen sie sorgfältig eingebaut und modernisiert werden.

Fenster kindersicher machen

Geöffnete Fenster, die sich nicht sichern lassen, können zur Quelle für Probleme verschiedener Art werden. Bei der Sicherung kann man sich jedoch auf die Fensterflügel beschränken, die häufig offen bleiben müssen.

Metallgewinde hält mehr

Nicht nur in Fensterrahmen aus **Kunststoff** oder Alumi-

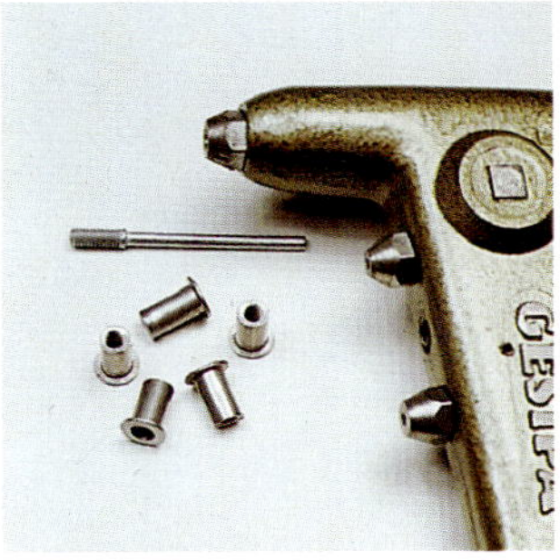

Zugstift mit Gewinde, Blindnietmuttern und -zange.

nium, auch in Holz sind deshalb **Ösenschrauben** mit Metallgewinde für die Haken eine sehr haltbare **Befestigung.** Besonders in der

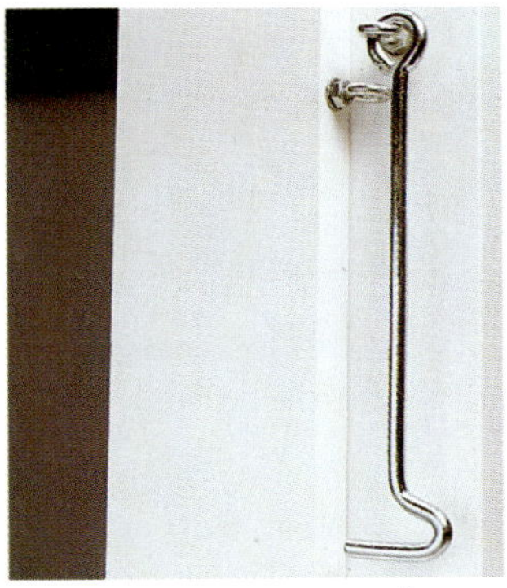

Kontermuttern fixieren die Ösenschrauben in den Nietmuttern.

dünnen **Wandung** von PVC-Fensterprofilen findet man für **Schrauben** wenig Halt. Das läßt sich mit Blindnietmuttern, die vornehmlich für dünne **Bleche** verwendet werden, ausgleichen. Für dickeres **Material,** wie die etwa 4 mm dicken Wandungen der PVC-Profile, längere **Blindnietmuttern** M4 x 16 einsetzen.
Die werden in 6mm-**Bohrungen** (Holzspiralbohrer verwenden) montiert. Dabei quetscht sich die **Mutter** in der Bohrung fest, so daß sie einer **Ösenschraube** mit 4 mm-Metallgewinde (M4) guten Halt bietet. Selbst den **Haken** kann man dann so fixieren, daß er sich nicht so leicht öffnen läßt.

SICHERHEITSTIP
Immer wieder gibt es für Kleinkinder in der Wohnung besondere Gefahrenquellen. Diese zu umgehen ist zwar wichtig, oft jedoch gar nicht so einfach. Nur selten darf oder will man zum Beispiel Löcher bohren, die nur vorübergehend notwendig sind. Dann kann man entweder Klebe-Strips verwenden oder die Sicherungen zum Dauergebrauch einrichten.

Öse bei offenem Fenster um 180 Grad über den Haken drehen.

Maschinen-Gewindebohrer brauchen Raum hinter der Wandung.

Metallgewinde einschneiden

Für ein **Gewinde** M4 mit 3,0 mm vorbohren und mit einem **Gewindebohrersatz** mit Vor-, Nach- und Fertigschneider im **Windeisen** das Gewinde stufenweise fertigstellen. In dieser Situation gibt eine **Kontermutter** dem Gewinde auch noch zusätzlichen Halt. Mit einem Maschinen-Gewindebohrer einschneiden.

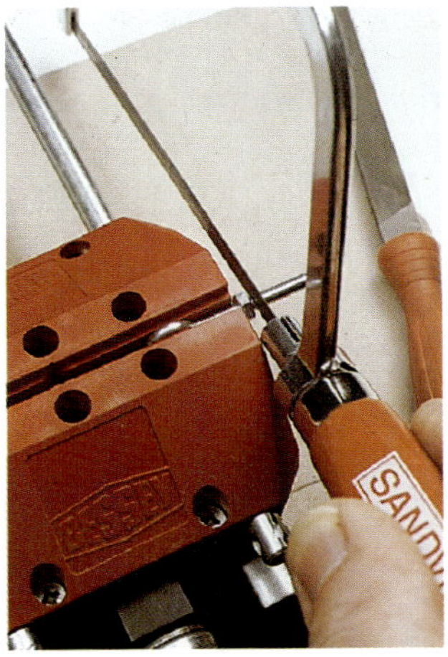

EXTRATIP: Um Metallgewinde an Ösenschrauben zu kürzen, zuerst eine Mutter auf das Gewinde drehen. Wenn man die nach dem Absägen wieder abdreht, richtet sie automatisch das beim Sägen verdorbene Gewinde wieder gerade. Dann läßt sich die Schraube störungsfrei in das Gewinde der Muffen drehen.

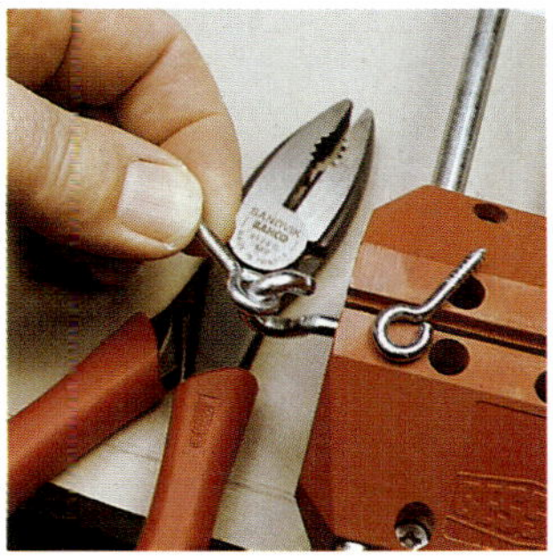

Zum Aufbiegen der Öse den Sturmhaken einspannen

EXTRATIP: Im Holz hält Metallgewinde in Muffen deutlich besser als Holzgewinde. Besonders in sogenannten Rampamuffen mit großem Holzgewinde auf der Außenseite. Die lassen sich leichter in den vorgebohrten Löchern montieren, wenn man sie mitsamt der Gewindeschraube als Führungsgriff an der Kontermutter ins Holz dreht.

ARBEITSMATERIAL
- Sturmhaken
- Ösenschrauben
- Blindnietmuttern
- Kontermuttern
- Gewindebohrersatz
- Gewindemuffen
- Bohrmaschine
- Schraubstock
- Zange

Rolladengurtwickler auswechseln

Wenn der Rolladengurt nicht mehr richtig aufgewickelt wird, liegt das wahrscheinlich an der müden oder verrosteten, vielleicht sogar gebrochenen Feder in der Wickeltrommel.

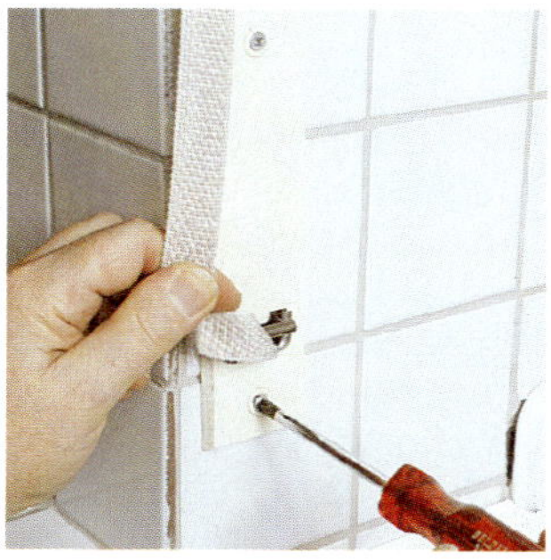

Die Schrauben an Abdeckung und Wickler lösen.

Standardmaße

Wichtig für den **Einkauf**: Einlaßwickler haben, abhängig von der **Rolladenhöhe,** unterschiedliche Stan-

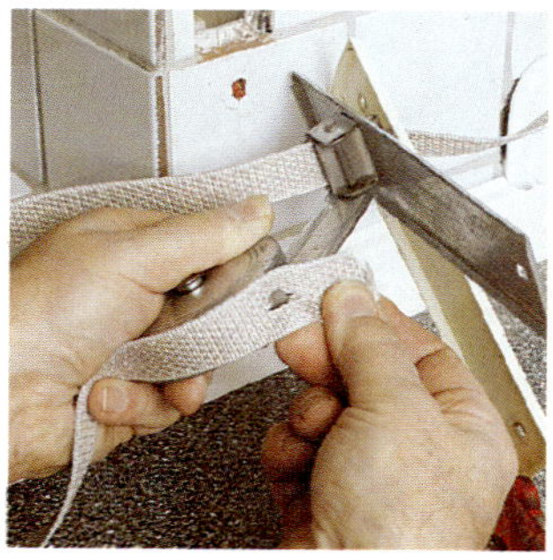

Der Gurt kann auf unterschiedliche Weise befestigt sein.

dardabmessungen. Gemessen am **Lochabstand** der Befestigungsschrauben zwischen 10,5 bis 26 cm. Zum Ausbauen des Wicklers erst den Rolladen schließen. Am ausgebauten Teil den **Gurt** ganz herausziehen, um seine Befestigung auf der Trommel zu lösen. Prüfen Sie jetzt zuerst, ob der neue Einlaßwickler in den **Mauerkasten** paßt. Es könnte sein, daß zum Beispiel durch später geflieste Wände, der neue Wickler etwas anzupassen ist.

Trommelsicherung

Beim **Einfädeln** darauf achten, daß der Gurt, richtig

Sicherung nur lösen, wenn die Trommel festgehalten wird.

über die **Sperrklinke** geführt, auf Zug nach oben gesperrt ist. Die Trommel im neuen Einlaßwickler ist ge-

Ein kurzer Ruck zeigt, ob der Gurt fixiert ist.

spannt und deshalb gut festzuhalten, falls Sie die **Sicherung** lösen müssen, um bes-

Das freie Ende soll sich akkurat auf die Trommel wickeln.

ser an die Gurtbefestigung heranzukommen. Dort wird das **Gurtband** je nach Konstruktion eingehakt, verschraubt oder eingeklemmt. Auf jeden Fall durch **Zug**

Notfalls hilft der Seitenschneider bei der Anpassung.

prüfen, ob es festhält, bevor man die **Trommel** löst, damit sich das freie Ende aufwickelt. Die Schrauben halten gleichzeitig Wickler und **Deckplatte** fest. Deshalb Einlaßwickler zunächst unten an der alten Stelle mit einer neuen Schraube befestigen und die Funktion überprüfen. An der neuen Deckplatte mit schmaler

Zur Funktionsprüfung genügt zunächst die untere Schraube.

Vorsichtig in die Aussparung greifen, das verhindert Kratzer.

Schraubendreherklinge die **Füllplättchen** über den Schraubenlöchern lösen. Jetzt läßt sich die Abdeck-

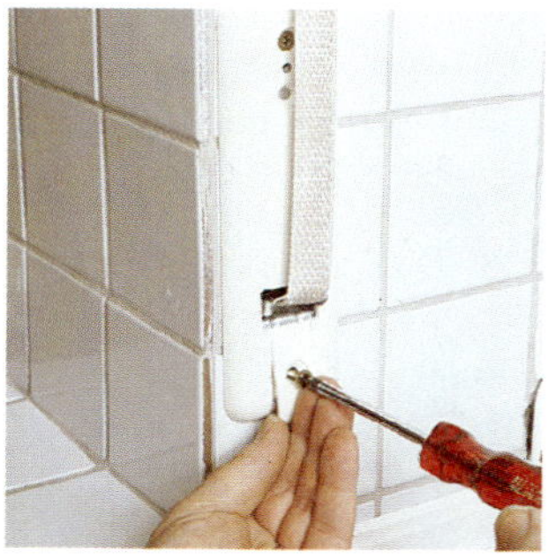

Als Abschluß den unteren Einsatz anschrauben.

platte oben festschrauben. Anschließend die **untere Schraube** noch einmal lösen und zusammen mit dem Füllstück festschrauben.

ARBEITSMATERIAL

- Einlaßwickler
- Abdeckplatte
- Schraubendreher
- Seitenschneider

Rolladen verriegeln

Rolläden sollen die Fenster auch sichern. Das können sie aber nur, wenn sie sich nicht von außen hochschieben lassen. Um das zu verhindern, werden Riegel eingebaut.

Der Riegel liegt gefedert im fest fixierten Führungsrohr.

Abhilfe schaffen im Prinzip schon zwei Stahldorne, die an den **Seiten** von innen durch Bohrungen im Blendrahmen gesteckt, in Löcher in der **Rückseite** des Rolladens ragen. Etwas unbequem ist das schon, aber wenn man es unterläßt, nützt es nichts. Automatisch wirkende **Riegel,** die den Rolladen nur blockieren, wenn er geschoben wird, sind sehr genau zu montieren und finden auf üblichen PVC-Rolladen-Profilen nicht allzuviel Halt. Ein **Hebel** mit dem sich, unmittelbar neben dem Rolladengurt sichtbar angebracht, ein Riegel bedienen läßt, ist für die **Selbstmontage** ein vernünftiger Kompromiß. Das reicht für bis zu 250 cm breite **Fenster** und wirkt auch dann, wenn man den Rolladen nur soweit schließt, daß noch etwas Licht durchschimmert. Im Normalfall wird der Riegel oben in der **Fenstermitte** montiert. Bei Fensterbreiten über 250 cm lassen sich die zwei notwendigen Riegel auch an den **Seiten** mit eingekürzten Zugseilen anbringen.

Abstände überprüfen

Die Riegel überbrücken, in 10 mm-**Abständen** fixierbar, Abstände von 50 bis 90 mm zwischen Innenfläche, Blendrahmen und Rückseite des Rolladens. Bei 55 mm dickem **Blendrahmen** (Holzfenster-Standard) darf der Raum zwischen Rah-

In kleiner Akkumaschine Bohrer mit dünnem Schaft verwenden.

men und Rolladen demnach bis zu 35 mm betragen. **Kunststoffprofile** für Fenster sind in der Regel etwas dicker als **Holzrahmen,** so

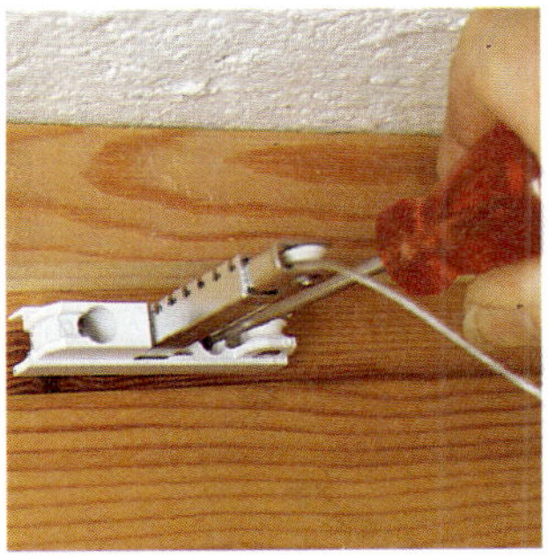

Schraublöcher an vorläufig fixiertem Beschlag vorstechen.

daß sich der mögliche Abstand etwas verringert. Wenn übrigens **Blechschrauben** in der relativ dünnen Wandung der Profile nicht ausreichen, können Sie die **Beschläge** auch mit Blindniet-Gewindemuffen befestigen. Die Funktion: Der Riegel wird am **Stahl-**

Die Löcher für die Beschläge vorbohren.

seil im Führungsrohr zurückgehalten. Beim Hochklappen des **Bedienungshebels** schiebt ihn eine Druckfeder gegen den Rolladen.

Montage vorbereiten

Die erforderliche **Bohrung** im Blendrahmen ist mit 13 mm Durchmesser recht groß. Auch wenn Sie extra für diesen Zweck einen **Holzbohrer** kaufen müssen, ist das immer noch besser, als mit einem ungeeigneten Spiralbohrer für **Stahl** den Fensterrahmen zu beschädigen. Ein Gegenklotz zum Anbohren auf den Blendrahmen gespannt, verhindert Schäden an der Außenseite. Die **Markierungen** für die Schraublöcher vorstechen und zum Vorbohren (3 mm Ø) den **Beschlag** wieder entfernen. Das gilt auch für die Schraubenlöcher für Umlenkrolle und Hebel. Alle **Beschläge** aufschrauben, um das Zugseil über die zwei Rollen zu führen, im Hebel einzufädeln und anschließend nach der **Montageanleitung** zu justieren. In

Mit Hilfe von Schrauben genau und haltbar befestigen.

der endgültigen Position die Muffe mit der Kombizange festhalten und die **Klemmschraube** kräftig anziehen. Zur Sicherheit das Seil zunächst nur mit Filzstift markieren, und erst wenn die

Fest gehalten läßt sich die notwendige Kraft übertragen.

Funktionskontrolle zufriedenstellt, das Seil endgültig kürzen.

ARBEITSMATERIAL

- Verriegelungsbeschlag
- 13 mm-Holzspiralbohrer
- Bohrmaschine
- Hammer
- Vorstecher
- Schraubendreher
- Kombizange

Fensterfalz abdichten

Ständiger Luftaustausch kann zwar angenehm sein. In jeder Hinsicht sinnvoller ist es jedoch, Fenster und Türen so gut wie möglich abzudichten und regelmäßig kurz, aber kräftig durch offene Fenster zu lüften.

Bei der Auswahl der geeigneten **Abdichtungsart** beachten: die Abdichtung ist umso wirkungsvoller, je weiter sie zur **Außenfläche** hin eingebaut wird. Dieser **Grundsatz** gilt bei allen Maßnahmen der Abdichtung gegen Wind, Regen oder Bodenfeuchtigkeit. **Dichtungsprofile** sind in

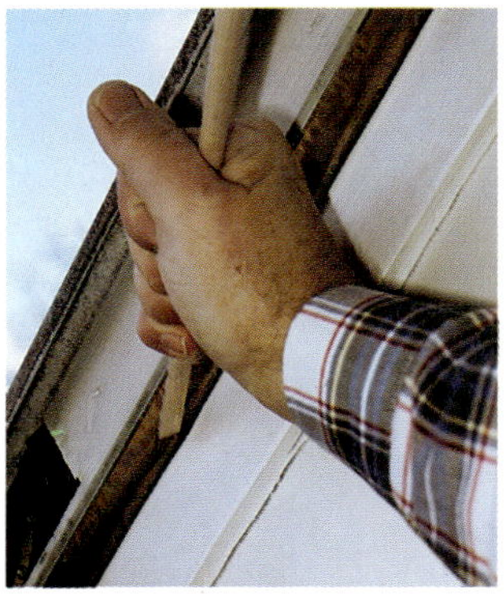

Bronzeband vorspannen, damit es sich nach außen öffnet.

Fenstern und Türen dort einzubauen, wo sich die **Rahmenflächen** aufeinanderlegen, und nicht dort, wo sich die Flächen aneinander vorbei bewegen. An **Schwenkflügelfenstern** (Dachflächenfenster) oder an Hebe- und Hebeschiebetüren verwendet man deshalb das althergebrachte, sehr haltbare und funktionstüchtige **Bronzeblechband.**

Haltbare Metalldichtung

Das Blechband wird am feststehenden **Rahmen** mit Messingnägeln an der zum Innenraum hin gerichteten **Kante** befestigt und mit angespitztem **Hartholzstab** so geformt, daß es dicht an der sich vorbeibewegenden Fläche entlangstreift. Wenn der **Wind** auf das Fenster drückt,

PROFITIP
Wenn Sie gerade am Fenster sind: Mit etwas Graphitstaub an den Schließzapfen und Fett an den Scharnierstiften läßt sich der Fensterflügel wieder leichter schließen. Außerdem können Sie die Dichtungsprofile ab und zu, mit Glyzerin auf einem Papiertuch abreiben. Damit läßt sich die eingeschränkte Lebensdauer verlängern, weil der Kunststoff weniger auf der Oberfläche (Lack, Lasur) verklebt.

Wie immer beim Kleben die Flächen sorgfältig vorbereiten.

preßt der **Luftstrom** das Bronzeband kräftiger gegen den Rahmen und erhöht so die **Dichtwirkung.** Ähnlich wirken auch selbstklebende Kunststoffbänder, die sogenannten **V-Dichtungen.** Vom aufgeklebten, flachen Band wird eine **Hälfte** so umgeklappt, daß sich ein nach außen offenes 'V' bildet. Das Kunststoffband paßt zwar auch in enge **Fugen,** wie alle selbstklebenden Beschichtungen hält aber auch diese nur begrenzt.

Selbstklebende Weichschaum- oder Profildichtungen aus **Kunststoff** lassen sich zwar schnell und bequem anbringen, doch auch diese halten nur wenige Jahre. Je nach **Spaltdicke** zwischen Blendrahmen und Fensterflügel kann man zwischen unterschiedlichen **Profilformen** für 1 bis 3,5 mm, 2 bis 5 mm oder 0,8 bis 8 mm (V-Dichtung) wählen. Mit Pinsel oder feuchtem Tuch Staub sowie Schmutz

Profil aufkleben und dann erst in der Ecke trennen.

und mit **Spiritus** einen möglichen Fettfilm entfernen. Kleben Sie die **Dichtung** Stück für Stück möglichst in den äußeren Blendrahmenfalz. An der Scharnierseite auf die **Seitenfläche** und an den anderen drei Seiten auf die **Innenfläche.**

Alterungsbeständige Siliconprofile

Haltbarer als Weichschaumprofile sind Hohlprofildichtungen aus **Siliconkautschuk.** Das Dichtungsprofil wird von einem **Trägerprofil** gehalten. Das kann recht zierlich aus **Aluminium** oder, zur passenden Ober-

Der Senkstift schützt vor Fehlschlägen des Hammers.

flächenbehandlung, aus **Holz** sein. Befestigt werden diese Profile mit kleinen **Stiften** aus rostfreiem Edelstahl . Für die letzten Millimeter sollten Sie einen **Senkstift** benutzen. Diese Art der Dichtungsprofile entweder von außen bei geschlossenem **Flügel,** mäßig fest auf den Fensterflügel gedrückt, befestigen, oder eine **Leiste** als Anlage, anstelle des Flügels, in den **Falz** spannen. Wenn Sie die Profile in den Innenecken auf **Gehrung** (im Winkel von 45 Grad abgesägt) zusammenpassen, können in den **Ecken** keine Öffnungen bleiben, die Luft durchlassen.

ARBEITSMATERIAL
- Dichtungsprofile
- Spiritus
- Papiertücher
- Pinsel
- Hammer
- Senkstift

Lasuranstrich auffrischen

Fensterrahmen aus Massivholz zeigen nur dann ihre natürliche Schönheit, wenn ihre Oberflächen mit Lasuren behandelt wurden. Wie jeder Anstrich auf Holz werden jedoch auch Lasuranstriche überholungsbedürftig.

Je nach **Belastung** durch Sonne, Wind und Regen in Zeitabständen zwischen drei und sechs Jahren. Da dunkle Farbtöne die **Ursache** für größere Temperaturschwankungen auf der **Holz-**

Blätternde Schichten vor neuem Anstrich völlig entfernen.

oberfläche sind, haben derartig behandelte Flächen eine noch höhere Belastung auszuhalten. Bei Lasuren, die eine Schicht auf der **Oberfläche** bilden, kann das zum **Abblättern** dieser Schicht führen. Doch auf nur scheinbar fest haften-

Etwas mürbe Oberflächen mit Schleifkissen bearbeiten.

den Resten läßt sich weder mit Lack noch mit Lasuren ein neuer und dauerhafter **Anstrich** erreichen. Reste,

Alle Rahmenteile mit der Malerbürste intensiv entstauben.

die weder Schleifmitteln noch Bürsten weichen, kann man nur noch nach **Vorschrift** mit Abbeizer aufweichen. Aus dem Waschwasser die **Farbreste** durch einen Nylonstrumpf herausfiltern. Alle Reste mit **Abbeizer** gehören zum Sondermüll.

Rotorbürste mit Sisalborsten in einer leichten Bohrmaschine.

Materialgerechte Lasur

Ölhaltige **Lasuren** dringen in die Oberfläche ein. Derart behandelte **Hölzer** sind wesentlich leichter vorzubereiten. Wenn die **Beschläge** abgenommen sind, genügt es, die Oberfläche mit einem steifborstigen Pinsel abzubürsten. Nur sehr angewit-

Lasur stets in Richtung der Maserung intensiv verstreichen.

terte, weil zu lange nicht nachbehandelte **Flächen** sollte man etwas intensiver per **Hand** mit einem Vlies-Schleifkissen behandeln. Das paßt sich, anders als **Schleifpapier,** besser der Oberfläche an. Perfekt und bequemer geht's mit der **Rotorbürste.**

Intakte Innenflächen nur hauchdünn mit Klarlasur überziehen.

Lasuren zu Beginn und auch zwischendurch gut aufrühren. Ein Gewebeklebeband über der Dosenöffnung ist eine praktische **Pinselablage.** Das Auftragen ist letzlich der einfachste Arbeitsgang. Dazu die **Pinselborsten** nicht mehr als einen Zentimeter tief eintauchen und den **Pinsel** auf einem kurzen Stück des Rahmens ausstreichen. Abschließend den frischen **Anstrich,** auf einem längeren Rahmenstück ohne zusätzliche **Lasur,** egalisieren. Anders als Lack bildet die **Lasur** nur einen schwach auf Glas haftenden Film. Abkleben dauert länger, als am nächsten **Tag** mögliche Lasurreste mit einem **Klingenschaber** abzuschieben.

Klarlasur verwenden

Die **Innenflächen** sind selten stark beansprucht. Hier und auch im **Fensterfalz** genügt, sofern nicht der alte **Lasuranstrich** abblättert, ein hauchdünner Überzug mit **Klarlasur.** Diese läßt sich auch mit Farblasur tönen, um wieder eine gleichmäßige **Färbung** zu erhalten.

EXTRATIP: Den Deckel von Farbdosen mit dem Stoßspachtel abheben und nicht mit einem Schraubendreher verbiegen. Beim Schließen den Deckel mit einem Holzklotz vor direkten Hammerschlägen schützen.

ARBEITSMATERIAL

- Abbeizer
- Einmallasur
- Klarlasur
- Schleifkissen
- Rotorbürste
- Bohrmaschine
- Stoßspachtel

Insektenschutz anfertigen

Um Ruhe vor Plagegeistern zu haben, wünscht man sich nicht nur in ländlichen Gegenden oft Fliegengitter vor den Fenstern. Diese dürfen die Funktion der Fenster nicht behindern und sollten möglichst wetterfest sein.

Auch zierliche **Rahmen** lassen sich mit einer haltbaren **Eckverbindung** einfach herstellen. Bis zur Größe von 120 x 120 cm genügen Kieferleisten 30 x 20 mm. Das **Innenmaß** dieses Rahmens soll mit dem Innenmaß vom **Blendrahmen** übereinstimmen. Die Querstücke an den Enden sehr genau rechtwinkelig absägen und **Holzdübel** als Griffe in die Innenflächen der senkrechten **Leisten** einbauen. Diese werden zunächst nur stumpf, Fläche auf Fläche,

Den restlichen Stab absägen und die Schnittfläche ebnen.

Scharfe Leistenkanten deutlich abschleifen.

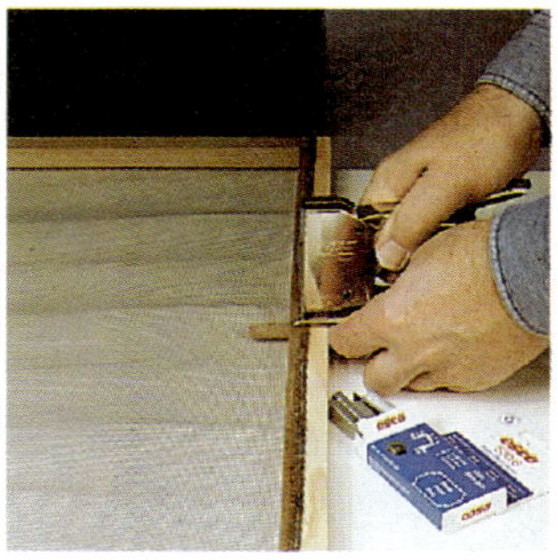

Gewebe am Saum auf den senkrechten Leisten antackern.

Befestigungsschraube durch die Öse in den Rahmen drehen.

Klammern fixieren die Ecke, bis der Leim fest ist und hält.

mit den **Querstücken** verleimt. Leisten, die nicht ganz gerade sind, mit dem **Bogen** nach außen legen.

So läßt sich später das **Drahtgewebe** noch besser spannen.

Rahmen verleimen

Beim Zusammenleimen sollte der **Rahmen** auf einer ebenen Fläche (Fußboden) liegen. **Folienstücke** unterlegen, damit der reichlich aufgetragene Leim nicht die Auflagefläche verschmutzt. Er soll auf den **Hirnholzflächen** erst ein, zwei Minuten einziehen, bis Sie oder ein **Helfer** die Ecken, mit den Händen fest zusammengedrückt, mit je zwei **Takkerklammern** auf Vorder- und Rückseite sichern. Damit der Rahmen so rechtwinkelig wie das **Fenster** wird, die Diagonalen kontrollieren (Extratip). Man kann auch Ecke für Ecke auf eine **Platte** gespannt verleimen und klammern. Den rechten Winkel dabei nach einem großen **Papierbogen** (Kalenderblatt) ausrichten.

Die notwendige Stabilität erhalten die **Ecken** durch zusätzliche Dübel. Wenn der **Leim** nach einer halben Stunde fest ist, erst die **Klammern** entfernen. Diese könnten sonst den Bohrer stören. In die etwa 6 Zentimeter tiefe **Bohrung** gerillte Dübelstäbe einleimen. Leim dazu nicht zu sparsam im Bohrloch auftragen. Er soll an den **Rillen** wieder herauskommen. Schwarz lackiertes Aludrahtgewebe ist als **Fliegengitter** besonders haltbar und vor allem kaum wahrzunehmen. Heften Sie das **Gewebe**, mit ausreichendem Überstand an einer Längskante ausgerichtet, zuerst nur auf die vier Ecken der Außenfläche. Das Gewebe **fadengerade,** das heißt mit einem Draht genau parallel zu einer **Querleiste,** möglichst so antackern, daß die nicht rostfreien **Klammern** etwas geschützt liegen.

Drahtgewebe zuschneiden

Anschließend kann man es auf die ganze **Länge** der Querleisten heften und erst dann so lang abschneiden, daß sich die **Kante** einmal umbiegen und auf der Innenfläche des **Rahmens** antackern läßt. Zur Befestigung eine rostfreie **Ösenschraube** eindrehen.

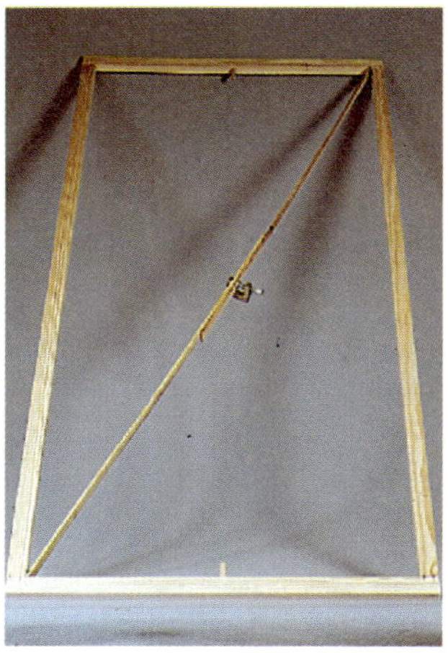

EXTRATIP: Das Stichmaß garantiert an gleichseitigen Rahmen rechtwinkelige Ecken. Zwei dünne Leisten so gegeneinander verschieben, bis sie in die Ecken passen, festhalten und die andere Diagonale überprüfen. Den Rahmen korrigieren, bis die Diagonalen gleichlang sind.

ARBEITSMATERIAL

- Aludrahtgewebe
- Folienstücke
- Leisten
- Dübelstäbe, gerillt
- Holzdübel
- Schrauben
- Ösenschraube
- Bohrmaschine
- Leim
- Rollschneider
- Tacker
- Sandplatschleifer
- Tackerklammern

Insektenschutztür selbst zusammensetzen

Wo Insektenschutz an größeren Fenstern oder Türen notwendig ist, gibt es Bausätze für ansprechende Lösungen, etwa mit sehr zierlichen Rahmen aus Aluminium-Profilen und unterschiedlichen Möglichkeiten der Befestigung.

Die Bearbeitung der **Metallprofile** beschränkt sich auf das Zuschneiden der gewünschten **Länge** bei bis zu 215 x 150 cm großen **Rah-**

Markierung mit Reißnadel oder spitzem Stahlnagel einritzen.

men. Das ist an dem kleinen Querschnitt von nur 25 x 12,5 mm ohne besondere **Werkzeuge** möglich.

Durch die Schneidlade voll auf den Anriß konzentrieren.

Rahmenprofile festspannen

Um die fertig lackierten **Oberflächen** zu schonen, nicht im Schraubstock, sondern besser mit einer **Klemmzwinge** auf der Ar-

Ohne Schablone riskiert man immer neue Ungenauigkeiten.

beitsfläche festspannen. Die **Beschläge** selbst noch an den fest aufgespannten Einzelprofilen zu montieren ist ebenfalls einfacher als am fertig montierten **Rahmen.** Der **Sägeschnitt** wird genauer, wenn man sich eine **Schneidlade** aus einem Aluminium U-Profil 30 x 20 x 20

Blechschrauben mit Längsschlitz besser per Hand eindrehen.

mm anfertigt. Auch die **Schraubenlöcher** werden mit einer **Bohrschablone** für Scharniere, Magnetverschlüsse und Griffe nicht nur genauer, es ist auch rationeller die **Bohrlöcher** nur einmal sehr sorgfältig und exakt in einem **Aluflachprofil** 10 x 2 mm herzustellen. Beim Einkauf auch gleich an die erforderlichen **Spiralbohrer** denken. Für die Edelstahl-Blechschrau-

Scharniere am senkrechten Profil vormontiert aufschrauben.

ben 3,3 x 10 der Beschläge Bohrer mit 2,5 mm Ø verwenden.

Die **Eckstücke** zunächst in die Querstücke eintreiben, das **Profil** durchbohren und mit einer Schraube fixieren. Dabei auf die richtige **Stellung** der Eckverbinder ach-

Gewebe fadengerade ausgerichtet in die Nut drücken.

ten. Die kann man zwar auch durch eine **Vertiefung** mit einem Körnerschlag fixieren, materialgerechter und bei **Bedarf** leichter auseinanderzunehmen, ist das Fixieren mit **Schrauben.** Dafür zusätzliche Edelstahl-Blechschrauben 2,8 x 16 und einem Bohrer mit 2,0 mm Ø einkaufen. Das senkrechte **Rahmenteil** mit den drei angeschraubten **Scharnieren** auf den Blendrahmen spannen, Schraubenlöcher vorstechen und festschrauben.

Rahmen zusammenfügen

Vor dem **Zusammenfügen** auf die richtige Anordnung der Profile, Nut für das **Gewebe** nach innen, achten.

EXTRATIP: Etiketten kleben häufig fester, als es erlaubt sein dürfte. Hartnäckige Restschichten dick mit Etikettenlöser bestreichen und 10 bis 30 Minuten unter Plastikfolie weichen lassen. Aber Hinweise zur Anwendung auf der Flasche beachten.

ARBEITSMATERIAL

- Schutztür-Bausatz
- Spiralbohrer
- Bohrschablone
- Bohrmaschine
- Bügelsäge
- Klemmzwinge
- Reißnadel
- Stichmaßleisten
- Tischlerwinkel
- Schraubendreher

Fensterscheibe ausglasen

Ein Sprung in der Fensterscheibe stört nicht nur den Durchblick. Bis zu etwa einem guten halben Quadratmeter Größe kann man, je nach Vertrauen in die eigenen Fähigkeiten, noch selbst für Ersatz sorgen.

Das **Falzmaß,** Höhe und Breite im Glasfalz des Flügels, läßt sich an den **Kanten** oder Fugen der Glasleisten erkennen und abmessen. Je nach **Größe** ergibt sich daraus, ringsum drei bis fünf **Millimeter** kleiner, das Scheibenmaß. Normalscheiben sind vier, in **Sonderfällen** auch bis zu sechs Millimeter dick. Bei einbruchhemmenden **Mehrscheibengläsern** sollten Sie die Dicke ermitteln.

Glasdicke ausmessen

An zwei auf den **Rahmen** gespannten Leisten können Sie an einer Seite die **Rahmendicke** und an der anderen die Scheibendicke feststellen. Über 15 mm wird es sich wahrscheinlich bereits um **Isolierglas** handeln, was man auch an der **Spiegelung** erkennen kann. Da man den Flügel aushängen muß, vor Überraschungen jedoch nie sicher ist, sollten Sie eine **Notabdeckung** für das Fenster (Sperrholz-, Hartschaumplatte, Rahmen mit Folie) vorbereiten. Selbst kleinere **Fensterflügel** können recht gewichtig sein. Eine stabile Arbeitsfläche, mit **Wellkarton** gegen den anfallen Schmutz abgedeckt, ist ebenfalls notwendig.

Zuerst die **Fugen** einschneiden, damit die **Lackfläche** nicht mehr als unvermeidbar verletzt wird, sowie die Beschläge abnehmen. Eine der längeren **Glasleisten** zunächst in der Mitte mit einem Stecheisen lösen und einen **Klotz** einfügen. Weil die Leiste dann jedoch wie ein Bogen gespannt ist, muß man sie auf den letzten **Millimetern** aufmerksam festhalten. **Verletzungsgefahr**! Dabei erfährt man, daß genagelte **Glasleisten** nur schwer herauszubekommen sind. Ein erneuter **Schaden** ist nicht zu erwarten, aber immerhin möglich.

Glasleisten schrauben

Deshalb die **Drahtstifte** besser gegen Schrauben austauschen. Herausziehen muß man die Stifte ohnehin. Die **Löcher** kann man für die Schrauben erweitern, falls sie halbwegs gleichmäßige **Abstände** haben, oder zuspachteln und neue Schraublöcher bohren.

Sollte sich die **Scheibe** nur schwer aus dem Falz lösen, läßt sie sich auch mit Hilfe einer **Schraubzwinge** langsam herausdrücken. Alle **Kittreste** aus dem Falz und von den Glasleisten mit dem **Stecheisen** entfernen. Dabei kommt reichlich Schmutz zusammen. Zum Teil muß man etwas mit dem **Hammer** nachhelfen. In der Regel lassen sich die **Reste** jedoch gut mit dem **Stecheisen** lösen oder glattschleifen.

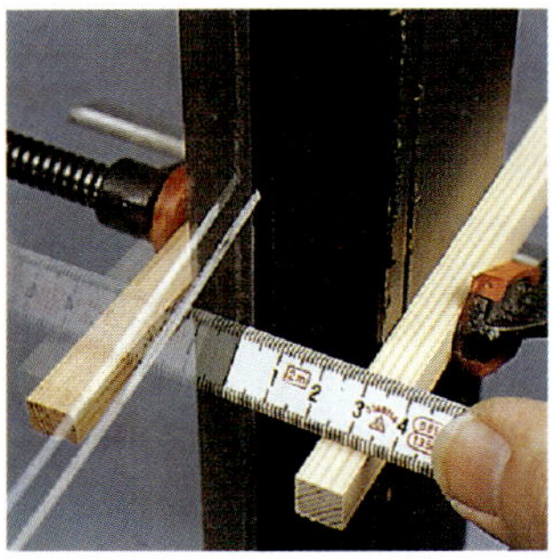

Dicke aus Abständen zwischen Scheibe und Leiste errechnen.

Die Fuge zwischen Glasleiste und Rahmen vertiefen.

Leistenende aus der Gehrung in der Ecke heraushebeln.

Ein untergelegter Klotz drückt die Scheibe aus dem Falz.

Kittbett der Scheibe an der Außenfläche einschneiden.

Stoßspachtel unter Stecheisen legen, um das Holz zu schonen.

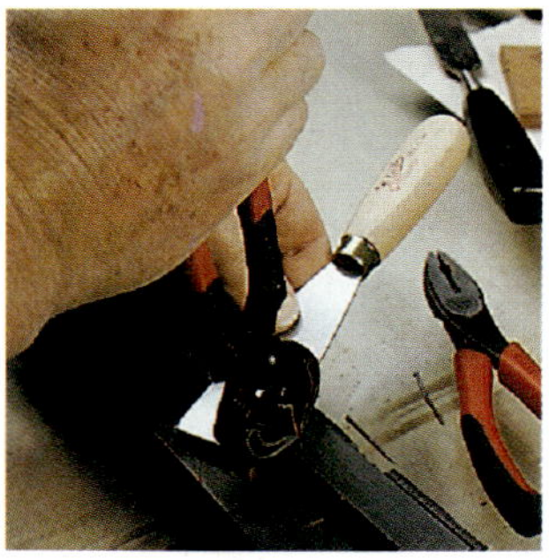

Spachtel unter der Kneifzange verhindert Vertiefungen.

ARBEITSMATERIAL

- Maßstab
- Universalmesser
- Schraubendreher
- Stoßspachtel
- Stecheisen
- Kneifzange
- Schraubzwinge

Neues Fensterglas einsetzen

Die neue Scheibe könnte man zwar in herkömmlicher Weise auch im Kittbett verlegen. Nicht schwieriger, aber wesentlich besser ist jedoch das Einglasen auf Füllband und Abdichten mit elastischer Dichtungsmasse.

Als elastische **Auflage** für das Glas zunächst Füllband einlegen. Wenn Sie es nicht beim **Glaser** bekommen, kann man sich das Band

Füllband mit Klammern heften, damit es nicht verrutscht.

(10 x 5 mm Querschnitt) aus geschäumtem **Polyethylen** auch selbst aus entsprechendem **Bahnenmaterial** (Schalldämmbahnen, Verpackungsmaterial) zuschneiden. Ebenso die **Glasleisten**

Falzklötzchen halten Distanz zwischen Scheiben und Holz.

mit Füllstreifen belegen. Zum Einlegen der Scheibe, den **Flügel** auf dicke Leisten legen, damit man die Scheibe mit der **Hand** von unten stützen kann. Scheibenränder zuvor mit **Glasreiniger** säubern. Im Fensterrahmen muß die Scheibe auf **Falzklötzchen** stehen, die noch unter die Glasleisten passen. Geeignet sind kurze, 3 bis 4 mm dicke **Leistenstückchen.**

Dichtungsfugen füllen

Zum **Einüben** zuerst die obere und die seitlichen **Fugen** auf der Fensterinnenseite mit Dichtmasse füllen.

Glasleisten zunächst nur mit Senkkopfschrauben befestigen.

Gleich nach dem **Einpressen** der Dichtmasse die Oberfläche mit reichlich **Spülmittelwasser** einsprühen und unmittelbar danach mit dem Fugwerkzeug oder der Kuppe des **Zeigefingers** die Dichtungsnaht glätten. Für 5 mm breite Fugen am **Fugwerkzeug** den kleinsten 8 mm-Kopf aufstecken. Er wird im **Wasser** auf der Scheibe benetzt, um mit einer zügigen **Bewegung** die Fuge zu glätten. Durch den Wasser-

Fugen in kurzen Abschnitten mit Dichtmasse füllen.

film auf Scheibe und **Rahmen** bleibt der überschüssige Siliconkautschuk fast ausschließlich auf dem **Kopf des Fugers** hängen, falls man die Fuge nicht überfüllt hat. Den **Überschuß** am Kopf in bereitliegendem Papier abwischen.

Die **Innenecken** jeweils in einem Durchgang bearbei-

Mit einer zügigen Bewegung die Fuge glätten.

ten. Dazu die vorangehende **Fugenstrecke** etwa 10 cm vor der Ecke beenden. Die letzten Zentimeter der **Dichtungsfuge** und die Ecken mit der Hand vor dem **Sprühstrahl** schützen. Sollte sich nach dem Glätten doch Wasser am Anschluß zum nächsten **Stück** sammeln, ist es abzutrocknen. Dichtmassen einpressen und **Fuge** glätten, jeweils ohne in der Ecke abzusetzen.

Wartezeit einhalten

Das restliche **Wasser** auf Glas und Rahmen antrocknen lassen. Die **Flächen** erst säubern, wenn der Siliconkautschuk festgeworden ist. Fensterflügel gleich wieder einhängen.

Überschüssiges Wasser in den Ecken mit Papiertuch aufnehmen.

Der Spachtel schützt die Dichtmasse beim Abstoßen der Reste.

ARBEITSMATERIAL

- Füllband
- Falzklötzchen
- Senkkopfschrauben
- Siliconkautschuk
- Fugwerkzeug
- Falzklötzchen
- Japanspachtel
- Glasschaber

Kittverglasung erneuern

Eine Technik, die nicht nur beim stilgerechten Restaurieren alter Bausubstanz zur Anwendung kommt. Auch bei Reparaturen an alten und selbst an neueren Fenstern kann man auf Leinölkitt noch nicht verzichten.

Fensterflügel auf ebener Arbeitsfläche festspannen.

Alte, meistens leichte und nicht allzu stabile **Fensterflügel** sollten mit dem Rahmen unbedingt fest auf der **Arbeitsfläche** liegen, damit

Alten Kitt mit dem geeigneten Werkzeug aus dem Falz lösen.

dem notwendigen Kraftaufwand mit den Werkzeugen auch ein ausreichender **Widerstand** geboten ist.

Alte Gläser schonen

Beim **Restaurieren** ist es allerdings ohnehin angebracht, zuerst alle **Scheiben** aus dem Rahmen zu nehmen, weil der alte Lack sich von glaslosen **Rahmen** besser abbeizen läßt. Erst recht, wenn es sich noch um kaum ersetzbares, mundgeblasenes **Flachglas** handelt. Alter, harter, versprödeter und verharzter **Leinölkitt** haftet, wenn ihn die **Witterung** nicht lösen konnte, zum Teil sehr fest am **Holz.** Mit dem geeigneten Werkzeug läßt er sich sowohl kraft- als auch gefühlvoll aus dem **Falz** lösen. Ein Schonhammer, mit auswechselbaren **Polyamidkappen** auf dem mit Bleischrot gefülltem Kopf,

SICHERHEITSTIP
Glaser verletzen sich selten am Glas, obwohl sie nur ungern Arbeitshandschuhe tragen. Weil sie scharfe Glasscherben nicht mit spitzen Fingern, sondern beherzt fest in den Griff nehmen. Gesplitterte Scheiben kann man jedoch auch mit selbstklebendem Packband verbinden, dann sind sie auch ungefährlicher.

ist das geeignete Schlagwerkzeug. Weil die **Schneide** bei solchen Arbeiten

Glaserstifte mit dem Seitenschneider abzwicken.

schnell stumpf wird, sollte man das **Stecheisen** häufig schärfen.

Glazfalz ausräumen

Die feinen **Glaserstifte** oder Glaserecken über den **Scheiben** suchen und herausziehen. Sonst würde man unweigerlich beim Nachstechen im **Falz** mit der scharfen Schneide auf Eisen treffen. Brechen die verrosteten **Stifte** ab, den Stumpf mit dem Senkstift tiefer ins **Holz** treiben. So hartnäckig wie alter **Leinölkitt** sind oft auch alte Öllacke. Aufgeweicht kann man sie leicht abschieben, wenn man den reichlich aufgetragenen **Abbeizer** mit dünner, schmiegsamer **Pla-**

Den Glasfalz bis auf das rohe Holz von allem befreien.

stikfolie abdeckt und über Nacht wirken läßt. Das Holz anschließend nachwaschen und **bleichen.**

Leinölkitt vorbereiten

Zum Einglasen soll der **Leinölkitt,** eine Mischung aus Leinöl und Schlämmkreide, handwarm und geschmeidig sein. Wenn er im frischen **Lieferzustand** zu schmierig und feucht aus dem Plastikschlauch kommt, können Sie ihn über **Nacht in**

Gelöste Schichten mit dem Stoßspachtel abschieben.

Zeitungspapier einwickeln, damit er sich besser mit den **Händen** warmkneten und verarbeiten läßt. Beim **Einglasen** wird die Scheibe zunächst in ein **Kittbett** im Glasfalz gelegt. Dazu mit dem Kittmesser, einer stumpfen, aber kräftigen, polierten **Klinge,** ein Stück vom Kittbatzen abstechen. Als **Strang** in den Falz ge-

Kitt auf einer Glasscheibe zu einem dünnen Strang rollen.

drückt, läßt er sich mit dem **Kittmesser** zu einer etwa drei Millimeter dünnen **Schicht** flachdrücken. Dafür darf der Kitt auch noch etwas feuchter sein. Er muß sich gut an die anschließend

Den Kitt anschließend mit den Fingern in den Falz drücken.

eingelegte **Scheibe** anpassen, wenn man das Glas in das Kittbett drückt, denn es muß auch ringsum zum **Holz** hin im Kitt liegen.

Scheiben einstiften

Der Kitt allein kann die **Scheiben** nicht halten, da es recht lange dauert, bis er fest genug wird. Um die Scheiben wieder mit **Glaserstiften** oder Glaserecken (dünne Blechdreiecke) zu fixieren, braucht man jedoch einen **Glaserhammer** mit trapezförmigem Querschnitt und scharfkantig geschliffener **Bahn.** Einzelne, vom Strang gelöste **Tackerklammern** halten die Scheibe je-

Glascheibe zum Einfügen von unten stützen.

doch ebenso gut. Diese werden mit dem scharfkantigen Blatt vom **Stoßspachtel** als Zwischenlage ganz flach über dem Glas bis knapp vor die Scheibenkante ins **Holz** getrieben, damit

Klammern abwechselnd an den Seiten eintreiben.

sie beim Einlegen der **Kittfasen** nicht stören. Dafür eine etwas dickere **Kittwurst** mit der Klinge Stück für Stück in den Falz drücken. Zur besseren Übersicht vorher den vom Glas aus dem **Falz** gequetschten Kitt auf der **Gegenseite** entfernen, damit die Kittfase weder zu schmal noch zu breit gerät. Geübte **Glaser** formen dabei bereits die endgültige Kittfase an.

Kittfase formen

Man kann auch den Kitt zunächst grob in den **Falz** formen und anschließend einen **Teil** vom überschüssigen Kitt abschneiden. In

> **PROFITIP**
> Wird die Oberfläche der Fenster nicht mit Lacken oder Lasuren auf der Basis von Naturölen behandelt, die Rahmen vor dem Einglasen grundieren, damit man Leinölreste leichter vom Holz entfernen kann, weil sonst der Anstrich nicht richtig haftet. Mit heller Einmallasur lassen sich außerdem mühsam abgebeizte und gebleichte Fensterrahmen materialgerecht und wetterfest behandeln, so daß sie ihre besondere natürliche Oberfläche zeigen können.

einem weiteren **Arbeitsgang** bekommt die Fase ihr Finish. Um die Ecken korrekt zu formen, mit der **Spitze** der Klinge vorangehen. Dabei soll die Spitze auf

Die Kittfase grob in den Falz formen .

dem **Glas** aufliegen. Die Klinge selbst wird in **Schubrichtung** etwas angehoben, um den Kitt nur mit der Klingenhinterkante zu glätten. Etwas **Öl** auf der Klinge, von der Oberfläche des **Kittbatzens** abgewischt, erzeugt eine glatte Ober-

Mit der Spritze der Kittfase die Oberfläche glätten.

fläche. Wem das auf **Anhieb** gelingen sollte, der bekäme als **Glaserlehrling** sicher gute Noten. Leinölkitt wird

Kitt zum Abtupfen mit der Klingenspitze lösen.

aber nicht so schnell hart. Man kann ihn wieder und wieder aus dem **Falz** nehmen und üben, bis man zufrieden ist. Überschüssige **Reste** von der Kittfase und von der anderen **Seite** lösen und mit dem Kittbatzen abtupfen. Auf diese **Weise** läßt sich auch das Glas vom gröbsten Kittfilm befreien. Richtig putzen darf man die **Scheiben** erst nach einigen Tagen.

ARBEITSMATERIAL

- Ersatzglas
- Abbeizer
- Leinölkitt
- Stecheisen
- Seitenschneider
- Kittmesser
- Stoßspachtel
- Hammer
- Flachzange

Fensterglas zuschneiden

Wenn das beschädigte Glas aus dem Wechselrahmen oder ein Spiegel durch verringerte Abmessungen wieder verwendbar wird, verlieren sich schnell die Vorbehalte, mit Mineralglas umzugehen.

Als **Werkzeuge** genügen für den ersten Versuch zunächst **Glasschneider** und **Tisch-**

Rundstab, Lineal, Winkel, Brechzange und zwei Glasschneider.

lerwinkel sowie ein rutschfestes Lineal. Ein T-Profil aus **Aluminium** mit aufgeklebtem Fahrradschlauch leistet fürs erste gute Dienste.

Ziehender Schnitt mit dem Glasschneider im Führungsblock.

Ob man für das Zuschneiden einen **Glasschneider** mit nur einem oder gleich einen mit sechs Hartmetall-Schneidrädchen verwendet, hat auf den **Schnitt** keinen Einfluß.

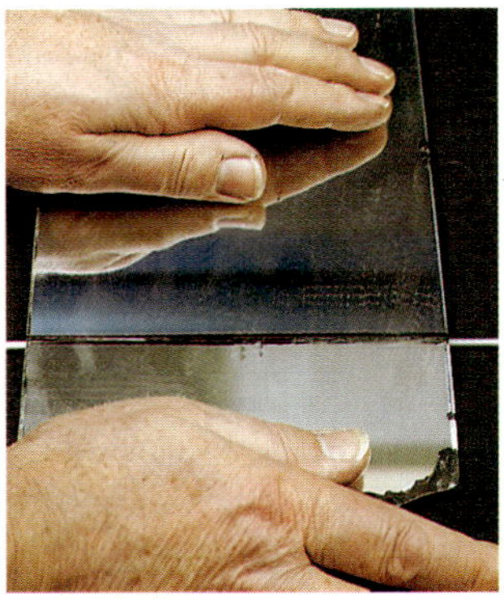

Mit kurzem, beherzten Druck das Glas über dem Stab teilen.

Lineal am Winkel ausrichten

Dies gelingt perfekt, wenn man mit nur geringem **Druck** gleichmäßig über die

Schiebender Schnitt nach einer Schablone.

Glasfläche fährt. Entweder ziehend am Lineal oder freihändig schiebend. Genau von einer **Kante** bis zur anderen. Das Schneidrad zuvor in eine **Mischung** aus feinem Öl und Testbenzin (oder Spiritus) tauchen. Drücken Sie mit dem **Glasschneider** auf eine **Waage** bis die zwei Kilogramm anzeigt. Dann haben Sie einen **Maßstab** für die Kraft mit der das Schneidrädchen über das **Glas** rollen sollte, ohne daß Glassplitter ausbrechen. Grundsätzlich gilt aber: **Flachglas** unmittelbar nach dem Schnitt brechen. Das **Kristallgefüge** im Glas ordnet sich nach einer Verletzung der **Oberfläche** sofort neu, so daß es bereits nach einer Minute schon nicht mehr so sauber bricht. Der **Normalfall** ist ein gerader, ziehender Schnitt entlang einem **Lineal.** Das Schneid-

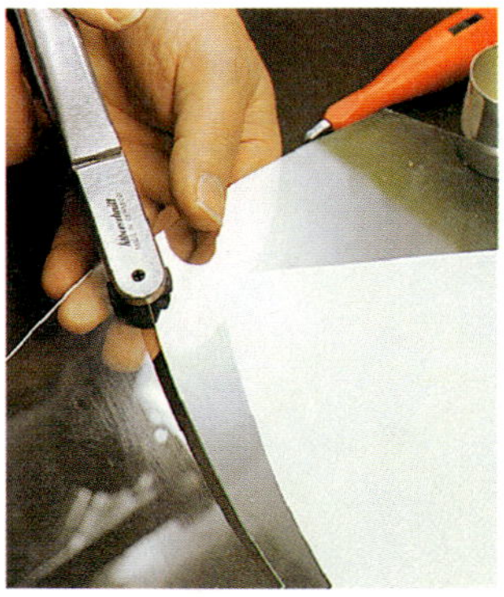

Teilen mit der Zange eignet sich für Bögen besonders gut.

rädchen läuft, je nach Glasschneider, 2-3 mm neben der **Linealkante.** Damit das **Glas** gut aufliegt, die ebene Arbeitsfläche mit einem **Tuch** bedecken.

Glas über den Stab brechen

Wenn man das Flachglas über einen dünnen, geraden Stab (z. B. Schweißdraht 2 - 3 mm)gelegt, brechen will, legt man diesen nach dem **Schnitt** genau unter die

EXTRATIP: Um sich an scharfen Glaskanten nicht zu verletzen, kann man diese mit einem Silicium-Schleifblock (Abziehstein) und Wasser in kreisenden Bewegungen glätten.

Kerbe. Um das **Glas** zu teilen, mit dem Handballen kurz und kräftig auf das überstehende **Stück** drücken. Die andere Seite dabei auf der **Arbeitsfläche** halten. Tragen Sie bei den ersten Versuchen **Arbeitshandschuhe,** damit Sie nicht zu zaghaft mit dem Material umgehen. Größere **Flächen** über die gerade, aber gepolsterte **Tischkante** legen und mit kurzem Druck abbrechen. Für bogenförmige Konturen eine **Papierschablone** unter das Glas legen. In diesem Fall schiebt man den **Glasschneider** freihändig entlang der gewünschten Linie. Die Brechzange mit dem breiten **Backen** auf der Scheibe knapp an der Kante ansetzen und behutsam zudrücken.

ARBEITSMATERIAL

- Arbeitshandschuhe
- Filztuch
- Glasschneider
- Lineal
- Schweißdraht
- Tischlerwinkel
- Öl/Testbenzin
- Abziehstein

Fenster einbauen

Fenster sind hoch beanspruchte Bauteile, die nicht nur fest, sondern auch dicht in den Maueröffnungen zu montieren sind. Rahmendübel mit Metallhülse sind dafür besonders geeignete Befestigungselemente.

Wenn der **Wind** mit voller Kraft auf ein Fenster drückt, kann es diesen **Druck** nur aushalten, wenn es mit stabiler Verbindung fest im **Mauerwerk** verankert wurde. Außerdem müssen alle Anschlüsse zwischen Holz und Mauerwerk gegen Wärmeverluste gedämmt und gegen Regen abgedichtet sein. Beim **Einbau** neuer Fenster wird zunächst nur der Blendrahmen mit der **Wasserwaage** in der Maueröffnung ausgerichtet. Er soll oben und an den Seiten gleichmäßigen Abstand zum Mauerwerk haben.

Metall-Rahmendübel lassen sich weit genug spreizen.

Keile zum Fixieren

An der Unterkante ist der **Abstand,** abhängig von der vorgesehenen Sohlbank (äußere Fensterbank), meistens etwas größer. Deshalb wird der **Rahmen** hier zuerst auf entsprechend hohe Klötze gestellt und falls erforderlich, mit untergelegten **Keilen** waagerecht ausgerichtet. Stets jeweils zwei Keile von der Außen- und der Innenseite her übereinanderschieben, sonst drückt man das Fenster wieder aus der richtigen **Position.** Ebenso den Blendrahmen auch senkrecht ausrichten und an den oberen **Ecken** unter dem Sturz fixieren. Ist der Rahmen noch zu durchbohren, (dafür **Holzspiralbohrer** 10 mm Ø verwenden), sollte man auch an dieser Stelle Keile einfügen, um die richtige **Lage** beim Bohren nicht wieder zu verändern. An Fertigfenstern sind die senkrechten **Hölzer** oft schon für die Befestigung mit Dübeln durchbohrt.

PROFITIP
Je genauer Sie die Details Ihres Vorhabens skizzieren, desto weniger Überraschungen erleben Sie beim Arbeiten, um so leichter fällt Ihnen die Ermittlung der Materialmengen und desto besser werden Sie sich auch über den nötigen Zeitaufwand klar. Vergessen Sie nicht die Pflege Ihrer Werkzeuge.

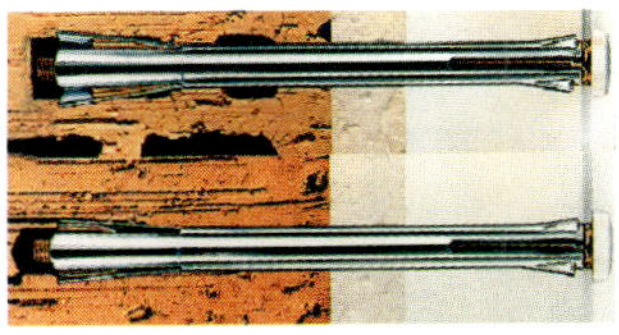

Die Schraube spreizt die Metallhülse im Holz und im Stein.

Zunächst prüfen, ob der **Dübel** an dieser Stelle festen Halt im Mauerwerk findet und nicht in eine **Fuge** gerät, die weniger Halt bietet.

Abstandmontage

Metall-Rahmendübel eignen sich für die sogenannte spannungsfreie Abstandsmontage. Die erforderliche **Dübellänge** summiert sich aus Rahmenbreite, Zwischenraum und mindestens 30 mm-Verankerungstiefe in der 10 mm-**Dübelbohrung.** Für übliche Holzfenster in Einzelhäusern ergibt sich daraus die mittlere Dübellänge von 132 mm. Entsprechend lang (Gesamtlänge 200 mm) muß demnach auch der **Steinbohrer** sein. Die Dübel sollten sich mit nur leichten Hammerschlägen eintreiben lassen. Beim Festdrehen der **Schraube** wird der Rahmen nicht, wie bei Holzschrauben üblich, zum Mauerwerk hin gezogen. Damit könnte man, bei fachgerechter **Montage,** auf zusätzliche Unterlegkeile im Dübelbereich ganz verzichten. Das **Verkeilen** bietet bei der Montage jedoch allemal zusätzliche **Sicherheit.** Wenn die Schrauben der Metall-Rahmendübel fest angezogen sind, kann man allerdings die **Keile** entfernen. So stören sie nicht beim Ausschäumen der **Zwischenräume** oder beim Anbringen der Deckleisten. Für Fenster aus Kunststoffprofilen gibt es Metall-Rahmendübel auch für 8 mm-**Dübelbohrungen** und mit Linsen-Flachkopfschrauben (Pan Head).

Schraubenkopf bündig mit der Holzfläche abschließen lassen.

ARBEITSMATERIAL

- Metall-Rahmendübel
- Unterlegkeile
- Wasserwaage
- Hammer
- Schlagbohrer
- Steinbohrer
- Schraubendreher

Fenster-Glasfalz abdichten

Wenn der Wind den Regen auf die Scheiben drückt, kann ein versprödetes Kittbett wasserdurchlässig werden. Eine neue Abdichtung von außen darf dann nicht mehr lange auf sich warten lassen.

Rinnsale unter der Glasleiste bedeuten ‚poröses Kittbett'.

Besonders gefährdet sind alle zur **Wetterrichtung** (Südwest bis Nordwest) gewandten Kanten. Die sollten Sie zu **Sicherheit** alle bearbeiten, auch wenn noch keine Schäden erkennbar sind. Unter drei **Möglichkeiten** zum Entfernen der Kittoberfläche können Sie wählen: Universalmesser, Stecheisen oder Oberfräse. Damit wird soviel **Kitt** schräg nach innen zur Scheibe hin abgetragen, daß eine V-Nut entsteht, die auch etwa 2 mm über das Holz reicht.

Bearbeitung in Handarbeit

Mit der **Messerklinge** immer nur dünne Schichten abschälen und auf die Holzmaserung achten, damit die **Schneide** nicht in das Holz gezogen wird. Das wird

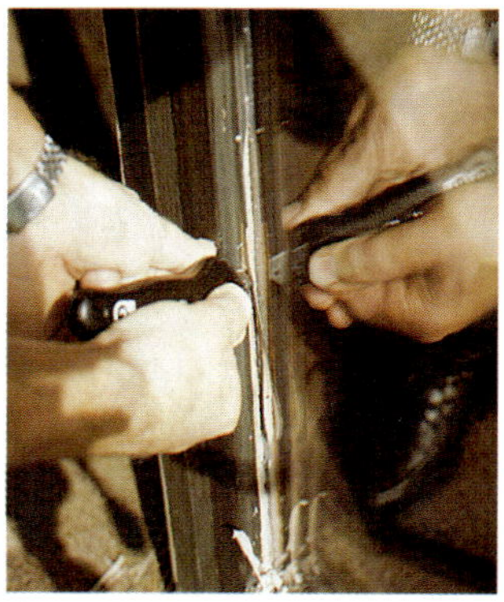

Mit scharfer Klinge läßt sich alter Kitt recht gut abschälen.

zwar etwas ungleichmäßig, läßt sich jedoch mit dem Anstrich verdecken. Wenn man den Umgang mit dem **Stecheisen** beherrscht, wozu auch das Schärfen gehört, kann man ein deutlich gleichmäßigeres **Ergebnis** erwarten. Auch dabei ist der Verlauf der Holzmaserung zu beachten. Handwerker benutzen eine spezielle, von der **Oberfräse** abgeleitete Kittfräse für den Vorgang. Mit der notwendigen Ausrüstung und Erfahrung läßt sich das auch mit einem **Gratfräser** in einer normalen Oberfräse nachahmen. Zum Füllen der entstandenen V-förmigen Nut mit Silicon-Dichtungsmasse den **Nutrand** auf dem Holz mit Klebefilm eingrenzen. Je nach Herstellervorschrift zuvor noch **Primer** (Haftbrücke) für den Siliconkautschuk aufstreichen. Die

Noch besser geht es bei gekonntem Umgang mit dem Stecheisen.

Dichtungsmasse zügig mit der **Druckpistole** aus der Kartusche pressen. Etwas Spülmittel im Wasser ist hilfreich, wenn man mit der nassen Zeigefingerkuppe die Masse durch Tupfen noch leicht andrücken und formen will. Anschließend feinfühlig die **Oberfläche** in einem Zug glätten und den Klebefilm abziehen.

Für diese Vorgänge bleiben nur wenige **Minuten.** Dann bildet sich auf der Siliconmasse bereits eine Haut.

Die Dichtungsmasse muß ganz dicht am Glas anschließen.

Deshalb jeweils nur kurze **Stücke** fertigstellen. Erst wenn die Masse fest ist, die

Ein Überholungsanstrich verdeckt die Spuren.

überflüssigen Reste von der Scheibe entfernen. Mit Messer- oder Stecheisenklinge einschneiden und mit einem **Klingenschaber** (Halter mit 10 cm langer Glasklinge) vorsichtig abstoßen, um die **Dichtungsmasse** nicht von der Glasfläche zu lösen.

ARBEITSMATERIAL

- Siliconkautschuk
- Universalmesser
- Stecheisen
- Druckpistole
- Klebefilm
- Klingenschaber

Abgenutzte Schließbeschläge erneuern

Wenn Fenster oder Fenstertüren nicht mehr dicht schließen, kalte Luft oder gar Regen eindringen kann, liegt die Ursache häufig an verschlissenen Schließblechen für die Rollenzapfen am Stangenriegel.

Etwas zuviel Abstand im **Rahmenfalz** führt dann leicht zu Undichtigkeiten, obwohl die Falzdichtungen intakt sind. **Wärmeverluste** und Schäden sind die Folge

Verschleiß am Schließbeschlag – Ursache für undichte Fenster.

dieser schlecht schließenden **Fenster.** Mit neuen Schließblechen läßt sich der

Schraubenlöcher mit angespitzten Buchesplinten ausleimen.

Defekt meist beheben. Mit einem alten **Schließblech** als Muster muß man zunächst einmal versuchen, beim **Hersteller** oder im Baubeschlaghandel passenden **Ersatz** zu bekommen. Geringe Maßdifferenzen lassen sich durch entsprechenden **Einbau** ausgleichen. Das ist bei etwas größeren Ersatzbeschlägen einfacher, weil sich Aussparungen leichter erweitern als verkleinern lassen.

Aussparungen für neue Schließbleche erweitern.

Schließbleche austauschen

Zuerst sollten Sie in die alten **Schraubenlöcher** ausfüllen. Dazu Leim in die Bohrung geben, **Holzsplint** einschlagen und mit dem **Stecheisen** bündig abstechen. Mit Stech- und Hohleisen läßt sich die alte **Aussparung** erweitern. Das sollte so paßgenau wie möglich geschehen. Die Schließkraft der **Rollzapfen** läßt sich etwas erhöhen, wenn man die Schließbleche etwa einen **Millimeter** weiter in den Falz hinein ver-

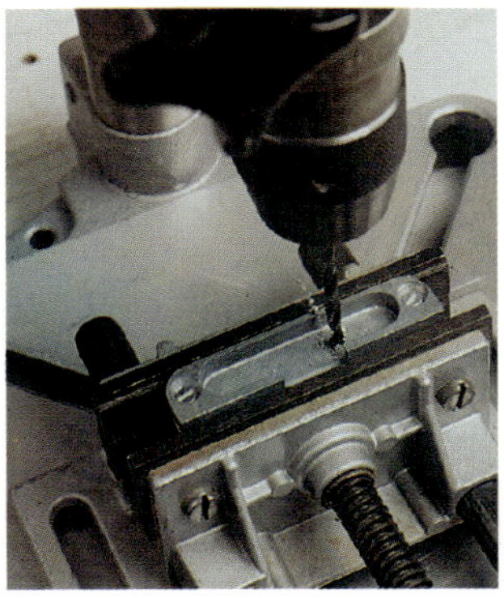

Zusatzschrauben nicht in den Bereich der Rollenzapfen legen.

setzt. Bei mehr als 3 mm Abstand im **Falz** zwischen Blendrahmen und Fensterflügel faßt der **Rollenzapfen** nicht weit genug in das Schließblech. Eine **Unterlage** aus dünnem Sperrholz oder Alu-Flachprofil bringt die **Beschläge** näher zueinander. Zusätzliche und län-

Beilagestücke der Schließblechform anpassen.

gere **Befestigungsschrauben** mit Halbrundkopf im Beschlag garantieren höhere **Festigkeit.** Denn die geringe Wanddicke am

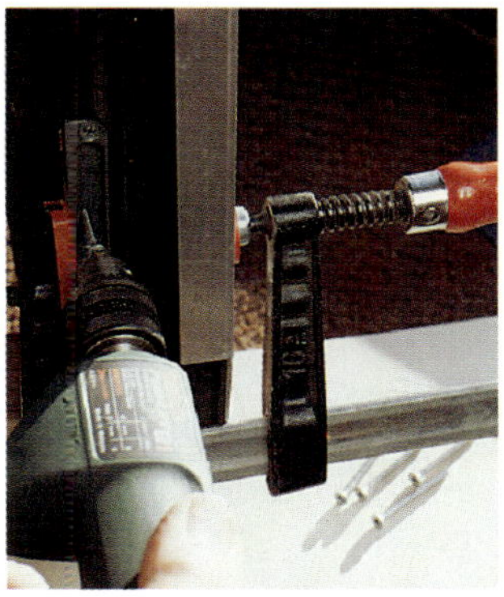

Beschlag bei der Montage in die Aussparung spannen.

Schließblech läßt keine Senkkopfschraube zu. Die **Schraubenköpfe** dürfen jedoch nicht im Bewegungs-

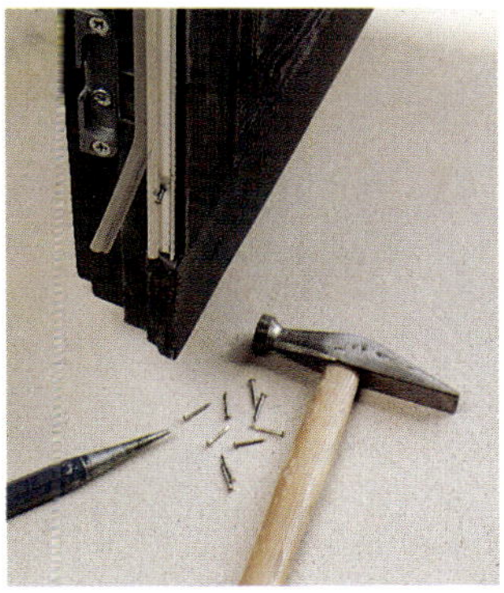

EXTRATIP: Zusätzliche Dichtungsprofile stets außen am Flügel oder Blendrahmen anbringen. Ein zierliches Aluprofil mit einer Silicondichtung verspricht eine dauerhafte Abdichtung. Edelstahlnägel mit dem Senkstift in die schmale Nut im Aluprofil eintreiben.

bereich der Rollenzapfen liegen. Sie können zur **Sicherheit** noch Zweikomponentenkleber verwenden, dadurch erschwert sich aber der Ausbau.

ARBEITSMATERIAL

- Ersatzschließbleche
- Bohrmaschine
- Bügelsäge
- Feile
- Hammer
- Hohleisen
- Holzleim
- Schrauber
- Senkstift

Fenster vergittern

Wird Ihnen die Gefahr bewußt, die ungeschützte Kellerfenster bei einem Einbruchversuch bedeuten, dann können Sie als schnelle Sofortmaßnahme verstellbare Fertiggitter einbauen.

Diese Gitter sind zwar nicht schön, aber zweckmäßig und ohne besonderen Auf-

Markierungen für die Dübelbohrung abmessen.

wand leicht zu montieren. **Voraussetzung** ist eine stabile, rechtwinkelige und nach außen wenigstens 6 cm breite **Fensterlaibung.** Bei Fenstern von Nebenräumen, die allenfalls zum Lüften geöffnet werden und nicht als **Notausstieg** im Gefahrenfall dienen müssen, können Sie ein Gitter auch auf der Innenseite anbringen. Die **Fensterreinigung** wird zwar umständli-

Für perfekte Dübelbohrungen ab 10 mm Ø mit 6 mm vorbohren.

cher, aber das Gitter läßt sich mit Schrauben befestigen, die sich auch wieder

Dorne in den Bohrungen halten das Gitter provisorisch fest.

herausdrehen lassen. Nur dürfen diese **Schraubenköpfe** nicht von außen sichtbar sein. Bei der **Größenauswahl** sollten Sie berücksichtigen, daß ober-

SICHERHEITSTIP
Beim Montieren von Einbruchsicherungen sollten Sie jede Möglichkeit nutzen, das Entfernen der Sicherung zu erschweren. Bei Fertiggittern kann man zum Beispiel den Flachstahlrahmen zusätzlich mit Epoxidharzkleber auf dem Putz oder Mauerwerk verkleben. Farbe im Bereich der Klebefläche zuvor entfernen.

und unterhalb des Gitters kein größerer Zwischenraum bleibt als zwischen den **Gitterstäben.** In der Regel sind das höchstens 15 cm. Bei größeren **Fenstern** muß man eventuell zwei oder mehr Gitter übereinander

kombinieren oder auch mit den Stäben senkrecht nebeneinander einbauen.

Die Dübelbohrung erlaubt eine schnelle Durchsteckmontage.

Schraube und Dübel werden gemeinsam montiert.

Montageablauf

Die oberste **Dübelbohrung** wird nicht weniger als 4 cm von der Maueraußenkante angezeichnet. Diese **Markierung** mit einer an der Wasserwaage ausgerichteten Leiste auf die gegenüberliegende Seite übertragen. Wenn Sie dann das **Gitter** zunächst provisorisch aufhängen, lassen sich die weiteren Bohrungen direkt in

den Befestigungslöchern anzeichnen. Sind diese groß genug für eine **Durchsteckmontage,** können Sie das Gitter gleich mit der oberen Schraube befestigen. Dann läßt sich der **Flachstahlrahmen** als Schablone für die Dübelbohrungen benutzen. Dübel anschließend durch den Rahmen, einschließlich der nur locker eingesteckten

Linksherum rutscht die Klinge aus diesem Schlitz heraus.

Schraube, mit **Hammerschlägen** in die Bohrung treiben. Gehören die passenden Dübel zu den Schrauben nicht zum **Befestigungsset,** sollten Sie die kleinste Dübelgröße für die **Schrauben** wählen. Damit diese nicht zu leicht herausgedreht werden können, müssen sie sich sehr schwer eindrehen lassen. Das verlangt nach einem respektablen **Schraubendreher** mit einer 12 x 2 mm großen Klinge. Denn der **Schlitz** im Kopf ist so geformt, daß sich die Schrauben mit einem Schraubendreher nicht mehr herausdrehen lassen.

ARBEITSMATERIAL
- verstellbares Fertiggitter
- Mauerdübel
- Schlagbohrmaschine
- Wasserwaage
- Schraubendreher
- Hammer

Gitterstäbe einbauen

Im Mauerwerk eingebaute Gitterstäbe bieten einem gewöhnlichen Einbrecher hohen Widerstand. Der nachträgliche Einbau bedeutet jedoch großen Aufwand ohne Garantie für eine optisch befriedigende Lösung.

Die Rohrabstände schon auf der Wasserwaage markieren.

Jede Rohrlänge einzeln mit Stichmaßleisten ermitteln.

In Acrylat-Montagekleber finden die Muffen festen Halt.

PROFITIP
Mit einer Hartholzleiste als Bohrschablone für alle Bohrungen einer Seite können Sie sich die exakte Anordnung erheblich erleichtern. Vor allem wenn Sie die Schablone mit Dübeln auf der Laibung befestigen und mit 6 mm-Bohrungen für Führungsbohrungen versehen. Die Erweiterung auf 16 mm Durchmesser ist dann wesentlich einfacher und genauer.

Das **Prinzip** bei diesem Vorschlag: In jedes der erforderlichen dickwandigen Rohre (22 x 3 mm) werden mit einem 14 mm-Bucherundstab und einer **Druckfeder** (150 x 15 mm) an den Enden Gewindemuffen M12 (außen 40 x 15 mm) eingebaut. Für Längen über 1,4 Meter verwenden Sie dickere Rohre als 22 mm. Ein 16 mm-Beton- oder Hammerbohrer genügt für die Bohrungen, die mit **Zweikomponentenkleber** zu füllen sind. Die Federkraft drückt die Muffen in dieses **Kleberbett.** Die Rohre sollten Sie mit ganz wenig Spielraum zwischen die **Laibung** einpassen. Den Rundstab aus Buchenholz der Rohrlänge entsprechend so absägen, daß ein **Federweg** von 30 mm bleibt.

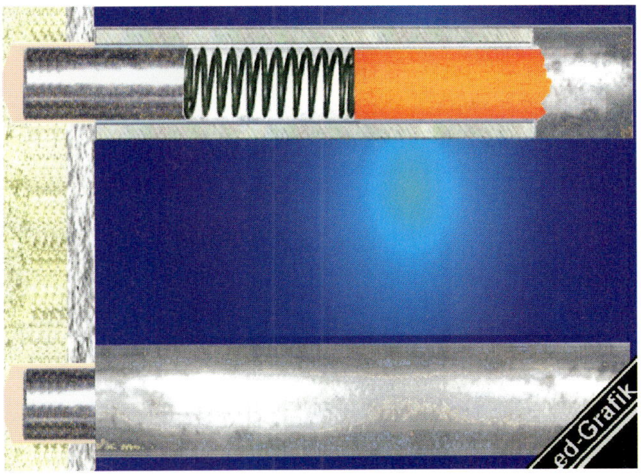

Bohrungen für die Muffen möglichst genau 25 mm tief bohren.

Mit dem Tiefenanschlag die Bohrlochtiefe kontrollieren.

Kurze Abstände anstreben

Bohrlochmittelpunkte unter 15 cm **Abstand** können Sie zunächst an einer **Fensterseite** anzeichnen, um sie dann waagerecht oder senkrecht auf die gegenüberliegende Fläche zu übertragen. Die genaue Länge für jedes einzelne Rohr ermitteln Sie am besten mit zwei Leisten, die sich zusammengespannt auf das genaue **Stichmaß** zwischen den Laibungsflächen einrichten lassen. Zum Einbau wird zunächst eine Bohrung mit **Kleber** gefüllt und eine Muffe eingesteckt. Dann das Rohr auf diese **Muffe** stecken, am anderen Ende

Der Japanspachtel begleitet das Rohr zur richtigen Position.

die Feder mit der zweiten Muffe zusammendrücken und das Ganze gleichzeitig mit einem dünnen **Spachtel** zwischen die Laibung einfügen. Markieren Sie die **Mittelachsen** der Bohrung. So finden Sie leichter die richtige **Position,** an der Sie den Spachtel zurückziehen können und die Muffe von der Feder in die Bohrung gedrückt wird.

ARBEITSMATERIAL
- Rohr, Muffen, Feder
- Montagekleber
- Bohrhammer
- Wasserwaage
- Stichmaßleisten
- Japanspachtel

Lichtschachtgitter sichern

Lichtschächte vor Kellerfenstern sind bevorzugte Einstiege für Diebe. Dort können sie ungestört Fenster aufbrechen und einsteigen, sofern die Lichtschachtabdeckung nicht ausreichend gesichert ist.

Umlaufende Linien kennzeichnen die korrekte Position.

Das bedeutet zum Beispiel bei einer 70 x 140 cm großen **Lichtschachtabdeckung** vier Sicherungen

Die Grundplatte provisorisch mit einer Schraube montieren.

an den Ecken. Jeweils 15 bis 20 cm aus der Ecke zur Mitte der Kante hin versetzt. Denn sobald sich das Gitter nur an einer **Stelle** um einige Millimeter anheben läßt, findet auch geeignetes Werkzeug einen **Ansatzpunkt.** Vor allem darf sich die **Sicherungsplatte** auf dem Gitter nicht zu leicht knacken lassen. Die rasante **Entwicklung** der Akkuwerkzeuge ist auch bei Kriminellen willkommen. **Schweißpunkte** allein genügen nicht. Durch die Sicherungsplatte geführt, sollte der möglichst massive **Zuganker** auf das Gitter greifen. Die Platte

Die Platte als Bohrschablone nutzen.

selbst darf nicht nur auf dem relativ leichten Gitter, sondern muß auf dem kräftigeren **Gitterrahmen** liegen.

Lockere Zuganker nutzen wenig

Bei der **Montage** einer Lichtschachtsicherung sollten Sie besonders darauf

Die Mauerdübel nicht zu tief in die Bohrung treiben.

achten, daß das Gitter fest in den **Auflagerahmen** bespannt wird. Mit verstellbaren Sicherungen läßt sich das am leichtesten verwirkli-

Mit passendem Werkzeug schwergängige Schrauben bewältigen.

chen. Ansonsten markiert man die Position für die **Anschraubplatte** möglichst genau bei angespanntem Zuganker und befestigt sie zunächst nur mit einer Schraube im **Mauerdübel.** Dann läßt sich die Platte

Notfalls das Gitter verändern, um die Sicherung zu montieren.

als **Bohrschablone** für Führungsbohrungen benutzen. Differenzen durch ungenaue **Dübelbohrungen** sind damit ausgeschlossen.

Die Mauerdübel sollen mit der **Wandfläche** abschließen. Nicht tiefer eintreiben oder mit der Schraube tiefer drücken. Dadurch könnte wieder mehr **Spielraum** entstehen. Die Schrauben sollen sich denn auch mit etwas **Kraftaufwand** in die Dübel drehen lassen. An einem Schraubendreher mit **Sechskantansatz** läßt sich die notwendige Kraft mit einem **Gabelschlüssel** leichter aufbringen. Bei Lichtschachtgittern aus **Streckmetall** können die Öffnungen für eine massive Zugstange zu eng sein. Den **Flachstahl** schräg einstecken und die Öffnung etwas aufbiegen, das schafft den notwendigen Zwischenraum.

EXTRATIP: Im Privathaus kann ein Lichtschacht bei Gefahr ein lebensrettender Fluchtweg sein. Im Notfall sind einfach öffnende, korrosionssichere Vorhangschlösser oder halbautomatisch aufspringende Verschlüsse wichtig.

ARBEITSMATERIAL

- Lichtschachtsicherung
- Bohrmaschine
- Hammer
- Schraubendreher
- Gabelschlüssel

Dachfenster sichern

Dachflächenfenster sind zwar kein bevorzugter Einstieg für Einbrecher. Wenn sie jedoch auf der Rückseite des Hauses leicht über eine Leiter erreichbar sind, sollte man auch sie gegen Aufbruchversuche sichern.

Sicherungszapfen an beiden Fensterseiten montieren.

So vielfältig wie die **Dachfenster-Systeme,** so unterschiedlich sind auch die Sicherungskonzepte der **Hersteller.**

Möglichkeiten der Sicherung

Zur Durchbruchsicherung gegen **Zerstörung** kann nur eine Außenscheibe aus Mehrscheiben-Sicherheitsglas schützen. Für normale **Sicherheitsansprüche** genügt eine Scheibe aus zwei fünf Millimeter dicken **Gläsern,** die mit einer hochfesten und glasklaren Folie aus **Kunststoff** verklebt sind. Sie läßt sich zwar mit normalem **Werkzeug** zertrümmern, aber kaum durchbrechen. Dagegen schützt Einscheiben-Sicherheitsglas (wie KFZ-Seitenscheiben oder Ganzglastüren) zwar gut gegen **Hagel,** jedoch nicht gegen spitze Werkzeuge.

Auch **Rolläden** sind über Dachfenstern nicht nur ein **Lichtschutz.** Entsprechend massiv und gesichert können auch sie Einbruchversuchen erheblichen **Widerstand** entgegensetzen. Als nachträgliche **Aufbruchsicherungen** lassen sich bei Dreh- oder Schiebefenstern in der **Dachfläche** die gleichen Sicherungen verwenden, wie sie auch für Fenster in der **Fassade** geeignet sind. Für Schwingflügel gibt es zur nachträglichen **Aufbruchsicherung** relativ einfache Schließzylinder, die sich auch leicht montieren lassen. Für das **Gehäuse** ist jedoch eine 20 mm-Bohrung erforderlich.

Klebefilm markiert die Bohrtiefe von 26 mm am Bohrerschaft.

SICHERHEITSTIP
Mit Mehrscheiben-Sicherheitsglas sollte man auch alle Scheiben bis zu etwa einem halben Quadratmeter an von außen erreichbaren Fenstern ausstatten. Denn in der Regel sind es die kleineren Scheiben, an denen ein Durchbruch versucht wird. Weil die sich mit weniger Lärm zertrümmern lassen. Isolierverglasung ist auch mit solchen Scheiben möglich.

Schrauben halten das Gehäuse fest in der Bohrung.

Geeignete Bohrer

Forstner- oder Zylinderkopf-**Bohrer** hinterlassen im lackierten Rahmenholz saubere **Ränder** am Bohrloch. Doch auch ein Bohrloch von einem preiswerten **Flachfräsbohrer** mit scharfen Schneiden kann die **Deckplatte** noch verstecken. Zur Sicherung kommt der gefederte Schließzylinder aus dem **Gehäuse.** Das Zylinderschloß sollte man möglichst hoch und knapp am **Flügel** montieren, damit sich der Schwingflügel von außen gar nicht erst soweit anheben läßt, um schwereres **Werkzeug** anzusetzen.

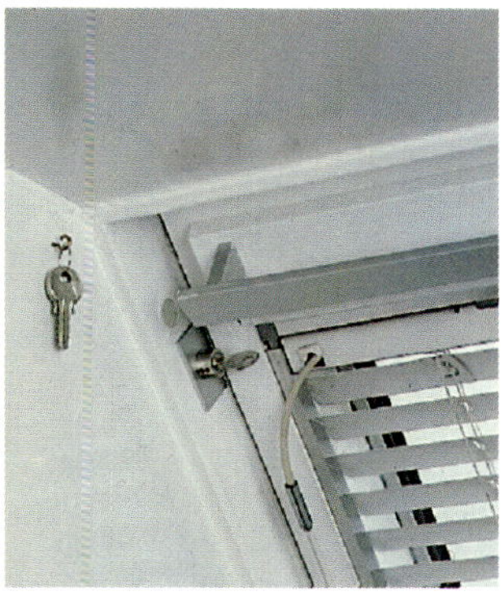

Der überstehende Zylinder blockiert den Flügelrahmen.

Denken Sie jedoch auch daran, daß kleine **Dachflächenfenster** zum geeigneten Noteinstieg für Sie selbst werden können.

ARBEITSMATERIAL
- Sicherheitsverschluß
- Bohrmaschine
- Zylinderkopf-Bohrer
- Schraubendreher
- Plastikbeutel

Türen

Türen sind zugleich verbindendes und trennendes Element im Haus, müssen repräsentative Zwecke erfüllen und Schutz vor ungebetenen Gästen bieten. Für die Schönheit und Sicherheit Ihrer Türen können Sie vieles selbst tun. Wir zeigen Ihnen wie.

Türblatt kürzen

Über einem neuen Bodenbelag hat oft die alte Tür nicht mehr genug Platz. Auch andere Veränderungen können dazu führen, daß eine Tür Schleifspuren auf dem Fußboden hinterläßt.

Zunächst kann man versuchen, die **Tür** mit Fitschenringen auf dem unteren Teil vom **Türband** anzuheben. Die passenden Größen: für **Zimmertüren** 16 mm Durchmesser und für schwere **Eingangstüren** 18 mm Durchmesser, jeweils 2 mm dick. Man kann zwar auch mehre-

Festgespannt und aufgebockt: So läßt sich sicher arbeiten.

re **Ringe** aufeinander legen, das hat nur schnell seine Grenzen durch den **Spielraum** der Tür im oberen Falz. Falls die Tür nach dem **Öffnen** nur stellenweise

Ecken zum Schutz schräg absägen.

über den Boden schleift, kann auch schon ein **Türheber** helfen. Diese Beschläge lassen sich einfach

Geringe Kosten, dafür mehr Mühe mit dem Sandplateschleifer.

montieren, heben die **Tür** aber nur langsam an und brauchen ebenfalls Spielraum im oberen **Falz.**

Mit dem klassischen Werkzeug geht es nicht unbedingt besser.

Tür festspannen

Wenn das alles nichts nutzt, kann man das **Türblatt** nur noch an der Unterkante kürzen. Dazu muß man es fest einspannen können, zu leicht gerät sonst ein **Werkzeug** außer Kontrolle.
Oft fehlt jedoch die **Hobelbank** oder der entsprechend schwere Werktisch mit geeigneten **Spannzangen** bzw. diese sind mit der großen Tür schlecht erreichbar. Dann kann man das **Türblatt** auch an einem zwischen Fußboden und massiver Zimmerdecke verkeilten **Kantholz** mit einer Schraubzwinge festspannen.

Dazu muß man Holzplatten als **Schutz** für Fußboden und Decke verwenden und zwei gleich große **Keile** ge-

Auswechselbare Messer im Stahlhobel erleichtern das Anfasen.

geneinander treiben. Wenn man das **Kantholz** genau ablängen oder ausreichend unterlegen kann, läßt es sich auch zwischen **Boden** und Decke verspreizen.

Weil es so leicht geht, nicht zuviel auf einmal abhobeln.

Mehr als drei Millimeter sind zwischen Türunterkante und Bodenfläche nicht erforderlich. Dazu addiert man den **Abstand** zwischen Bandunter- und -oberteilen, wenn die Tür an der höchsten **Stelle** steht. So erhält man das Maß, um das die Tür kürzer werden muß. Unter einem **Millimeter** schafft man das noch mit **Schleif-**

EXTRATIP: Fitschenringe sind der einfachste Weg, um eine Tür um zwei bis vier Millimeter anzuheben. Diese Ringe aus Messing haben außerdem den Vorteil, daß am Türband nicht Stahl auf Stahl mit entsprechendem Geräusch aufeinander reiben kann.

werkzeugen. Bei bis zu drei Millimetern sollte man vorzugsweise zum **Elektrohandhobel** oder Handbandschleifer greifen.

Tür absägen

Erst ab sechs Millimetern lohnt sich der **Griff** zur Säge. Doch Maschinengrundplatten können **Spuren** auf der Türfläche hinterlassen, wenn man sie nicht zweckmäßig schützt.

ARBEITSMATERIAL

- Sandplateschleifer
- Elektrohandhobel
- Handhobel
- Schraubzwinge
- Kantholz
- Keile
- Schonplatten
- Fitschenringe

Folientafel anbringen

Daß Selbstklebefolie im Lauf der Zeit zum Schrumpfen neigt, ist materialbedingt. Deshalb ist es sinnvoll, sie nicht direkt auf fertige Oberflächen zu kleben, von denen man sie kaum spurenlos wieder entfernen kann.

Auf extra Platten läßt sich die **Folie** dagegen um die Kanten auf die Rückseite

Folie auf schnittfester Unterlage mit Rundmesser zurichten.

kleben. Über verschmutzte **Kleberänder** braucht man sich dann nicht mehr zu ärgern.

Platte vorbereiten

Als **Trägermaterial** eignet sich am besten eine dünne

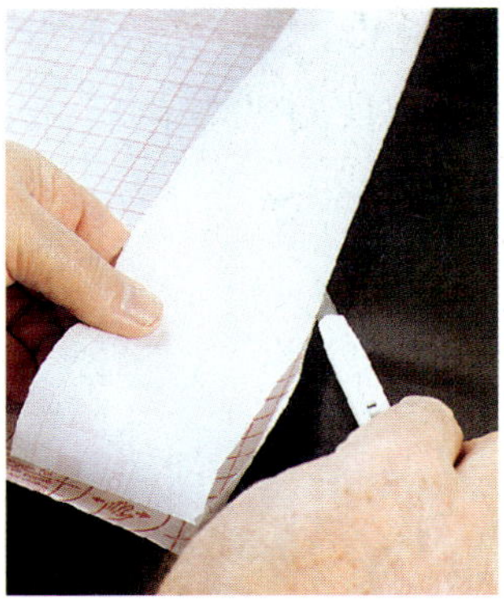

An einer kurzen Kante Schutzpapier lösen und abtrennen.

Holzfaser-Hartplatte. Kanten und spitze Ecken etwas abschleifen und die ganze Platte sorgfältig mit dem **Staubsauger** entstauben. Als Maltafel auf einer Zimmertür sollte sie genau die Breite der Tür haben, um Farben auf freien **Randstreifen** zu vermeiden. Falls sich die aufgerollte Folie nicht flach ausbreiten läßt, weil sie zuviel **Eigenspan-**

Folienrand von der Mitte aus zu den Ecken hin andrücken.

nung hat, legt man sie über Nacht unter eine größere Platte (umgedrehter Tisch).

Beim Anwalzen die Folienrolle straff nach oben halten.

Um **Wellen** zwischen Folie und Schutzpapier zu glätten, die Folie ablösen und gleich wieder auf festem, ebenem Untergrund glatt auf das **Schutzpapier** streichen.

Beim Zuschnitt, mit ausreichend breiter **Zugabe** ringsum (4 bis 5 cm), kann man sich an dem **Linienraster** auf dem Schutzpapier orien-

Mit Kontaktkleber die Klebkraft steigern.

tieren. Damit die Folie auf Anhieb paßgenau und faltenfrei auf die **Fläche** gelangt, zunächst nur einen höchstens 10 cm breiten Streifen vom **Schutzpapier** entfernen.

Folienverarbeitung

Läßt man die freie Folie über die **Tischkante** hängen, kann man die Platte in Ruhe exakt auf dem Schutzpapier ausrichten, um anschließend zunächst nur den freien **Streifen** mit fusselfreiem Tuch (Frotteespültuch) leicht anzudrücken. Dann die **Platte** einschließlich Folie wenden, und die noch lose Folie, Schutzpapier nach außen, aufrollen. Zieht man jetzt das Schutzpapier je-

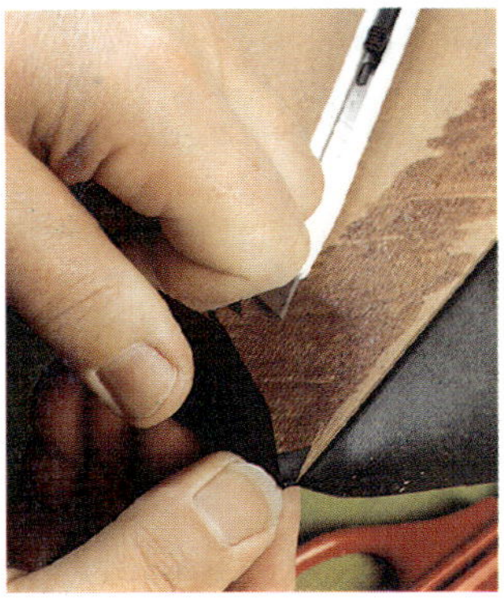

Schmales Foliendreieck mit Fingernagel um die Ecke formen.

weils nur wenige Zentimeter weiter ab, läßt sich die **Tafelfolie** stückweise gut mit einer steifen **Walze** (Versand-, Geschenkpapierrolle) glatt andrücken. Auf rauhen **Rückseiten,** wie bei Hartfa-

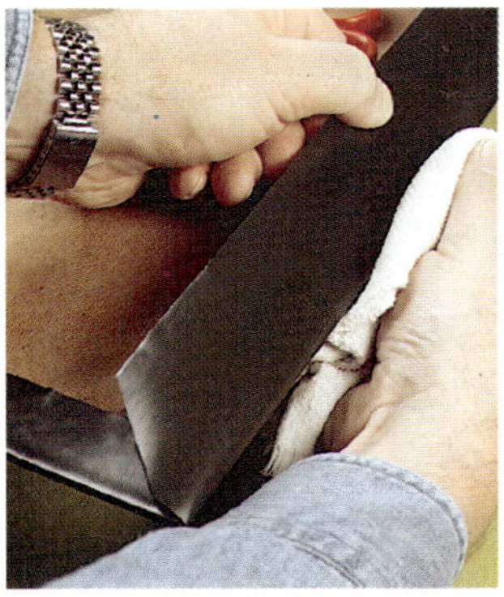

Straff gespannte Folie von unten um die Kanten anreiben.

serplatten, **Kontaktkleber** auftragen und trocknen lassen. Die etwas dickere und daher steifere **Tafelfolie** hält darauf besonders gut. Zuletzt den Überstand an den **Ecken** so einschneiden, daß die Folie dort übereinanderklebt.

ARBEITSMATERIAL

- Tafelfolie
- Hartfaserplatte
- Spültuch
- Papprolle
- Kontaktkleber
- Rund-, Cuttermesser
- Schere

Türflächen mit Dekofilz dekorieren

Große einfarbige Türflächen reizen dazu, sie als Dekorfläche zu nutzen. Alles was sich als Fläche möglichst grafisch darstellen läßt, eignet sich für diese Art der Dekoration mit Dekofilz.

Denn von glatten, porenlosen **Flächen** (keine Naturholztüren) läßt sich mit Tapetenkleister aufgeklebter **Filz** wieder leicht entfernen. Zum **Beispiel** eine Riesen-eistüte zum Kindergeburtstag oder auch Würfel, Luftballons, Sport- und Spiel-

Geometrische Formen gelingen leichter als freie Konturen.

symbole und anderes. **Dekore** aus Kreisflächen oder Formen mit geraden Kanten gelingen mit **Kreisschablo-**

Leistenzirkel mit Einschnitt zur Führung der Messerklinge.

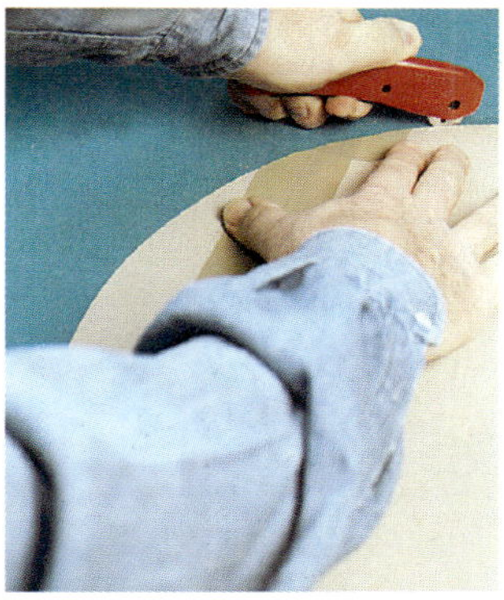

Filzflächen aufeinandergelegt gleichzeitig durchschneiden.

ne und Lineal perfekter als freie Formen. Im Beispiel haben die Eiskugeln mit 35 cm **Durchmesser** etwa das Maß der halben Türbreite. Dafür genügt eine **Schablone** aus Graupappe, etwa 60 x 60 cm groß.

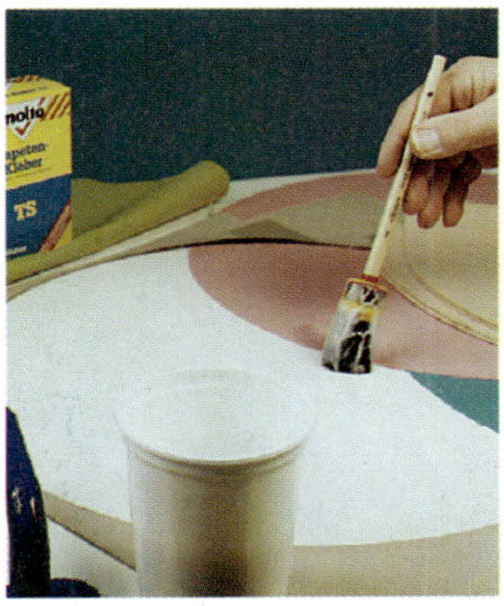

In der Schablone läßt sich der Kleister randgenau auftragen.

Filz zuschneiden

Ein **Leistchen,** mit einer Pinnadel als Mittelpunkt, erfüllt den Zweck als **Schneidzirkel.** Die Pappe

Gefaltete Flächen in der Kleberschicht ausbreiten.

und auch den Filz nur auf einer schnittfesten Unterlage (Hartfaserplatte, Graupappe) durchschneiden. Die **Innenfläche** ist die Vorlage für die Kreisflächen. Der **Außenrand** wird als Kleisterschablone benutzt. Filz

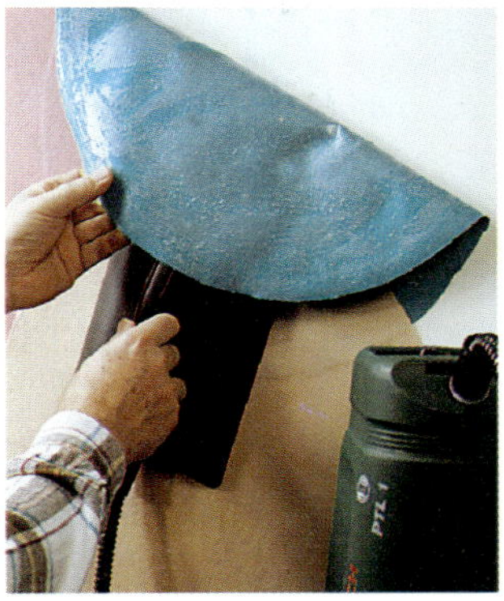

Dampf aus dem Tapetenlöser hilft die Dekoration abzuziehen.

kann man mit dem **Rollschneider** ganz sicher und sauber trennen. Selbst mit sehr scharfer **Messerklinge** läßt sich nicht so exakt an der Kartonkante entlang-schneiden, und dabei kann sich der Filz außerdem verziehen.

Für die knapp zwei **Quadratmeter** einer Tür reichen 60 ml Wasser und 5 g Kleisterpulver. Es sollte jedoch die Sorte ‚**Spezial**' sein, damit sich die Dekoration nicht zu früh von allein löst. Er wird nach **Vorschrift** angemischt. Dazu kann man, ohne Vorbehalte, auch den **Handrührer** aus der Küche verwenden, denn es ist wichtig, daß der Kleister völlig glatt gerührt ist. Klümpchen würden später beim **Abwaschen** schlechter aufweichen. Weil sich ein Viertelkreis innerhalb der Schablone leichter ausrichten läßt, die **Filzscheiben** über Kreuz zusammenfalten. Es genügt, den Filz glatt zu streichen.

EXTRATIP: Um glatte Flächen mit wassergelösten Acrylfarben zu dekorieren, verwendet man eigene Schablonen aus dem Material von Plastikheftern. Zum Auftupfen der Farbe eignet sich ein Pinsel mit sehr kurzen Borsten.

ARBEITSMATERIAL

- Dekofilz
- Tapetenkleister
- Graupappe
- Cuttermesser
- Rollschneider
- Leiste
- Pinsel

Untere Türfuge abdichten

Wenn's kalt durch die Eingangstür zieht, ist das unangenehm und kostet Energie. An der Flamme einer Kerze können Sie erkennen, wo genau die Kaltluft hereinkommt.

Für die **Abdichtung** im Schwellenbereich innerhalb der **Wohnung** genügen in der Regel Bürstendichtungen: entweder mit Kunststoffborsten in einem selbstklebenden **Profil** oder die etwas dichtere Roßhaarbürste im **Metallprofil** zum Aufschrauben. Dagegen ist für Eingangstüren die **Wirkung** der Dichtungsschienen zum Aufschrauben (unter einem **Deckprofil** versteckt) oder Einlassen spürbar bes-

Ein am Anschlag verschraubtes Brett verbessert die Führung.

ser. Sie sind nah an oder auf der **Außenseite** der Tür zu montieren. Die Wirkungsweise ist bei alle **Systemen** ähnlich: Beim Öffnen der Tür hebt sich die **Dichtung** unmittelbar und automatisch durch Federkraft. Beim Schließen der **Tür** drückt ein am Ende der Schiene auf der Bandseite hervorstehender **Zapfen** die Dichtung auf den Boden. Je nach **Ausführung** lassen sich 9 bis 15 mm hohe, parallele und auch keilförmige **Zwischenräume** überbrücken. Zum Einkauf sollten Sie die **Türbreite** im Falz und die **Spalthöhe** unter der

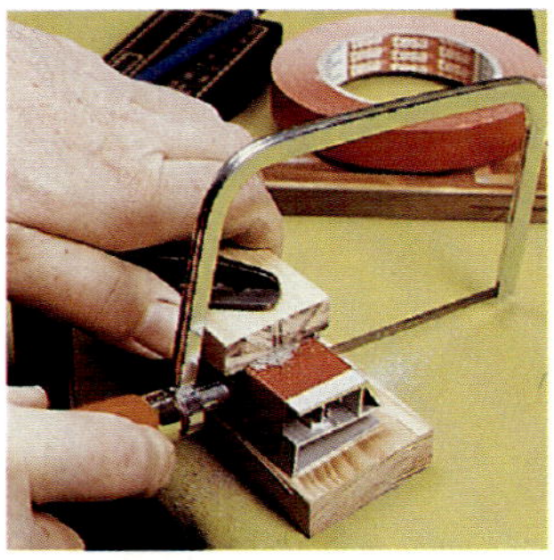

Feinzahniges Metallsägeblatt an rechtwinkeligem Klotz führen.

Tür kennen. Auch die **Öffnungsrichtung** ist wichtig: sichtbare Türbänder rechts = DIN rechts oder links = DIN links.

Dichtmasse nur knapp bis an die Profilenden auftragen.

Dichtschienen montieren

Wenn die **Schiene** mit dem Dichtprofil, auf die richtige **Länge** abgesägt, in einer eingefrästen Nut in der unteren Türkante verschwinden kann, ist das sicher die eleganteste **Lösung.** Diese Schienenart läßt sich jedoch auch, von einem **Stoßblech** verdeckt, auf der Tür in einem eingesägten Falz einbauen. Die dazu notwendigen **Elektrowerkzeuge**: Oberfräse, Handkreissäge oder ein zum Fälzen geeigneter Elektrohandhobel.

Für **Ganzglastüren** haben diese Dichtschienen eine eloxierte, gegen Sand oder harte **Metallspäne** empfindliche Oberfläche. Entsprechend sorgsam und festgespannt sind sie zu kürzen. An beiden **Enden** soll 2 mm Zwischenraum zum Türfutter bleiben. Zunächst testen, ob die **Tür** einschließlich Schiene auf dem Boden schleift. Notfalls **Fitschenringe** auf die Bänder legen. Zur Befestigung genügt ein Strang **Silicondichtmasse** in dem U-Profil. Das flexible, zusätzlich schallhemmende **Dichtungsprofil** erst anschließend kürzen. Es darf stramm in die **Zarge** pas-

Klebeband hält das Schutzplättchen für den Druckzapfen.

sen. Die Abdichthöhe läßt sich noch am **Auslösezapfen** einregulieren.

Schwellendichtung aufkleben

Dafür darf der **Spalt** unter der Tür höchstens 12 mm und muß mindestens 9 mm betragen. Um ihn zu schlie-

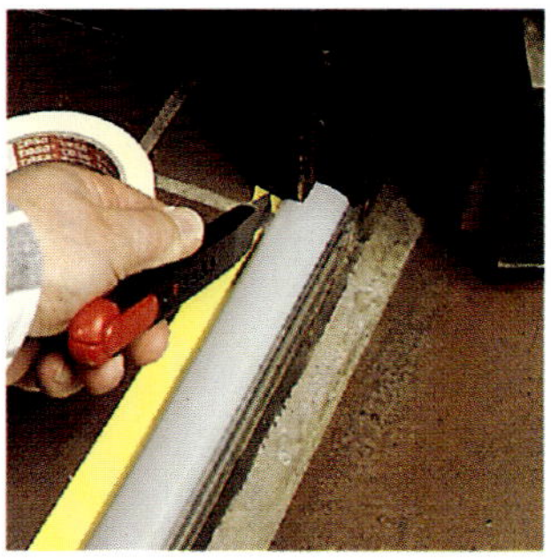

Begrenzen der Klebefläche: Film einritzen und Rest abziehen.

ßen, gleitet die **Tür** auf das flexible **Kunststoffprofil.**

Wo sich diese Dichtungsschienen nur schwer aufschrauben lassen, kann man sie ebenso gut mit **Silicondichtmasse** auf den Boden kleben. Die **Klebefläche** exakt nach dem genau eingepaßten Trägerprofil begrenzen. Die kom-

Die Dichtmasse soll das Profil auf ganzer Fläche halten.

plette **Schiene** in die Dichtmasse einlegen und, falls notwendig, mit **Gewichten** belasten. Für die nachträgliche **Abdichtung** im und am Falz können Sie die gleichen Systeme wie für **Fenster** verwenden.

ARBEITSMATERIAL

- Dichtungsschienen
- Silicondichtmasse
- Klebeband
- Oberfräse
- Metallsägeblatt
- Schraubzwinge
- Schraubendreher

Tür an der Oberkante absägen

Auch mit ungewöhnlichen Methoden erreicht man sein Ziel, die Unterkante einer Tür etwas mehr anzuheben. Man verwendet zusätzliche Ringe und kürzt die Tür oben im Falz.

Weder der **Werkzeugaufwand,** noch die notwendige handwerkliche **Fertigkeit** sind so hoch, daß man fremde **Hilfe** in Anspruch nehmen müßte. Und falls das Vorhaben nicht ganz so perfekt ausfällt, ist es oben auf der **Türkante** nicht zu sehen. Außerdem muß man die **Tür** nicht hochkant fest-

Sägezähne als Maßstab für die Schnittiefe verwenden.

spannen, sondern kann sie flach auf den **Boden** legen, möglichst auf eine Decke, damit der Türfläche nichts passiert. Dazu vorher den **Türdrücker** abnehmen. Flächen, die mit Werkzeug in **Berührung** kommen, kann man vorbeugend auch mit selbstklebendem **Packband** aus Papier schützen. Es darf nur nicht länger als unbedingt notwendig auf dem **Lack** kleben.

Eine handliche Säge benutzen

Mit einer scharfen **Feinsäge** zunächst entlang dem **Überschlag,** die schmale Fläche die über die Falzbekleidung schlägt, in das **Türblatt** sägen. So tief wie ein oder

Mehr als zwei zusätzliche Ringe trägt der Bandzapfen nicht.

zwei zusätzliche **Fitschenringe** dick sind. Die nimmt man auch als Maß, um eine gerade **Leiste** als Führung für das Feinsägeblatt mit **Schraubzwingen** aufzuspannen. Zunächst nur an

Die Richtung der Säge wird vom Führungsschnitt beeinflußt.

einer Ecke der Tür die **Säge** ansetzen und so parallel wie möglich zur **Kante** einsägen. Dieser Schnitt gibt die Führung ins **Holz** für den folgenden Sägeschnitt entlang der Leiste. Für den

PROFITIP
Die Zapfenlöcher an Türbändern nur fetten. Armaturen-Siliconfett wirkt für Jahrzehnte. Die Schloßfalle, der dreieckige Riegel vom Drücker, und ihre Anlaufkante am Schließblech mit Graphitstaub, ersatzweise auch mit weichem Bleistift schmieren. Wenn's im Schloß quietscht, wenig Kriechöl durch das Fallenloch im Schloßstulp sprühen. Sprühnebel mit Papiertuch auffangen.

muß man etwas **Ausdauer** aufbringen, bis die **Sägezähne** den ersten Einschnitt

Das Sägen geht einfacher mit gut geschränkten Sägezähnen.

Trotz unüblichem Verfahren die Kanten ordentlich schleifen.

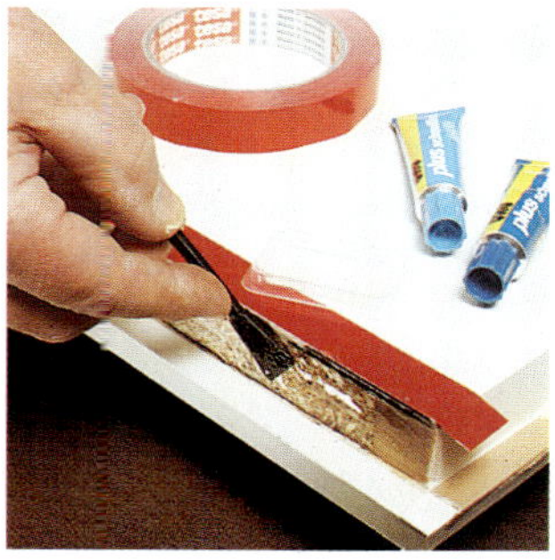

Kante beschichten und abkleben.

erreichen. Abschließend, die gesägte **Fläche** und die eckige Kante mit dem kleinen **Sandplateschleifer** schleifen und glätten.

EXTRATIP: Nicht jeder kann mit spitzen Fingern das Türblatt aus- und einhängen. Ein Aluprofilwinkel 30 x 30 x 3 mm, auf einer Leiste 300 x 30 x 20 mm verklebt und durchgehend verschraubt, erreicht kaum weniger als teurere Handelsware.

Gegen Feuchtigkeit können Sie diese Fläche mit Zweikomponenten-Epoxidharzkleber isolieren, den es in entsprechend kleinen **Sets** gibt.

ARBEITSMATERIAL
- Fitschenringe
- Papier-Packband
- Epoxidharzkleber
- Feinsäge
- Führungsleiste
- Schraubzwingen

Türfalz nacharbeiten

Schleift eine Tür ab und zu im Falz an der Schloßseite, sind in der Regel geringe Veränderungen durch wechselnde Luftfeuchtigkeit die Ursache. Dem läßt sich auf zwei Arten begegnen.

Modernere **Türen** haben im Gegensatz zu ihren **Vorgängern** keine eingelassenen und fest fixierten Fitschen-

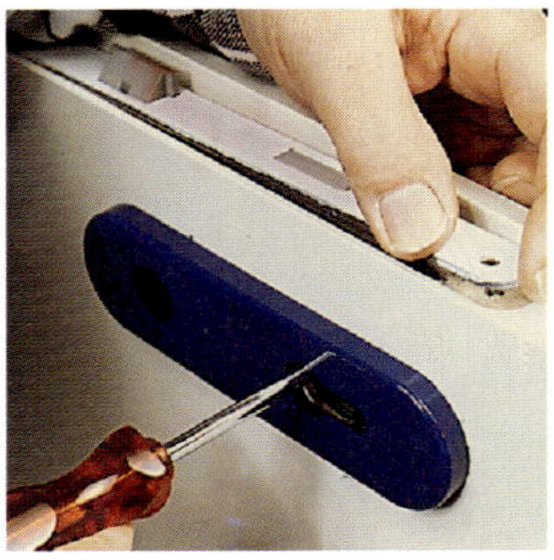

Schloß mit Schraubendreher im Schlüsselloch herausheben.

bänder. Das **Oberteil** (Rolle) vom Türband ist mit einem **Gewindestift** eingedreht. Der sollte vorsorglich so eingedreht sein, daß noch etwas **Platz** zwischen Bandrolle und Türkante bleibt. In diesem **Fall** reicht es, beide Bandrollen mit einem kräftigen **Schraubendreher** im Zapfenloch noch eine **Umdrehung** hineinzudrehen.

Störendes Holz abtragen

Wo das nicht geht, muß man das **Türblatt** im Falz nacharbeiten. Das ist jedenfalls einfacher, als die **Falzbekleidung** am Türfutter zu bearbeiten. Spätestens zu einem Zeitpunkt, an dem ohnehin die **Türen** neu lackiert werden sollen, damit nicht gleich wieder **Schleifspuren** sichtbar werden. Um den Türfalz zu bearbeiten, ist das **Türblatt** erst einmal entweder an einem **Kantholz** oder im Türfutter fest einspannen.

PROFITIP
Falle und Riegel aus Kunststoff quietschen selten, außer an häufig benutzten Türen. Auch das kann ein Hauch Siliconfett oder Öl dauerhaft verhindern. Auftragen und gleich wieder mit Papiertuch abwischen. Es bleibt genug zum Gleiten, aber zu wenig, um sich daran zu beschmutzen. In den Schließzylinder ausschließlich Graphitstaub pusten.

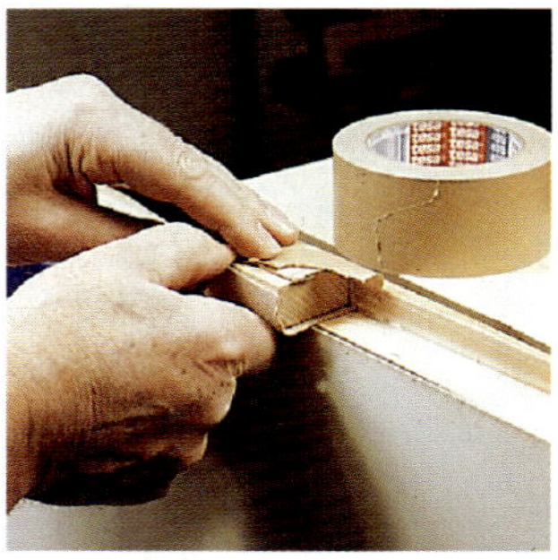

Papier über dem Schleifklotz häufig wenden.

Auch wenn es sich nur um wenig überschüssiges Holz handelt, das **Schloß** stört meistens beim Arbeiten. Wenn man die **Schrauben** im Schloßstulp löst und den **Türdrücker** abnimmt, läßt sich auch das Schloß herausheben. Um nicht mehr **Lack** als unvermeidbar anzukratzen, kann man diese **Flächen** mit selbstklebendem Packband aus **Papier** schützen. Das hält jedenfalls mehr aus als dünner Plastikfilm.

Mit einem Sandplateschleifer kommt man schneller ans Ziel.

Der Simshobel, das Werkzeug für Handwerker.

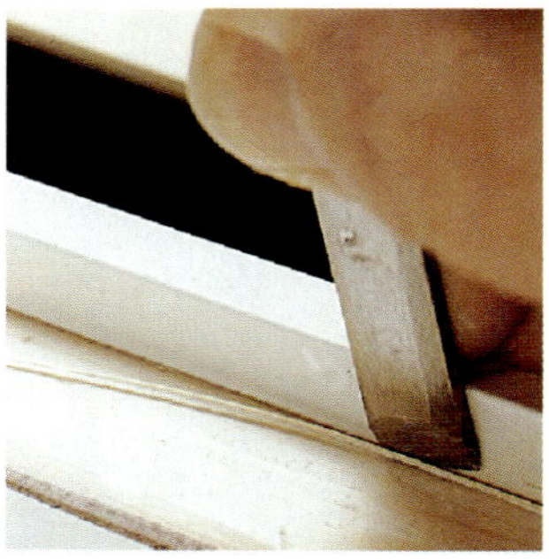

Störende Reste mit dem Stecheisen ausschneiden.

Den geringsten **Werkzeugaufwand,** allerdings die größere Mühe, hat man mit Schleifpapier über einem scharfkantigen **Holzklotz.** Schleifen dauert zwar länger, führt mit **Geduld** aber auch zum Ziel. **Schneller** läßt sich das Holz mit einem Sandplateschleifer abtragen. Sein scharf geätztes **Stahlblatt** als Schleiffläche ist nicht nur außerordentlich dauerhaft, sondern wird auch leicht mit **Lackschichten** fertig. Für den Falz darf die Schleiffläche nur exakt bis an den **Rand** des Handgriffs reichen.

Verfahren für Handwerker

Tischler kommen bei derartigen **Arbeiten** mit dem an den Seiten offenen **Simshobel** natürlich besser ans Ziel.

EXTRATIP: Auch der Raum im Türfutter oder in der Zarge läßt sich zum Einspannen nutzen. Mit Klötzen und einer Spreizlatte in angepaßten Abmessungen sowie Schutzunterlagen aus Pappe für Türblatt und Futter.

Zum **Schleifpapier** über einem scharfkantigen Holzklotz muß man aber in jedem **Fall** wieder greifen, um die bearbeiteten **Flächen** und Kanten wieder zu glätten.

ARBEITSMATERIAL
- Schleifpapier
- Schleifklotz
- Sandplateschleifer
- Schraubendreher
- Schraubzwinge
- Spreizlatte

Stoßblech montieren

Wenn an viel benutzten Türen im Lauf der Zeit im unteren Bereich Gebrauchsspuren entstehen, läßt sich das mit einem Stoßblech überdecken. Künftig ist die Tür dann, bei einem Stoß mit dem Fuß, besser geschützt.

Spezielle **Stoßbleche** aus Aluminium haben eine eloxierte Oberfläche, die etwas kratzempfindlich ist.
Da es sich oft nicht vermeiden läßt, die **Tür** mit dem Fuß aufzustoßen, ist es sinnvoller, ein unbehandel-

Die Grundplatte der Säge an der oberen Spannzulage führen.

tes Alu-**Reparaturblech** zu verwenden, das man entsprechend der erforderlichen Fläche zurichten kann. Von der **Blechschere** einmal verbogene Kanten lassen

Auch scharfe Ecken und Kanten mit der Feile bearbeiten.

sich kaum noch gerade richten. Verwenden Sie für den Zuschnitt besser eine **Stichsäge**. Das Blech zwischen Platten einspannen

Bohrlochmittelpunkte mit einem Körner markieren.

und die **Unterlage** (Hartfaserplatte) mit durchsägen. Um die Schnittkanten zu glätten, bleibt das **Blech**

Beim Metallbearbeitung die Maschine möglichst einspannen.

eingespannt. Eine Mühlsägefeile, mit feinem **Einfachhieb**, hinterläßt eine saubere Kante ohne Feilenriefen. Den Mittelpunkt der **Bohrungen** für die Befestigung mit Schrauben genau festlegen. Dann lassen sich die **Schraublöcher** exakt bohren und für den Kopf der Linsen-Senkkopfschrauben aufreiben.

Regen darf nicht eindringen

An Türen, die der **Witterung** ausgesetzt sind, sollten Sie für die Montage zusätzlich **Dichtungsmasse** verwenden. Dann kann Regenwasser nicht zwischen Blech und Holz gelangen. Damit das sauber gelingt, die **Türfläche** mit Klebeband

Packband eignet sich auch als Schutz vor Dichtungsmasse.

schützen. Zwei kleine **Nägel** an der Unterkante bestimmen die Position für das Blech. So kann man das **Klebeband** genau einritzen und die Fläche für das Blech exakt begrenzen. Zur **Mon-**

Siliconraupe knapp an Ober- und Seitenkanten plazieren.

tage eine dünne Raupe Siliconkautschuk auf der Blechrückseite aufbringen. Stellt man das Blech wieder auf die **Nägel**, läßt es sich leicht ausrichten und andrücken. Dabei kann die **Dichtungsmasse** etwas auf das Klebeband hervorquellen. Um beim Eindrehen der Schrauben keine **Schrammen** von einer abgerutschten **Schrauberklinge** auf

Vor dem Eindrehen der Schrauben die Schraublöcher vorbohren.

das Blech zu bekommen, kann man die Oberfläche ebenfalls mit Packband schützen. Nach 24 Stunden

Klebeband so früh wie möglich vom Holz abziehen.

ist die Dichtungsmasse soweit vulkanisiert, daß man sie rings um das **Blech** einschneiden und mitsamt dem Klebeband abziehen kann.

ARBEITSMATERIAL

- Alureparaturblech
- Zulageplatten
- Elektrostichsäge
- Feile
- Körner
- Bohrmaschine
- Siliconkautschuk
- Klebeband
- Cuttermesser

Kindersicherungen an der Zimmertür montieren

Für Kleinkinderhände sind Zimmertüren eine beträchtliche Gefahrenquelle. Vor allem der Falz an der Scharnierseite wird selten abgedeckt, obwohl gerade an dieser Stelle Finger schmerzhaft gequetscht werden können.

Es ist nicht so schwierig, aus **Fertigfußleisten** (58 x 11 mm) und selbstgemachten Torsionsfedern für jede Tür eine **Schutzklappe** anzufertigen, die sich mit der Tür öffnet und schließt. Auch aus ansehnlichen, furnierten Edelholzleisten mit fertiger **Oberfläche,** die mit Stangenscharnier (offen 18 mm breit) verbunden sind. Die

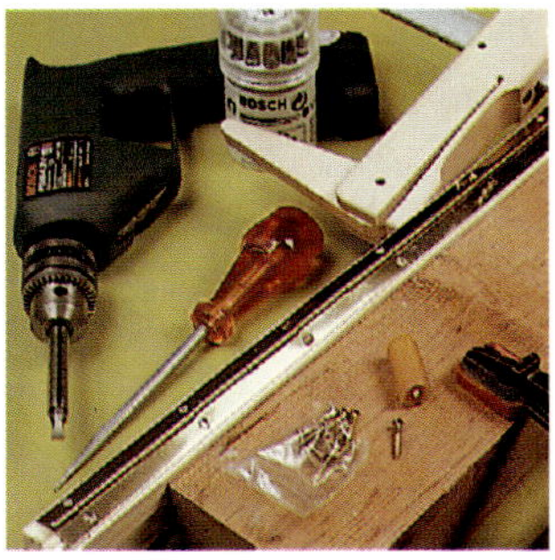

Nur in jedes zweite Lochpaar gewachste Schrauben eindrehen.

Torsionsfedern werden aus gehärtetem Stahldraht 1,0 mm Ø (Draht für Deko-Mobiles) gebogen. Vorsicht beim Lösen der verschnürten **Drahtringe.**

Beim doppelten Lochabstand abwinkeln und schräg abkneifen.

Federwirkung testen

Zunächst ein oder zwei etwa 30 cm lange **Drahtstücke** fest in der Zange halten und über der **Daumenkuppe** gerade biegen. Dann ein Ende etwa 1,5 cm lang abwinkeln und das andere **Ende,** entsprechend dem doppelten Abstand der **Schraublöcher** im Schar-

Den Draht um eine und eine viertel Drehung verwinden.

nier, in gleicher Richtung abwinkeln. Um **Maß** zu nehmen, kann man das abgewinkelte Ende mit der **Zange** in ein vorgestochenes Loch im Holz drücken.

Rundkopfschrauben sichern die Drahtenden im Holz.

Die fertige **Feder** sollte etwas gebogen sein. Um die **Federwirkung** zu entfalten, muß der Draht in sich ver-

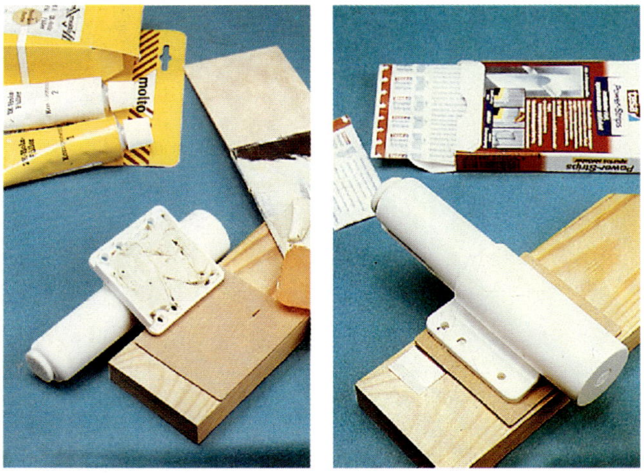

EXTRATIP: Die Türbremse verhindert zuverlässig, daß die Tür ganz zuschlägt. Aber nicht immer ist die Befestigung mit Schrauben (Mietwohnung/Stahlzargen) möglich. Mit einem Holzfüller kann man jedoch auch Hohlräume im Kunststoff füllen, und so die Grundplatte der Türbremse auf eine 80 x 80 mm große, nur 2 mm dünne Platte (Sperrholz, Plexiglas, Alublech) kleben. Diese Platte, mit acht Klebestrips ausgerüstet, vorschriftsmäßig auf das Türfutter kleben.

dreht werden. Dazu die Leisten im **Winkel** auf dem Kantholz festspannen, damit genügend **Widerstand** zum Eindrücken der

Klebestrips halten die gefederte Klappe am Türfutter.

Federn besteht. Erst ein Ende mit der **Zange** in ein vorgestochenes Loch drücken. Danach das andere Ende gegen den **Uhrzeigersinn** verwinden und ebenfalls ins Holz drücken.

Federn montieren

Dazu können Sie, bevor Sie den Draht mit der Zange fassen, die **Hand** verdrehen, damit Sie den Draht in einer **Bewegung** verwinden und unmittelbar danach möglichst tief in das Loch drücken können. Drei oder vier solcher Torsionsfedern sollten genügen.

ARBEITSMATERIAL

- Fertigfußleisten
- Stangenscharnier
- Stahldraht, gehärtet
- Türbremse
- Holzfüller
- Sperrholz
- Zange
- Spitzbohrer
- Klebestrips
- Schraubendreher
- Klemmzwingen

Anwesenheit vortäuschen

Wer ernsthaft sein Eigentum vor anderen sichern und Schäden vermeiden will, sollte zuerst abschreckende Maßnahmen ergreifen. Eine Kombination aus den verschiedenen Möglichkeiten der Einbruchsicherung bietet sich an.

Persönliche Aufmerksamkeit, vorgetäuschte **Anwesenheit** und mechanische sowie elektronische **Sicher-**

Steckdosen-Dämmerungsschalter und elektronische Steckdosenschaltuhr.

heitstechnik sind die Grundlagen für die erfolgreiche **Abwehr** von Einbruchversuchen. In der gleichen **Reihenfolge** steigt denn auch der notwendige finanzielle **Aufwand** und fällt die **Wirksamkeit.** Die persönliche **Aufmerksamkeit** und die vorgetäuschte Anwesenheit waren schon immer sehr wirksame **Mittel,** Einbruchdiebstahl zu verhindern. Das gilt umso mehr für einen anhaltenden **Trend:** Die überwiegende Mehrzahl dieser **Delikte,** von weniger professionellen Einzeltätern und kleinen **Gruppen** begangen, verlagert sich zunehmend von den späten **Abendstunden** auf die Zeit zwischen zehn und fünfzehn **Uhr,** um mit mehr oder weniger Gewalt in nur für kurze **Zeit** verlassene Wohnungen oder Häuser einzudringen. Da nutzt alle **Technik** nur wenig, wenn man nicht zuerst einfache **Grundregeln** beachtet. Und das nicht erst, wenn in unmittelbarer Nähe etwas passiert ist.

Simulation muß echt wirken

Vorgetäuschte **Anwesenheit** kostet bei längerer Abwesenheit auch mehr **Energie.** Strom sparen ist sicher sinnvoll, aber in diesem **Zusammenhang** eher leichtsinnig. Für das Licht reichen Schaltuhren allein nicht aus, um den üblichen **Rhythmus** zu steuern.

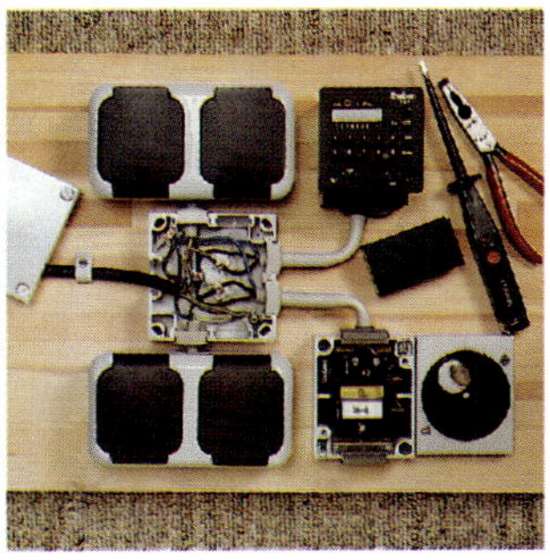

Schaltuhr und Dämmerungsschalter steuern Steckdosen.

Je nach Witterung wird es nun mal zu unterschiedlichen **Zeiten** dunkel und auch wieder hell. Ein vorgeschalteter **Dämmerungsschalter** gibt den Strom erst bei der eingestellten Helligkeit frei: entweder einfach in der **Steckdose** auf einer Verteilung mit mehreren **Anschlüssen** oder an der Fassade mit Wirkung auf bestimmte **Stromkreise.** Genau so lassen sich auch **Schaltuhren** einsetzen. Die unabhängig vom Tageslicht die Beleuchtung wieder ausschalten oder **Radio** und Rolläden steuern. Dem eigenen **Lebensrhythmus,** mit täglich wechselnden **Schaltzeiten,** kann man jedoch nur mit elektronischen Schaltuhren für unterschiedliche **Stromkreise**

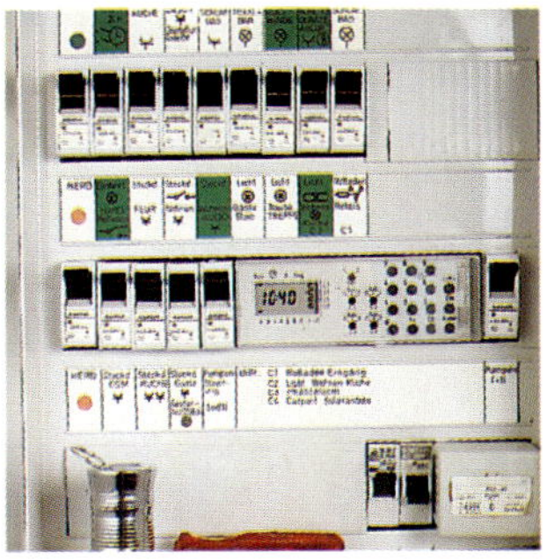

Uhr für vier verschiedene Stromkreise in der Hausverteilung.

entsprechen, denn wenn gleichzeitig alle **Lichter und die Musik** an und die Rolläden hoch gehen, ist das für einen **Bösewicht** ein untrügliches Zeichen, daß wahrscheinlich niemand im **Haus** ist.

SICHERHEITSTIP

Regeln die, im Gegensatz zur Technik, kaum Geld kosten. Fenster und Türen schließen, hört sich so simpel an, und dennoch ist der einfache Diebstahl aus Wohnungen und Häusern bezeichnend hoch . Die Tür nur bei eingehängtem Spaltriegel öffnen, wenn man nicht sicher ist, wer draußen steht. Ist niemand zu Haus, darf das von außen nicht erkennbar sein. Türglocke AUS, Radio und bei Dunkelheit Licht EIN, und zwar genau so, als wenn jemand zuhause ist.

Das betrifft auch **Bewegungsmelder** an der Fassade. Sind die weithin sichtbar, läßt sich leicht testen, wie sie wirken. **Attrappen** an der Fassade und versteckt eingebaute Melder, die das **Außenlicht** erst wenig später über einen **Verzögerungsschalter** steuern, lassen einen Gauner im Zweifel, ob die **Bewohner** oder die Technik reagiert.

Bewegungsmelder für Außenlicht, umschaltbar auf Alarmlicht.

Unsicherheit kann auch schützen

Auch den **Klingeltaster** an der Tür kann man bei Abwesenheit oder nachts so umschalten, daß er Innen- oder **Außenlicht** und Schallquellen verzögert steuern kann. Gerade so, als ob die Bewohner durch den **Klingeltest** aufmerksam wurden. Alles dies geschieht, um einen **Ganoven** glauben zu lassen, daß er erkannt oder gestört werden könnte. Denn genau darin liegt die **Wirkung** der abschreckenden Maßnahmen.

ARBEITSMATERIAL

- Schaltuhr
- Dämmerungsschalter
- Bewegungsmelder
- Verzögerungsschalter
- Steckdosenverteiler

Fenstertüren sichern

Verglaste Fensterflügel sind bei einem Einbruchversuch das bevorzugte Ziel. Vor allem als Tür auf Terrasse oder Balkon, aber auch als von außen erreichbare Fenster.

Denn sie sind in der **Regel** leichter zu überwinden als geschlossene **Türflächen,** weil sie sich an ihren schmalen **Rahmen** weniger gut sichern lassen und viel zu häufig in **Kippstellung** einladend offenstehen.

Mehrscheiben-Sicherheitsglas läßt sich kaum durchbrechen.

Bruchfestes Glas

Eingeschlagene **Verglasungen** sind, bei den üblichen **Aufbruchversuchen,** an großen Glasflächen dagegen eher selten. So leicht läßt sich eine große **Isolier-**

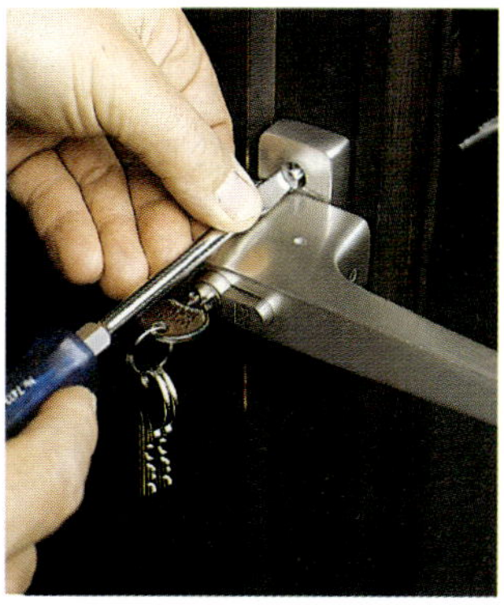

Sperrgriff zum einfachen Tausch gegen Standard-Drehgriffe.

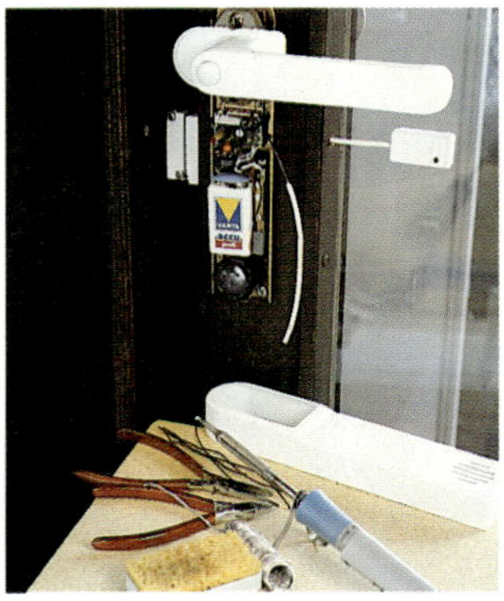

Alarmgriff an dem sich auch Sensoren anschließen lassen.

scheibe nicht zerstören und wenn, dann nur mit weithin hörbarem **Lärm.** Professionelle Einbruchmethoden sind hier allerdings ausgeschlossen. Kleinere **Glasflächen,** in Kellerfenstern oder feststehenden **Ausgleichsrahmen,** sind dage-

Zwischen Flügel und Riegel darf kein Zwischenraum bleiben.

gen schon eher gefährdet. Deshalb sollten die **Außenscheiben** dieser Flächen aus Mehrscheiben-Sicherheitsglas bestehen. Für normale **Sicherheitsansprüche** genügt eine Scheibe aus zwei 5 Millimeter dicken **Gläsern,** die mit einer hochfesten und glas-

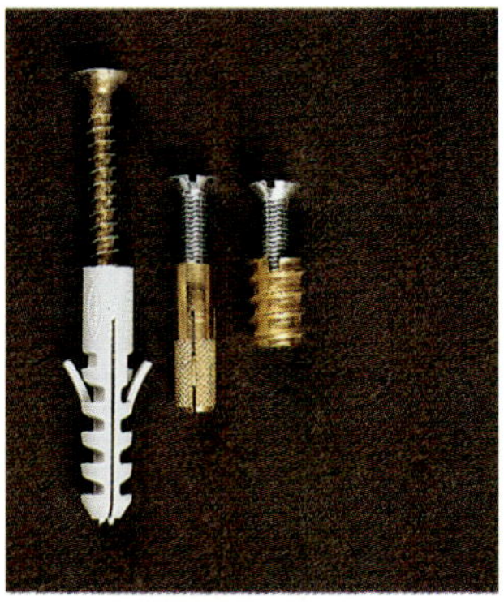

Dübel für besonders widerstandsfähige Befestigungen.

klaren **Folie** verklebt sind. Die läßt sich zwar mit normalem **Werkzeug** zertrümmern, aber kaum durchbrechen.

Sinnvolle Formen der Abschreckung

Lärm und **Zeitaufwand** beim Eindringen ist bei der heute üblichen **Art** der Einbrüche aber noch immer ein **Risiko,** das Einbrecher

Bewegungsschalter für Rufsignale.

möglichst meiden. Von außen erkennbare, mechanische **Sperren** sind deshalb, allein schon der Abschreckung wegen, sinnvoll. Dazu gehören in erster **Linie** Verschlüsse für **Hebebeschläge** und abschließbare **Drehgriffe,** die sich einfach aufschrauben oder austauschen lassen. Auch ein **Alarmgriff,** der bei Erschütterungen und beim Öffnen der Tür zu Lärmen anfängt, ist sinnvoll, sofern die **Batterie** nicht leer ist. Denn der Alarmgriff ist nur dann nützlich, wenn auf den **Lärm** auch eine Reaktion folgt.

Einfache Sperre

Zwar nicht von außen sichtbar, aber an **Hebeschiebetüren** sehr wirkungsvoll, ist ein genau zwischen Tür und Futter passendes **Kantholz.** Es kann ja auch ein sauber bearbeitetes **Stollenprofil** aus Leimholz sein. **Aufbruchversuche** zwischen Blendrahmen und Flügel kann man dagegen nur mit eingehängten, vorgelegten oder aufgeschraubten **Verriegelungen** erschweren. Obwohl in keinem **Fall** besonders dekorativ, sind sie meistens auch noch an allen vier **Ecken** aufzuschrauben: im **Mauerwerk** mit ausreichend großen Dübeln, auf Blendrahmen aus **Holz** mit Metallgewindeschrauben in **Gewindemuffen.** Hohlprofile lassen sich dazu auch mit einem Spezialmörtel füllen. Fenstertüren an **Wintergärten** kann man von einem **Bewegungsschalter** bewachen lassen, wenn der auch wirklich jemanden herbeiholen kann.

ARBEITSMATERIAL

- Sperrgriffe
- Sperriegel
- Gewindemuffen
- Bewegungsschalter
- Kantholz
- Schraubendreher
- Schlagbohrer

Terrassentür-Aufbruchsperre einbauen

Wo massiv erschwerte Bedingungen von außen erkennbar und glaubhaft sind, steigt die berechtigte Hoffnung, daß ein derart gesichertes Haus Einbrecher eher abschreckt.

Türflügel zur **Terrasse** lassen sich mit handelsüblicher **Technik** nur eingeschränkt gegen Aufbruchversuche sichern. Wenn es sich um zweiflügelige **Türen** handelt, sind nicht einmal die speziellen **Sicherungen** für Doppelfenster geeignet, weil der Mittelholm im **Blendrahmen** fehlt. In Höhe der Scharnierbänder sind **Querriegel** zwar besonders wirksam als von außen gut sichtbare **Abschreckung** und innen genau im direkt belasteten **Bereich,** falls es doch mal ein Gauner versuchen sollte. Weniger abschreckend sind sie dagegen, wenn sie weitgehend mit dem **Flügelrahmen** in Abmessungen und Farbe übereinstimmen.

Die Materialauswahl im vorgegebenen **Beispiel**: Alu-U-Profil 40 x 40 x 40 x 5 und massive **Eiche** als Rechteckstab 63 x 20 mm. Je nach **Situation** kann man nicht nur andere **Querschnitte,** sondern zum Beispiel auch andere Holzarten oder Alu-**Vierkantrohr** für die Riegel verwenden. Die Träger, 65 mm lang, sollten Sie sich vom **Metallbauer** zuschneiden lassen. Die weitere **Bearbeitung** kann man selbst übernehmen. Zunächst alle Schnittkanten mit der **Feile** oder bequem am Bandschleifer entgraten. Bei derartiger Metallbearbeitung muß das **Werkstück** aber stets fest auf einem Anschlag liegen oder eingespannt werden. Gebohrt werden die **Träger** entsprechend der Situation. Günstig ist die **Befestigung** rechtwinkelig zur Türfläche, weil **Schrauben** quer zum Schaft am besten halten.

Zur Befestigung auf dem **Blendrahmen** zuerst beide Profilschenkel für den **Schraubendurchmesser** durchbohren. Anschließend eine Bohrung für den **Schraubenkopf** erweitern. Wenn Sie für diese Art der Befestigung je **Träger** zwei Metallgewindeschrauben M4 in **Gewindemuffen** verwenden, erreichen Sie hohe Festigkeit bei kleinen **Bohrungen.** Alle Bohrlochränder sauber entgraten. Dazu können Sie auch einen **Spiralbohrer** verwenden. Bei den Dübelbohrungen ins **Mauerwerk** wenigstens das grobe Bohrmehl auffangen. Direkt **Absaugen** hat jedoch die bessere Wirkung.

Im Träger auf der **Mauerlaibung** einen kleinen Metallzapfen mit aufschrauben und das **Holz,** mit einer Bohrung in der **Stirnfläche,** über den Zapfen schieben. Abschließend die **Oberfläche** noch lackieren.

Fasen anschleifen und Sichtflächen fein bearbeiten.

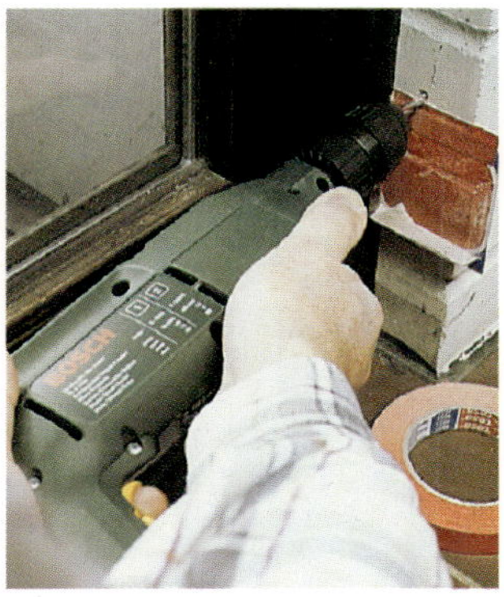

Bohrmehl in untergeklebter Blisterverpackung auffangen.

Träger so montieren, daß der Riegel genau waagerecht liegt.

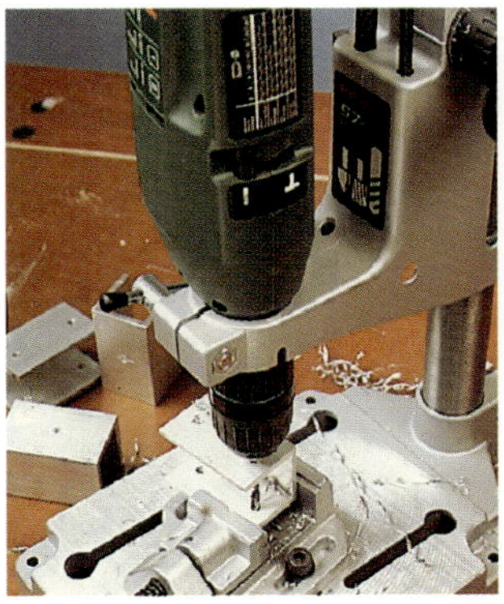

Alu bohren: größer als 5 mm Ø im niedrigen Drehzahlbereich.

Zapfen, getrennte Gewindemuffe M6, mit aufschrauben.

Zwischenräume durch Aufdopplung am Leistenende füllen.

ARBEITSMATERIAL

- Alu-U-Profil
- Rechteckstab
- Gewindemuffen
- Schrauben
- Dübel
- Schlagbohrer
- Bohrständer
- Bandschleifer
- Wasserwaage

Hauseingang sichern

Sicherheitstechnik kann und darf nicht billig sein. Man muß sie nur installieren und sorgfältig funktionsbereit halten. Korrekte Eigenmontage mindert keineswegs die Sicherheit.

Alarm-Zusatzschloß, auch von außen abschließbar, einschließlich Spaltsperre.

Zu allen **Einrichtungen** gibt es zumindest knappe Hinweise zur **Montage.** Das auf diese Weise gesparte Geld läßt sich sinnvoller für hochwertigere **Technik** einsetzen. Denn die Installation durch **Fachbetriebe** ist mit hohen Personal- und Wegekosten belastet und damit teuer. Das gilt jedoch allein für die mechanische **Sicherheitstechnik.** Einbruchmeldeanlagen tun genau nur das, was die **Bezeichnung** sagt. Falls sie korrekt funktionieren, melden sie einen, meist schon erfolgreichen, **Einbruch.** Wenn da keiner hinhört und reagiert, sind sie überflüssig. Im Verhältnis zu den **Kosten** und nach aller Erfahrung sind solche volkstümlichen **Alarmanlagen** auch nur zum Abschrecken kaum noch geeignet. Wo diese **Technik** wirkungsvoll einzusetzen ist, liegt weit jenseits vom normalen privaten **Bereich.**

SICHERHEITSTIP
Mechanische Sicherheitstechnik gibt es in nicht überschaubarer Auswahl. Objektive Informationsquellen sind dagegen rar. Naheliegend sind die Dienste der kriminalpolizeilichen Beratungstellen. Die Beratung im Fachhandel für Sicherheitstechnik kann auch ohne Anerkennung durch den Verband der Sachversicherer (VdS) seriös und zuverlässig sein. Die Produkte selbst sollten jedoch den VdS - Richtlinien entsprechen.

Zusatzverschlüsse

Für einen zusätzlichen **Verschluß** an der Eingangstür reichen die Möglichkeiten von der einfachen **Sicherungskette** bis zum **Alarmschloß.** Einfache Ketten oder Riegel sind nur von innen zu bedienen und bieten keine **Sicherheit** beim Verlassen der Wohnung. **Anders ein** Zusatzschloß, das ein gefahrloses Gespräch mit einem unbekannten **Besucher** erlaubt. Die Aussparung für die **Rundzylinder** dieser Zusatzschlösser ist einfacher herzustellen als für Profilzylinder. In **Holztüren** notfalls sogar mit einem 40 mm **Flachfräsbohrer.** In Metalltüren nur per HSS-Lochsäge mit Zähnen aus **Schnellstahl.**

Elektrische Kontakte leiten den Batteriestrom zu der Sirene.

Zweitzylinder

In jedem Fall ist ein zweites **Schloß** an der Tür nicht nur eine zusätzliche mechanische Sicherheit. Dem **Schließzylinder** kann man von außen nicht ansehen, was er bewirkt. Es könnte auch das **Blockschloß** zum Scharfschalten einer Anlage sein, die stillen Alarm bei einer **Wachgesellschaft** auslöst. Dieses Risiko ist einem halbwegs informierten **Gauner** bewußt.

Lange Steinschrauben verankern Schließkasten und Spaltsperre.

Lochsäge für stahlverstärkte Kunststoff- und Aluminiumtüren.

Schließzylinder

Grundlage jeder **Sicherungsmaßnahme** sind hochwertige, mit gehärteten Stahlstiften gesicherte **Schließzylinder** in allen Außentüren. Die hat jeder seriöse Fachbetrieb für **Sicherheitstechnik** auch in unterschiedlichen Längen vorrätig. Da sie als Rund- oder Profilzylinder genormt sind, ist auch der **Einbau** unproblematisch, wenn ein normgerechtes **Schloß** vorhanden ist. Falls Schließzylinder neu anzuschaffen sind, können alle die gleiche **Schließung** haben, damit man nicht für jedes **Zusatzschloß** einen eigenen Schlüssel benutzen muß. Als private **Schließanlage** lassen sich die Schlüssel dann auch nicht mehr ein-

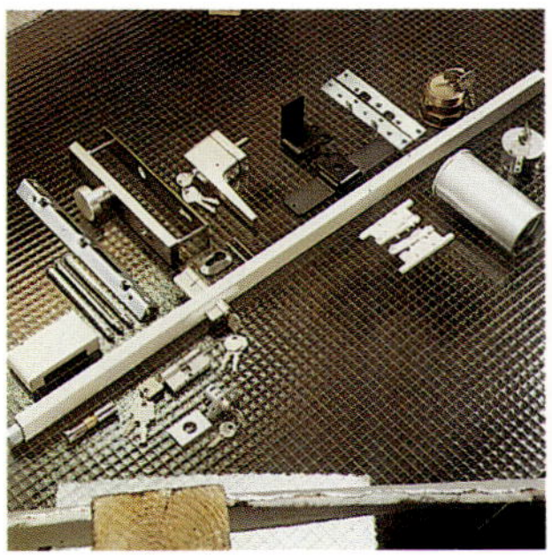

Produkte aus der mechanischen Sicherheitstechnik.

Für notwendige Bohrungen stets eine Bohrschablone verwenden.

fach beim nächsten **Schlüsseldienst** nachmachen. Wenn man allerdings befürchten muß, daß sich jemand mit einen **Nachschlüssel** Einlaß verschaffen könnte, sind unterschiedliche **Schließungen** eine zusätzliche Sicherheit.

Sicherheitsbeschlag

Aber auch Schließzylinder und **Schloß** sind zu schützen. Mit einem massiven gepanzerten **Sicherheitsbeschlag,** in dem der Schließzylinder soweit umschlossen wird, daß er mit **Werkzeugen** nicht zu greifen ist. Zum Einkauf sollten Sie nicht nur die genaue **Gesamtdicke** der Tür kennen, sondern auch die Abstände von Mitte **Schloßstulp** zu Innen- und Außenfläche der Tür. Zusammen mit den neuen **Türschildern** ergibt sich daraus die Länge für den neuen Zylinder. Für die notwendigen neuen

Buchsen mit Loch und Zapfen in Bohrungen verkleben.

Zapfenbleche nahe an den Bändern einbauen.

Bohrungen stets eine Bohrschablone anfertigen. Dann lassen sich die **Beschläge** leichter korrekt und ohne Schäden an der Tür montieren. Besondere **Aufgaben** haben die Sicherungen im Türfalz zu erfüllen. Die **Bandseite** ist die schwächste Stelle an einer Eingangstür. Besonders wenn sie nur an **Einbohrbändern** hängt. Buchsen mit Loch und Zapfen oder auf gleiche **Weise** wirkende Zapfenbleche zum **Einlassen** sollten mehrfach eingebaut werden. Wenn diese **Elemente** zusätzlich mit Epoxidharzkleber befestigt werden, läßt sich der **Widerstand** gegen Aufbruchversuche steigern. Es gibt zwar auch **Türbänder,** die man noch zusätzlich aufschrauben kann, falls auf dem **Blendrahmen** wenigstens 50 mm frei sind. Die Tür läßt sich aus diesen **Scharnieren** jedoch nicht aushängen und nur noch um 90 Grad öffnen. Ein

PROFITIP
Durch die Tür reichende Bohrungen mit größerem Durchmesser gelingen besser mit einer Führungsbohrung, in möglichst kleinem Durchmesser und rechtwinkelig zur Türfläche, um die größere Bohrung präzise auf gleicher Mittelachse, nacheinander von innen und von außen herzustellen. Ein 3,5 mm Spiralbohrer (Normlänge 70 mm) reicht gerade noch für Türdicken bis 55 mm, ist jedoch für kleine Zentrierspitzen zu groß. Dafür, und für dickere Türen, einen Langbohrer (2,5 mm Ø 95 mm lang) verwenden.

Querriegelschloß bietet auch an dieser Schwachstelle zusätzlichen Schutz.

Nachstemmen am Blockrahmen läßt sich oft nicht vermeiden.

Schließblech und Spion

Nur ein tief im **Blockrahmen** und möglichst noch im **Mauerwerk** verankertes Winkelschließblech kann den Riegel und die Falle vom **Türschloß** wirksam stützen. An normalen Türen ist das der zweite Schwachpunkt, an dem **Einbrecher** ansetzen. Für die langen **Steinschrauben** der massiven Sicherheitsschließbleche braucht man, je nach

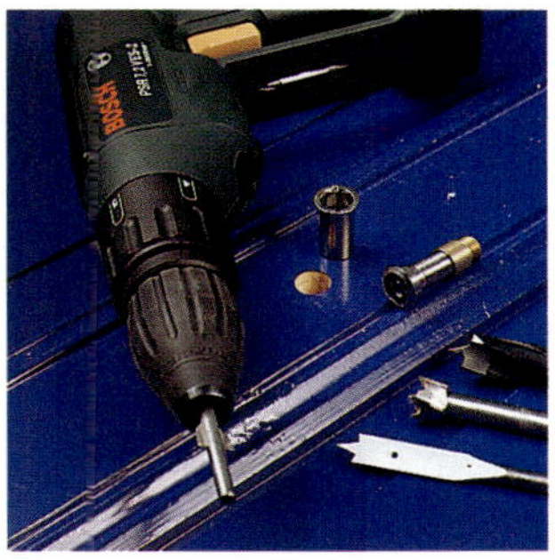

Den Türspion kann man mit Zwischenstücken verlängern.

Produkt, schon Spiral- oder Mauerbohrer mit Überlänge und Werkzeug für vergrößerte **Aussparungen.** Die einfachste Absicherung bleibt jedoch ein Türspion. Außerhalb des **Weitwinkelbereichs** von 200 Grad kann sich normalerweise niemand aufhalten. Eine durch das **Türblatt** reichende Bohrung mit 14 bis 16 mm Durchmesser (je nach Produkt) genügt für den Einbau. Für Bohrungen mit sauberem Rand im **Holz** kann man sicherlich einen speziellen **Fräsbohrer** verwenden, der in einer 6 mm-Bohrung geführt wird. Flachfräs-, Zylinderkopf- oder Holzspiralbohrer eignen sich für diesen Zweck ebenfalls.

ARBEITSMATERIAL

- Zusatzschloß
- Schließzylinder
- Sicherheitsbeschlag
- Zapfenbleche
- Winkelschließblech
- Türspion
- Bohrmaschine
- 40 mm Bohrer

Rolladen vor Hauseingang anbringen

Die Eingangstür am Einfamilienhaus ist oft die schwache Stelle in der Fassade. Ein stabiler Rolladen vor der Tür ist Wärmeschutz und Einbruchssicherung zugleich.

Bausatz als Maßanfertigung

Zur Planung der **Anlage,** abhängig von der Anbringung unter dem **Sturz** zwischen der Laibung oder vor dem Sturz, stehen beim Hersteller ausführliche **Produktinformationen** zur Verfügung. Welle und Führungen gibt es in **Standardlängen.** Dazu passend den

Fertig zum Einfügen des Rolladenpanzers.

Rolladenpanzer als **Maßanfertigung** (AS Schellenberg). Vor der Eingangstür sollten Sie ausgeschäumte

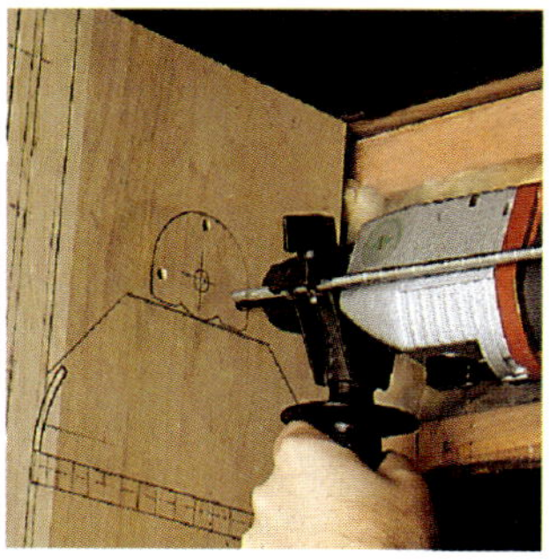

Die 1:1 Zeichnung auf Sperrholz als präzise Bohrschablone.

Rolladenprofile aus **Aluminium** wählen. Die Ausschäumung und **Gleitprofile** in den Führungsschienen sorgen für gute Schall- und Wärmedämmung.

Im **Beispiel** ließ sich eine sehr platzsparende Möglichkeit wählen. Das **Rolladenpaket** paßt genau zwi-

Eine waagerecht eingebaute Antriebswelle läuft störungsfrei.

schen die Laibung vor die feste Füllung über der Haustür. Der Platz für die **Wellenlager** wurde in der Laibung ausgespart, um mit den nur 25 mm breiten **Führungsschienen** auszukommen. Wo das nicht möglich ist, kann man 53 mm breite Schienen verwenden, die sich auch vor der **Laibung** montieren lassen.

Metallbearbeitung

Bei notwendiger Bearbeitung der **Führungsschienen** ist Vorsicht angebracht, um die fertig lackierte oder eloxierte **Oberfläche** der Führungsschienen beim Ablängen sowie beim Einschneiden und Aufbiegen der **Einlauföffnungen** Nicht zu beschädigen. Der Rohrmotor wird in die **Antriebswelle,** das Nutrohr, gesteckt

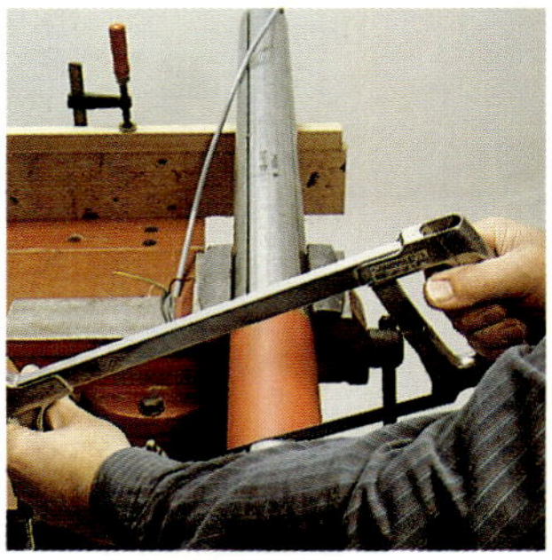

Ein um's Rohr gelegter Pappstreifen markiert die Sägelinie.

und mit Schrauben fixiert. An seinem **Außenende** ist dieser schon für eine feste Lagerung vorbereitet. Das andere **Ende** der Welle ist sehr genau nach Maß und

Rolladen vor der Tür: ebenso ungewöhnlich wie wirkungsvoll.

rechtwinkelig abzuschneiden, damit sich die **Welle** korrekt montieren und im Notfall auch wieder demontieren läßt.

Die Führungsschienen für den **Rolladenpanzer** so aufschrauben, daß der geschlossene **Panzer** die Köpfe verdeckt. Der Panzer wird über die **Welle** gescho-

Außenschalter, mechanisch/elektrisch gesichert, verstecken.

ben und eingefädelt. Um **Kratzer** zu vermeiden, die Welle polstern. Wo es zu eng ist, läßt er sich aber auch als ganze **Fläche** zuerst in eine montierte Schiene einstellen und aufwickeln. Erst dann wird die zweite **Schiene** angebracht, und der Rolladen mit seinen **Gurten** auf der Welle endgültig befestigt.

Handsteuerung und Automatik

Im **Innenbereich** genügen zwei Ausschalter für die Steuerung per **Hand** oder zum Umschalten auf Automatik über eine zentrale **Schaltuhr.** Der Außenschalter für den Handbetrieb ist parallel zur **Automatik** geschaltet und besonders zu sichern. Eine Aufgabe für einen pfiffigen **Elektriker.**

Die **Reihenfolge** der Montage sollten Sie schriftlich festhalten und im **Rolladenkasten** aufbewahren. Das ist nach Jahren, bei einer vielleicht notwendigen **Reparatur,** sehr hilfreich.

ARBEITSMATERIAL

- Rolladen-Bausatz
- Bügelsäge
- Bohrmaschine
- Wasserwaage
- Schraubendreher

Nebeneingang sichern

Der überwiegende Anteil aller Einbrecher kommt durch die Türen, in Einzelhäusern vor allem durch den Nebeneingang. Kein Wunder – liegt er doch meist gut geschützt an nicht einsehbarer Stelle im Kellerabgang.

Dabei könnte man diese Tür schon beim Neubau so eng in die Türlaibung setzen, daß ein Aufbruch fast unmöglich ist.

Auswahl der Beschläge

Schließzylinder und Schloß sind mit einem massiven gepanzerten **Außenschild** zu schützen, das Aufbohr-

Der Sicherheitsbeschlag schützt Schloß und Schließzylinder.

versuche am Schloß scheitern läßt. Der Schließzylinder wird soweit umschlossen, daß er mit **Werkzeugen** nicht zu greifen ist. Einzelne Schließzylinder, zum Beispiel die der **Querriegel,** lassen sich mit einer Sicherheitsrosette schützen, an deren **Rand** auch kein Werkzeug greift. Für **Nebeneingänge** eignen sich als zusätzliche Verriegelung vor allem **Querriegelschlösser,** die sich von außen und innen schließen lassen, möglichst zwei etwa in Knie- und Augenhöhe.

Die schützen die **Tür** besonders wirkungsvoll gegen **Aufbruchversuche,** wenn die Riegel beidseitig hinter

An den schrägen Flanken der Rosette greift kein Werkzeug.

der eingemauerten **Rahmenzarge** und nicht nur in aufgeschraubte Schließkästen greifen. Im Blech von **Stahltüren** ist die Aussparung für den **Profilzylinder,** mit dem geeigneten Werkzeug, nicht so schwierig, wie es zunächst den **Anschein** hat. Die Schablone aus der Montageanleitung erleichtert genaues **Arbeiten,** wenn man sie korrekt ausgerichtet mit doppelseitigen **Klebeband** fixiert.

Erst die Mittenbohrung vorbohren.

Zuvor sollten Sie sich jedoch von dieser Zeichnung

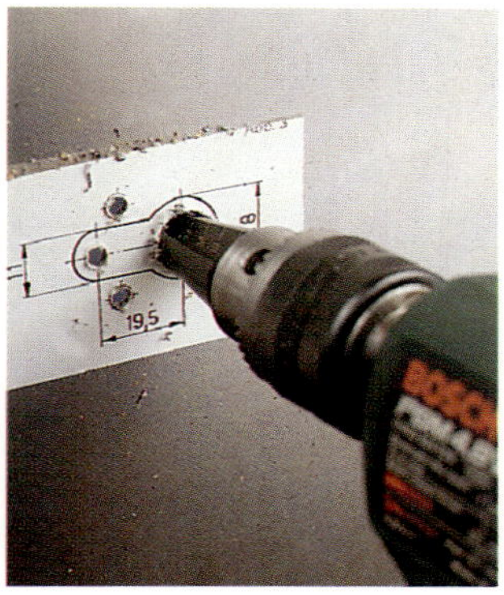

Danach läßt sich mit dem Schälbohrer leichter arbeiten.

für die Aussparung an der Türseite ein seitenverkehr-

Anschließend den Rest aussägen.

tes **Duplikat** anfertigen. Die durchgehenden Bohrungen für die **Schrauben** der Sicherheitsrosette sind dann gleichzeitig die Fixpunkte für die **Aussparung** auf der Gegenseite.

Aussparungen herstellen

Schrauben- und Mittenbohrungen zuerst mit 5 mm vor-

Hinter der Rahmenzarge ist ein idealer Platz für den Riegel.

bohren. Mit einem **Schälbohrer** lassen sie sich dann bis zum vorgeschriebenem Durchmesser von 11 und 18 mm erweitern. Der **Rest** läßt sich einfach mit der **Elek-**

Blindniete verbinden die Profile im gewünschten Abstand.

trostichsäge, bei mäßiger Motordrehzahl, fertigstellen. Das **Schloßgehäuse** können sie auf der Türfläche mit kurzen **Blechschrauben** befestigen. Die Bohrungen dafür nach der fertigen **Aussparung** für den Schließzylinder ausrichten und möglichst alle vorhandenen Schraublöcher im **Trägerprofil** nutzen. Wenn es die Situation erlaubt, können Sie bei längerer **Abwesenheit** die Tür auch rigoros mit einem aus **Winkelprofilen** zusammengesetztem Z-Profil sichern.

ARBEITSMATERIAL

- Außenschild
- Querriegelschloß
- Sicherheitsrosette
- Bohrmaschine
- Schälbohrer
- Elektrostichsäge

Stahltür verstärken

Außentüren für Nebeneingänge aus verzinktem Stahlblech sind in der Regel sehr haltbar. Wenn sie an der Wetterseite direkt der Witterung ausgesetzt sind, können sie aber nach wenigen Jahren durchrosten.

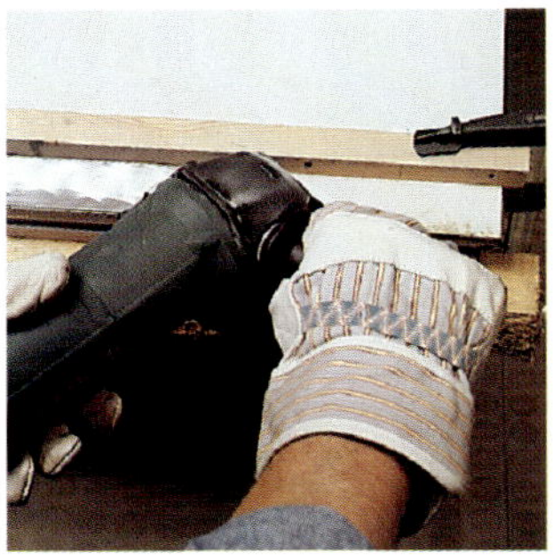

Leiste zur Begrenzung der geschliffenen Fläche aufspannen.

Fast ausschließlich an der **Unterkante,** weil sich da auch im Innenraum der Tür **Kondenswasser** bilden kann. Das führt zu andauernder Feuchtigkeit, der das Blech auf **Dauer** nicht standhalten kann. Mit verstärkter Unterkante kann die **Tür** jedoch noch einige Jahre halten: durch ein Aluminium-Winkelprofil, das die **Türkante** stabilisiert, und durch Epoxidharzkleber, der das **Profil** wasserdicht auf der Oberfläche hält.

Klebermischung anpassen

Da sich Stahl und Aluminium bei **Temperaturschwankungen** jedoch unterschiedlich ausdehnen, ist der **Härteranteil** an dem Zweikomponentenkleber um 20 Prozent zu erhöhen. Dadurch wird die **Kleberfuge** elastischer. Die Lackierung bis auf das blanke **Blech** abschleifen. Dabei den Winkelschleifer so halten, daß die **Schleifrichtung** zur Türkante zeigt. Sonst kann die Fiberschleifscheibe in die durchgero-

Zur Vorbereitung die Klebefläche eingrenzen.

stete **Blechkante** geraten, so daß sie zerfetzt und das Blech aufgebogen wird. Das **Winkelprofil,** Querschnitt etwa 40 x 20 x 2 mm, absägen, die **Kanten** mit der Feile entgraten und für eini-

Das Profil als Bohrschablone für die Nietlöcher verwenden.

ge Blindnieten durchbohren. Die sollen das **Profil** nur zum Kleben fest auf der Blechfläche fixieren, bis der **Kleber** hart geworden ist. Mit dem Kleber nicht zu sparsam umgehen. Für eine **Fläche** von 85 x 4 cm etwa 40 g, das heißt zwei Drittel einer **Kleinpackung** mit zwei 33 g Tuben, anmischen. Mit einem elastischen Stahlspachtel die **Mischung** dünn, aber in geschlossener **Fläche** sowohl auf das Blech wie auch auf das Aluprofil auftragen. Die Aluminiumoberfläche kurz vor dem Kleberauftrag noch einmal anschleifen und mit **Spiritus** auf einem Papiertuch abwischen. Wenn Sie das Profil beim **Auflegen** etwas zum Klebefilm hin schieben, bildet sich ein **Kleberwulst,**

Epoxidharzkleber auf die abgeschliffene Fläche aufziehen.

der auch die obere Profilkante abdeckt. Dazu sollte das Türblatt etwa 30 Grad schräg (mit der **Unterkante** tiefer) liegen, damit sich der Kleber an der Profilkante mit handwarmer **Luft** aus dem

Auch die Profilfläche mit dem Stahlspachtel vollständig mit Kleber versehen.

Heißluftgebläse zu einer gleichmäßigen, schrägen **Fläche** (Fase) verteilen läßt.

Nachbearbeitung

Falls Ihnen die **Kleberfase** nicht gleichmäßig gelingt, ist langsam abbindender Epoxidharzkleber nach etwa drei bis fünf **Stunden** so fest, daß man ihn nur noch mit

Unter Warmluft zerfließt der Kleber zur gleichmäßigen Fase.

einer Stecheisen- oder Messerschneide bearbeiten kann. Der **Zeitpunkt** wird jedoch stark von der Umgebungstemperatur beeinflußt. Wiederholt testen, eventuell am **Kleberrest** auf der

Klebefilm abziehen, solange der Kleber noch flüssig ist.

Mischfläche, um den geeigneten **Zeitpunkt** nicht zu verpassen.

ARBEITSMATERIAL

- Aluminium-Winkelprofil
- Leiste
- Epoxidharzkleber
- Universalmesser
- Klebefilm
- Blindniete
- Winkelschleifer
- Bohrmaschine

Kellertürfalz abdichten

Die Stahltüren von Nebeneingängen werden selten winddicht ausgestattet. Doch kalte Luft, die durch die Fugen eindringt, verteilt sich schnell im ganzen Haus.

Zwischenräume im Falz der **Kellertür** lassen sich jedoch zuverlässig mit Siliconkautschuk schließen. Die **Farbe** ist dabei zweitrangig, wenn auch für diesen Zweck transparentes **Material** unauffälliger wirkt. Als plastische Masse aufgetragen, ist er besonders anpassungsfähig an **Unebenheiten** und vulkanisiert sehr elastisch aus.

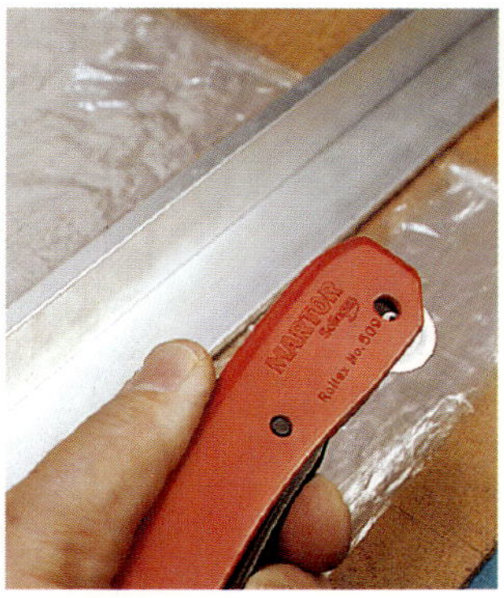

Abdeckstreifen aus dünner Folie 5 bis 6 cm breit zuschneiden.

Dichtmasse dort auftragen, wo sich die **Flächen** aufeinanderlegen. Flächen, die sich beim Schließen der Tür aneinander vorbeibewegen, sind ungünstiger. An der Schloßseite und an der Unterkante die **Dichtmasse** auf die Tür auftragen. Auf dem Mauerrahmen kann die **Abdichtung** leichter beschädigt werden.

Trennfolie einlegen

Damit der Siliconkautschuk die Tür nicht zuklebt, wird die frische **Schicht** mit Streifen möglichst dünner **Plastikfolie** abgedeckt, zum Beispiel von Staubschutzhüllen für Kleidung. Derart dünne **Folien** lassen

Was frei bleiben soll, mit breitem Packband abdecken.

sich besonders mit dem Rollschneider sauber trennen. Mehrfach gefaltet können mit einem kurzen **Schnitt** lange Streifen entstehen.

Flächen, auf denen der **Siliconkautschuk** haften soll, mit Wasser und Spiritus säubern. Je nach Weite der Zwischenräume die **Düsenspitze** für eine mehr oder weniger dicke Raupe ab-

Je größer die Zwischenräume, umso dicker die Masse auftragen.

schneiden. Beim Auflegen der Folienstreifen gleichzeitig die aufgetragene **Raupe** etwas flach drücken. Sonst läßt sich die **Tür** schlechter schließen, wenn die dicke Raupe erst dabei flach verteilt werden muß. Die Tür langsam zudrücken, die **Masse** muß sich erst gleichmäßig verteilen, bis die **Schloßfalle** eben einrastet.

Die Folienstreifen beim Auflegen leicht spannen.

Wartezeit einhalten

Deshalb ist es günstiger, zuerst nur die **Türkante** an der Schloßseite zu beschichten.

So läßt sich die plastische Masse faltenfrei abdecken.

Und erst wenn hier die **Abdichtung** fest ist, die anderen Kanten abdichten.

Da Siliconkautschuk mit Hilfe der **Feuchtigkeit** in der

Bis zum Abtrennen der Überstände 14 Tage warten.

Luft vulkanisiert, dauert es einige Zeit, bis der **Dichtstreifen** fest ist, weil die Feuchtigkeit nur sehr langsam in die **Zwischenräume** eindringen kann.

EXTRATIP: Manchmal soll die Hintertür nicht zufallen. Ein kleiner aufgeschraubter Riegel, aus einem Stückchen Aluprofil mit einem Schaumstoffpuffer, in den Falz geschwenkt, kann das verhindern.

ARBEITSMATERIAL

- Siliconkautschuk
- Plastikfolie
- Klebeband
- Druckpistole
- Cuttermesser

Möbel

Gerade in diesem Bereich bieten sich dem Heimwerker viele Möglichkeiten, selbst Möbelstücke zu bearbeiten und zu restaurieren. Wie Sie dabei vorgehen und was Sie beachten müssen, damit die Reparatur erfolgreich wird, zeigt Ihnen das nächste Kapitel.

Kunststoffbank wieder instand setzen

Gartenmöbel aus Kunststoff, spritzgegossen oder aus Profilen, können schon mal zu Bruch gehen. Aber auch diese Schäden lassen sich beheben, wenn man die gebotenen Möglichkeiten nutzt.

Die beschädigten Möbel soweit wie möglich zerlegen.

Möbel oder ähnlich große Stücke soweit wie möglich für die Reparatur zerlegen. Die **Verstärkung** soll den Schaden großflächig überdecken. Die Umrisse dieser Fläche aufzeichnen und ihre Oberfläche mit Schleifpapier aufrauhen. Dabei wird dann auch gleich Schmutz und Fett entfernt, der jede Verklebung behindert.

Hohe Festigkeit durch Glasfasern

Glasfasergewebe bekommt man im Fachhandel für Kunstharze, aber auch beim Modellbaubedarf oder in Surfshops. Notfalls kann man auch dünnes **Glasfaservlies** (Reparatursets für Karosserieschäden) verwenden. Es läßt sich allerdings nicht so leicht mit dem zähflüssigen **Schmelzkleber** durchtränken. An dem passend mit einer Schere zugeschnittenen Stück die Ränder durch Auszupfen von Fäden ausfransen. Das ergibt weiche Übergänge hin zur Originaloberfläche.

Als Schmelzkleber wählen Sie die steife, schnell erstarrende Sorte. Er wird in der Heißklebepistole geschmolzen und aufgetragen. Anschließend das Glasgewebestück mit der **Siliconrolle** im plastischen Kleber andrücken. Der Kunststoff dieser Rolle kann hohe Temperaturen vertragen, und er verbindet sich auch nicht mit Klebstoffen. Damit der sich dabei zu einer dünnen Schicht verteilen läßt, wird er mit dem **Heißluftgebläse** soweit erhitzt, daß er zähflüssig bleibt. Das ist vorsichtig auszuprobieren, damit nur der Kleber, nicht aber der Kunststoff des Möbelteils weich wird. Richtig

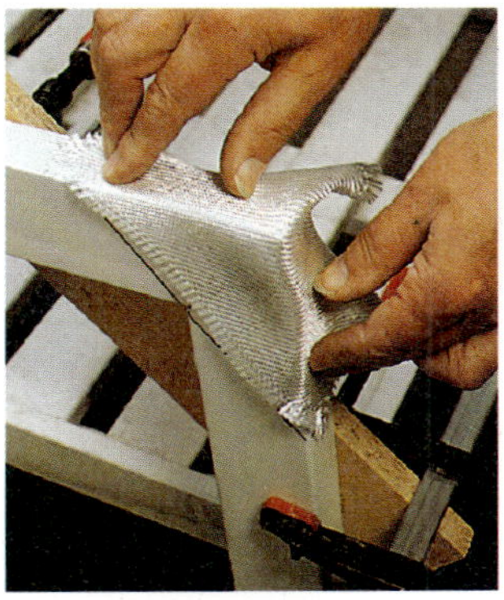

Glasfasergewebe anpassen und an den Rändern ausfransen.

stabil wird die Schicht erst durch eine zweite Schicht Schmelzkleber auf der Oberfläche. Darauf legt man

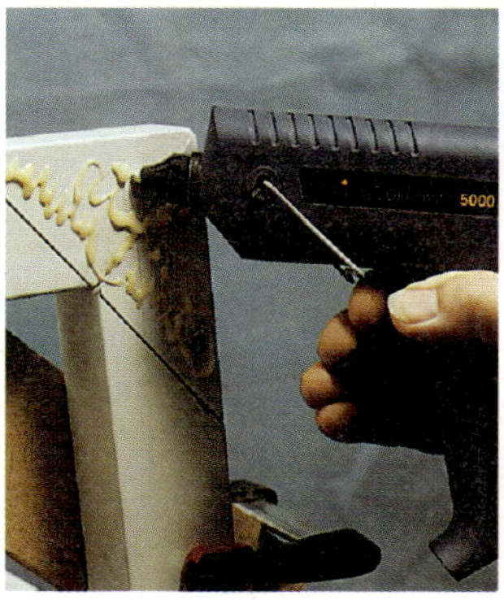

Schmelzkleber auch in offene Fugen und Fehlstellen füllen.

ein Stück faserverstärkter **Teflonfolie,** die es erlaubt, den heißen Kleber mit Sili-

Heißluft macht erkalteten Kleber wieder plastisch.

conrolle oder Bügeleisen zu einer ebenen Fläche zu verteilen.

Schmelzkleber hat keine Lösemittel

Das geschieht automatisch, wenn man zum Verteilen der Kleberschicht die heiße Sohle eines **Bügeleisens** verwendet. Mit der Temperatureinstellung nicht über **Wolle/Kunstseide** hinausgehen. Beim Verteilen der Kleberschicht kann die Folie auch um parallel zueinander liegende Kanten gebügelt werden. Faltet man sie dagegen gleichzeitig auch um eine dritte Richtung, gibt es Probleme beim Ablösen,

Teflonfolie trennt die Werkzeuge von der heißen Kleberschicht.

weil Kleber in der spitzen Ecke zurückbleibt. Bevor Sie die Folie zum **Kontrollieren** wieder abziehen, muß der Heißkleber erkaltet sein. Das läßt sich mit einem nassen Lappen, besser noch mit kalter Luft aus dem Gebläse erreichen. Ganz schnell geht es mit der Kälte einer tiefgekühlten **Kühltaschenbatterie.**

Falls noch erforderlich, kann man Kanten, Ecken und Übergänge noch mit Schleifpapier ebnen und die ganze Reparaturschicht mit **Acryllack** lackieren. Auf dem Schmelzkleber haftet jeder Lack.

ARBEITSMATERIAL

- Glasfasergewebe
- Schere
- Schmelzkleberpistole
- Heißluftgebläse
- Siliconrolle
- Bügeleisen
- Teflonfolie

Schubkasten reparieren

Kaum ein anderes Möbelteil wird mehr beansprucht als der Schubkasten. Verständlich, daß er sich schon mal auflöst. Dehalb sollte man ihn lieber gleich perfekt reparieren.

Geleimte Verbindungen müssen eingespannt werden. Das geht auch mit gekonnt improvisierten Spannelementen.

Geht ein Schubkasten aus dem **Leim,** hilft es wenig, ihn erst einmal an einer **Ecke** zu verleimen. Schon bei geringer **Bewegung** brechen auch die gegenüberliegenden Verbindungen und möglicherweise sogar die **Dübel.** Um ihn wieder richtig herzurichten, muß man die **Verbindungen** voneinander trennen. Leichte **Hammerschläge** auf eine beigelegte Leiste als Schonzulage lösen im gezeigten Beispiel zunächst einmal das **Vorderstück** von der Schubkastenseite. Dazu muß die **Schubkastenseite** nicht unbedingt auf dem Werktisch festgespannt werden. Abgebrochene **Dübel** sollten Sie ersetzen, denn erst die Dübel stabilisieren eine **Holzverbindung.** Der Leim zwischen Lackfläche und Hirnholzkante der Seite kann nicht allzuviel halten – und auch nur dann, wenn die **Leimflächen** sorgfältig vorbereitet wurden. Das ist bei Industrieprodukten nicht immer der Fall. Deshalb zunächst alte **Leimrückstände** soweit wie möglich entfernen. **Stecheisen,** Messerklinge, Schleifpapier oder Feile sind die richtigen **Werkzeuge** dafür.

Mit leichten Hammerschlägen die Verbindungen trennen.

Abgebrochene Dübel zunächst einmal absägen.

Perfekte Verbindung mit neuen Holzdübeln

Hervorstehende Dübelstümpfe absägen, damit eine **Ebene mit der Leimfläche** entsteht. Dann kann man mit einer **Messerklinge** an einer geraden Stahlkante (Stoßspachtel) nach **Augenmaß** die Mittellinien für eine neue **Bohrung** einritzen. Das ist präziser als ein breiter Bleistiftstrich. Mit einem **Vorstecher** oder auch einem dünnen Nagel wird dann der **Mittelpunkt** für die neue Bohrung markiert. Für **Schubkästen** genügen Dübel mit einem Durchmesser von 6 mm. Für die neue **Dübelbohrung** sollten Sie unbedingt einen Holzspiralbohrer mit **Zentrierspitze** und Vorschneidern verwenden. Mit einem normalen Spiralbohrer ist es kaum möglich, exakt den **Mittelpunkt** zu treffen und auch beim Bohren dort zu bleiben. Das gilt natürlich auch für die Bohrung im **Gegenstück.** Vor allem wenn man freihändig bohren muß und nicht die Maschine im **Bohrständer** und das Schubkastenteil auf dem **Werktisch** festspannen kann. Wobei man das Vorderstück nicht zu tief aufbohren darf, damit die **Frontseite** nicht beschädigt wird. Die **Tiefe** der Dübellöcher soll nur wenig mehr als die Hälfte der **Dübellänge** betragen. Dübel für **Holzverbindungen,** ob als längere Dübelstange oder abgelängt und angespitzt, sind auf der **Oberfläche** gerillt. Das hat den Sinn, daß der **Leim** (im Bohrloch vom eingetriebenen Dübel unter Druck gesetzt) in die **Rillen** quellen kann. So entsteht dann eine

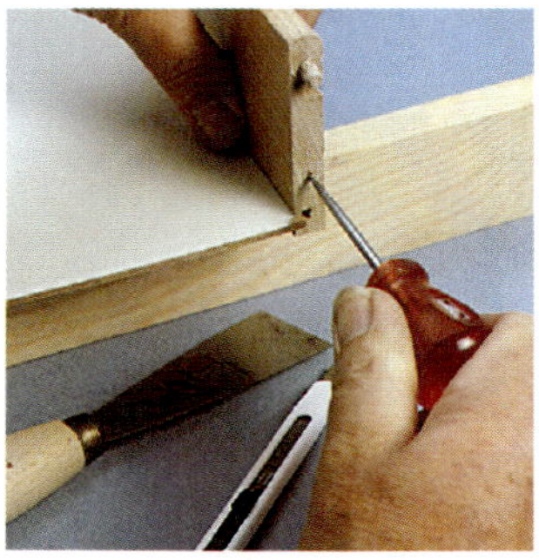

So läßt sich der neue Mittelpunkt besser markieren.

Anschließend den Dübelrest ganz ausbohren.

sichere **Leimverbindung.** Deshalb auch den Leim stets im Bohrloch auftragen, sonst würde er von der **Dübeloberfläche** abgestreift.

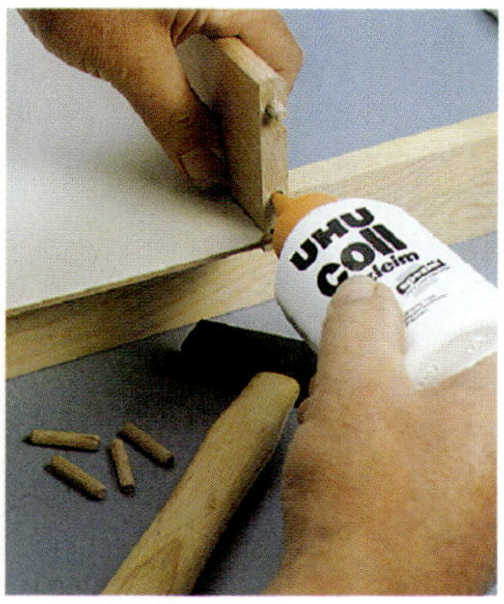

Leim stets in der Dübelbohrung auftragen.

Die Verbindung ohne Kraftaufwand herstellen

Sollten trotz aller **Sorgfalt** Dübel und Bohrung nicht genau übereinstimmen, kann man die **Dübel** noch etwas abschleifen oder abfeilen. Die kleine **Sandplate-Modellbaufeile** eignet sich dafür besonders gut. Mit **Gewalt** sollte man die Verbindung jedenfalls nicht

Für Korrekturen eignet sich eine Modellbaufeile.

zusammenpressen, sonst beginnt die **Reparatur** gleich wieder von vorn. Wo Leim auf **Lackflächen** halten muß, sollten diese aufgerauht werden. Auch dafür eignen sich Sandplate-Schleifwerkzeuge, deren rauhe **Stahlsohle** auch durch harte Oberflächen kaum stumpf wird. Auch wenn Sie Spezial-Holzleim für porenlose Oberflächen verwenden, ist die **Festigkeit** der Verbindung zwischen aufgerauhten **Leimflächen** ungleich höher. Geleimte Holzverbindungen müssen stets zusammengepreßt werden, damit der Leim seine **Kräfte** voll entfalten kann. Die dazu erforderlichen **Schraubzwingen** sind, selbst für kleine Kästen, jedoch nicht gerade billig, sofern nicht eine gut ausgerüstete **Werkstatt** zur Verfügung steht.

Leim hält besser an aufgerauhten Lackflächen.

Für zwei improvisierte **Spannelemente** der gezeigten Art kosten Gewindestäbe M6, Muttern, Unterlegscheiben und Leisten nocheinmal **10 Mark** – weniger als ein Zehntel der Kosten für **Schraubzwingen,** sofern man die auch später kaum noch einmal verwenden kann. Damit die Bohrungen für die **Gewindestäbe** genau übereinstimmen, spannt oder hält man die **Leisten** beim Bohren fest zusammen. Stabile Leisten, etwa 150 x 15 x 15 mm, finden Sie vielleicht noch in einem ausgemusterten Spielzeug-Holzbaukasten.

Ohne Spanndruck keine sichere Verleimung

Vor dem Verleimvorgang sollten Sie die **Spannweite** an den Spannelementen un-

Durchgehende Bohrungen auf geeigneter Unterlage.

gefähr einstellen. Das ist zwar etwas langwieriger als bei Schraubzwingen, fällt bei einmaligem **Einsatz** jedoch wohl kaum ins Gewicht. Tragen Sie den Leim sparsam auf. Aus den **Fugen quellender Leim** hält ohnehin nichts. Er verschmutzt nur die Oberflächen. Die kann man zwar gleich mit einem nassen **Lappen** abwischen, verteilt

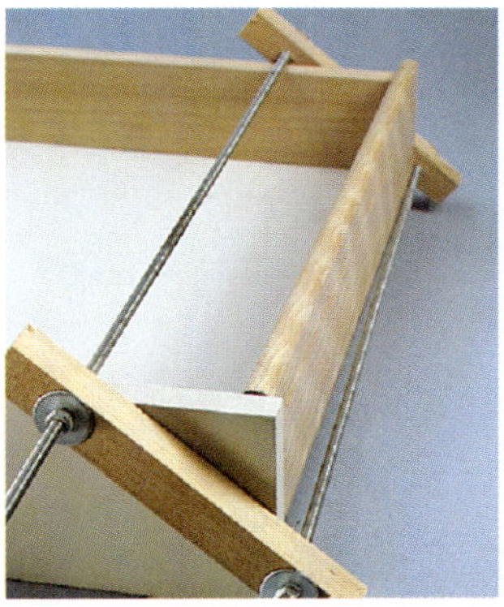
Schon vor der Verleimung die Spannweite anpassen.

dabei die Reste aber möglicherweise nur noch weiter. Ein geübter **Tischler** läßt die Leimrückstände kurze **Zeit** antrocknen und schiebt sie dann, noch weich, aber

EXTRATIP: Neues Sandplate-Schleifblatt aufkleben. Schutzpapier nur ein Stückchen seitwärts abziehen, das Sandplateblatt korrekt ausrichten und erst dann mit der freigemachten Selbstklebefläche andrücken. Anschließend das Schutzpapier ganz entfernen. Stahlblatt und Kunststoffhalter mit einer Schraubzwinge unter Druck setzen. So paßt das Schleifblatt perfekt auf den Halter.

nicht mehr flüssig mit scharfem **Stecheisen** elegant von der Oberfläche ab. So geht es natürlich auch bei eigenen Reparaturarbeiten.

ARBEITSMATERIAL

- Hammer
- Bügelsäge
- Vorstecher
- Bohrmaschine
- Spezial-Holzleim
- Schleifwerkzeuge
- Gewindestangen
- Muttern
- Unterlegscheiben
- Leisten
- Maulschlüssel

Wandbefestigungen für Möbel verankern

Befestigungen auf schön tapezierten Wänden bleiben bei transparenten Möbelkonstruktionen häufig sichtbar. Mit zweckmäßigen Mauerdübeln und sorgfältiger Arbeitsweise gelingen ansehnliche Befestigungen.

Höhe der Bohrung mit der Wasserwaage festlegen.

Sind mehr als eine Bohrung in gleicher **Höhe** notwendig, das gilt auch beim Aufhängen von **Hängeschränken** mit Verstellbeschlägen, sollte man die Bohrungen nach der **Wasserwaage** ausrichten. Der gemessene Abstand zum Boden oder zur **Decke** ist nicht zuverlässig genug. Statt direkt auf der **Wandfläche** läßt sich der Bohrlochmittelpunkt besser auf **Abdeckklebeband** (nur

Abdeckband und Briefumschlag als Hilfen für saubere Bohrungen.

Der gefaltete Universaldübel wirkt wie die Mutter auf einer Schraube als Riegel hinter der Bauplatte in hohlen Wänden.

Die Wand vor direkten Hammerschlägen schützen.

schwach haftend) markieren. Damit kann man gleichzeitig einen **Briefumschlag** befestigen, der den größten Teil des **Bohrmehls** auffängt. Dazu wird er an den Seiten so gefaltet, daß er weit genug von der **Wand** absteht. Bohrmehl absaugen ist aber in jedem Fall die wirkungsvollere **Methode.** Eine Führungsbohrung bewahrt davor, daß sich die **Dübelbohrung** nicht an der gewünschten Stelle befindet. Mauerbohrer mit einer Spitze aus **Hartmetall** gibt es ab 3 mm Durchmesser. Wandkonstruktionen aus **Bauplatten** sind ohnehin mit normalen Spiralbohrern zu bearbeiten. Den **Dübel** nicht direkt mit dem Hammer einschlagen. Zu leicht verbleiben Spuren auf der Wand. Ein dicker Rundstab eignet sich besonders gut.

Schraubhaken eindrehen

Für Befestigungen dieser Art sind häufig **Schraubhaken** notwendig. Die sind zwar an der **Vorderseite** häufig geschlitzt, um den **Schraubendreher** anzusetzen. Mit Kunststoff beschichtete Haken überstehen das jedoch nicht ohne **Beschädigung,** falls die Klinge überhaupt genügend Halt findet. Ohne Schäden und leichter läßt sich der **Haken** mit einem Klotz eindrehen. Auch dafür ist der **Abschnitt** von einem Rundstab gut geeignet. Der wird in Längsrichtung möglichst genau für den **Haken** gebohrt und eignet sich so als **Handgriff** für den Schraubhaken. Haken für Befestigungen in hohlen **Wänden** müssen eine feste Scheibe haben, damit man den **Dübel** zusammenziehen kann und er so hinter der Bauplatte als **Riegel** wirkt.

Die Tragfähigkeit einer Dübelbefestigung wird jedoch vorrangig vom vorhandenen

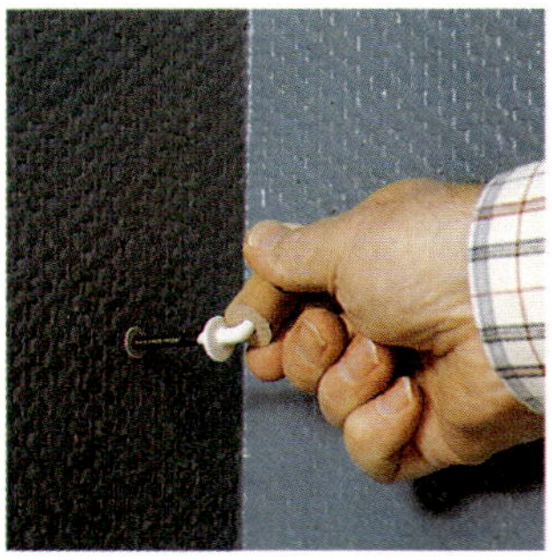

Handgriff zum Haken eindrehen.

Wandbaustoff und von der jeweiligen **Wandkonstruktion** bestimmt.

ARBEITSMATERIAL

- Kunststoffdübel
- Mauerbohrer 3 mm Ø
- Dübelbohrer
- Wasserwaage
- Schlagbohrer
- Hammer
- Schonklotz
- Schraubendreher

Schubkasten richten

Massivholz kann sich auch noch nach Jahren so verändern, daß unvermittelt ein Schubkasten klemmt, der sich bislang einwandfrei bewegen ließ. Die Ursache ist meistens in veränderten Umgebungsbedingungen zu suchen.

Stets in Richtung der Holzmaserung schleifen oder schaben.

Wenn der Kasten nach wenigen Tagen immer noch klemmt, kann man erst ein-

Schubkastenführung an handwerklich hergestellter Kommode.

mal für verbesserte **Gleitfähigkeit** sorgen. Bei handwerklich hergestellten Möbeln besteht die **Führung** der Schubkästen aus der langen **Laufleiste,** der seitlichen, kürzeren Streifleiste und der **Kippleiste,** die unter der Laufleiste angebracht ist. Reiben Sie die **Flächen** dieser Leisten, wo sie mit dem Holz des Kastens in Berührung kommen, zunächst nur mit **Kerzenwachs** oder Seife ein. Kein Öl verwenden!

Schleifpapier, Körnung nach oben, über eine Kante ziehen.

Holz abschleifen

Wiederum nur im **Bereich** der Berührungsflächen. Dazu den Kasten an oder auf eine feste **Arbeitsfläche** spannen. Wenn er sich bewegt, kann man ihn nicht richtig bearbeiten. Überschüssiges **Holz** läßt sich per Hand mit Schleifpapier über einem **Korkklotz** oder wirkungsvoller mit einem Sandplateschleifer abtragen. Bequemer geht es mit dem Schwing- oder dem **Bandschleifer.**

So legt es sich leichter um eine scharfkantige Leiste.

In jedem Fall zuerst mit mittlerer (80er-) Schleifkörnung. Wenn genügend abgetragen ist, mit 120er-**Körnung** die Oberfläche wieder glätten. Beim Sandplatewerkzeug genügt die feine **Schleiffläche.** Falls Sie ein Stück Flachglas mit gerader **Kante** zuschneiden (trennen) können, läßt sich diese Kante als **Ziehklinge** benutzen. Bei der Bearbeitung schabt man mit langen **Bewegungen** feine Späne ab. Die Oberfläche bleibt glatt. Für weiche **Nadelhölzer** eignet sich diese Technik, wegen der deutlichen Unterschiede zwischen harten und weichen **Jahresringen,**

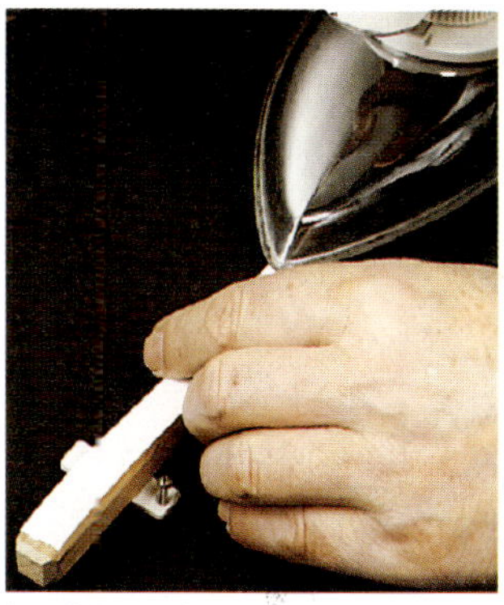

Laufleiste mit aufgebügeltem Kantenstreifen verbreitern.

allerdings weniger. Wo der Schubkasten in einer **Nut** auf einer Leiste hängt, kann man nur die Nut nachschleifen. Steifes **Schleifpapier** wird, zieht man es über eine scharfe Kante, geschmeidiger. Einmal in Längsrichtung des **Bogens** und dann quer dazu. Beim Schleifen gelangt man dann besser in die **Ecken** der Nut.

Führungen schmieren

Kunststoffkästen gleiten mit einem **Hauch** Siliconfett (Armaturenfett) oder Graphitstaub auf den **Gleitflächen** besser. Auch Kugellagerschienen rollen mit einem Tropfen Öl im Kugellager noch leichter.

ARBEITSMATERIAL

- Kerzenwachs
- Schleifpapier
- Schleifkork
- Schwingschleifer
- Sandplateschleifer
- Kantenstreifen
- Bügeleisen

Kinderschutz anbringen

An Schubkästen, Türen und Möbelecken können sich kleine Kinder verletzen. Diese Gefahren lassen sich wirksam vermindern. Von den vorübergehenden Maßnahmen sollen jedoch möglichst wenig sichtbare Spuren bleiben.

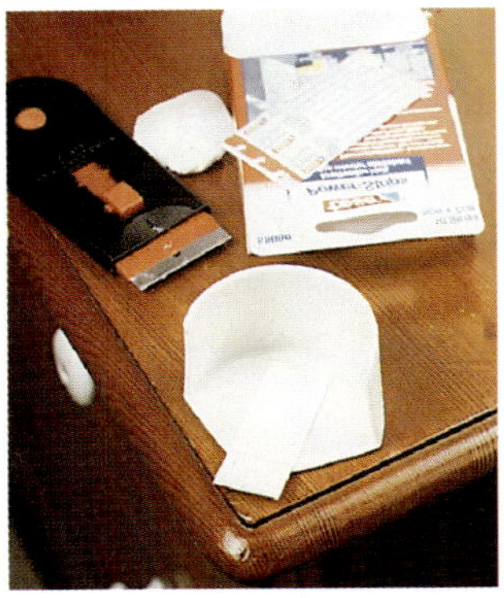

Übliche Kleberschicht entfernen, durch Klebestrips ersetzen.

Deshalb sind handelsübliche **Kindersicherungen** teilweise zum Aufkleben ausgerüstet. Auch Sicherungen zum **Schrauben**

Eine Klemmzwinge erreicht weit mehr Druck als die Hände.

muß man mitunter aufkleben, um in einer Mietwohnung nicht unnötige **Reparaturkosten** auszulösen. Selbstklebende **Flächen** halten aber oft nicht lange genug.

Sichere Klebetechnik

Selbst nicht sichtbarer **Staub,** ein Feuchtigkeitsfilm vom **Atem** (außer bei Sekundenkleber) oder das natürliche **Hautfett** an den Händen kann die Klebkraft verhindern oder zum mindesten einschränken. Reinigt man glatte Flächen mit **Alkohol** (Spiritus, Weingeist),

PROFITIP
Magnetschnapper erst zusammen mit dem genau ausgerichtetem Schließblech anschrauben. Ein Stückchen doppelseitig klebendes Montageband auf dem Blech hält es genau an der Stelle von Tür oder Schubkasten fest, an der es anzuschrauben ist. Magnetkraft für diese Montageart mit einer Papierzwischenlage verringern.

trocknet sie mit dem **Fön** und preßt die Klebeflächen möglichst fest aufeinander, ist es schwer, diese **Verbindungen** zu lösen und alle Rückstände spurenlos zu entfernen. Man kann sich helfen, indem man die **Kleberflächen** gleich von vornherein gegen die neuartigen **Klebestrips** austauscht.

Lösen der Verbindung: am dafür vorbereiteten Ende ziehen.

Spuren bleiben nicht zurück.

Anschrauben ist einfacher

Eine angeschraubte Leiste am Hinterstück von **Schubkästen** verhindert, daß sich der Kasten ganz herausziehen läßt.

Schubkasten mit einer angeklemmten Leiste abstützen.

Wo glatte **Böden** anstelle von Traversen keinen Anschlag bilden, eine zusätzliche Leiste oder **Bodenträger** als Anschlag montieren. Noch sinnvoller ist es, wenn sich Schubkästen und **Türen** erst gar nicht öffnen lassen. In der **Schließkraft** regulierbare, schwere Schnapper aus Messing mit doppelten **Kugeln** kann man auf die Kraft eines **Erwachsenen** einstellen.

Am Doppelkugelschnäpper läßt sich die Schließkraft regulieren.

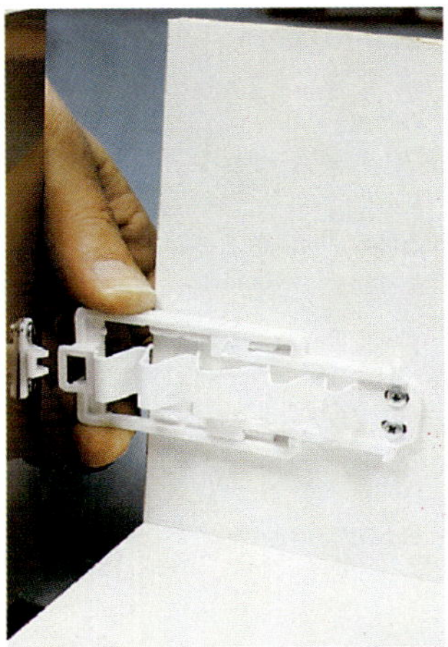

EXTRATIP: An Türen kann man auch gefederte Sicherungen montieren, die ein Kind nicht aushängen kann. Die Schraublöcher dafür in Kunststoffplatten in genau begrenzter Bohrtiefe mit 1,5 mm Ø vorbohren. Den Mittelpunkt der Bohrung mit Stahlnagel ankörnen.

ARBEITSMATERIAL
- Kerzenwachs
- Schleifpapier
- Schleifkork
- Schwingschleifer
- Sandplateschleifer
- Kantenstreifen
- Bügeleisen

Papiersammelbox bauen

Altpapier sammeln entlastet nicht nur die Umwelt, sondern auch die eigenen Müllgebühren. Nur fehlt meistens noch ein geeigneter Ort, um gleich alles flach zusammengelegte Papier zu einem geordneten Stapel zu schichten.

Seitenteile zum Schrägschnitt zusammenspannen.

In einem nur an der **Vorderseite** offenen Kasten, mit schräg nach hinten abfallendem **Boden,** läßt sich das Papier zu einem Paket stapeln. Dann kann man den **Stapel** gleich abholreif zusammenbinden. Die **Box** sollte innen möglichst 41 cm breit werden, wenn auch **Zeitungen** hineinpassen sollen. Die Höhe der **Öffnung** sollte nicht kleiner als 12 cm werden. Diesen Kasten entweder unter einen vorhandenen oder zusätzlichen **Einlegeboden** mit Schrauben befestigen.

Sägekanten mit dem Sandplateschleifer glätten.

Einzelteile

Nur wenige **Zuschnitte** sind notwendig: ein Seitenstück 300 x 300 mm, ein **Boden** 410 x 300 mm und eine Rückwand 410 x 160 mm. Alles aus 12 mm dicker **Furnierplatte.** Eventuell zusätzlich noch einen 250 mm tiefen **Einlegeboden** und zwei **Tragleisten** 500 x 15 x 10 mm. Nicht alle **Zuschnittabteilungen** fertigen die Teile auch mit schrägen Sägeschnitten nach **Maßangaben** oder Zeichnung. Solche Restschnitte sind jedoch auch mit einem **Fuchsschwanz** gut zu bewältigen.

Innenflächen vor dem Zusammenfügen lackieren.

Denn das **Seitenstück** ist zunächst schräg aufzutrennen, so daß zwei gleich große, trapezförmige **Teile** entstehen, mit einer 130 und einer 170 mm hohen **Seitenkante.** Die werden kantengleich aufeinandergelegt und an der 130 mm lange **Kante** um 60 mm schräg abgesägt, damit man später den **Papierstapel** an den Seiten bequem und zusammenfassend greifen kann. Die auf **Flächen** und Kanten geschliffenen Einzelteile zusammenleimen und schrauben.

Schraubenköpfe auf Kunststoffen mit Rosetten unterlegen.

Oberfläche lackieren

Kleine **Kästen** lassen sich, allseitig geschlossen, nur noch schlecht lackieren. Deshalb wenigstens die **Innenflächen** vor dem Zusammenfügen mit dem Einlegeboden mit **Acryllackfarbe** behandeln. Damit werden sie ausreichend widerstandsfähig. Die Box mit **Linsenkopfschrauben** von oben durch den Einlegeboden befestigen. **Unterlegrosetten** verhindern, daß der Druck der **Schraubenköpfe** die Kunststoffbeschichtung einreißen läßt. Wer eine glatte **Abstellfläche** auf dem Boden vorzieht, kann die Box auch unter den **Boden** leimen. Dazu weißen Holzleim „Spezial“ verwenden. Die **Oberfläche** der Kunststoffbeschichtung intensiv anschleifen und den **Boden** mit der Box zusammenspannen.

Höhe der Tragleisten genau waagerecht anzeichnen.

Das Anzeichnen der **Montagelinien** geht bei beengten Platzverhältnissen mit der **Wasserwaage** leichter als mit einem Maßstab. Die **Tragleisten** mit einigen Stücken doppelseitigem Klebeband als **Montagehilfe** zunächst an der Markierung fixieren und dann festschrauben.

Die Box läßt sich auf den Tragleisten verschieben.

ARBEITSMATERIAL

- Sperrholzzuschnitte
- Kunststoffplatte
- Spanplattenschrauben
- Linsenkopfschrauben
- Acryllackfarbe
- Pinsel
- Wasserwaage
- Klebeband

Trägerleiste montieren

Gerade in der Küche hat man gern jedes Ding an seinem Platz. Hier ist es manchmal nicht ganz leicht, einfache Lösungen zu finden. Die üblichen Angebote im Handel bieten nicht immer das Richtige.

Die 40 cm Stange hat Platz für acht bis zehn Geräte.

Bei kaum nennenswerten **Materialkosten** kann man auf einfache Weise einen **Träger** für Küchengeräte

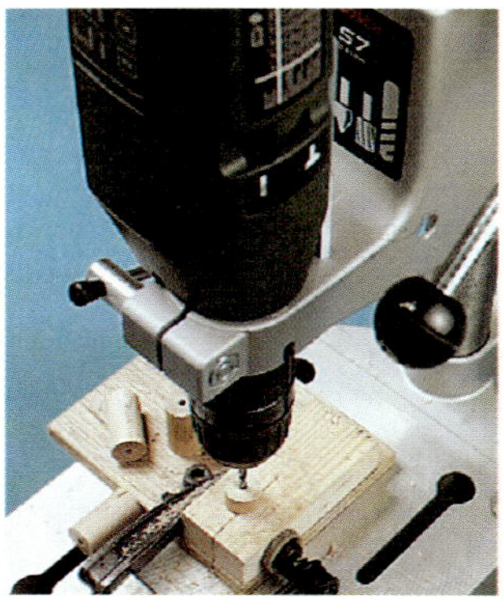

Zapfen im Mittelpunkt 20 mm tief anbohren.

herstellen. Aus Buche (16 mm Rundstab), einem Aluminiun-Rundstab 6 mm Ø und zehn **S-Haken.**

Vom Holzstab sägt man zwei 30 mm lange Stücke genau rechtwinkelig ab, um sie zur weiteren **Bear-**

Das Loch für die Alustange ebenfalls im Modell bohren.

beitung auf einem Gewindeende M4 in das **Bohrmaschinenfutter** zu spannen.

Perfekt in die Mitte bohren

Dazu einen geschlitzten **Abfallklotz** auf dem Tisch des Bohrständers festspannen und ein Loch im Durchmesser des **Rundstabes** bohren. Wenn Sie die Abschnitte einspannen, ohne das **Modell** zu verändern, trifft der 3,5 mm-Bohrer für das **Schraubenloch** automatisch genau den Mittelpunkt. Feinfühlig anbohren, damit der dünne Bohrer nicht von der Holzstruktur abgelenkt wird. Das Modell kann man auch benutzen, um die 6 mm-**Bohrung** für die Alustange herzustellen. Die große Bohrung muß dazu nur tief genug sein und nahe genug am **Rand** liegen.

Auch den Aluminiun-Rundstab können Sie, ins **Maschinenfutter** gespannt, mit feinem Schleifvlies

Die zuerst angeschliffene Fase zur Rundung vollenden.

(Autoscheibenschwamm) schleifen und polieren. Bei diesen **Arbeiten** die Maschine auf niedrige Drehzahl

Wachs am rotierenden Teil auftragen und später polieren.

einregeln und **Arbeitshandschuhe** tragen. An den vernickelten S-Haken mit 8/12 mm Ösendurchmesser die größere **Öse** etwas aufbiegen, damit sich die **Küchengeräte** bequem einhängen lassen.

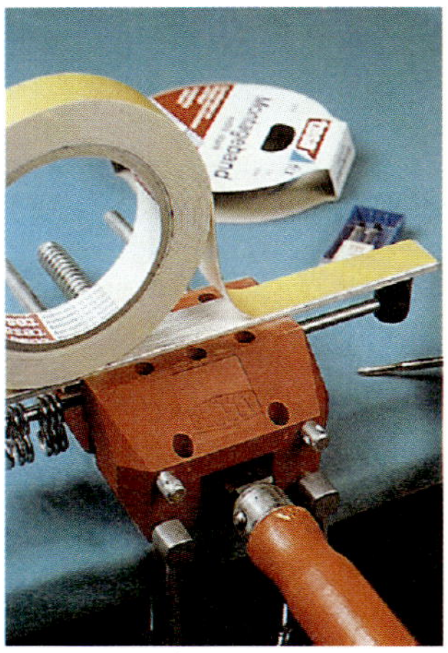

EXTRATIP: Wenn Sie weder Wand noch Schränke anbohren wollen: Gewinde M4 in ein Alu-Flachprofil 20 x 3 schneiden, das Profil mit doppelseitigem Montageband aufkleben und darauf die Holzzapfen schrauben. Erläuterungen zum Kleben aber unbedingt beachten.

ARBEITSMATERIAL

- Buche-Rundstab
- Alu-Rundstab
- S-Haken
- Schrauben
- Dekorwachs
- Gewindeenden
- Bohrmaschine
- Sandplateschleifer

Arbeitsfläche fliesen

Ob in Werkstatt, Hobbylabor, Küche oder Bad, eine wasserfeste und chemikalienbeständige Arbeitsfläche ist oft sehr nützlich. Dispersionskleber und übliche Fugenmasse reicht dafür nicht aus.

Das Fliesengewicht verlangt nach einem stabilen Unterbau.

Besonders bei waagerechten Abdeck- oder Arbeitsflächen kann im **Naßbereich** schon mal Wasser über einen längeren **Zeitraum** stehenbleiben. Dringt erst einmal Wasser durch Haarrisse in den **Untergrund** ein, sind größere Schäden durch Materialbewegungen nicht zu vermeiden. Um das zu verhindern, sind im privaten **Bereich** matt glasierte Steinzeugfliesen, mit Epoxidharzspachtel verklebt und ausgefugt, die bestmögliche **Lösung.** Die Fugen der **Unterkonstruktion** aus wasserfesten Spanplatten an den Wänden mit Acryl-Dichtungsmasse füllen. Dann kann kein **Kleber** durch die Fugen fließen und geringe **Materialbewegungen** werden aufgefangen. Wenn Sie Umrandungen, Einfassungen und Ausschnitte dem **Fliesenformat** anpassen, bleiben nur wenige Fliesen, die zu schneiden sind.

Spachtelmasse mit glattem Stahlspachtel aufziehen.

Die Fliesen in die Masse betten.

Hochwertiges Kunstharz

Epoxidharzspachtel besteht aus zwei **Komponenten,** von denen der Binder mit Mineralstoffen vermischt (gefüllt) ist. Sobald der **Härter dem Binder** zugemischt wird, beginnt eine chemische **Reaktion,** die sich nicht mehr aufhalten läßt. Im allgemeinen sind die Harze auf eine Verarbeitungszeit von einer Stunde bei **Raumtemperatur** (+18°C) eingestellt. Ein paar Grad mehr oder zuviel Härter, und schon wird die **Mischung** bereits nach 30 Minuten fest. Deshalb vorgeschriebene **Anteile** abwiegen, um sie genau einzuhalten, und nur kleine **Mengen** anmischen. Benutzen Sie die Eimerdeckel als **Mischfläche,** zwei verschiedene Spachtel, um die **Komponenten** aus den Gefäßen zu entnehmen, und einen dritten zum **Mischen.**

Reiniger und Werkzeuge

Reinigungsmittel für Werkzeug und Hände zu **Beginn** bereitstellen. Harz oder Härter lassen sich getrennt nur mit **Nitroverdünnung** (Trichloräthylen) oder etwas hautfreundlicher mit **Aceton** entfernen. Zusammengemischt wird die **Spachtelmasse,** solange sie plastisch ist, wasserlöslich. Beginnt sie fest zu werden, kann man sie noch mit Messerklinge oder **Stecheisen** schneiden. Ausgehärtet läßt sie sich nur noch mit Hammer und **Meißel** entfernen. Zum gleichmäßigen Verteilen der Masse einen gezahnten **Stahlspachtel,** Zahnung 4 x 4 mm, und einen breiten **Japanspachtel** zum Ausfugen verwenden. Das ist sowohl mit dem grauen wie auch mit weißem **Epoxidharzspachtel** möglich.

Mit einer Andrückwalze fest ins Kleberbett pressen.

Fugen füllen mit elastischem, breiten Stahlspachtel.

Das überschüssige Material mit einem **Topfschwamm,** noch besser mit den großflächigeren **Vlies-Schleifkissen,** und viel Wasser von den Fliesen entfernen. Nach zwei oder drei **Stunden** ist das Harz schneidfähig.

Fugenmasse mit viel Wasser und rauhem Schwamm abwaschen.

ARBEITSMATERIAL

- Epoxidharzspachtel
- Steinzeugfliesen
- Acryl-Dichtungsmasse
- Waage
- Lösungsmittel
- Japanspachtel
- Zahnspachtel
- Andrückwalze
- Topfschwamm

Küchenschranktüren nutzen

Die Türen von Küchenschränken haben auf den Innenflächen oft noch soviel Platz, daß man sie zum Beispiel mit einem Regal für Gewürzdosen oder auch für den Abfalleimer nutzen kann.

Ein leichter Hammerschlag markiert den Bohrlochmittelpunkt.

Die Verbindungen sollen in dem manchmal nur 16 mm dünnen **Material** sicher halten, und man darf keinen bleibenden **Schaden** anrichten. Zu leicht kann man mit Bohrer oder Schraube zu tief geraten und dabei die **Frontfläche** beschädigen. Das Loch für die Schrauben sollten Sie vorbohren, weil sich nur dann das **Schraubengewinde** exakt in das Trägermaterial **Spanplatte** einschneiden kann.

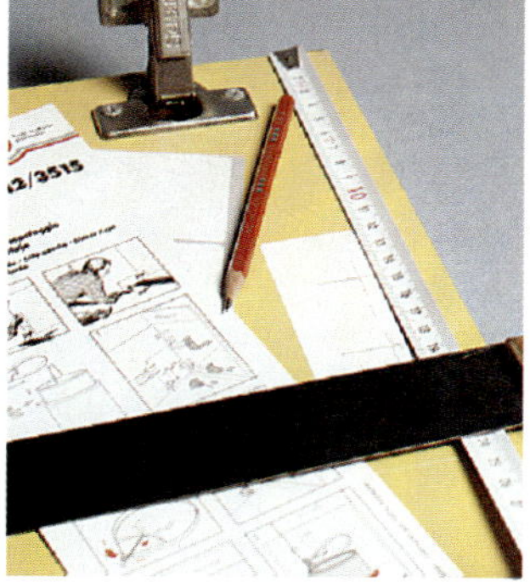

Maßlinien bleiben auf Klebeetiketten eindeutig sichtbar.

Eindeutige Bohrungen nach Schablone

Die Befestigungspunkte sehr sorgfältig festlegen, um falsch gebohrte **Löcher** auszuschließen. Verbraucherfreundliche Hersteller liefern für ihre Produkte **Kartonschablonen,** von denen sich diese Punkte korrekt übertragen lassen. Heften Sie die Schablone jedoch besser mit **Klebefilm** auf die Türfläche, damit sie sich nicht

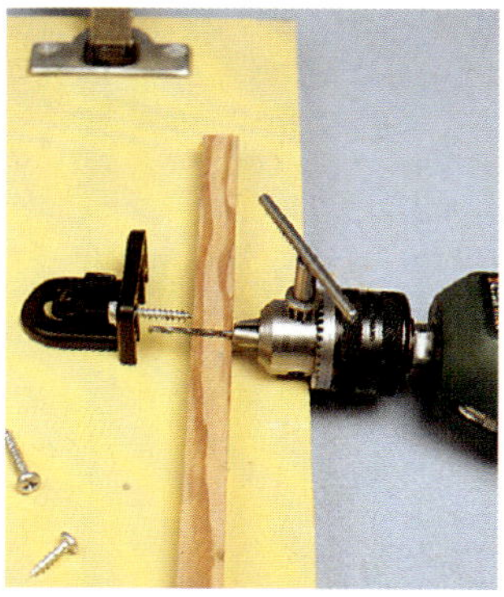

Beim Einspannen die Bohrtiefe nach der Schraube regulieren.

verschieben kann. In anderen **Fällen** sollte man sich selbst eine **Papierschablone** anfertigen oder die Befestigungspunkte genau ausmessen und aufzeichnen. Glatte Kunststoffflächen lassen sich jedoch nur mit **Spezialbleistiften,** zum Beispiel Allstabilo, beschriften.

Damit der Bohrer eine eindeutig markierte Stelle findet und nicht auf dem glatten **Kunststoff** wegrutscht,

Eine Leiste als Anschlag verhindert zu tiefe Bohrungen.

schlägt man eine kleine **Vertiefung** ein. Dafür ist ein Körner vorgesehen. Sie können auch mit der Spitze eines **Stahlnagels** diese Markierung anbringen. Die beigepackten Schrauben sind in der Regel zur **Sicherheit** recht kurz. Wo die Verbindung viel zu tragen hat, sollte man die größtmögliche **Schraubenlänge** wählen. Mindestens 3 mm müssen jedoch noch zwischen Schraubenspitze und

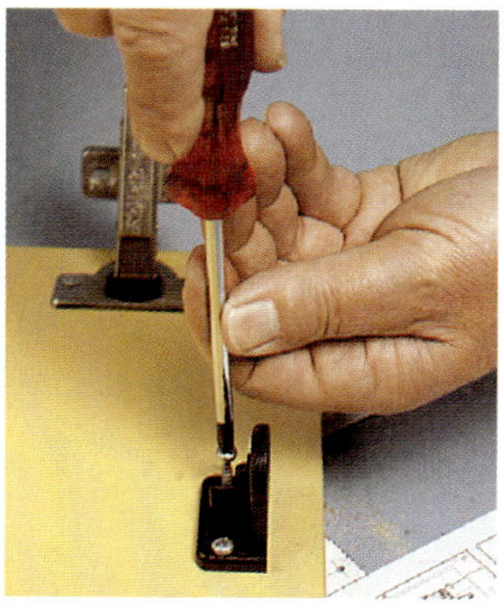

Das Gefühl der Hand kann kein Elektroschrauber übertreffen.

Frontfläche bleiben, weil sich sonst **Risse** zeigen könnten.

Bohrlochtiefe begrenzen

Zum Vorbohren wählt man einen normalen **Spiralbohrer** mit etwa dem halben Schraubendurchmesser. Für eine 3,5 mm-Schraube zum **Beispiel** einen 2,0 mm-Bohrer verwenden. Damit Sie nicht mit dem Bohrer durch die Frontfläche geraten, verwenden Sie eine 15 bis 20 mm dicke **Leiste** als Bohrtiefenanschlag. Der Spiralbohrer wird so tief eingespannt, daß er das Schraubenloch höchstens 2/3 der **Schraubenlänge** vorbohrt. Wenn Sie die Anschlagleiste

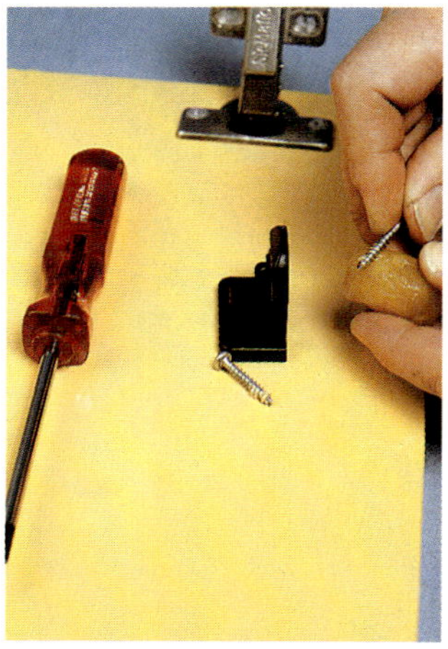

EXTRATIP: Schrauben lassen sich korrekter eindrehen, wenn als Schmiermittel Kerzenwachs oder Seife am Schraubengewinde den Kraftaufwand verringert, ohne die Festigkeit zu schmälern.

durchbohren können, wird das **Bohrfutter** zuverlässiger aufgehalten, als wenn Sie seitlich an der Leiste vorbei bohren müssen.

ARBEITSMATERIAL

- Körner
- Hammer
- Bohrmaschine
- Schraubendreher
- Kerzenwachs

Möbelbeine angleichen

Wenn Tisch, Stuhl oder Kommode wackeln, weil sich das Holz etwas verzogen hat, ist eines der vier Beine entweder zu kurz oder zu lang. Kürzen oder Verlängern ist die Alternative zum untergelegten Bierdeckel.

Um die **Unterschiede** festzustellen, stellt man das Möbelstück auf den **Kopf,**

Der Lichtspalt zwischen den Leisten zeigt die Unterschiede.

legt zwei Leisten mit parallelen Kanten über die **Beine** und peilt mit einem Auge über die **Kanten.** Vor hellem Hintergrund erkennt man, welches Bein zu kürzen ist.

Kürzen

Derart geringe **Differenzen** mit Feinsäge oder Hobel abzutragen, ist nicht einfach. In kreisenden **Bewegungen** zu schleifen ist jedoch auch Ungeübten möglich. Als

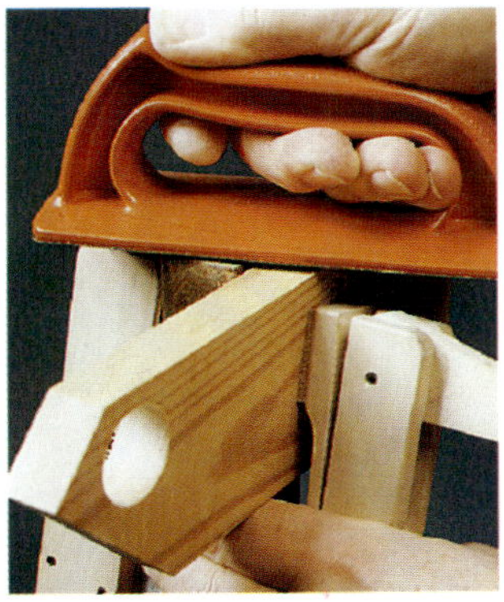

Eine Auflage verhindert, daß die Standfläche schief wird.

breitere Auflage für das **Schleifwerkzeug** eine Leiste an das Bein spannen. Die Sandplate-Schleifer tragen mit ihrer geätzten **Stahlsohle** das Holz leichter und schneller ab als Schleifpapier.

Verlängern

Das Möbelbein um einige Millimeter zu verlängern ist im **Gegensatz** zum Schleifen leichter, wenn man eine wirklich ebene **Fläche** zu

Unterlegscheiben, Hartplastik oder Eisstiele als Unterlagen.

kontrollieren hat. Eine ausgehängte Möbel- oder **Zimmertür** ist zwar eben, von der Größe aber nur für Stuhl oder Sessel ausreichend. Auf die **Fläche** gestellt läßt sich herausfinden, bei welchen **Unterlagen** das Stück nicht mehr wackelt. Wenn man diese Unterlage unter dem kürzesten Bein mit einem **Gleitnagel** befestigt und in die anderen drei Beine nur Gleitnägel einschlägt, steht das **Möbelstück** auch wieder gerade.

Gleitnägel lassen sich in vorgebohrte Löcher leichter einschlagen.

Knetmasse

Noch unkomplizierter, dafür etwas teuerer ist Epoxidharz-Knetmasse als **Ausgleich.** Sobald die etwas feste Masse in den Händen wärmer wird, läßt sie sich leicht kneten. Die **Kugel** auf einem Stückchen Plastikfolie (sonst klebt das Bein fest) auf der ebenen **Fläche** unter das kürzere, auf der Standfläche gesäuberte Bein legen und langsam mit

Blauen und gelben Bestandteile der Knetmasse zu grüner Kugel verkneten.

dem **Bein** zusammendrücken bis das Möbelstück ge-

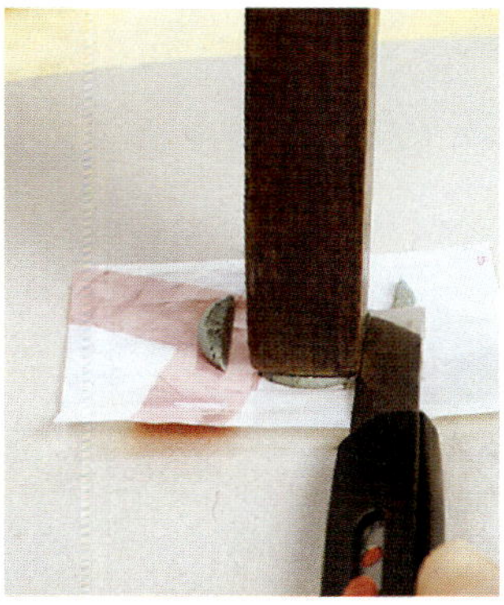

Überstände nach unten schräg abschneiden.

rade steht. Die überstehende **Knetmasse** innerhalb einer Stunde abschneiden.

Öfter kontrollieren, wann die **Masse** schnittfest wird, denn nach etwa drei **Stunden** ist sie hart und belastbar.

Mineralwasserflaschen dienen als sehr stabiler Hebel.

Unterlegen

Wenn **Schranktüren** schleifen, sollte man eines der Beine oder den **Sockel** großflächig mit gleichdickem Material unterlegen.

ARBEITSMATERIAL

- Leisten
- Klemmzwinge
- Schleifer
- Gleitnägel
- Hammer
- Epoxidharz-Knetmasse
- Cuttermesser

Möbelgriff neu befestigen

Hat sich ein Griff erst einmal gelockert, sind Schäden auf der Oberfläche die zwangsläufige Folge. Also rechtzeitig instandsetzen und die geschraubten Verbindungen verstärken.

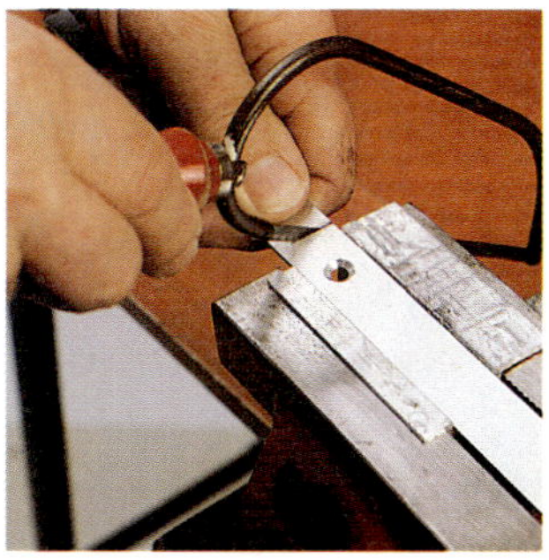

Aluprofile lassen sich auch mit einfacher Bügelsäge absägen.

Als **Abhilfe** sind dann normale Unterlegscheiben in der Regel zu klein und **Nietscheiben,** mit großem Durchmesser und kleiner Bohrung, meistens zu dünn. Außerdem fehlt das erforderliche **Senkloch.** Ein Flachprofil mit Bohrungen im Abstand der Griffbohrungen kann den **Druck** der Schraube besser auf die umgebende Fläche verteilen. Zunächst die Abschnittlänge sowie die **Lage** der Bohrungen anzeichnen und die Bohrlochmittelpunkte mit dem **Körner** markieren. Metallprofile lassen sich als längeres **Stück** besser handhaben und sicherer bearbeiten.

Griffe ordentlich befestigen, bevor Spuren bleiben.

Präzise Markierungen erleichtern die Bearbeitung.

Metallprofil bearbeiten

Bohrständer und Schraubstöcke sind bei der **Metallbearbeitung** jeder freihändigen Bearbeitung überlegen. Kleine **Metallteile** für die Bearbeitung immer im Maschinenschraubstock einspannen, um **Verletzungen** der Hände auszuschließen. Erst am Ende aller Bearbeitungsvorgänge auf die erforderliche **Länge** absägen. Anstelle von Anreißwinkel, Anreißnadel und Körner genügt für seltene **Benutzung** auch der Tischlerwinkel und ein Stahlnagel. Ankörnen auf einer harten, vibrationsfreien Unterlage, zum Beispiel auf einer **Hartholzleiste** direkt über dem Tischbein. Den Abstand der Griffbohrungen genau übertragen. Die **Unterlegplatte** zuerst im Gewindedurchmesser der Schrauben durchbohren und anschließend mit dem **Senker** so weit aufreiben, daß der Schraubenkopf flächenbündig in die **Aussparung** paßt. Nach dem Absägen die Schnittkanten mit der Feile entgraten und anfasen (abschrägen).

Mit regelbaren Drehzahlen perfekte Bohrungen in Metall.

Genaue Einstellung der Bohrtiefen verhindert Rattermarken.

Schonbacken im Schraubstock schützen die Griffoberfläche.

Griff zum Nach- oder Neuschneiden der Gewinde eingespannen.

Gewinde schneiden

Ist das **Schraubengewinde** verbraucht, kann man nur für die nächste Gewindegröße aufbohren, größeres Gewinde einschneiden und eine größere **Schraube** verwenden. Ist die Wanddicke dafür zu gering, kann man auch das **Loch** tiefer bohren, zum Beispiel bei M5 mit 4,0 (in **Stahl** richtiger 4,2), und das Gewinde tiefer einschneiden. Dafür wird dann auch eine längere Schraube erforderlich. Ein Tropfen Öl erleichtert das Ganze.

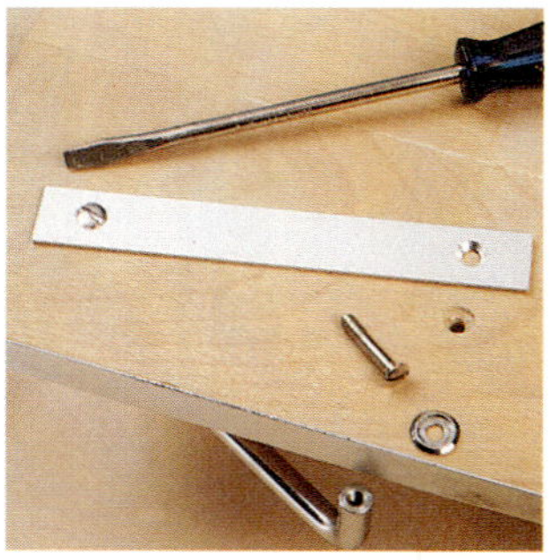

Fest verschraubt, hält der Griff jede normale Belastung aus.

ARBEITSMATERIAL

- Aluflachprofil 20 x 2
- Gewindeschrauben
- Körner
- Senker
- Bohrmaschine
- Bügelsäge
- Windeisen
- Gewindebohrer
- Schraubendreher

Furnierschicht aufleimen

Um gelöste Furniere wieder aufzuleimen, muß man sie in der Regel mit Spannwerkzeugen aufpressen. In manchen Situationen kann man auch die Reaktivierungs-Methode mit Erfolg anwenden.

Wenn sich an irgendeiner Stelle das **Holzfurnier** löst, sollte man es möglichst schnell wieder aufleimen. Denn schnell kann das dünne Holz abbrechen und verlorengehen. Auch deshalb

Damit neuer Leim eindringen kann, Furnier weiter lockern.

ist es dann oft notwendig, besonders auf **Kanten** neues Furnier aufzuleimen.

Auf Wachs läßt sich noch weicher Leim leichter entfernen.

Bei **Reparaturen** kommt es darauf an, die dünne Holzschicht auch an den **Stellen** neu zu verleimen, die sich zwar noch nicht gelöst haben, aber nicht mehr ganz fest haften. Dazu schiebt man eine dünne Messerklinge vorsichtig unter das Furnier und lockert es.

Holzleim möglichst tief in den engen Spalt hineinstreichen.

Trennmittel

Beim **Zusammenspannen** muß noch etwas Leim aus

Preiswerte Klemmzwingen eignen sich besonders gut.

den **Fugen** quellen, damit er auch wirklich alle gelösten Flächen benetzt. Auf fertig

Nur Schaber mit neuer Klinge hinterlassen keine Kratzer.

behandelten Oberflächen ist **Leim** jedoch unerwünscht. Deshalb etwas Antikwachs als Trennschicht auftragen. Anstelle von Furnier eignet sich auch ein steifer Hartplastikstreifen als **Leimspachtel.**

Expressleim nicht zu dünn auf beide Klebeflächen auftragen

Zum Pressen die Leimstelle zunächst mit Plastikfolie abdecken und dann ein **Holzstück** aufspannen.

Nach wenigen **Minuten** hat sich der Leim durch den Druck der **Klemmzwinge** soweit verteilt, daß man überschüssigen Leim sehr vorsichtig von der **Fläche** abziehen kann. Mit feuchtem **Papiertuch** nachwischen, um auch die letzten Leimreste aufzunehmen. Anschließend saubere **Folie** und das Holzstück wieder auflegen und spannen, bis der Leim fest ist.

Reaktivierungs-Methode

Meistens werden die notwendigen langen **Schraubzwingen** oder Kantenzwingen für runde **Flächen** fehlen, um gelöstes oder neues Furnier auf **Kanten** aufzuleimen. Doch da läßt es sich auch aufbügeln. Dazu weißen **Holzleim** glasig antrocknen lassen. In diesem Zustand verbinden sich die **Leimschichten** unter dem Druck des heißen Bügeleisens und halten sofort fest aufeinander. **Temperatur**

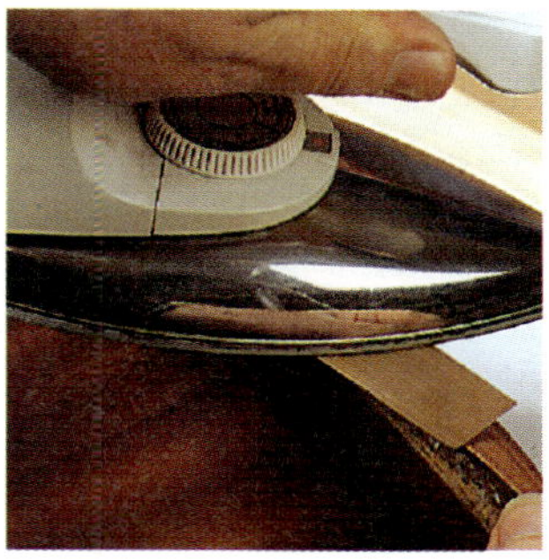

Backfolie trennt heiße Bügeleisensohle und Holz voneinander.

Angeschliffen läßt sich das Furnier ohne Schaden abtrennen.

auf Wolle/Seide einstellen und Teflonfolie unterlegen. Um die Überstände neuer Furnierkanten anschließend mit der Fläche bündig zu bearbeiten, ist schleifen sicherer als abstechen.

ARBEITSMATERIAL

- Holzleim normal
- Holzleim express
- Klemmzwinge
- Bügeleisen
- Teflonfolie
- Sandplate-Schleifer
- Cuttermesser
- Klingenschaber

Stuhlsitzpolster aufarbeiten

Auch wenn der Drehstuhl noch in Ordnung ist, die Schaumstoffpolsterung zeigt meistens zuerst Alterserscheinungen. Aufpolstern erhöht nicht nur den Komfort, sondern erlaubt auch freundlichere Polsterfarben.

Spezialwerkzeug ist hierbei erfolgreicher als Schraubendreher und Kneifzange.

Zuerst die vielen Tackerklammern mit einem **Klammernheber** entfernen. Mit

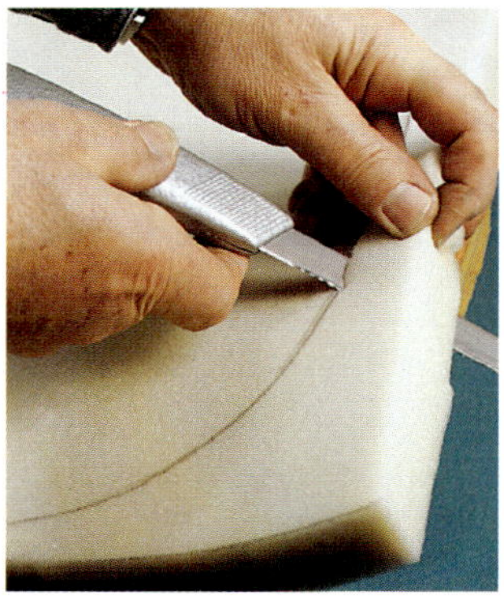

Formteil mit etwa 45 Grad schrägen Kanten herausschneiden.

einer langen Wellenschliffklinge ist es problemlos möglich, aus einem größeren **Zuschnitt** selbst das Formteil herauszuschneiden. Die **Sitzform** auf den Schaumstoff übertragen, und die Messerklinge schräg nach außen führen. Übliche **Schaumstoffqualität** für Stühle: Polyätherschaum 25 kg je Kubikmeter, 30 bis 40 mm dick.

Auf Schaumstoff läßt sich Kleber leichter aufsprühen.

Ränder umkleben

Falls sich der alte **Schaumstoff** noch nicht auflöst, können Sie ihn auch unter dem neuen Polster lassen.

Schaumkante nicht zu knapp fassen, sonst kann sie abreißen.

Das wird, mit der **Sitzplatte** aus Sperrholz oben drauf, nach Möglichkeit auf der **Arbeitsfläche** festgespannt. Jedenfalls erleichtert es das Umkleben des Schaumstoffs auf die **Plattenränder.** Dafür eignet sich **Sprühkleber** besser als Kontaktkleber aus der Tube. Nach einigen Minuten **Trokkenzeit** die spitze Schaumstoffkante auf die Plattenkante ziehen und fest an-

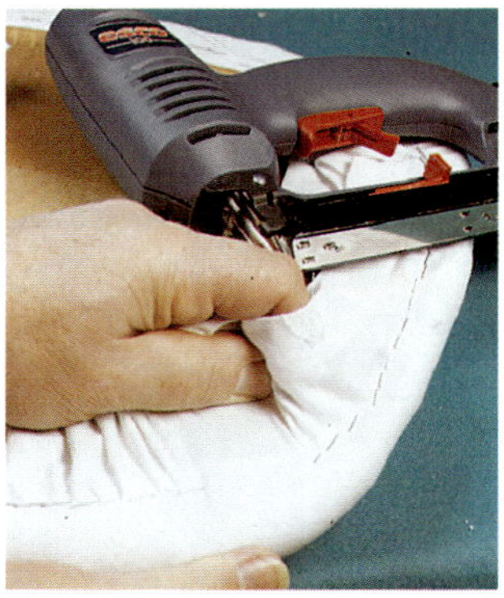

Ein Unterbezug verhindert frühzeitigen Verschleiß.

drücken. Hammerschläge festigen die **Klebeverbindung.** Anschließend die Schaumfläche mit einem **Unterbezug** aus dünnem

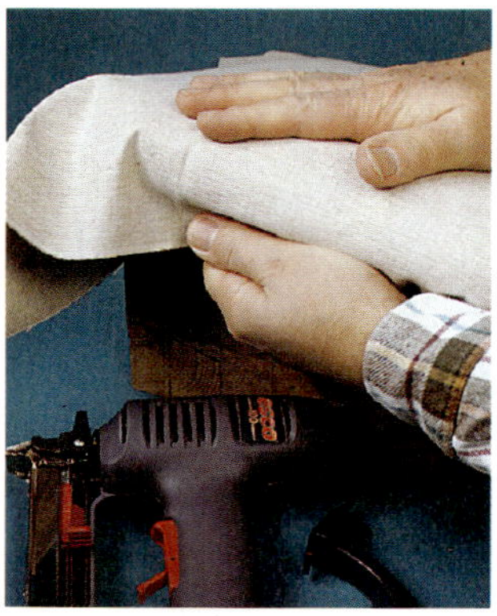

Die Gewebestruktur kann sich nur langsam der Form anpassen.

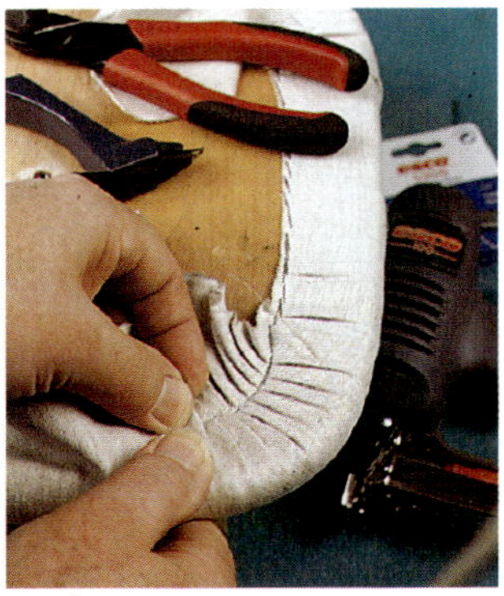

Jede einzelne, gleichmäßig schmale Falte festklammern.

Nessel oder dem Baumwolltrikotstoff von einem T-Shirt, überziehen.

Stoffbezug

Die **Arbeitsfolge** beim Beziehen: Zuerst den aufgebügelten Stoff in der Mitte der **Plattenvorderkante** auf etwa 10 Zentimetern mit wenigen Klammern heften. Nun den **Stoff** mit der Hand zur und um die Hinterkante streichen und dort gleich richtig antackern. Klammer neben Klammer im **Abstand** von 5 bis 6 mm und parallel zur Kante. Von einer **Seitenkante** zur anderen ebenso Verfahren. Wenn das **Gewebe** nur leicht gespannt und faltenfrei über dem Schaumstoffpolster liegt, kann man die zuvor nur gehefteten **Bereiche** endgültig festklammern. Sonst muß man, den Stoff dabei festhalten, die **Klammern** noch einmal lösen und den Stoff etwas lockern oder nachspannen.

ARBEITSMATERIAL

- Polyschaum
- Bezugstoff
- Weißpolsterstoff
- Sprühkleber
- Klammernheber
- Wellenschliffmesser
- Elektrotacker
- Tackerklammern

Gebrochene Sitzfläche reparieren

Manchmal reicht eine etwas unglückliche Belastung, und die Sitzfläche ist entzwei. Eine gebrochene Sitzfläche macht das Möbelstück aber noch nicht wertlos, denn Schäden dieser Art lassen sich einfach beheben.

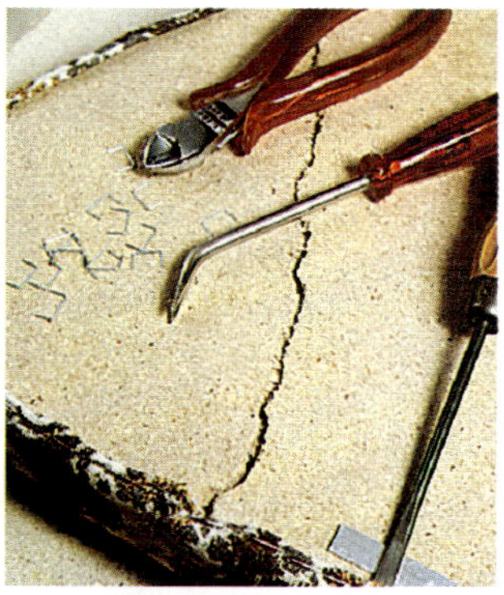

Bezugstoff weit genug lösen, damit er nicht beschädigt wird.

Um die **Sitzplatte** leimen zu können, ist zunächst der **Polsterstoff** zu lösen. So lassen sich Leisten als Schienen zwischen **Polsterung** und Platte einschieben, damit die **Fläche** beim Verleimen gerade bleibt. Die Platte an der **Bruchstelle** nur nicht weiter auseinander ziehen. Sonst bekommt man sie noch schlechter wieder auf das ursprüngliche **Format** zurück. Die Tackerklammern mit **Klammernheber** oder angeschliffener alter Schraubendreherklinge anheben, sie lassen

Zunächst die Platte so gut wie möglich verleimen.

sich dann mit der **Kneifzange,** besser noch mit dem Seitenschneider, ganz herausziehen.

Platte verleimen

Ungünstige **Formen** kann man nur schlecht mit langen **Schraubzwingen** wieder zusammendrücken. Mit **Klemmzwingen** an aufgeschraubten Sperrholzzuschnitten läßt sich das leichter bewerkstelligen. Expreßleim, in die **Bruchfuge** gepreßt, verbindet die Einzelteile miteinander. Eventuell ausgebrochene **Plattenecken** lassen sich ebenfalls wieder, mit Leim versehen, zusammenfügen und zwischen zwei **Zulagestücken** mit einer Schraubzwinge zusammenpressen. Plastikfolie als **Zwischenlage** verhindert, daß die Zulagen zusammenkleben.

Nicht abwarten, sonst vergrößert sich der Schaden.

Verstärkung aufleimen

Für die **Verstärkung** der Platte ist nur massives Holz stabil und elastisch genug. Breite **Leisten,** zum Beispiel aus Profilbrettresten, stabilisieren die **Platte.** Möglichst vollflächig aufleimen und in engen **Abständen** mit Schrauben befestigen.

Vorsichtig geraderichten, der Beschlag könnte sonst brechen.

Massivholzleisten als dauerhafte Verstärkung aufleimen.

Bezugstoff in der ursprünglichen Form wieder antackern.

ARBEITSMATERIAL

- Leisten
- Holzleim
- Klammernheber
- Schraubzwingen
- Klemmzwingen
- Bohrmaschine
- Schraubendreher
- Tacker
- 2 Hämmer

Gelöste Stuhlverbindung leimen

Geleimte Holzverbindungen können sich lösen. Besonders an Stühlen und Tischen, weil die langen Beine stark belastet werden. Deshalb verlangt eine Reparatur auch spezielle Sorgfalt.

Alten Leim entfernen

In den Zapfenschlitz und auch in Dübelbohrungen gelangt man nur mit einem schmalen **Stecheisen,** um die alte Leimschicht wenigstens anzukratzen, wenn sie sich schon nicht völlig entfernen läßt. **Zapfen** oder Dübel lassen sich dagegen recht gut mit einem kleinen Sandplate-Schleifer säubern. Für die **Neuverleimung** besser Spezial-Holzleim für lackierte und beschichtete Flächen verwenden. Er **garantiert** auch bei nicht hundertprozentig gesäuberten Leimflächen ein sicheres **Leimergebnis.** Reichlich im Zapfenloch und auf dem Zapfen auftragen. Nach alter **Tischlerweißheit** hält der Leim, der aus den

Der Klotz verschont das Stuhlbein von Hammerspuren.

Fugen quillt, zwar nichts, er zeigt jedoch an, daß die **Verbindung** ausreichend mit Leim gefüllt wurde. Nach herkömmlicher Art

PROFITIP
Bei gedübelten Hoizverbindungen werden durch das Entfernen alter Leimschichten oft die Dübel zu dünn. Diese können ihre Aufgabe dann kaum noch zufriedenstellend erfüllen. Wenn man sie mit zwei oder drei Lagen Leinenzwirn (kein Kunstfasergarn) umwickelt, passen sie wieder so in die Bohrungen, daß der Leim ausreichenden Kontakt herstellen kann.

Die Leimschicht in der Öffnung wenigstens ankratzen.

sind derartige Verbindungen mit langen **Schraubzwingen** und Schonzulagen, oft sogar in zwei oder gar drei **Richtungen,** zusammenzuspannen, bis der Leim fest ist. Das hat den Vorteil, daß sich kontrollieren läßt, ob die **Leimfuge** ganz dicht schließt. Und herausquellender Leim läßt sich leicht mit nassem **Papiertuch** abwischen.

Verbindungen zum Säubern vorsichtig auseinanderbiegen.

Leimverbindungen spannen

Ein **Zurrgurt** kostet weit weniger als Schraubzwingen und man kann mit ihm noch eine ganze **Menge** mehr anfangen, weil sich damit zu unterschiedlichen Zwecken

Bei derartigen Reparaturen Leim auch auf Zapfen auftragen.

beträchtliche **Spannkräfte** erreichen lassen. Bei Möbelreparaturen die **Spannknarre** mit Holz unterlegen, damit Oberflächen nicht ver-

Lange Schraubzwingen sind die typischen Spannwerkzeuge.

schrammen. **Plastikfolie** zwischen Gurt und Leimfuge legen, damit überschüssiger Leim nicht den Gurt verschmutzt. Um die Fuge zu kontrollieren, den Gurt nach dem **Spannvorgang** noch

Leimverbindungen kann man auch mit einem Zurrgurt spannen.

einmal lösen, überschüssigen Leim abwaschen und wieder zusammenspannen, bis der Leim fest ist. Je länger, umso besser, denn nach den angegebenen 30 **Minuten** ist der Leim zwar fest, aber noch nicht so ausgehärtet, daß man die **Verbindung** voll belasten darf.

ARBEITSMATERIAL
- Holzleim spezial
- Hammer
- Schonklotz
- Stecheisen
- Schleifwerkzeug
- Zurrgurt

Regalbodenkante erneuern

Wenn die Kante kunststoffbeschichteter Möbelböden beschädigt wurde, ist nicht gleich der ganze Boden wertlos. Die Kante läßt sich leicht lösen und durch eine neue Kante ersetzen.

Mit dem Bügeleisen bei der Einstellung Wolle/Seide zuerst die alte **Kante** zum Abziehen aufheizen. Wenn Sie kein ausgemustertes, aber noch funktionsfähiges Eisen haben, die **Sohle** mit Papier vor Kleberesten schützen.

Weiche Kleberschicht und Kante mit Messerklinge lösen.

Zurückgebliebene **Kleberreste** auf der Bodenkante mit einem **Schleifwerkzeug** entfernen, wenn man vermeiden will, daß die neue **Kante** nicht sauber aufliegt.

Rund geschliffene Kanten mit Führungsklotz verhindern.

Aufbügelkanten

Kantenstreifen gibt es als **Rollen** in unterschiedlichen Farben und Dekoren sowie in verschiedenen Breiten. Man wählt eine um zwei Millimeter breitere **Kante** als

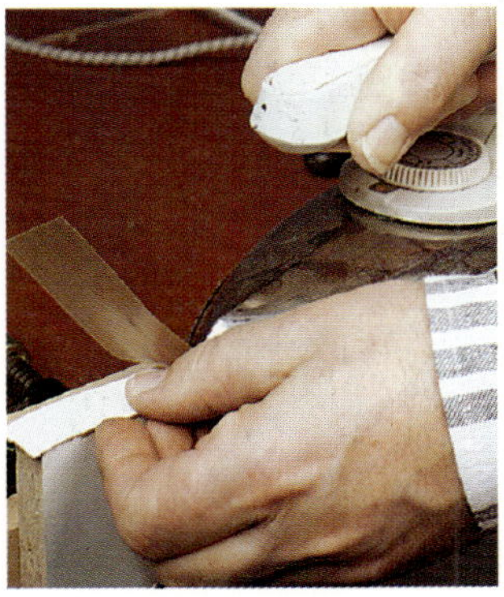

Teflonfolie läßt auch das Bügeleisen leichter gleiten.

der Boden dick ist und bricht sie etwas länger als benötigt ab. Zum **Aufbügeln** eine **Zwischenlage** benützen. Als **Schutzstreifen** eignet sich besonders

Auf eine Schneidunterlage gepreßt die Enden abtrennen.

Ecken etwas schräg abschleifen.

Backfolie. Es läßt sich auch Alufolie oder Siliconpapier (Schutzpapier von Selbstklebefolie) verwenden.

Cutterklinge schräg an der Bodenfläche anlegen.

Arbeitsfolge

Die neue Kante ebenfalls bei der **Temperatureinstellung** Wolle/Seide aufheizen und fest andrücken. An einem Ende des Bodens beginnen und das **Eisen** etwa mit einem Zentimeter je Sekunde vorwärts schieben. Ist die **Kante** abgekühlt, zu-

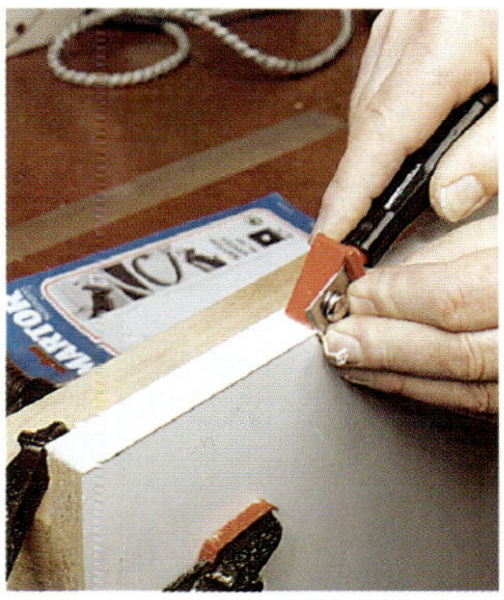

Kantenschneider mit einseitig angeschliffener Wechselklinge.

nächst die Enden kappen, um nicht ungewollt daran hängenzubleiben.

Danach die **Überstände** der Längskanten bündig, das heißt in einer Ebene mit den Bodenflächen, abschnei-

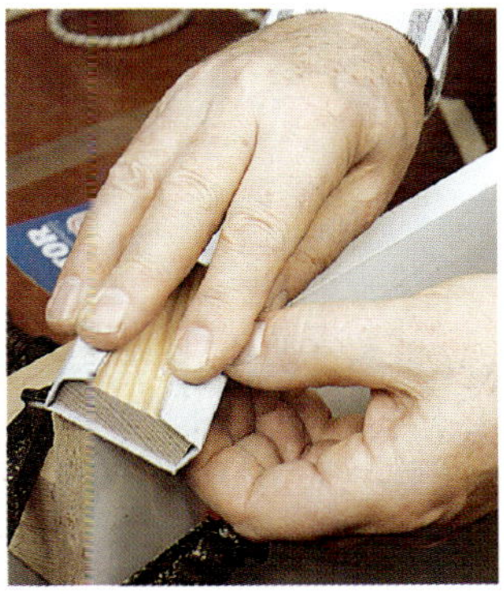

Ecken mit feinem Schleifpapier über Holzklotz bearbeiten.

den. Entweder mit scharfer **Cutterklinge,** aber beidseitig angeschliffener Schneide, oder mit einem speziellen **Werkzeug.**

ARBEITSMATERIAL

- Kantenstreifen
- Zwischenlage
- Bügeleisen
- Schleifwerkzeuge
- Cuttermesser
- Schraub/Klemmzwingen
- Klotz (Tischfuß-Fertigteil)

Spannvorrichtung bauen

Erfahrene Tischler haben sich schon immer geeignete Lehren, Laden oder Vorrichtungen selbst angefertigt. Zum Halten feiner oder empfindlicher Teile, die nicht in die Spannzangen der Hobelbank passen.

MATERIALLISTE:
Mehrschichtfurnierplatte: Grundplatte 400 x 130 x 8 mm, Spannkeil 360 x 70/10 x 15 mm, Hartholz: 2 Spannbacken 250 x 200 x 15 mm, Beilageleiste 400 x 12 x 20 mm, Beilageleiste 400 x 12 x 10 mm, Leim, Schrauben 3,0 x 20 mm, Schleifpapier.

Eine dieser Vorrichtungen ist die **Keillade.** Das Baumaterial: mehrschichtige Furnierplatte und Hartholzleisten. Zähelastische, langfaserige **Holzarten** wie Buche, Eiche oder Esche eignen sich besonders gut. Die Steigung des Keils sollte nicht größer als 1:6 sein, sonst könnte er sich durch die **Vibrationen** bei der Bearbeitung zu leicht von selbst lösen. Bei den Abmessungen dieses Beispiels lassen sich bis zu 50 mm breite Bauteile einspannen.

Leimen und schrauben

Entsprechend der Form des zuerst angefertigten **Spannkeils** werden zwei Hartholz-

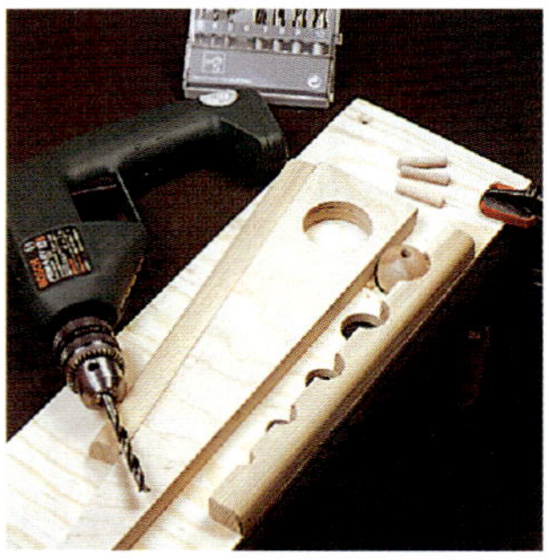

Die Bohrungen geben auch runden Kleinteilen guten Halt.

leisten als Spannbacken auf die Grundplatte geleimt. Den Keil benutzt man dabei

Zum Spannen senkrechter Leisten, Vorrichtung etwas vorziehen.

als **Abstandsschablone.** Damit die Leisten dem Spanndruck sicher standhalten, sind sie zusätzlich

Die Keillade ist schnell angefertigt und leistet lange Zeit wertvolle Dienste.

mit von unten eingedrehten **Schrauben** zu sichern. Die Anordnung der Schrauben aber so festlegen, daß diese nicht in die noch zu bohrenden **Aussparungen** geraten.

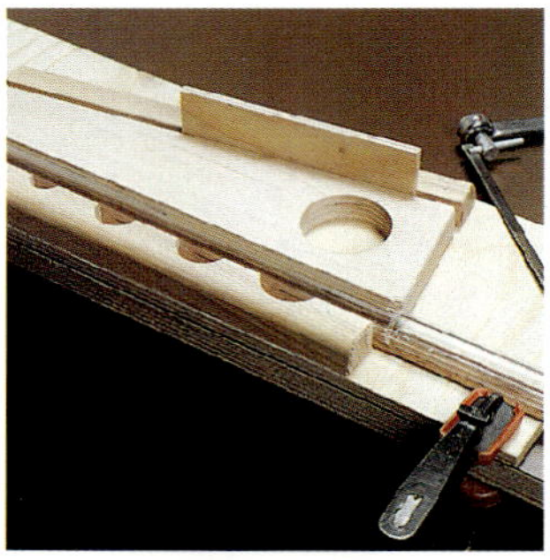

Selbst empfindliches Material läßt sich schonend halten.

Zum Bohren eine Abfalleiste 20 x 15 mm mit dem Keil einspannen. Diese **Leiste** mit durchbohren, damit der Bohrer eine einwandfreie **Führung** hat. Die Bohrlochdurchmesser können Sie je nach vorhandenen Werkzeugen zwischen 10 und 30 mm wählen. Die **Bohrungen** im gezeigten Beispiel haben (von links nach rechts) 10, 15, 20, 25 und 30 mm Durchmesser. Die **Abstände** von Mittelpunkt zu Mittelpunkt betragen: 30, 35, 40 und 45 mm.

Große Zwischenräume ausgleichen

Die beiden **Beilageleisten** verwendet man entweder als Unterlage bei sehr dünnem Material oder beim Einspannen schmaler Teile, damit der **Spannkeil** möglichst stets in voller Länge

Schwierige Spannaufgaben mit beigelegten Leisten lösen.

zwischen den Spannleisten bleibt. Um die eingespannten Teile noch besser zu halten, lassen sich die **Spannflächen** auch zusätzlich mit Schleifpapierstreifen (Körnung 100) beleimen. Beim Spannen oberflächenfertiger Teile muß man jedoch **Schonzulagen** beilegen. Die Keillade sollten Sie entweder an allen vier Ecken

Lochreihen in Rundstäben sind auf diese Weise kein Problem.

mit Schrauben auf dem **Werktisch** befestigen oder, leichter beweglich, mit Schraubzwingen aufspannen. Auf der **Grundplatte** vom Bohrmaschinenständer läßt sich die Keillade, auch an einem **Anschlag** verschiebbar, ebenfalls einsetzen.

ARBEITSMATERIAL
- Feinsäge
- Leim
- Schrauben
- Schraubendreher
- Schleifpapier

Scharnierschrauben sichern

Wenn Scharnierschrauben nicht mehr richtig halten, dauert es nicht lange, bis sich daraus ein richtiger Schaden entwickeln kann. Deshalb ist es besser, gleich die Ursache abzustellen.

Am Stangenscharnier (Klavierband) kann man als **Soforthilfe** die Schrauben einleimen. Die sollten jetzt we-

Beim Erweitern wird gleichzeitig die Wandung verdichtet.

Eisstiele eignen sich gut für Pflöcke zum Ausleimen.

nigstens soviel halten, daß sich auch die restlichen gelockerten Schrauben ebenso behandeln lassen.

Stangenscharniere

Erfolgreicher ist es allerdings, die **Tür** auszubauen und am **Arbeitstisch** festzuspannen. Hier lassen sich die Schraublöcher erst einmal mit dem **Vorstecher** etwas erweitern. Aus Hartholz kleine **Pflöcke** schnitzen, die in ihrer Form den Schrauben entsprechen. Streichhölzer sind aus **Weichholz** und wenig geeignet. Die eingeleimten und abgebrochenen Pflöcke erneut vorstechen, und die **Schraube** eindrehen.

Um den Pflock einzuleimen, das Scharnierloch füllen.

Sind die **Schlitze** in den alten Schrauben unsauber, sollten Sie neue, längere Schrauben verwenden. Schrauben für **Stangenscharniere** haben 2,7 mm

Passende Schraubendreherklinge zum Eindrehen benutzen.

Durchmesser und sind 15 bis 25 mm lang.

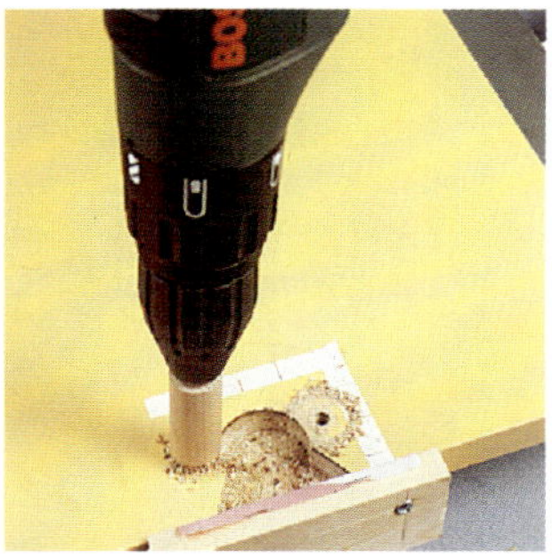

Der Rundstab mit korrekter Länge begrenzt die Bohrtiefe.

Einzelscharniere

Mehr **Festigkeit** verlangen ausgerissene Befestigungs-

Gerillte Dübel bis zum Bohrlochgrund einschlagen.

schrauben von Einzelscharnieren. Die **Schraublöcher** für diese Scharniere zunächst mit einem 6 mm-**Spiralbohrer** für Stahl aufbohren. Verwenden Sie auf jeden Fall eine **Bohrtiefenbegrenzung,** damit es kein Frontschaden wird. Ein durchbohrter **Rundstab** ist die schnellste und praktikabelste Lösung. Die **Feineinstellung** können Sie noch durch tiefes Einspannen des Bohrers im **Bohrmaschinenfutter** regulieren. In den **Bohrungen** etwas Leim auftragen und gerillte 6 mm-Dübel einleimen. Dübel sehr

Überstand mit Feinsäge bündig mit der Türfläche absägen.

Schrauben halten in vorgebohrten Löchern besser.

behutsam tiefer schlagen, damit die **Sichtseite** der Tür keinen Schaden nimmt. Legen Sie beim **Kürzen** der Dübel eine Hartplastikfolie unter, damit die **Sägezähne** keine Spuren auf der **Oberfläche** hinterlassen. Wenn der Leim hart ist, neue Schraubenlöcher vorstechen, vorbohren und die **Scharnierschrauben** wieder eindrehen.

ARBEITSMATERIAL

- Holzleim
- Hartholzstiele
- Holzdübel
- Bohrmaschine
- Universalmesser
- Vorstecher
- Hammer
- Schraubendreher
- Feinsäge

Ausgebrochenes Topfscharnier befestigen

Überlastung kann schon mal dazu führen, daß die Tür um das Topfscharnier ausbricht. Für die Instandsetzung können Sie, je nach Werkzeugbestand, verschiedene Möglichkeiten wählen.

Mittelachsen der Bohrung auf Selbstklebepapier markieren.

Öffnung erweitern

Um das gebrochene **Material** zu entfernen, die Aussparung bis in die feste **Spanplatte** erweitern. Wenn

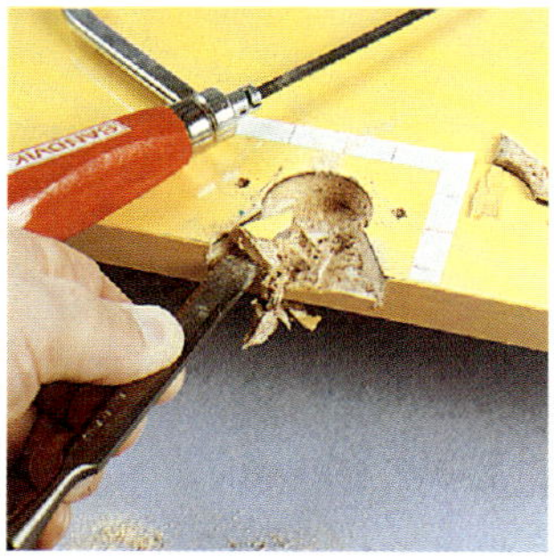

Die Kante schräg zur Bohrung hin einschneiden.

Sie den Boden dieser dreieckförmigen **Öffnung** mit dem Stecheisen eben bearbeiten können, läßt sich ein **Dreieck** aus Hartholz oder Furnierplatte einpassen und einleimen. Für die Scharnierbohrung sollten Sie sich eine **Schablone** mit dem 35 mm-Loch anfertigen und mit den Scharnierschrauben befestigen. Man kann die **Aussparung** auch ganz mit einer Kunstharzmasse (Holzfüller oder Epoxidharzkleber) füllen und die **Bohrung** erneuern. Doch die **Scharnierbohrer** müssen

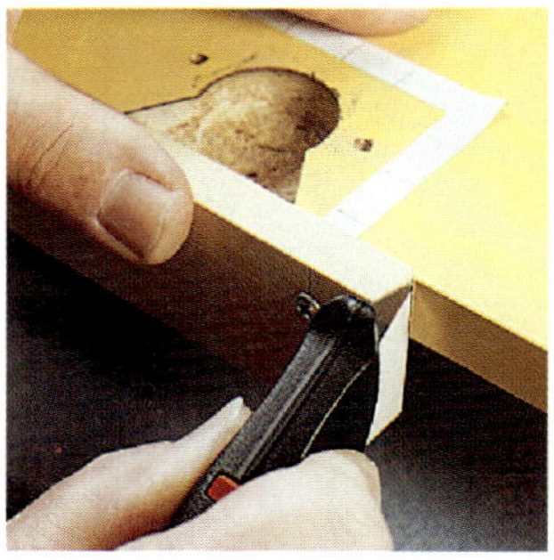

Kantenmaterial an der Begrenzungsleiste einschneiden.

Hartmetallschneiden haben und sind deshalb nicht ganz billig.

So läßt sich auch ein **Abschnitt** von einem Alurohr mit entsprechendem Durchmesser, zuvor in flüssiges **Kerzenwachs** getaucht, mit eingießen, um sich das **Bohren** zu ersparen.

Die Kante angewärmt mit der Messerklinge lösen.

Füllmasse verwenden

Dann kann man aber auch gleich, wie die **Bildfolge** zeigt, den Scharniertopf fest eingießen. Dabei hat man

So geschützt, kann keine Füllmasse in die Gelenke fließen.

nur etwas weniger Platz, um den Füller in die Aus-

Füllmasse mit kleinem Spachtel in die Aussparung streichen.

sparung zu bekommen. **Paßgenau** mit einer auf die Kante geschraubten Leiste, mit der die **Aussparung** begrenzt wird. Ein Stück Plastikfolie als Trennschicht verhindert, daß die **Leiste** festklebt. Der Scharniertopf wird mit flexiblem **Isolier-**

Unebenheiten kann man glatt spachteln.

band umklebt. Zuvor Fett von den **Achsen** mit Spiritus entfernen, sonst klebt das Isolierband nicht. Sind die **Schraublöcher** in der Tür ebenfalls ausgebrochen, muß das **Scharnier** wieder mit seinen Schrauben befestigt werden. Die **Kunstharzmischung** aus einem kleinen Mischbecher in die Aussparung füllen. Warme Luft macht die **Mischung** etwas fließfähiger, läßt sie

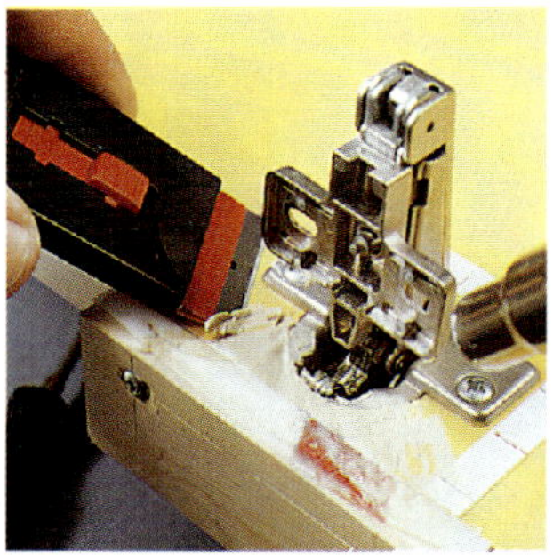

Die gehärtete Masse mit Stecheisen oder Klingen zum Ebnen abstechen.

allerdings auch schneller hart werden. Zum Schluß noch das abgezogene Stück der **Kantenbeschichtung** erneuern.

ARBEITSMATERIAL

- Füllmaterial
- Begrenzungsleiste
- Kantenmaterial
- Bügelsäge
- Stecheisen
- Universalmesser
- Heißluftgebläse
- Klingenschaber

Kunststoffhaube restaurieren

Hartnäckige Flecken, Schrammen und Kratzer lassen sich von harten Kunststoffen mit geeigneten Poliermitteln entfernen oder doch zumindest deutlich mildern.

Die häufigsten polierfähigen, harten bis weicheren **Kunststoffe** sind: Polyester, Acrylglas (Plexiglas), Polycarbonat (Makrolon) und mit Einschränkungen PVC-Kunstglas und Polystyrol hochschlagfest. Ein Test an möglichst verdeckter Stelle schützt vor größerem Flurschaden, denn Chromputz auf Plexiglas kann unerwünschte Folgen haben. Deshalb besser werkstoffabhängige Poliermittel verwenden.

Polierpasten unterscheiden

Man kommt oft auch mit simpler **Zahnpasta** zum Ziel. Denn ihre Putzkörper sind ebenfalls feine Schleifmittel. Poliermittel für Lack und Metall enthalten meist gelöste **Wachse,** die Unebenheiten durch Kratzer für begrenzte Zeit unsichtbar

Gebrauchsspuren lassen sich durch Aufpolieren tilgen.

auffüllen. Manchmal ist das ja ausreichend. Zunächst die Flächen mit viel **Wasser** abwaschen und trocknen. Zum Polieren soll das Teil allseitig stabil, aber weich

In vielen Fällen genügt schon Nachpolieren mit Polierpaste.

aufliegen. Durchsichtige Teile möglichst auf dunklem Untergrund. Sie können Fehler und Erfolg besser erkennen. Mit einfacher **Bearbeitung** lassen sich matte Stellen und leichte Kratzer zwar polieren, sie verschwinden aber nicht ganz. Das erreicht man nur durch die Bearbeitung mit **Naß-**

Excenterschleifer als Poliergerät für größere Flächen.

schleifpapier Körnung 500, oder Schleifvlies fine oder ultrafine. Schleifen oder Polieren immer mit kleinen, kreisenden Bewegungen, mäßigem

Tiefe Kratzer mit Naßschleifpapier 500 ausschleifen.

Druck und viel Geduld und Ausdauer. Die bearbeitete Fläche nicht zu eng begrenzen.

Oder mit Schleifvlies als wasserspeicherndes Schleifpad behandeln.

Polieren ist Schleifen

Beim **Polieren** haben Polierwatte, Molton-/Trikotlappen oder Filzscheiben nur das **Poliermittel** aufzunehmen, zu verteilen und die Bewegung auf die Schleifsubstanzen zu übertragen. Für ebene Flächen sind **Filzscheiben** besonders geeignet. Notfalls große **Möbelschoner** auf einen Klotz kleben. Filz hält das Poliermittel gut zwischen den Oberflächenfasern und speichert notwendiges Wasser. Zum Auspolieren ist

Auch mit Polierpaste und Filzscheibe läßt sich schleifen.

Polierwatte (Autozubehör) einem Tuch überlegen. Durch häufiges Aufreißen und Wenden lassen sich die Poliermittelrückstände bes-

Auspolieren, wenn die Rückstände ganz abgetrocknet sind.

ser aufnehmen. Die Schlußbehandlung: Polierstaub und Fasern mit Plastikreiniger entfernen. Dafür ist Handschuhstoff besonders geeignet.

ARBEITSMATERIAL

- Polierpasten
- Polierwatte
- Filzscheibe
- Naßschleifpapier
- Vliesschleifpads
- Handschuhstoff
- Excenterschleifer

Hüllen schweißen

Folien aus Kunststoff lassen sich zwar kaum kleben, dafür aber gut schweißen. Das gilt für die üblichen Plastiktüten oder -taschen aus Polyethylen ebenso wie für dicke Teichfolie aus PVC (Polyvinylchlorid).

Mit weißlichen Flächen zum Weißbruch reißende Naht.

Werkzeuge zum Schweißen dünner **Folien** sind Folienschweißgeräte für Tiefkühlbeutel, Bügeleisen oder Spitzen an Lötgeräten. Für dickere Folien das Heißluftgebläse. Beim **Schweißen** mit Heißluft hängt die Temperatureinstellung vor allem von Art und Dicke der Folie ab. Für PVC-Folie, 1,0 mm dick, soll die Luft auf 350 bis 450 Grad aufgeheizt werden.

Eckfalten erwärmen, formen und zusammenschweißen.

Schweißregeln

Kontrollieren kann man das durch den sogenannten

An festen Anlageflächen nur noch die Ränder verschweißen.

Weißbruch. Ganz perfekt ist die Naht, wenn die Folie bei der **Kontrolle** selbst einreißt. Das Verfahren: Mit der Siliconrolle die Folienteile so auf fester **Unterlage** aufeinanderpressen, daß sich die **Heißluft** zwischen den zwei bis drei Zentimeter übereinanderliegenden Flächen staut. Nach wenigen **Sekunden** sollen die Oberflächen in der Naht plastisch anschmelzen. Werden jetzt die Flächen mit der **Rolle** aufeinandergepreßt, soll am Folienrand ein kleiner **Wulst** aus herausgequetschtem

Nähte an Hüllen entsprechend der geplanten Form schweißen.

PVC entstehen. Falten an Innen- und **Außenecken** aufzeichnen, aber nicht einschneiden. Vorsicht, scharf geknickte Folien schmelzen an diesen **Stellen** leicht durch.

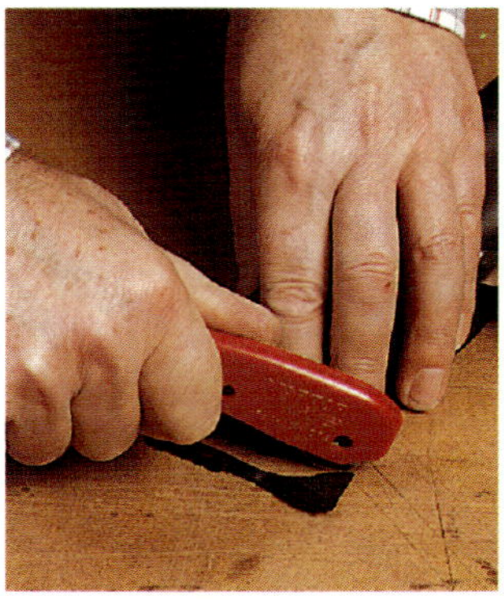

Erst dann den Überstand formgerecht abtrennen.

Hüllen anfertigen

Für Schweißnähte an **Hüllen** die Folie, mit den **Innen-**

Schwarze Folien mit weißem Fotostift markieren.

flächen nach außen zusammengelegt, schweißen.

Es soll eine nur wenige Millimeter breite **Schweißnaht**

Hülle für den Witterungschutz von Vorhängeschlössern.

bleiben, um die Hülle wenden zu können. Für notwendige Verschlüsse lassen sich **Druckknöpfe** nach Herstelleranleitung einnieten.

Dünne Folien lassen sich nur mit **Kontaktwärme** schweißen.

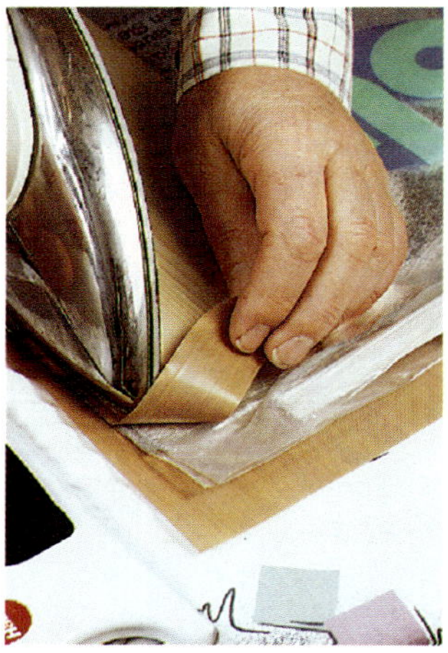

EXTRATIP: Aufgetrennte Schweißnähte an Plastiktaschen und ähnlichem lassen sich schnell reparieren. Man legt das Teil auf den Bügeltisch mit der Naht zwischen Teflon-Backfolie und verschweißt sie mit der Bügeleisenkante.

ARBEITSMATERIAL

- Teichfolie
- Teflon-Backfolie
- Nietdruckknöpfe
- Heißluftgebläse
- Siliconrolle
- Rollschneider
- Bügeleisen

Holzflächen reinigen

Wenn sich in den Poren von unbehandeltem Holz im Lauf der Zeit Schmutz festsetzt, ist das ein ganz normaler Vorgang. Mit haushaltsüblichen Reinigern ist dem jedoch nicht abzuhelfen.

Das betrifft vor allem **Holzroste und Liegen** in der Sauna, Küchengerät oder

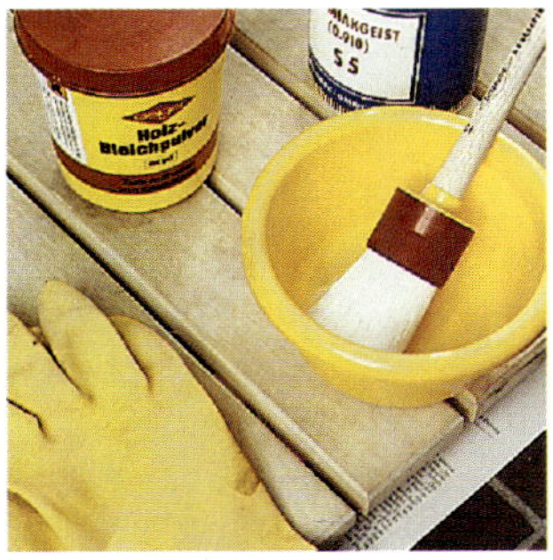

Bleichpulver, Salmiakgeist und säurefestes Arbeitsgerät.

abgebeiztes **Holz.** Denn tief ins Holz gewanderte, fettige **Verunreinigungen** lassen sich auch durch Abschleifen allein nicht tilgen. Von den

Salmiakgeist nur im Freien auftragen.

möglichen bleichenden Substanzen ist **Oxalsäure** im Umgang relativ gefahrlos, wenn man sich strikt an die auf der Verpackung genannten **Richtlinien** hält.

Die Dosis entscheidet

Obwohl diese **Säure** auch in der Natur reichlich und sogar in **Grenzen** genießbar vorhanden ist (Rhabarber, Sauerampfer), in der zum **Bleichen** erforderlichen Konzentration bleibt es eine mit **Umsicht** zu behandelnde Chemikalie. Überschüssige Flüssigkeit deshalb mit einer dicken Lage **Zeitungspapier** über Plastikfo-

Topfschwamm mit Schleifvlies, um groben Schmutz zu lösen.

lie aufsaugen. Es läßt sich als **Altpapier** entsorgen. Von der Bleichflüssigkeit darf jedenfalls weder etwas in die **Natur noch ins Abwasser** gelangen.

Wegen der notwendigen **Vorbehandlung** mit verdünntem Salmiakgeist unbedingt im **Freien** arbeiten. Beim Bleichen dient er zum

Bleichflüssigkeit üppig mit Kunststoffpinsel auftragen.

PROFITIP

Gummihandschuhe sind bei Arbeiten mit Chemikalien zwar selbstverständlich, durchlässige Handschuhe sind allerdings schlechter als gar keine. Kaufen Sie lieber neue, falls die vorhandenen aufgeblasen die Luft nicht halten. Durch Aufblasen bringt man übrigens auch wieder Handschuhe in Form, die man beim Abstreifen gleich zum Trocknen der Innenflächen gewendet hat.

Ergebnis am getrockneten Holz beurteilen.

Entfetten der **Holzoberfläche.** Durch dieses Netzmittel perlt die flüssige **Oxalsäure** nicht ab, sie

Flächen mit Hydrogencarbonat-Lösung neutralisieren.

kann das Holz intensiv benetzen. Deshalb beim Nachwaschen den **Topfschwamm** in klarem Wasser gut ausdrücken, um nur **Schmutz** und überschüssige Salmiaklösung aufzunehmen. Und die **Bleichflüssigkeit** auf waagerechte Flächen auftragen.

Die dreieckige Schleifplatte erreicht auch die Fugen.

Getrocknet beurteilen

Falls Sie nach 30 bis 40 Minuten **Wartezeit** das Ergebnis genau beurteilen wollen, können Sie auch mit **Warmluft** beschleunigt trocknen. Ein direkter Vergleich zu nicht behandelten **Oberflächen** ist hilfreich.

Ist das Ergebnis zufriedenstellend, werden alle **Flächen** mit einer Lösung aus einem Beutel Kaiser Natron auf 5 Liter **Wasser** neutralisiert. Dieses Mittel (Apotheke, Reformhaus) bewirkt, daß man wieder mit gutem Gewissen mit dem gebleichten Holz in **Berührung** kommen kann.

ARBEITSMATERIAL

- Bleichpulver
- Salmiakgeist
- Kaiser Natron
- Kunststoffpinsel
- Kunststoffgefäße
- Topfschwamm
- Heißluftgebläse
- Schleifmittel

Metallgestell bandagieren

Sind Metallverbindungen entzwei, kann man sie selbst kaum noch reparieren. Ausgenommen Sie versuchen es mit einer Bandage aus faserverstärktem Kunstharz.

Rost- und Lackschichten können die Haltbarkeit der Bandage stören

Soweit sich schon Rost an der Stelle zeigt, sollten Sie ihn bis auf das blanke **Metall** entfernen. Es könnte auch unter der Bandage weiterrosten. Sollte sich zum Beispiel ein **Verbindungswinkel** schon ganz

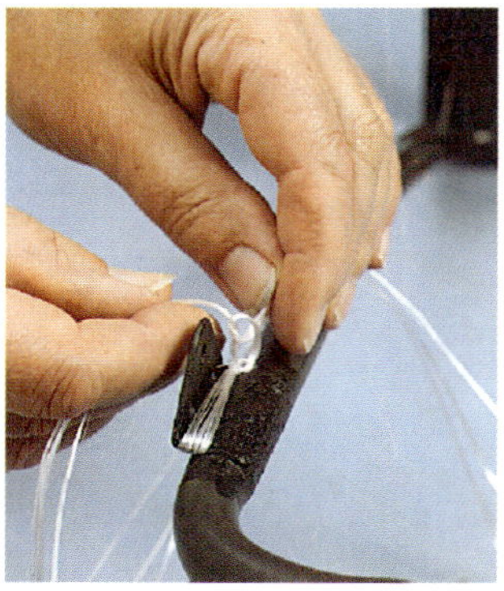

Den Anfang vom Glasseidenstrang fest verknoten.

Auf warmem Metall verteilt sich der Kleber besser.

gelöst haben, dann wird man ihn zunächst nur mit **Kleber** fixieren, damit er beim Anlegen der Bandage nicht verrutscht. In diesem Fall sollte vorher auch der

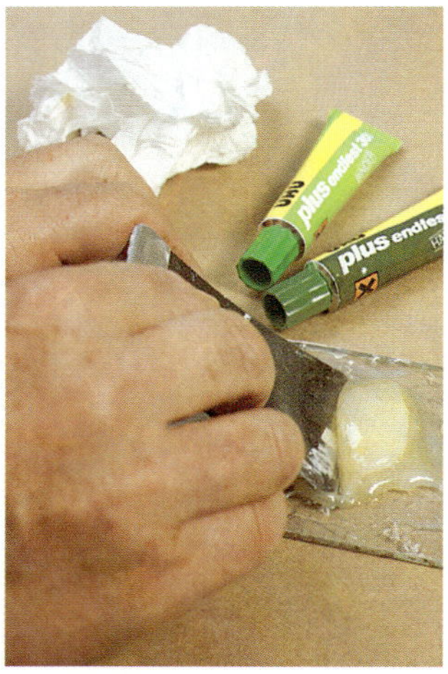

Größere Mengen Epoxidharzkleber lassen sich auch gut mit einem Lackspachtel auf einem Glasstück durchmischen.

Lack ab. Denn der würde, wie eine **Trennschicht** zwischen Metall und Kleber, eine stabile Verbindung verhindern. Glasfasern, auch als Rovingstränge bezeichnet, bekommt man beim Modell- und Bootsbaubedarf. In ganzer Länge sind die Stränge seidenweich.

Wenn man jedoch daran reißt, machen sich feinste

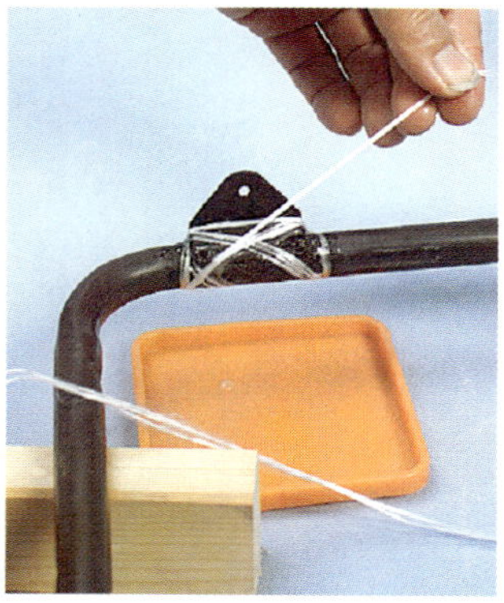

Sich kreuzende Fäden umhüllen den ganzen Bereich.

Bruchstücke unangenehm auf der Haut bemerkbar.

Die benötigte Klebermenge erst nach und nach anmischen

Für derartige **Vorhaben** verwendet man langsam abbindenden Kleber. Dann hat man ausreichend Zeit für die **Ausführung.** Außerdem läßt sich die Klebermenge besser dosieren.

Bei **Bedarf** wird einfach noch etwas Kleber nachge-

Die Harzschicht glättet sich unter warmer Luft.

mischt. Denn sind die zwei Komponenten **Harz und Härter** erst einmal zusammengemischt, ist die chemische **Reaktion** nicht mehr zu stoppen.

Für den Anfang der Bandage ein **Strangende** am Gestell verknoten, um die Fasern straff gespannt um das **Rohr** wickeln zu können. Der etwas zähflüssige Kleber läßt sich leichter und gleichmäßiger verteilen, wenn man das **Metall,** mit heißer Luft aus einem Gebläse, etwas anwärmt. Spannt man das Gestell so auf **Klötze,** daß die Reparaturstelle frei über der **Arbeitsfläche** steht, läßt sich die Bandage einfacher anlegen. Die Arbeitsfläche

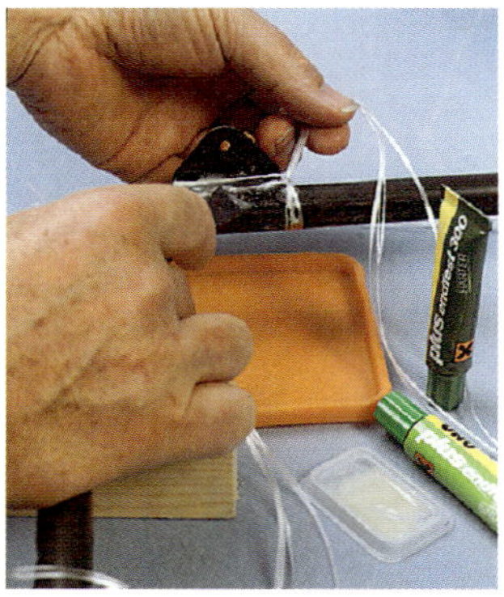

Beim Bandagieren den freien Strang vom Kleber fernhalten.

sollten Sie jedoch gegen abtropfenden Kleber schützen. Von einem **Deckel** aus Weichplastik (Tiefkühlschachtel) läßt sich ausgehärteter Kleber später wieder leicht entfernen. Die **Faserstränge** erfüllen ihre Aufgabe am besten, wenn man sie systematisch, kreuzweise um die **Verbindung** schlingt. Sie werden Schicht für Schicht rings um das Rohr im Kleber eingebettet.

Ist die **Bandage** zwei bis drei Millimeter dick geworden, verteilt man noch eine **Schicht** Kleber mit nicht zu heißer Luft (gerade noch hautverträglich) auf der **Oberfläche** und läßt das Ganze 24 Stunden härten.

ARBEITSMATERIAL

- Heißluftgebläse
- Zweikomponentenkleber
- Glasseidenfaden
- Unterlegklötze
- Schraubzwinge

Holzoberfläche richtig behandeln

Leimholzplatten aus Hartholz sind, bei einer materialgerechten Behandlung der Oberfläche, angenehm natürliche und widerstandsfähige Arbeitsflächen. Weit weniger pflegebedürftig, als man annehmen dürfte.

Kantenflächen glätten, Winkelkanten abrunden oder anfasen.

Durch die besondere Verleimtechnik sind die weniger wünschenswerten, spezifischen Eigenschaften von Massivholz zwar eingeschränkt, bei der Befestigung auf Unterschränken muß jedoch unbedingt darauf geachtet werden, daß die Platte etwa ein Prozent ihrer Breite als Spielraum erhält. Denn die Oberflächenbehandlung mit Naturwachsen erlaubt dem Holz die notwendige Aufnahme und Abgabe von Luftfeuchtigkeit, und dadurch ergibt sich eine geringfügige Änderung der Breite. Wasserdicht, lebensmittelverträglich und widerstandsfähig gegen lebensmitteleigene Substanzen ist das Holz trotzdem.

Holzbearbeitung

Plattenzuschnitte sind wenigstens noch an den Kanten zu bearbeiten. Die rohe Holzoberfläche soll zwar nicht zu glatt werden, aber je nach Materialqualität und Verwendungszweck ist eine Nachbearbeitung der industriell geschliffenen Flächen angebracht. Harthölzer wässern und überschüssiges Wasser nach einigen Minuten mit ausgedrücktem Schwamm wieder abnehmen.

Die rohe Holzfläche mit heißem Wasser ausgiebig naß machen.

Diese Prozedur läßt die vielen kleinen Fasern aufquellen, die, völlig getrocknet, mit 180-Schleifkörnung abgeschliffen werden. Zeigen sich nach dem Abbürsten feine Risse oder offene Stoßfugen, kann man den Schleifstaub aus dem Staubbeutel zu Kitt verarbeiten: Einfach mit einigen Tropfen Klarwachs den Staub zu einer festen Masse verkneten. Mit der Stecheisenklinge anschließend den Kitt in die Vertiefungen drücken.

Oberflächenbehandlung

Je intensiver man das Klarwachs in das Holz einarbeitet, umso exzellenter wird die Oberfläche. Dabei kann man immer wieder ein wenig neues Wachs auf die Oberfläche streichen und so lange kreuz und quer verteilen, bis sich beim Egalisieren in Längsrichtung ein gleichmäßiger Glanz, ohne matte Bereiche, auf der gesamten Fläche zeigt. Die

Der Excenterschleifer erreicht ideale Voraussetzungen.

Rückseite möglichst ebenso behandeln. Diese Schicht muß wenigstens 24 Stunden trocknen und härten. Ein Zwischenschliff ist nur dann notwendig, wenn die Holzfläche nicht ganz

Holzkitt selbst auf einer Glasplatte mischen.

gleichmäßig geschliffen wurde.
Die Deckschicht aus Dekorwachs läßt sich mit einem Stoffballen, Leinen über saugfähiges Trikot gebunden, intensiv und fein auftragen. Erst zum Abschluß in Holzrichtung mit langen, zügigen Bewegungen egalisieren.

Beim Verteilen der Grundschicht den Pinsel ruhig etwas quälen.

Dekorwachs mit dem Ballen in kreisenden Bewegungen verteilen.

EXTRATIP: Bei normaler Beanspruchung genügt die halbjährliche Pflege. Dazu wird die Oberfläche leicht mit sehr feiner Stahlwolle in Richtung der Holzmaserung bearbeitet und anschließend wieder mit Dekorwachs behandelt.

ARBEITSMATERIAL

- Leimholz
- Excenterschleifer
- Schwamm
- Klarwachs
- 180-Schleifblatt
- Pinsel
- Dekorwachs
- Stecheisen
- Leinen
- Elektrohobel
- Stecheisen
- Trikot

Handwerkzeuge schleifen

An Werkzeugen gibt es, neben den besonders zu schärfenden Schneiden, auch andere Bereiche, die sich abnutzen oder verformen. Dann steigt das Risiko für Verletzungen. Die Arbeit wird ungenau und kostet mehr Kraft.

Über ungeschützter Schleifscheibe unbedingt Handschuhe tragen.

Deshalb solchen **Kanten** und Flächen durch Schleifen wieder die Originalform zurückgeben. Zum Beispiel

Wenn möglich Werkzeuge bei geringeren Drehzahlen schleifen

dem **Meißel** den Bart am Kopf stutzen, denn Bruchstücke davon können zu gefährlichen Splittergeschossen werden. Dabei kann man dann auch gleich die **Schneide** nachformen, damit sie nicht mehr so leicht von **Stahl** oder **Stein** abrutscht.

Winkelschleifer einspannen

Auf einer **Fiberscheibe** (Körnung 80) über dem elastischen **Stützteller** kann man das mit entsprechender Vorsicht auch am **Winkelschleifer** erledigen. Der läßt sich dazu zwar auch in einen speziellen **Halter** einspannen, sofern man den vorsorglich im Regal stehen hat.

Wenn jedoch solche **Arbeiten** nur selten anfallen: An zwei **Flacheisen,** im Gewinde für den Zusatzhandgriff befestigt, kann man das **Gerät** auch fest im Schraubstock einspannen. Jedenfalls ist es gefahrloser, handliche **Werkzeuge** am

Das Schleifgerät darf sich nicht bewegen können.

fest eingespannten Winkelschleifer zu bearbeiten, als umgekehrt. Das Gewinde (M8 oder M10) im **Getriebekopf** ist meistens nur kurz. Zum Anschrauben der **Flacheisen** eignen sich Stellschrauben, deren Metallgewinde bis knapp unter den **Sechskantkopf** reicht.

Gewinde erhalten

Um sie zu kürzen, eine passende **Mutter** aufdrehen, die gleichzeitig dem Sägeblatt als **Anlage** dient. Wenn man die Mutter nach dem **Absägen** wieder abdreht, richtet sie automatisch das beim Sägen verdorbene **Gewinde** wieder gerade. Dann läßt sich die Schraube störungsfrei in das Gewinde der **Muffen** drehen.

Sicherheit zuerst

Auch wenn man bei derartigen **Schleifarbeiten** noch so umsichtig zu Werke geht,

Gewinde kürzen mit Sechskantmutter als Anlage für das Sägeblatt.

kann schnell mal ein **Funke oder Splitter** in die falsche Richtung fliegen. Der **Funkenschutz** an der Schleifmaschine allein kann das nicht verhindern. An ungeschützten **Schleifscheiben** vom Winkelschleifer und auch an Schleifbändern ist diese **Gefahr** erst recht vorhanden. Deshalb Augen und Hände besonders schützen. Mit **Arbeitshandschuhen** kann man außerdem besser zupacken, wenn's ums **Grobe** geht. Man sollte nicht erst schmerzhafte **Erfahrungen** sammeln müssen, um entsprechenden **Respekt** vor dem Funkenstrom zu haben. Natürlich auch davor, daß er schnell die **Ursache** für einen Brand werden kann, wenn **Brennbares** nicht entfernt genug aufgeräumt wird.

Schleifflächen kühlen

Wo die **Funken** nur so sprühen, muß auch zwangsläufig große **Hitze** entstehen. Diese kann zum **Ausglühen** oder Verbrennen der geschliffenen Flächen führen. Um das auszuschließen, die heißen **Zonen** an den Werkzeugen in kurzen Abständen im **Wasserbad** kühlen. Die Werkstückauflage an der **Schleifmaschine** ist nicht nur zum Ausrichten des Werkzeugs gedacht. Die muß vielmehr die **Kräfte** aufnehmen, mit denen die Schleifscheibe sonst das **Werkstück** durch die Gegend schleudern könnte. Da am Winkel- und häufig auch am Bandschleifer solche **Auflagen** fehlen, muß an diesen Geräten die Schleifrichtung immer weg vom **Werkstück** zeigen. Im übrigen natürlich auch weg vom eigenen **Körper.**

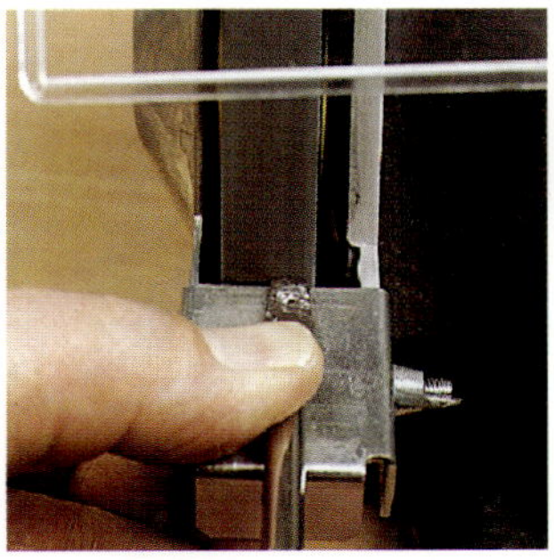

Korrekt justierte Auflage für die Schraubendreherspitze.

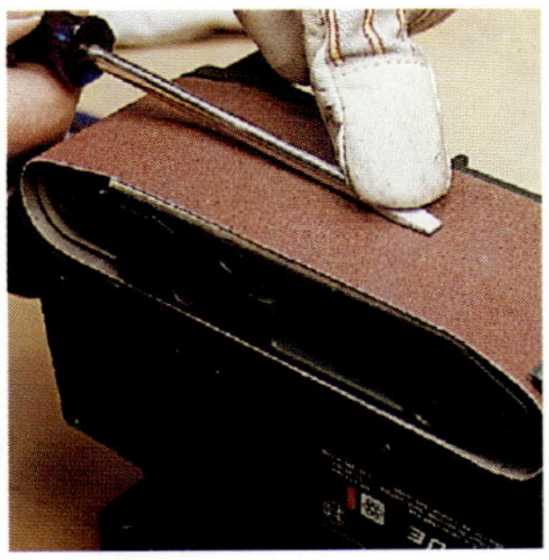

Bandschleifer zur Bearbeitung der Flanken.

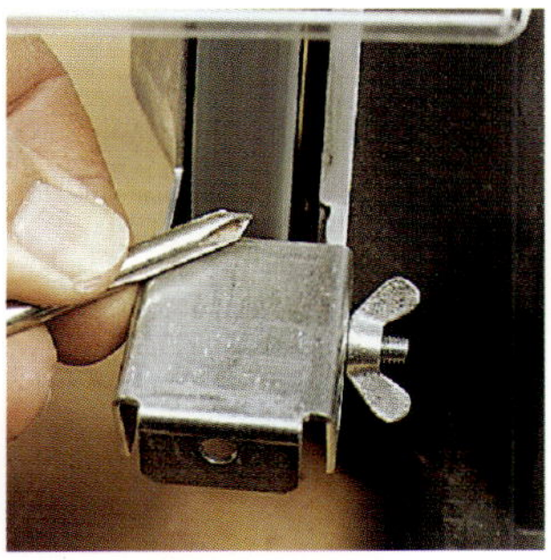

An der Kreuzschlitzspitze nur Außenstege schleifen.

Laufrichtung beachten

Geraten Sie mit einer scharfen **Kante** gegen die Laufrichtung in Schleifscheibe oder -band, kann Ihnen das wegfetzende **Schleifmittel** das Werkzeug schmerzhaft aus der Hand schlagen. Schlimmstenfalls dorthin, wo es noch größeren **Schaden** verursachen kann. Meistens genügt es, feinfühlig nur wenige **Zehntel-Millimeter** abzuschleifen. Jedenfalls dann, wenn man damit nicht zu lange gewartet hat. Die **Lebensdauer** der Werkzeuge verkürzt sich durch das **Nachschleifen** weniger, als wenn man es vergißt.

Schraubendreher

Längst nicht alle Schrauben lassen sich mit auswechselbaren **Schrauberbits,** sei es im Handgriff oder der Maschine, ein- oder ausdrehen. Spitzen von **Schraubendrehern** könnten es meistens gut vertragen, wenn sie häufiger rechtwinkelig zur **Mittelachse** nachgeschliffen würden. Breite und Dicke der **Spitze** sollten Sie aber besser mit der **Schiebelehre** kontrollieren.

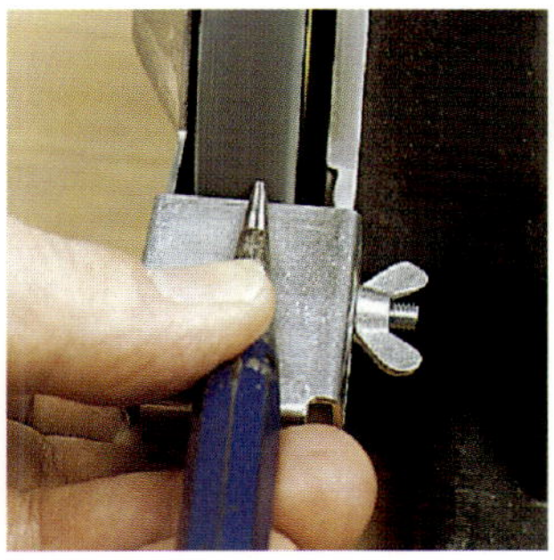

Auch für die Senkstiftspitze die Auflage korrekt justieren.

Nimmt man die Flanken zwischen die **Meßzungen** und hält damit die Spitze des Schraubendrehers gegen das Licht, kann man auch erkennen, ob **Flanken** korrekt parallel zueinander geschliffen sind. Die **Spitzen** für Kreuzschlitzschrauben kann man dagegen nur nach **Augenmaß** beurteilen. Der Spitzenwinkel soll etwa 60 Grad betragen.

Körnerspitze beim Anschleifen um die Mittelachse drehen.

Schlagstifte

Kopf und **Spitze** dieser Werkzeuge nutzen sich ab. Am Kopf ist wie beim Meißel der **Bart** abzuschleifen. Am Senker oder dem dickeren Durchschläger schleift man mit dem konischen **Schaft** auch den Grat an der Spitze ab. Die **Fläche** an der Spitze soll scharfkantig sein und genau rechtwinkelig zur **Mittelachse.** Die Körnerspitze hat dagegen einen Winkel von 90 Grad.

Kurzer Kontakt mit dem Band genügt für die Hammerbahn.

Auch den Fasen die ursprüngliche Form geben.

Hammer

Auch am **Hammer** wird die quadratische Fläche der **Hammerbahn** mit der Zeit uneben. Fehlschläge und krummgeschlagene **Nägel** lassen sich verhindern, wenn auf dem **Schleifband** die Bahn wieder planeben wird. Von korrekt nachgeschliffenen **Fasen** können sich auch keine Splitter lösen.

ARBEITSMATERIAL

- Winkelschleifer
- Flachstahl 20 x 5
- Stellschrauben
- Bügelsäge
- Schraubstock
- Schleifmaschine
- Handbandschleifer

Werkzeugschneiden abziehen

Massiver Stahl kann, wie dünne Klingen, weder vibrieren noch nachgeben. Wenn diese Schneiden nur stumpf, aber ohne Scharten sind, genügt es oft schon, das Eisen auf dem Abziehstein nachzuschärfen.

Sind die **Schneiden** jedoch sehr stumpf oder gar schartig, ist die **Fase** an einer Schleifscheibe nachzuschleifen. Hartmetallbestückte **Hobeleisen,** notwendig zur Bearbeitung von mit Kunstharzen gebundenen Holzwerkstoffen, sollte man schärfen lassen. Normale **Handwerkzeuge** für die Holzbearbeitung lassen sich selbst schärfen und abziehen. Ohne gut gleitenden **Führungsschlitten** vor der Schleifscheibe bleiben die Schneiden jedoch weder gerade noch rechtwinkelig. Nur so, mit dem geeigneten **Schneidenwinkel** von 25 Grad, sind sie jedoch für perfekte **Arbeit** zu gebrauchen.

Ausglühen vermeiden

Die **Fase** am Eisen stets nur ganz behutsam an die **Schleifscheibe** drücken. Dabei entsteht trotzdem so viel **Hitze,** daß man die Schneide in kurzen Abständen im **Wasser** kühlen muß. Sonst kann die feine Spitze ausglühen. Die **Schneide** verfärbt sich an dieser Stelle ocker bis blau und wird weich. Dann bleibt nichts anderes übrig, als die ganze Schneide um diese **Stelle** kürzer zu schleifen. Mit der entsprechenden **Vorsicht** und Kühlung. Sollte die Schleifscheibe einmal uneben werden, können Sie diese mit einem **Abrichtstein** wieder in Form bringen. Spitze **Schneiden** bis 45 Grad erhalten ihre endgültige Schärfe jedoch erst auf dem **Abziehstein.** Denn an der Schleifscheibe wird die Fase hohl geschliffen, der **Schneidenwinkel** ist dadurch zu spitz. Außerdem entsteht ein feiner **Grat am Spiegel** des Eisens. Beides ist auf dem Abziehstein, in der **Regel** ein 150 x 50 x 25 mm Block aus Siliciumcarbid mit einer groben und einer feinen **Seite,** zu korrigieren. Auf der groben Körnung an Ober- und Unterkante der Fase, die **Schleifspuren** der Scheibe auf jeweils einem guten Millimeter breiten **Streifen** abschleifen. Dazu das Eisen erst fest mit der Fase auf die **Schleiffläche** drücken und die Neigung beim Schleifen einhalten. Wenn das **Eisen** diese Neigung verändert, verschlechtert sich die Schärfe. Die **Schleifrichtung** ist geradlinig, mit der Schneide schräg zur Bewegungsrichtung.

Führung für die exakte Form von breiten Stech- und Hobeleisen.

Den Spiegel kreisförmig auf der feinen Steinseite abziehen.

Fase im exakten Winkel auf der groben Seite anschleifen.

Hohlkehlen mit einem Formstein bearbeiten.

Um den feinen Grat abzuziehen, **Fase** und Spiegel, in kurzem Wechsel von drei, vier **Zügen,** auf der feinen Seite des Abziehsteins bearbeiten. Insgesamt etwa fünf Mal auf jeder Seite. Die **Schleifrichtung** der Fase ist geradlinig, mit der Schneide jedoch parallel zur Bewegungsrichtung. Auch dabei müssen **Fase und Spiegel** voll auf dem Stein liegen. Erst zum Abschluß kann man bei zwei, drei Zügen auf jeder Seite das **Eisen** geringfügig anheben und damit die **Standfestigkeit** der Schneide erhöhen. Am Hobeleisen kurz die **Ecken** über die Seiten des Abziehsteins ziehen, damit sich beim Hobeln keine scharfkantigen **Spuren** im Holz abzeichnen.

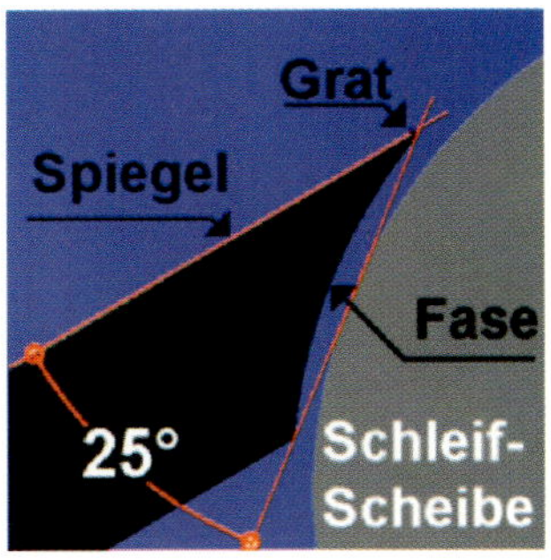

Schneidenwinkel von 25° zwischen Spiegel und Fase einhalten.

Gleitflüssigkeit verwenden

Der **Abziehstein** muß bei diesem Vorgang fest auf der Arbeitsfläche liegen und zur besseren **Wirkung** vorzugsweise mit Petroleum durchtränkt sein. Im **Gegensatz** zu Wasser gleitet das Eisen dabei besser, und die feine **Schneide** kann nicht durch mögliche Restfeuchtigkeit rosten.

ARBEITSMATERIAL

- Schleifmaschine
- Führungsschlitten
- Abziehstein
- Abrichtstein
- Petroleum

Namensschild selbst anfertigen

Wenn man sich auch an der Wohnungstür ein wenig unterscheiden möchte, ist ein ganz persönlicher Namenszug sicher eine geeignete Visitenkarte. Besonders, wenn er aus massivem Metall gegossen ist.

Dazu gehören auch keine komplizierten **Formen.** Obschon man zum Beispiel mit

Frei gestalteter Schriftzug in massivem Metallguß.

dieser **Technik** auch fehlende Zierbeschläge für alte **Möbel** vervielfältigen kann.

Grundlage ist der eigene Entwurf auf Transparentpapier.

Die freigestaltete **Reliefplatte** mit dem Namenszug entsteht aus einer Form in der Technik für **Linolschnitte** geschnitten in Formplatten.

Vorlage fertigen

Eine **Vorlage** läßt sich freihändig oder mit Verwendung von **Zeichengeräten** herstellen. Solange bis der Entwurf Ihren Vorstellungen entspricht. Da Siliconkautschuk weder **Bleistift** noch **Tusche** annimmt, läßt sich der Entwurf nur mit **Einstichen** seitenverkehrt auf die Formplatte übertragen. Entweder mit einem **Kopierrädchen** oder mit einzelnen Nadelstichen durch das

Zum Übertragen die Zeichnung mit Nadeln fixieren.

Transparentpapier in die Formplatte.

Zuerst nur die **Grundplatte** mit einer breiten, geraden **Hohlklinge** in kleinen Spänen herausschälen. Die

Nach dem Ausheben der Platte die Buchstaben kopieren.

Schneiden häufig nachschärfen. Diese werden von den **Füllstoffen** in der Kautschukplatte relativ schnell stumpf. Rundungen lassen sich einfacher schneiden, wenn Sie die **Formplatte** gegen die Klinge bewegen und dabei drehen. Um das **Ergebnis** zu testen, können Sie die Form zunächst nur mit dünnflüssiger Spachtelmasse oder **Feingußmasse** (Gipsbasis) ausgießen. Ein derartiger Abguß reicht vielleicht auch schon aus, wenn Sie nur das eine **Schild** anfertigen wollen. Auch dann läßt sich die Oberfläche mit unterschiedlichen **Metalleffekten** gestalten.

Schriftzug mit Hohlklinge oder V-förmigem Geißfuß schneiden.

Zierzinn gießen

Für den **Zinnguß** sind dann noch die Eingießöffnung und die **Windpfeifen,** damit beim Guß die Luft aus der Form entweichen kann, einzuschneiden. Zum Guß die Form mit **Formpuder** einstäuben. Eine zweite, unbearbeitete Siliconplatte als **Hitzeschutz** mit einspannen.

Das Zinn läßt sich auch in einem einfachen **Blechtie-**

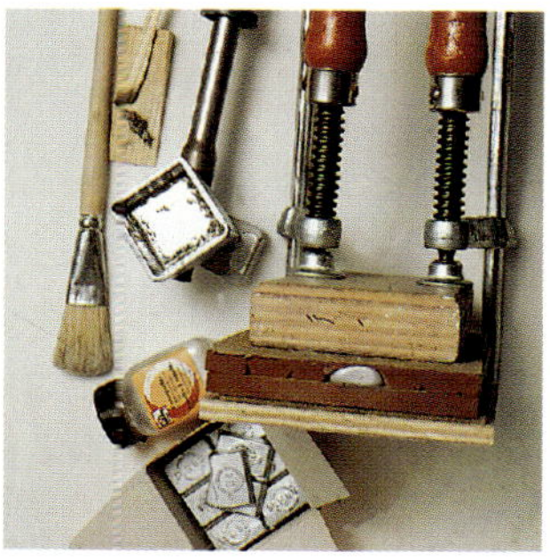

Zum Guß die Form zwischen Holzplatten spannen.

Nach wenigen Minuten läßt sich der Guß beurteilen.

gel über offener Flamme schmelzen. Es ist heiß genug, wenn ein in das flüssige Zinn getauchtes **Hölzchen** schnell verkohlt.

Die metallisch glänzende **Oberfläche** läßt sich noch mit Patinierflüssigkeit nachdunkeln. Eventuell die erhabenen **Konturen** mit Stahlwolle hervorheben. Für diese Anwendung genügt das preiswertere **Zierzinn.**

ARBEITSMATERIAL

- Siliconkautschukplatten
- Transparentpapier
- Zierzinn
- Formpuder
- Patinierflüssigkeit
- Linolschnittwerkzeug
- Gußtiegel
- Stahlwolle

Elektro

Elektrische Anlagen zu installieren oder zu erneuern und defekte elektrische Geräte instandzusetzen ist auch für den Heimwerker möglich. Detaillierte Anleitungen erleichtern Ihnen die Arbeit. Beachten Sie aber unbedingt unsere Sicherheitshinweise.

Defektes Antennenkabel instand setzen

Mit beständigen Steckvorrichtungen kann man Defekte an der Zuleitung von der Antennensteckdose dauerhaft reparieren. Oder eine Verlängerung ins Zimmer nebenan anfertigen.

Wenn sich das **Fernsehbild** plötzlich verschlechtert, liegt das oft nur an einem defekten **Antennenkabel.** Halten Sie die Stecker fest und bewegen Sie das Kabel. Aus der Reaktion auf der Mattscheibe können Sie schon auf den **Defekt**

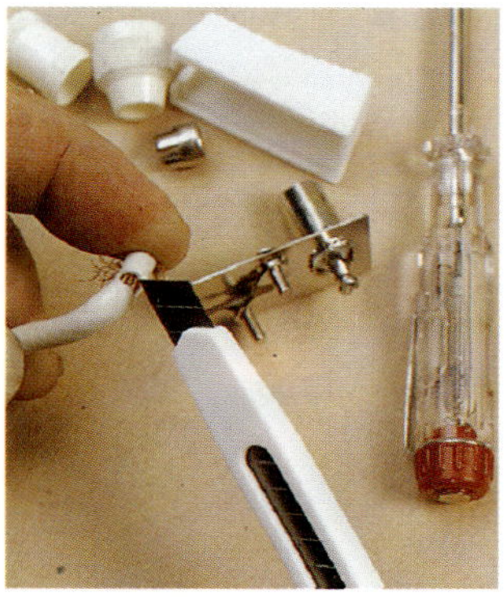

Kabelmantel nur anritzen.

schließen. Denn Verlängerungen sind an Stecker und Buchse besonders anfällig. Vor allem bei **Portables,** die häufiger den Standort wechseln und mit ihnen das Antennenkabel. Das liegt

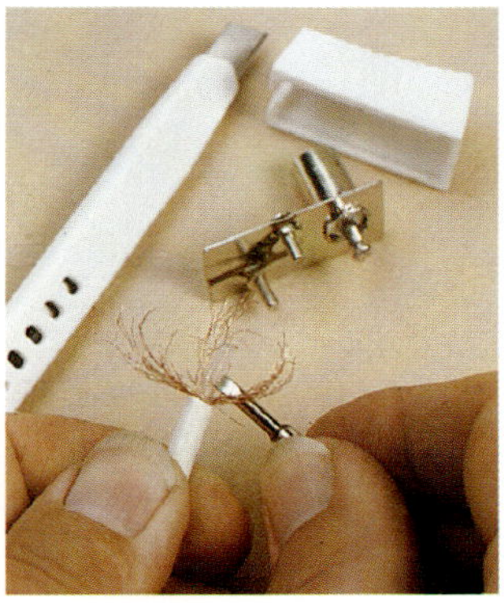

Kupferdrähte gefühlvoll ordnen.

SICHERHEITSTIP
Je leistungsfähiger Fernseh- und Audioanlagen werden, desto empfindlicher reagiert ihre Elektronik auf elektrische Spannungsfelder. Die entstehen bei einem Blitzschlag in der Nähe und wirken auf Empfangsantennen oder in Leitungs- und Kabelnetze hinein. Die Situation ist ähnlich wie zu Zeiten, als Blitzschutzanlagen noch nicht so verbreitet waren. Empfindliche Geräte sind bei Gewittern vom Strom- und vom Antennennetz zu trennen.

am dicken, nur wenig beweglichen Adernmantel um den **Signalleiter.** An einfachen Steckvorrichtungen

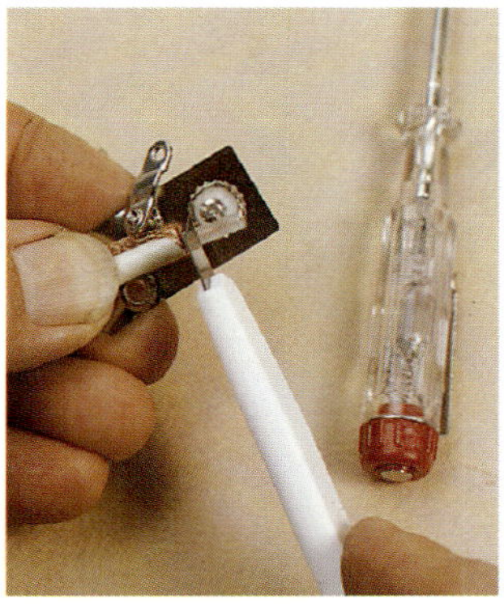

Maß nehmen für die Signalader.

aus Kunststoff mit einer nur mäßig wirksamen **Zugentlastung** passiert das besonders häufig. Verwenden Sie besser gleich haltbare Steckvorrichtungen aus Metall.

Präzise schneiden auf einer Unterlage.

Antennenkabel immer sehr feinfühlig bearbeiten

Die einzelnen Drähte der Kupferlitzen sind sehr fein und schnell durchtrennt. Mit der frischen **Schneiden-**

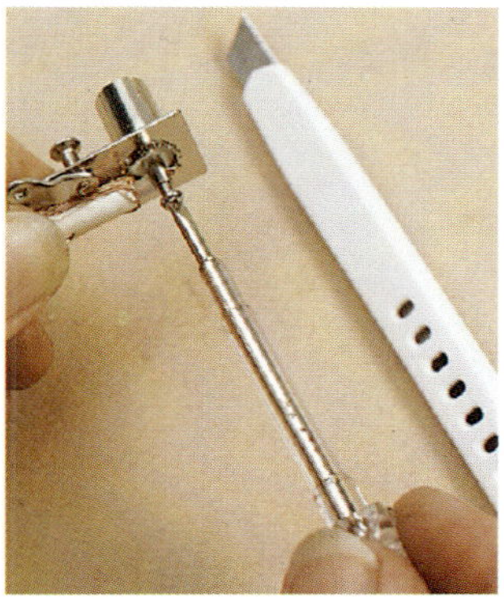

Schraube zunächst nur leicht anziehen.

spitze der abbrechbaren Cutterklinge den Kabelmantel nur anritzen, ringsum in großzügigem Abstand vom Kabelanfang und längs bis zum Kabelanfang. Leicht gebogen platzt der Schnitt von allein weiter auf, und die **Abschirmung** läßt sich freilegen.

Das feine Gewirk aus Kupferdrähten muß man zunächst einmal vorsichtig aufdröseln, um an die Signalleitung heranzukommen. Die wird in maßgerechtem Abstand, auf einem Klotz als **Unterlage,** freigelegt. Das erleichtert den genauen Einschnitt in den dicken Mantel der Ader.

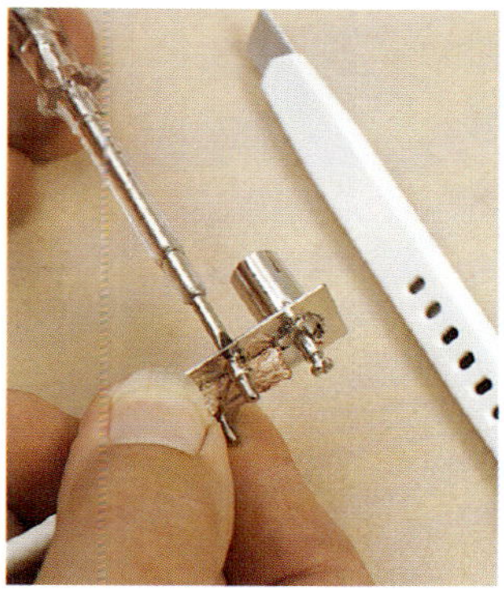

Einklemmen unter der Zugentlastung.

Probeweise Abschnitte vermitteln das Gefühl, wie weit man schneiden darf

Die freigelegte **Litze** verdrillt und, falls lang genug, einmal umgeknickt nur leicht unter die Schraube vom Stecker- oder Buchsenstift klemmen. Eingekürzt und sauber unter der **Klemmschelle** verstaut wird die Abschirmung mit der **Zugentlastung** fest eingeklemmt. Erst jetzt auch die Schraube für die Signalader fester anziehen, und das **Gehäuse** wieder zusammensetzen.

ARBEITSMATERIAL
- Antennenstecker
- Antennenbuchse
- Cuttermesser
- Kleinschraubendreher
- Schneideunterlage

Anschlußstecker ganz auswechseln

Anschlußstecker sind häufig auch Ausschalter, weil dem Gerät ein eigener Schalter fehlt. Das hat oft seinen Sinn, verhindert es doch, daß sich zum Beispiel die Heizung im Wasserkocher unbemerkt einschalten läßt.

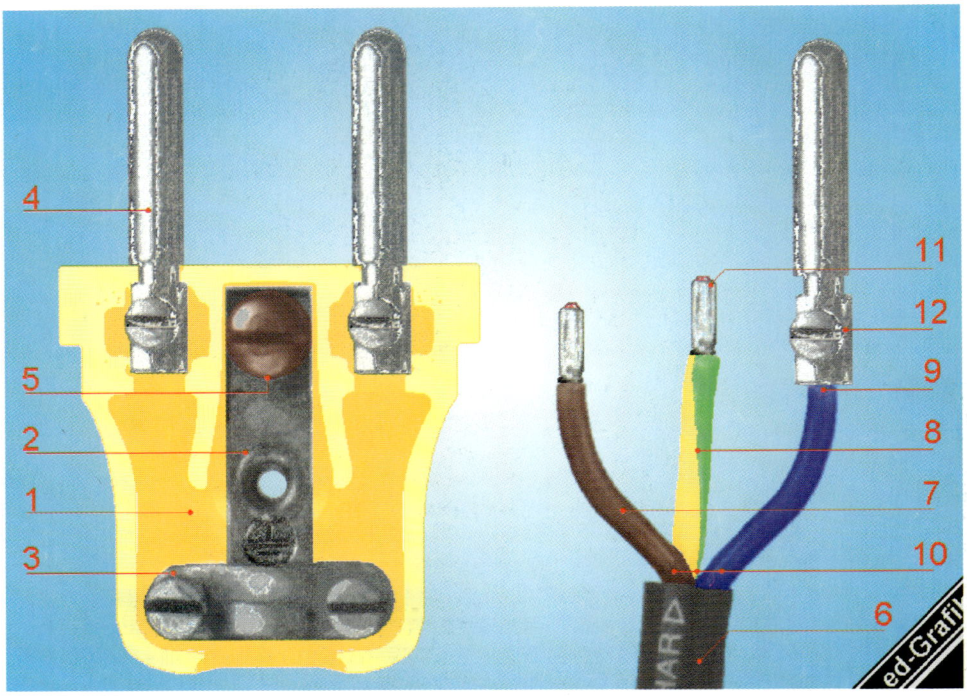

Schutzkontaktstecker, gerade. 1 Gehäuse, 2 Schutzkontaktbrücke, 3 Zugentlastung, 4 herausnehmbare Steckerstifte, 5 Klemmschraube, 6 Kabel oder Leitung, 7 Außenleiter, 8 Schutzleiter, 9 Neutralleiter, 10 Adern mit Isolierung, 11 Adernendhülse, 12 Anschlußbuchse.

Durch einen Schutzkontakt-Winkelstecker mit eingebautem **Schalter** läßt sich jedoch manche Umständlichkeit umgehen. Das dargestellte Verfahren gilt im **Grundsatz** auch für den Anschluß anderer Steckvorrichtungen. Die **Bedeutung** der Adernfarben können Sie noch einmal nachlesen, bevor Sie beginnen und den Stecker vom **Anschlußkabel** trennen. Für häufige Anwendung gibt es spezielle Abisoliermesser und -zangen . Es geht auch mit dem **Cuttermesser.** Den Abstand vom Kabelende mit 3-4 cm ruhig großzügig bemessen. Die **Isolierung** der Adern darf man dabei keinesfalls verletzen. Wenn man es doch aus Versehen verletzen sollte, muß das Kabel gekürzt und neu eingeritzt werden.

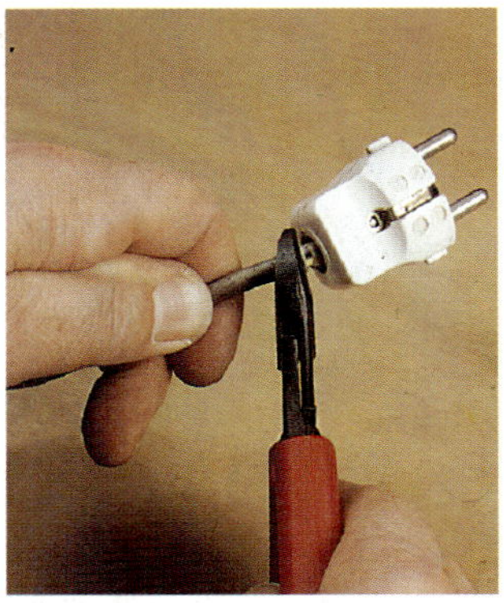

Mit Seitenschneider oder Kombizange das Kabel durchtrennen.

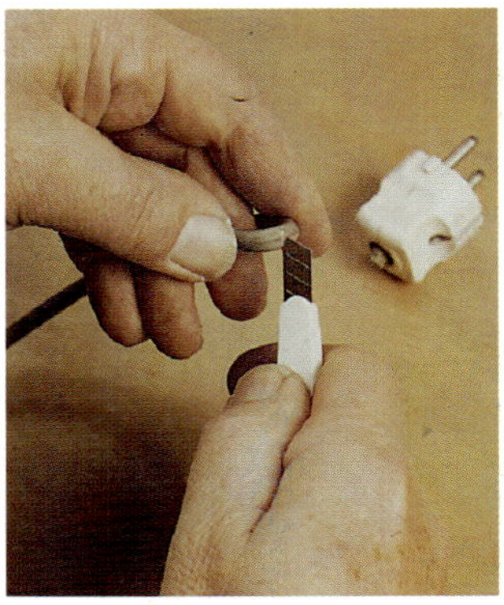

Im Einzelfall den Kabelmantel ringsum vorsichtig einritzen.

Aus Strom wird gefährliche Energie, wenn man die Sicherheitsmaßnahmen mißachtet. Wer dadurch Schäden auslöst, trägt die Verantwortung für die Folgen.

Abisolieren

Mehrfaches scharfes Knikken läßt den **Kabelmantel** aufbrechen, so daß man ihn leicht abziehen kann. Am geöffneten **Stecker** die notwendige Adernlänge bestimmen und entsprechend kürzen. Auch die **Isolierung** der Adern etwa 8 mm vom Ende entfernt abisolieren, entweder einfach mit einer **Abisolierzange,** oder etwas umständlicher mit einer **Messerklinge** behutsam die Isolierung rundum einschneiden, ohne die feinen **Drähte** der Leiter zu verletzen.

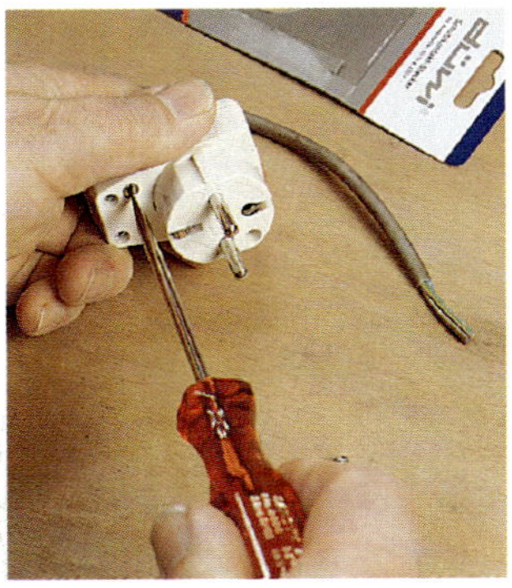

Stecker mit Schraubendreher öffnen.

Adernenden vorbereiten

Jetzt zwischen **Daumen und Zeigefinger** die Litze verdrillen (kein Drähtchen darf abstehen) und alle gemeinsam in eine **Adernendhülse** passender Größe in das ähnlich einem **Trichter** erweiterte Ende stecken.

SICHERHEITSTIP

Kein Gesetz verbietet wörtlich, privat eigene Elektroinstallationen auszuführen. Kommt es jedoch zu Personen- oder Sachschäden, können Sie Behörden, Stromversorger und Versicherungen in Anspruch nehmen. Dann gelten Normen und technische Vorschriften als Grundlage. Demnach ist es schon fahrlässig, wenn Sie bei üblichen Schönheitsreparaturen Leuchten oder Abdeckungen von Schaltern und Steckdosen abnehmen, ohne die Sicherungen herauszudrehen und am Sicherungskasten den Hinweis auf die Arbeiten vergessen. Zudem erlaubt Ihr privater Vertrag mit dem Stromversorger nur Fachkräften das Arbeiten an fest verlegten Leitungen. Gehen Sie also kein Risiko ein, wenn Sie sich nicht sicher fühlen und befähigt sind, solche Arbeiten gewissenhaft zu bewältigen.

Wenn Sie die Drähte der **Litze** nur verdrillen, ist das gefährlich. Drähte, die sich an Klemmen oder Buchsen unbemerkt stauchen, können weit genug abstehen und einen **Kurzschluß** auslösen, und gerade diese

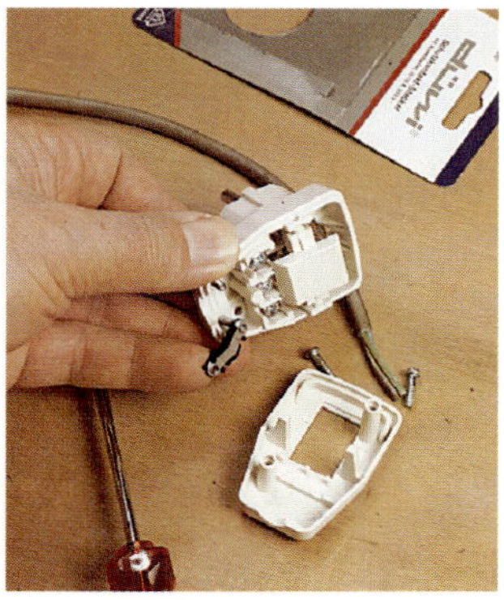

Zugentlastung ganz öffnen, um das Kabel leichter einzulegen.

Gefahr will man ja auf alle Fälle vermeiden.

Crimp-Verfahren

Für dicke, dreiadrige Leitungen sind in der Regel **Adernendhülsen** für 1,5

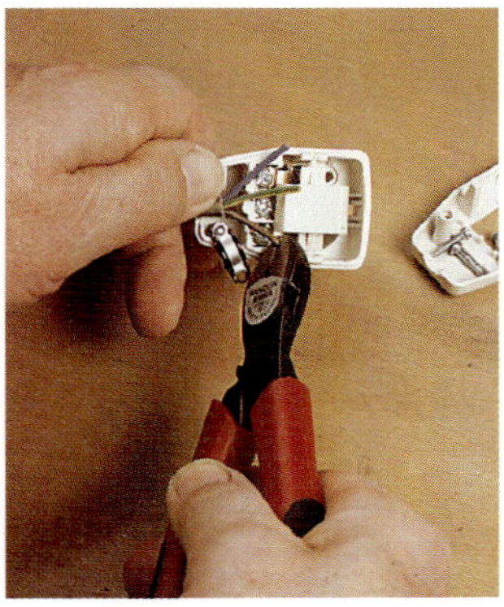

Der gelbgrüne Schutzleiter darf meist etwas kürzer werden.

mm Leiterquerschnitt notwendig, die dünneren haben meist 1,0 mm-Leiter. Zweiadrige **Anschlußkabel** für geringe Leistungen begnügen sich mit 0,75 mm. Diese Hülsen sind eigentlich mit einer nicht ganz billigen **Crimpzange** auf die Drähte zu drücken. Dabei wird das **Adernende** mit Hülse in ei-

Isolierung einritzen und mit sanfter Gewalt abziehen.

ne passende Form im Zangenmaul gelegt. Ein einzelner Zahn prägt eine kleine **Kerbe** in die Hülse und schließt so die Drähte eng in der Hülse ein. Man kann sich auch mit der **Abisolierzange** helfen, denn die Minidinger rutschen zu leicht

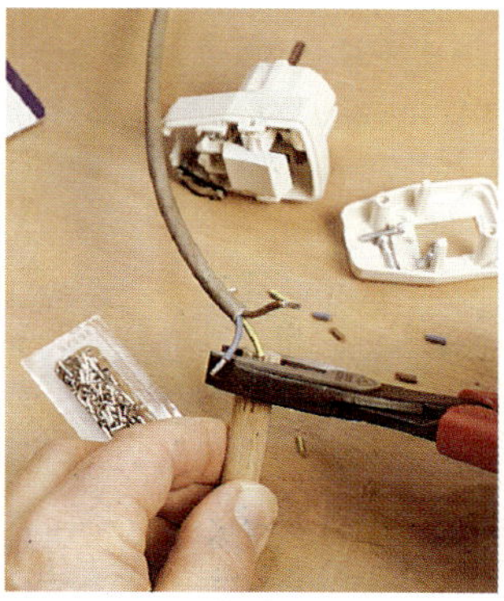

Selbst mit der Kombizange läßt sich crimpen.

von der **Litze.** Mit einer größeren Kerbe der Zange die Hülse am trichterförmigen **Rand** auf die Drähte klemmen. Mit der **Kombizange** die Hülse in einer Kerbe im Hartholzstab unter einen der großen Zähne crimpen.

Schraubanschlüsse

Sobald die Ader unter der **Schraubklemme** zusammengedrückt wird, bleibt die Hülse zwar auch fest auf

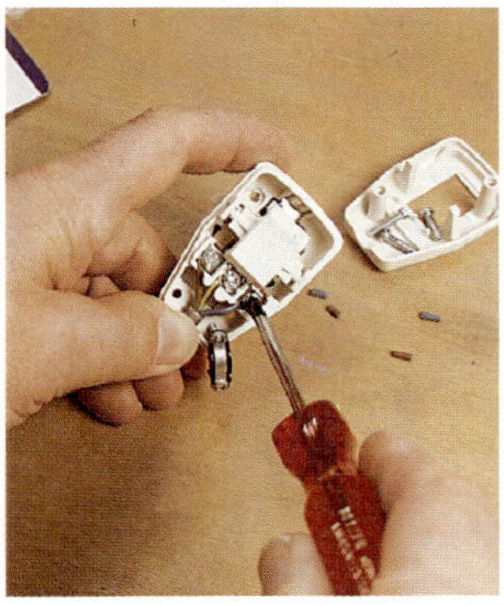

Die Anschlußschrauben fest, aber nicht gewaltsam anziehen.

den Drähten, in **Anschlußbuchsen** kann die **Klemmschraube** aber eine dickere Hülse so verformen, daß sie sich in der **Buchse** verklemmt und nicht leicht demontieren läßt. Das Kabel mit dem **Kabelmantel** unter der Zugentlastung so ein-

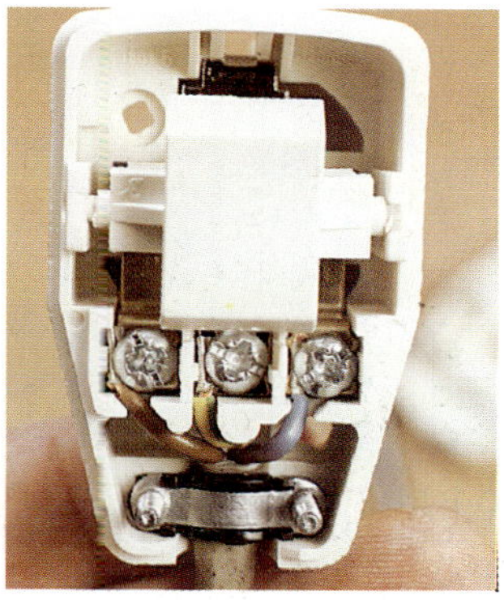

Adernenden stets links unter den Schraubenkopf stecken.

klemmen, daß die Adern in leichtem Bogen zu den **Anschlüssen** führen.

EXTRATIP: Euro-Flachstecker mit Adernbuchsen zum Schrauben für Geräte der Unterhaltungselektronik gibt es im Elektronik-Fachhandel. Das VDE-Zeichen tragen nur Flachstecker zum Crimpen.

ARBEITSMATERIAL

- Schutzkontaktstecker
- Adernendhülsen
- Seitenschneider
- Kombizange
- Abisolierzange
- Cuttermesser
- Schraubendreher

Verlängerungskabel reparieren

Wenn das Kabel keinen Strom hergibt, muß man zunächst den Fehler finden. Beim durchgemähten Rasenmäherkabel ist die Stelle zwar eindeutig, Kabel mit mehreren Schäden sollten jedoch sofort in den Müll.

Gelockerte **Adernklemmen** in Stecker oder Kupplung sind auch leicht zu prüfen, soweit die Steckvorrichtungen nicht mit dem **Kabelmantel** verschweißt sind.

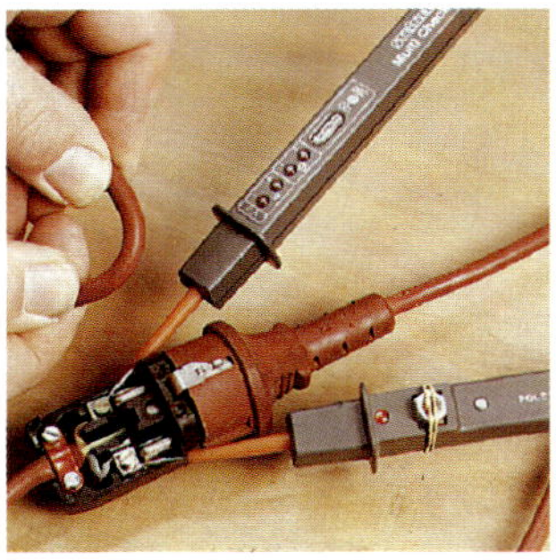

Gummiring und Unterlage halten den Tastschalter auf ‚EIN'.

Wurde das Kabel jedoch scharf geknickt und sind dabei Adern gebrochen, besteht **Gefahr.** Ziehen Sie zuerst einmal den Stecker aus der Dose und versuchen Sie auf keinen Fall, die geknick-

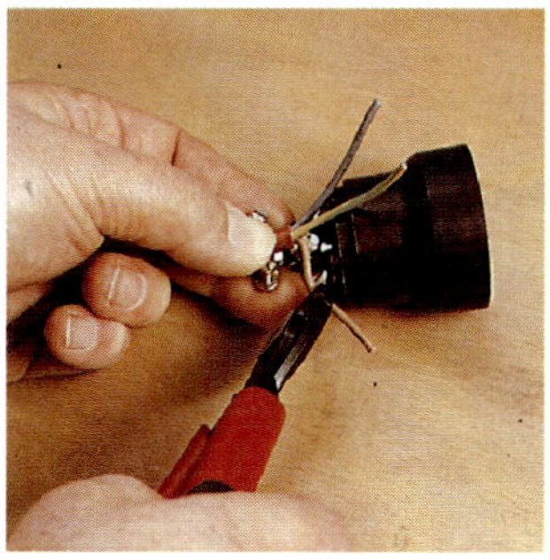

Die Adernlänge anhand der Verdrahtungssituation festlegen.

te Stelle an 220 Volt **Starkstrom** zu suchen. Die einzig akzeptable Möglichkeit der **Reparatur**: das Kabel an

Bitte beachten Sie in eigenem Interesse die Hinweise auf Seite 144.

der geschädigten **Stelle** trennen und mit Stecker und Kupplung neu verbinden.

Durchgangsprüfung

Man benutzt zum **Testen** ein Prüfgerät mit eigenem Batteriestrom. Wenn Sie Stecker und Kupplung verbinden, müssen Sie darauf achten, daß die Farbe der **Adern** am Steckerstift und der Steckbuchse übereinstimmen. Auch das läßt sich mit dem **Durchgangsprüfer** feststellen, falls nicht beide Adern unterbrochen sind. Die **Prüfspitzen** klemmt man im geöffneten Stecker zu den Adern unter die Schrauben, den **Tastschalter** wie dargestellt auf andauernd ‚EIN'. Ist das nicht

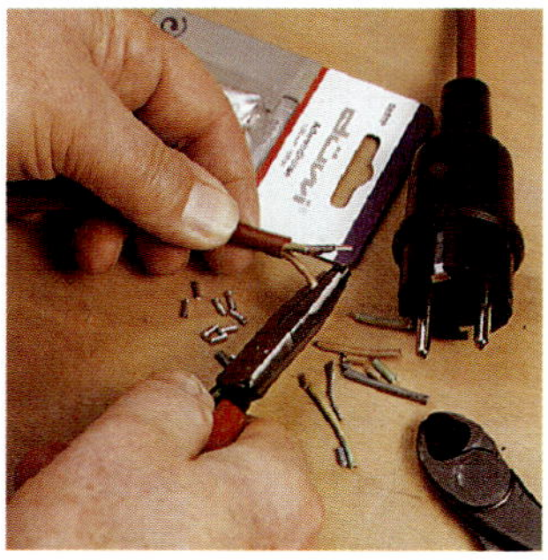

Mit der Abisolierzange Hülsen gefühlvoll aufklemmen.

möglich, könnten Sie eine **Batterie** mit den Steckerstiften verbinden und ein Prüflämpchen anklemmen.

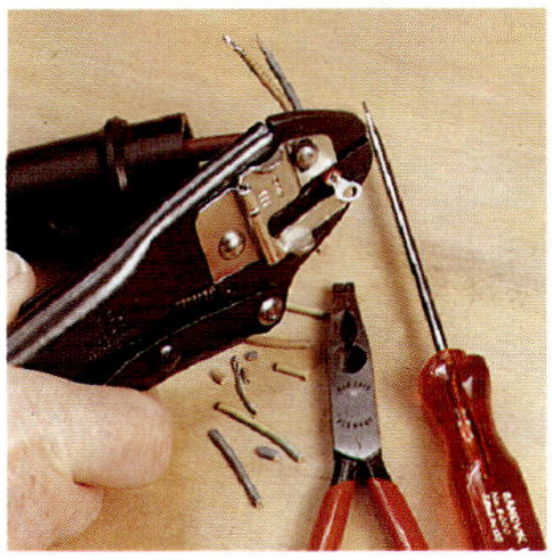

Spezialwerkzeug zum Verarbeiten von Quetschösen.

Wenn Sie jetzt das Kabel Stück für Stück hin und her bewegen, werden irgendwann die **Leuchtdiode** oder das Lämpchen strahlen, weil die Adern an der Stelle wieder **Kontakt** bekommen. Jetzt zuerst alle Schrauben sowie die **Zugentlastung** der Steckvorrichtung weit öffnen. Vor allem die Kabelenden durch die **Tüllen** von Stecker und Kupplung einfädeln.

Zugentlastung fest, aber nicht übermäßig aufschrauben

Verdrahten

Ist der **Kabelmantel** entfernt, werden die Adern auf die notwendige **Länge** gekürzt und am Ende auf etwa 8 mm Länge abisoliert. Jetzt zwischen **Daumen** und Zeigefinger die Adern verdrillen

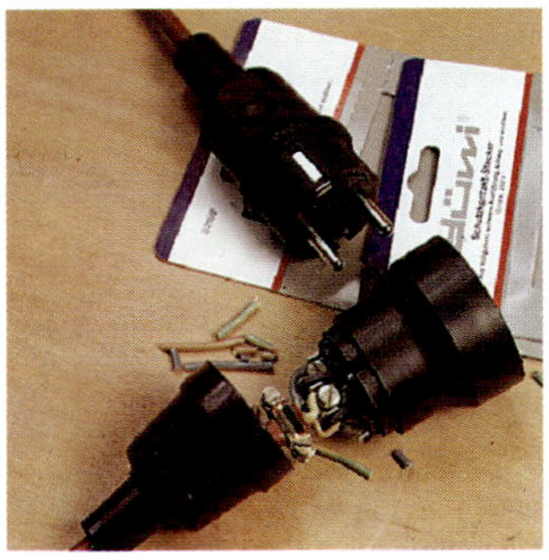

Adern gehören nur links unter die Schraubenköpfe.

und alle in eine Adernendhülse passender Größe stecken. Besonders gerüstet ist der **Anschluß** des gelb/grün isolierten Schutzleiters mit einer **Quetschöse.**

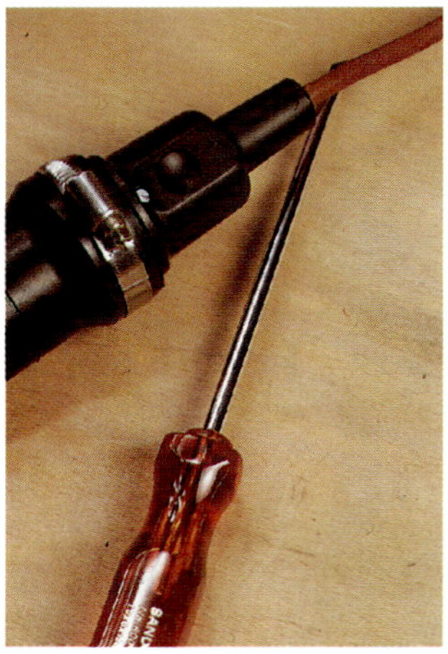

EXTRATIP: Verriegelbare Stecker-Kupplung-Kombinationen sind nur schwer zu bekommen. Doch auch eine 50 mm-Schlauchschelle verhindert elegant, daß sich die Verlängerung zu leicht trennt.

ARBEITSMATERIAL

- Stecker und Kupplung
- Adernendhülsen
- Durchgangsprüfer
- Seitenschneider
- Abisolierzange
- Cuttermesser
- Schraubendreher
- Crimpzange

Dimmer-Sicherung einbauen

Je höher der technische Komfort, umso häufiger die Probleme bei einem Defekt. Selbst eine durchgebrannte Feinsicherung im Dimmer ist nicht immer mit dem einfachen Wechsel einer Sicherung behoben.

Wenn eine gedimmte **Glühlampe** durchbrennt, geht gleichzeitig oft auch die **Feinsicherung** kaputt, um die Elektronik im Dimmer zu schützen. Anstelle der Feinsicherung kann

Flache Sechskantmuttern mit der Flachzange lösen.

aber auch nur die Sicherung oder der **Sicherungsautomat** für den entsprechenden **Stromkreis** in der Verteilung ansprechen. Das sollten Sie prüfen, bevor Sie **Drehknopf** und Schalterab-

Andere Ringe lassen sich mit der Werkzeugpinzette fassen.

deckung abnehmen. Zuweilen reagieren auch beide **Sicherungen,** vornehmlich

Bitte beachten Sie in eigenem Interesse die Hinweise auf Seite 144.

bei zu preiswerten Dimmern. In jedem Fall sollte entsprechender Ersatz im Hause sein und zwar genau in der auf dem Dimmer angegebenen **Ausführung.**

Falsche Sicherungen gefährden den Dimmer

Bei höherer **Absicherung** könnte durch den nächsten

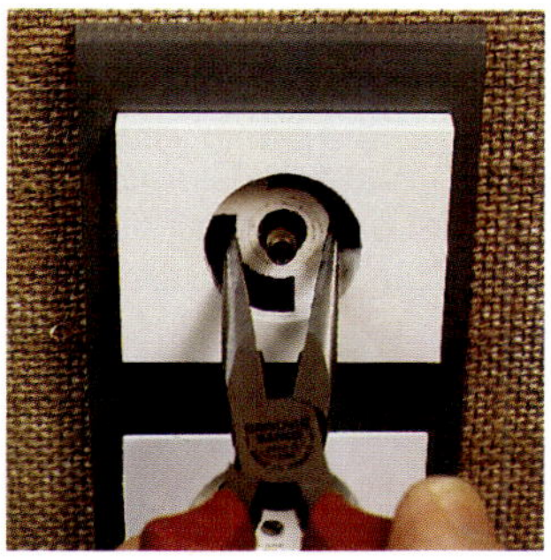

Die Abdeckung mit schmaler Telefonzange lösen.

Defekt der **Dimmer** ganz ausfallen. Eine zu schwache Sicherung brennt möglicherweise ständig durch, wenn man die **Dimmerleistung** voll beansprucht. Im Drehknopf der **Dimmer** oder auch an anderer, gekennzeichneter Stelle findet man zwar meistens Ersatzsicherungen, sofern die nach der letzten **Störung** wieder ersetzt wurden, nur sind die nicht immer untereinander austauschbar.

PROFITIP
Einkauf auf Vorrat ist bei Gelegenheit preiswerter. Beim Technikversender kostet ein ganzes Sortiment nur den Bruchteil einzelner Sicherungen an der SB-Wand. Es gibt verschiedene Typen von Dimmer-Sicherungen. Die gängigen Typen: M (mittelträge) 1,25 Ampere für Schnurdimmer bis 200 Watt und 1,6 Ampere für Einbaudimmer bis 400 Watt Leistung. F (flink) 2,0 Ampere für Einbaudimmer bis 600 Watt.

Drehknöpfe sind nur mit einem Spannring auf die **Dimmerachse** geklemmt. Zum Lösen in einer Richtung bis zum **Anschlag** drehen. Dann weiter drehen und gleichzeitig abziehen. Oft geht es, vor allem an **Schaltgeräten** älterer Bauart, ziemlich eng zu, bis man

Manche Minieinsätze lassen sich nur mit Mühe halten.

an die Feinsicherung herankommt. Mit geeignetem **Werkzeug** ist es jedoch ein-

Auch für größere Teile ist oft Werkzeug erforderlich.

facher. Auch wenn das isoliert ist, zur **Sicherheit** den Stromkreis abschalten oder die **Sicherung** herausneh-

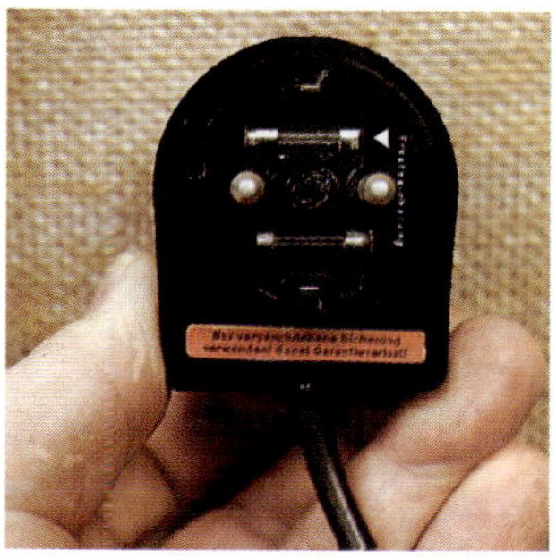

Schnurdimmer haben Sicherung und Ersatz im Stecker.

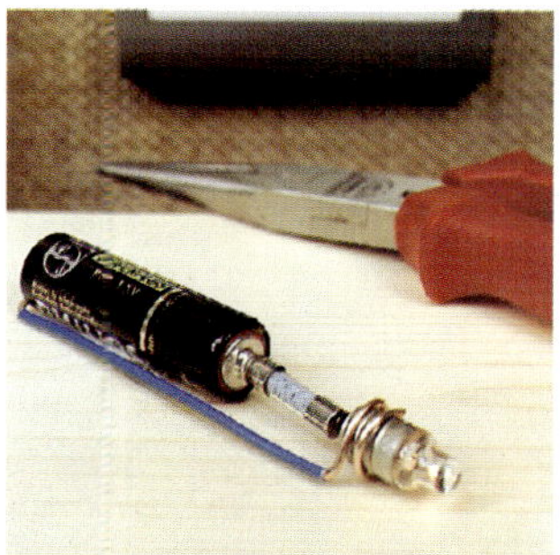

Brennt das Lämpchen, ist auch die Sicherung in Ordnung.

men. Es läßt sich nicht ausschließen, daß man ungewollt an stromführendes **Metall** gerät.

ARBEITSMATERIAL

- Feinsicherungen
- Prüflämpchen
- Durchgangsprüfer
- Flachzange
- Werkzeugpinzette
- Telefonzange
- Schraubendreher

Beleuchtung regeln

Nicht immer wünscht man sich strahlende Helligkeit in allen Bereichen der Wohnräume. Mit eigenen Dimmern lassen sich die Leuchten vom gemütlichen Dämmerlicht bis zum schwachen Orientierungslicht regeln.

Die einfachste **Art,** diesen Komfort zu nutzen, ist der **Tausch** einfacher Ausschal-

Tapete eng an den Konturen des Montageringes einschneiden.

ter gegen Dimmer oder gegen **Wechselschalter** in Räumen, die mit zwei verschiedenen Schaltern für die gleichen **Leuchten** ausgestattet sind. In dem Fall nur den Schalter mit der ankommenden **Phase** tauschen.

Strom abschalten

Wenn man nicht unvorsichtig oder gar leichtsinnig ist, kann man **Schalter** und Dimmer selbst umbauen. An den **Leitungen** ändert sich nichts. Schalten Sie die betreffende Leuchte ein, bevor Sie anfangen – zur **Kontrolle,** ob Sie auch mit der Sicherung den richtigen **Stromkreis** vom Netz getrennt haben.

Um den vorhandenen Schalter auszubauen, zunächst die **Abdeckung** abnehmen und den meist übertapezierten Montagering freilegen. In der **Regel** sind Unterputzgeräte in der Isolierdose im **Mauerwerk**

Draht mit der Zange aus den Steckbuchsen ziehen.

nur mit den Spreizkrallen befestigt. Die beiden **Schrauben** dafür soweit lösen, daß sich der Einsatz herausziehen läßt. Jetzt hängt der Ausschalter nur noch an zwei **Adern,** deren Enden in Steckbuchsen oder unter **Klemmschrauben** befestigt sind. Die Ader in der Buchse mit einem zum Rand zeigenden **Pfeil** ist der Schaltdraht vom Schalter zur Leuchte.

> **ÖKOTIP**
>
> Der Beitrag, den Dimmer zur Einsparung leisten können, wird zu unrecht viel zu selten beachtet. Obwohl bereits eine kaum wahrnehmbare, um 5 Prozent verringerte Leistung die Lebensdauer der Lampe auf das Doppelte erhöht. Wird ein Dimmer bewußt genutzt, bleibt das Licht komfortabel und trotzdem fast so günstig wie bei Energiesparlampen.

Wo die Kennzeichnung mit dem Pfeil fehlt, zum Beispiel an älteren Schaltern mit **Schraubklemmen,** ist der Stromkreis über die Sicherung wieder vorübergehend einzuschalten, damit Sie mit einem **Phasenprüfer** den Schaltdraht zur Leuchte herausfinden können. Seine **Farbe** sollten Sie notieren. Ist der **Strom** wieder abgeschaltet, die Drähte lösen. **Klemmtasten** an Steckbuchsen bis zum Anschlag fest eindrücken.

Symbole für Anschlüsse

Den **Schaltdraht** in die Buchse am Dimmer stekken, die wiederum mit dem zum Rand zeigenden **Pfeil,** einem schrägen Pfeil mit Wellenlinie oder beidem gekennzeichnet ist. Die **Ader** für die Phase kommt in die Buchse, die mit einem großen P, einem zur **Dimmermitte** gerichteten Pfeil oder mit beidem gekennzeichnet ist. Die **Drähte** beim Einfügen in die Isolierdose nicht

Die kleine Wasserwaage ersetzt unsicheres Augenmaß.

scharf knicken und den **Dimmer** noch nicht endgültig befestigen, damit Sie ihn zum **Ausrichten** der Abdeckung noch etwas verdrehen können.

Und dann können Sie erst einmal testen, ob das **Dimmen** funktioniert.

Schrauben der Spreizkrallen seitlich der Schalterwippe lösen.

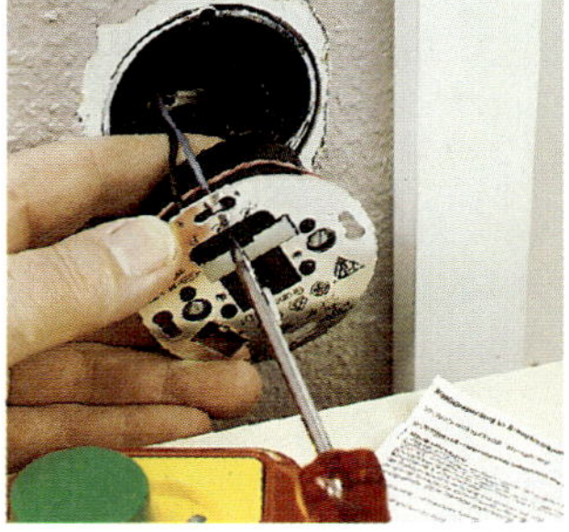

Schrauben anziehen und prüfen, ob die Drähte festgeklemmt sind.

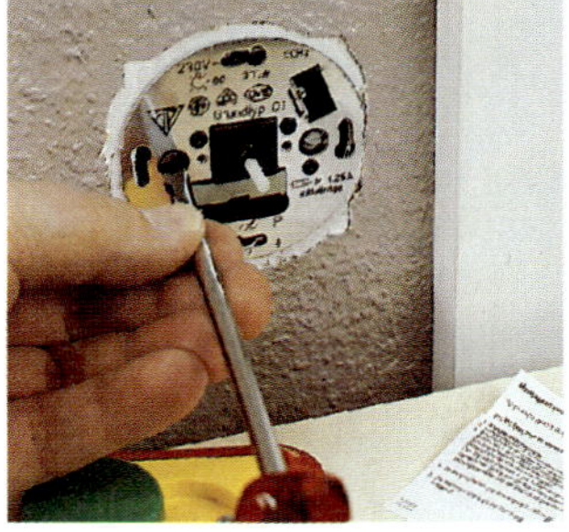

Krallen am Dimmer zunächst nur wenig spreizen.

> **ARBEITSMATERIAL**
>
> - Dimmer
> - Schraubendreher 0,6 x 4,5 und 1,0 x 6
> - Cuttermesser
> - Telefonzange
> - Wasserwaage
> - Prüfgerät

Ersatzdimmer anpassen

Defekte Dimmer lassen sich nicht reparieren. Originalteile für alte Systeme zu bekommen ist fast aussichtslos. Durch den technischen Fortschritt ändert sich die Bauart zu rasch.

Doch wegen eines **Dimmers** wird man nur ungern einen Teil der Schalterabdeckungen oder gar auch andere **Installationsgeräte** erneuern.

Kleine Durchmesser mit Knopfmaß oder Schiebelehre bestimmen.

Achsendurchmesser beibehalten

Der Ersatz muß wenigstens eine **Achse** mit gleichem Durchmesser haben, um

Zum Dimmerwechsel Kombirahmen komplett demontieren.

Drehknopf und Deckplatte weiterverwenden zu können. Wenn Sie die **Quelle** gefunden haben, sollten Sie beide mit zum **Einkauf** nehmen, um zu prüfen, ob sich die Deckplatte anpassen läßt. Dient der alte Dimmer als **Schalter** in einer Wechselschaltung, ist auch das beim Einkauf zu beachten. Die **Geräte** in der Kombination können auf eigenen **Stromkreisen** liegen. Bevor Sie jedoch den Strom für alle Geräte der **Kombination** ausschalten, sollten Sie überprüfen, an welcher Klemmbuchse die stromführende **Phase** am Dimmer angeschlossen ist. Benutzen Sie übrigens den **Phasenprüfer** nicht als Schraubendreher. Seine Klinge ist

SICHERHEITSTIP
Welche Ader unter Strom steht (Spannung führt), läßt sich mit dem einpoligen Phasenprüfer feststellen. Zunächst vorschriftsmäßig an einer stromführenden Steckdose prüfen, ob die Glimmlampe funktioniert. In heller Umgebung den Griff mit der Hand beschatten. Gute Isolierung zur Erde läßt die Lampe schwächer, im Extremfall gar nicht leuchten. Zum Prüfen Klemmschrauben (oder Drahtenden) nacheinander mit der Spitze vom Phasenprüfer streifen. Der blanke Erdkontakt an seinem Griff muß die Haut berühren, damit durch den eingebauten Widerstand und über den eigenen Körper ein sehr schwacher, ungefährlicher Strom zur Erde fließen kann. An einem Lichtschalter oder Dimmer - Stellung AUS - ist der Draht, an dem die Glimmlampe aufleuchtet, die Spannung führende Phase. Mit zweipoligen Prüfgeräten läßt sich die Phase nur feststellen, wenn die zweite Prüfspitze an geerdetem Metall liegt. Aber es gibt auch ein Gerät, das sich unter anderem als einpoliger Phasenprüfer benutzen läßt.

Bitte beachten Sie in eigenem Interesse die Hinweise auf Seite 144.

Stromführende Anschlüsse mit einpoligem Phasenprüfer testen.

eine **Prüfspitze.** Zu weich und zu klein für fast alle **Schrauben** an Installationsgeräten. Um den neuen Dimmer einzubauen, können Sie sich nach den **Angaben** auf der Seite 148 richten. Bei einer Wechselschaltung übernehmen Sie den **Anschluß** der beiden Wechseldrähte vom vorherigen Zustand. Am Gerät sollte man wegen der **Garantie** nichts ändern.

Zuviel Abstand von der Wand und zu dicke Deckplatte.

Überflüssiges läßt sich absägen.

Kunststoffteile anpassen

Nur Teile der **Abdeckung** verändern. Im Beispiel steht der neue **Dimmer** etwas weiter vor, deshalb stören die ohnehin überflüssigen **Schraublaschen** am Kombinationsrahmen, und die Deckplatte ist zu dick. Beides der **Kunststoffteile,** die sich mit Bügel- oder Laubsäge und **Schleifwerkzeugen** nacharbeiten lassen.

Zu große Wanddicken in Grenzen abschleifen.

ARBEITSMATERIAL
- Dimmerersatz
- Knopfmaß
- Phasenprüfer
- Schraubendreher
- Bügelsäge
- Sandplateschleifer

Beleuchtung steuern

In vielen Situationen ist es sparsamer, sicherer oder komfortabler, das Licht, aber auch andere elektrische Geräte, steuern zu lassen. Zeit, Licht oder Bewegung können die Automatik in Gang setzen.

Entweder schnell installiert mit **Schaltgeräten,** die an der Steckdose diese Funktion übernehmen; auch anstelle üblicher Lichtschalter oder mit Geräten an der **Fassade** und in der Verteilung, die gleich bei der Erst- sowie als Nachinstallation eingebaut wurden.

Mechanische Schaltuhr für einen Stromkreis in der Verteilung.

Schaltuhren

Dem eigenen **Lebensrhythmus,** mit täglich wechselnden **Schaltzeiten,** kann man nur mit elektronischen

Schmutzige Hände: Bewegungsschalter muß man nicht anfassen.

Schaltuhren entsprechen. Preiswerte, mechanische **Schaltuhren** eignen sich mehr zum Schalten von Geräten, deren Schaltzeiten nur selten verändert werden, zum **Beispiel** Umwälzpumpen in der Heizung. Mit Schaltuhr brennt das **Licht** nicht früher als notwendig und nicht länger als gewünscht. Denn vergessene **Dauerbrenner** kosten Geld.

Bewegungsschalter

Ursprünglich nur zur **Grundstückssicherung** eingesetzt, tragen Bewegungsschalter mehr und mehr in Innenräumen zu mehr Sicherheit, Komfort und Energiesparen bei: Licht, das automatisch verlischt, wenn man es nicht mehr braucht. Wie schon gesagt: Vergessene **Dauerbrenner** kosten Geld. Die Installation beim

Elektronik und Elektrik, zur Montage voneinander getrennt.

Austausch vom **Lichtschalter** ist im Prinzip gleich wie auf Seite 148 beschrieben. Als **Bewegungsschalter** eignen sich hier nur Geräte in der sogenannten Zweidraht-Technik.

Wie beim **Lichtschalter** kommt der Strom über Draht 1, die **Phase,** rein und

Bitte beachten Sie in eigenem Interesse die Hinweise auf Seite 144.

geht über Draht 2, den **Schaltdraht,** zur Leuchte. Um zu reagieren, genügen dem elektronischen Schalter die von der Phase anliegende **Spannung** und winzige Spannungsänderungen durch Bewegung und Wärme. Dafür verträgt er allerdings auch nur **Schaltleistungen** bis zu 400 Watt.

Bis man den Kellerraum erreicht, ist er bereits hell.

Herkömmliche **Leuchtstofflampen** sollten Sie auf diese Weise nicht steuern. Denn häufiges Schalten verkürzt drastisch deren **Lebensdauer.**

Stromversorgung

Schaltuhren für **Unterputzdosen** erhalten, aus eingebauter Batterie oder Akku, den Strom für das Uhrwerk sowie zum Schalten zwischen Phase und Schaltdraht. Oder sie brauchen als dritten Draht einen **Neutralleiter.** Genau so, wie die Bewegungsschalter für Schaltleistungen bis 2000 Watt.

Denn unabhängig vom **Stromfluß** zur Leuchte fließt auch ein Strom für die Betätigung des eingebauten elektro-mechanischen **Microschalters.**

Die nachträgliche Installation eines Bewegungsschalters für eine vorhandene **Außenleuchte** ist auch aus dieser Leuchte heraus möglich. Das spart ein paralleles **Kabel** durch das **Mauerwerk** zum Schalter und weiter zur Leuchte. Die läßt sich dafür allerdings nicht mehr getrennt schalten.

Bewegungsschalter nachträglich an vorhandener Leuchte installiert.

Bei abgeschaltetem Strom in einem 4-adrigen Kabel den vor dem Leuchtenanschluß abgezweigten **Schaltdraht** und den verlängerten **Neutralleiter** zum Bewegungsschalter anschließen, und zwar an der mit dem **Eingangspfeil** und einem großen **N** gekennzeichneten Klemme. Die dritte Ader führt von der **Ausgangsklemme** zurück zum Schaltdrahtanschluß in der **Leuchte.** Der gelbgrüne Schutzleiter bleibt ungenutzt.

ARBEITSMATERIAL

- Bewegungsschalter
- Helligkeitsfühler
- Schaltuhr
- Leuchte mit Schalter
- Phasenprüfer
- Schraubendreher

Halogenröhrenfassung instand setzen

Halogenstrahler werden teilweise äußerst preiswert angeboten. Nicht immer sind die Teile von der solidesten Bauart. Deshalb muß die Leuchte aber nicht unbrauchbar werden, falls plötzlich kein Licht mehr strahlt.

Eindeutiger Schaden, eine der Fassungen ist getrennt.

Liegt die Halogenröhre, das sogenannte **Leuchtmittel,**

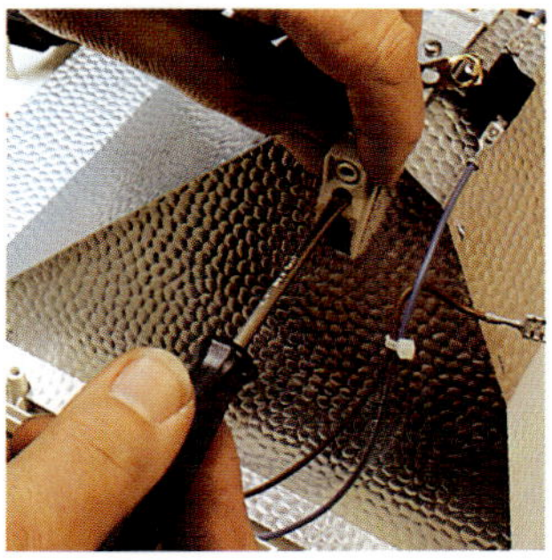

Einzelteile abbauen und sorgsam sammeln.

eines Tages im Reflektor, wurde wahrscheinlich eine

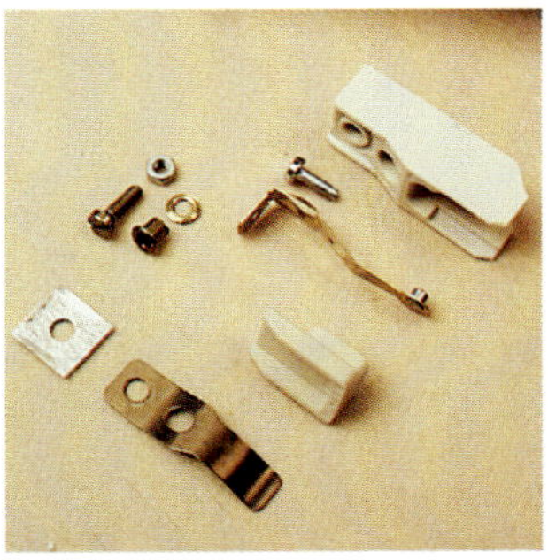

Alle Einzelteile auf Vollständigkeit kontrollieren.

Bitte beachten Sie in eigenem Interesse die Hinweise auf Seite 144.

Verbindung an der Röhrenfassung von der Hitze gesprengt. **Ersatzteile** wird man jedoch nur im Ausnahmefällen bekommen. Also muß man versuchen, die **Einzelteile,** und jetzt haltbarer, zusammenzubekommen.

ÖKOTIP
Kleine Schräubchen, Muttern, Scheiben und dergleichen kann man übrigens auch in ausgemusterten, aber nicht weggeworfenen Steckern, Kupplungen, Schaltgeräten und ähnlichem finden. Das ist, neben einem sinnvollen privaten Recycling, oft in jeder Hinsicht die günstigste Quelle für Reparaturteile.

Einzelteile sammeln

Bevor Sie die **Leuchte** auseinanderbauen, ist sie vom

Schraubverbindung ersetzt die gebrochene Nietverbindung.

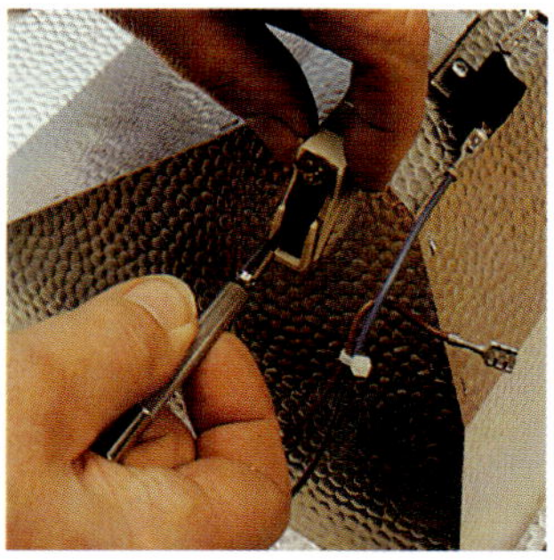

Ein schmaler Schraubendreher zum Befestigen der Fassung.

Stromnetz zu trennen. Die Einzelteile sorgfältig zusam-

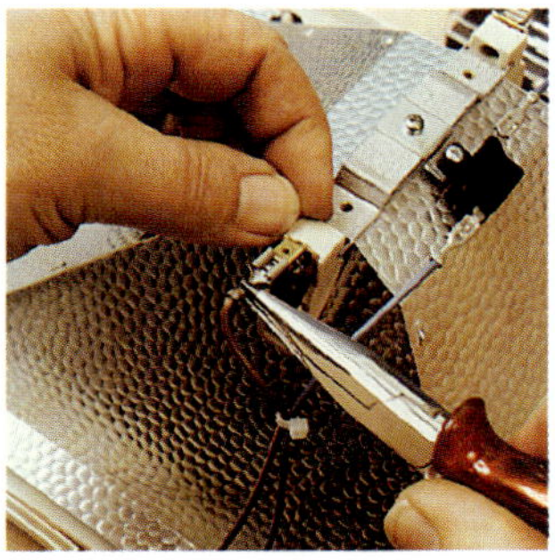

Stromverbindungen über Steckschuhe wieder herstellen.

mensuchen. Vor allem das **Glimmerplättchen** sollte

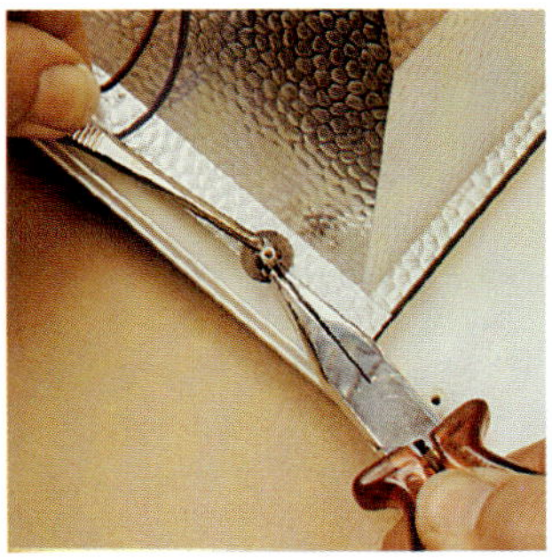

Mit Zange und Pinzette die Spannscheiben aufstecken.

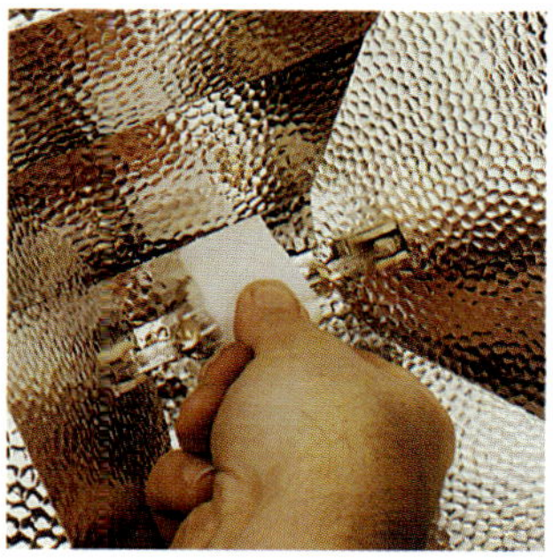

Das Papiertuch schützt die Halogenröhre vor dem Hautfett.

nicht fehlen. Es gehört zum Ausgleich der Wärmespannungen in die zu erneuernde Verbindung. Wenn der **Reflektor** auf dem Gehäuse mit Sperrscheiben befestigt ist, deren **Zungen** vorsichtig aufbiegen, damit die Kunststoffzapfen nicht abbrechen. Dazu sollte man eine **Telefonzange** mit schmalen Backen oder eine kräftige **Werkzeugpinzette** haben. Die ehemals genietete **Verbindung,** von Kontakt- und Andrückfeder mit dem dazwischen liegenden **Formstück,** läßt sich mit einer Gewindeschraube M3 x 10 mit Mutter wieder zusammenfügen. Der **Hohlniet** ist auch mit einzubauen, weil die Öffnung im Isolierstoffblock sonst zu groß ist.

Reihenfolge einhalten

Die **Schraube** für die Befestigung der Fassung gehört unter die **Andrückfeder,** ist also vor dem Verschrauben einzulegen. Zur Befestigung der Fassung an der **Trägerbrücke** braucht man deshalb einen 3,0 mm-**Schraubendreher.**

ARBEITSMATERIAL
- Schraube M3 x 10 mit Mutter
- Schraubendreher
- Minischraubendreher
- Werkzeugpinzette
- Telefonflachzange

Leuchtenverkabelung erneuern

Eine defekte Leuchte muß nicht gleich sperrmüllreif sein. Wenn nur noch eine Lampe funktioniert, die Kordel vom Zugschalter fehlt oder Kabeladern sichtbar werden, dann hilft immer eine Generalüberholung.

Versprödete Fassungen, ein Hinweis auf defekte Verdrahtung.

Dafür muß man die **Leuchte** zerlegen und zuerst das **Anschlußkabel** aus der Steckdose ziehen. Die Verschraubung zwischen Oberteil und Sockel wird an den meisten **Lampenfassungen** im Inneren von einer **Sperrzunge** gesichert. Ist der Sockel der Fassung mit dem Leuchtenkopf vernietet, genügt es, das **Oberteil** auszutauschen. Den Einsatz weiter verwenden – neue **Einsätze** passen nur selten auf die Arretierung. Sonst ist der **Hohlniet** zu lösen und die neue Fassung mit einem **Schraubnippel** zu montieren.

Aufzeichnungen beim Zerlegen helfen später beim Zusammenbau.

Bitte beachten Sie in eigenem Interesse die Hinweise auf Seite 144.

Kontaktflächen sollten wieder metallisch-blank werden.

Oxydschichten entfernen

Die **Kontakte** am Einsatz der Lampenfassung müssen wieder blank werden. Gelockerte Klemmen am **Einsatz** darf man nicht dulden.

Siliconschläuche schützen die Adern vor Hitze und isolieren.

Ein Hammerschlag auf den Körner spreizt den **Hohlniet,** und er ist wieder fest. Für die neue Verdrahtung eine gleichartige Leitung wie die vorherige verwenden. Auf

Adernendhülsen über Litzenenden halten feine Drähte zusammen.

die abisolierte Litze, in der **Regel** mit einer Spezialzange, Adernendhülsen crimpen. Zusammenquetschen mit der **Flachzange** ist

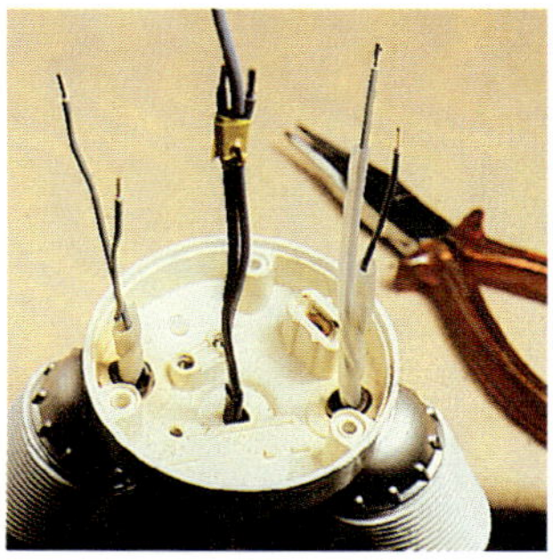

Anschlußkabel an steifem Draht durch die Kabelführung fädeln.

keine Lösung. Dabei kann die **Hülse** für enge Anschlußklemmen zu breit werden. Besser mit einer **Kante** der Universalmesserklinge, bei festgespannten Adern, eine leichte **Kerbe** eindrücken, und die endgültige Befestigung der Schraube in der **Klemmbuchse** überlassen. Einen neuen Schnurschalter zu bekommen, der in das vorhandene **Bett** paßt, wird

Ersatzschalter kann man mit Zweikomponentenkleber fixieren.

schwierig sein. Die Befestigung mit **Zweikomponentenkleber** ist auch möglich.

Abschlußprüfungen

Die **Durchgangsprüfung** keinesfalls unter Starkstrom mit dem Phasenprüfer ausführen. Außerdem ist der **Isolationswiderstand** zwischen Adern und berührba-

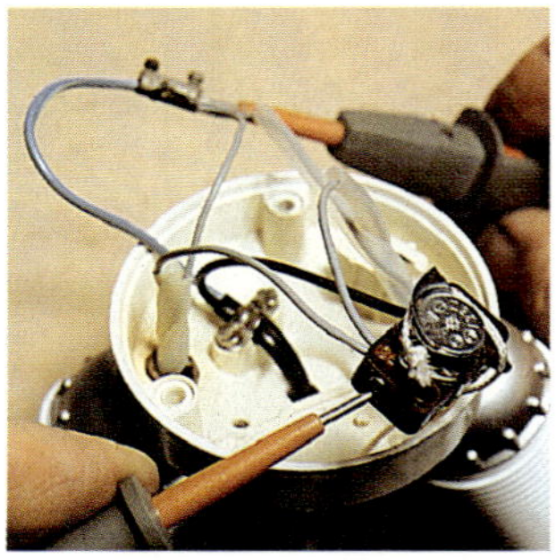

Durchgangsprüfung mit zweipoligem Testgerät.

ren **Metallteilen** zu messen, um die intakte Isolierung zu prüfen. Dazu müssen Sie, wegen dem **Meßgerät,** einen Elektriker bemühen.

ARBEITSMATERIAL

- Ersatzfassungen
- Zugschalter
- Siliconschlauch
- Flachzange
- Abisolierzange
- Schlüsselfeilen
- Universalmesser
- Isolierband
- Zweikomponentenkleber
- Durchgangsprüfer

Kabelwickler wieder instand setzen

Wenn der Staubsauger schweigt, ist meistens die Stromversorgung irgendwo unterbrochen. Mit einem neuen Kabel auf einer funktionstüchtigen Wickeltrommel wird das Gerät schnell wieder einsatzfähig.

Ein unentwirrbares Knäuel ist eine unzumutbare Behinderung.

Bei abgeschlaffter Federspannung kann man, als **Ersatz** für die meist steife Kunststoffleitung, Abhilfe schon von einem flexibleren

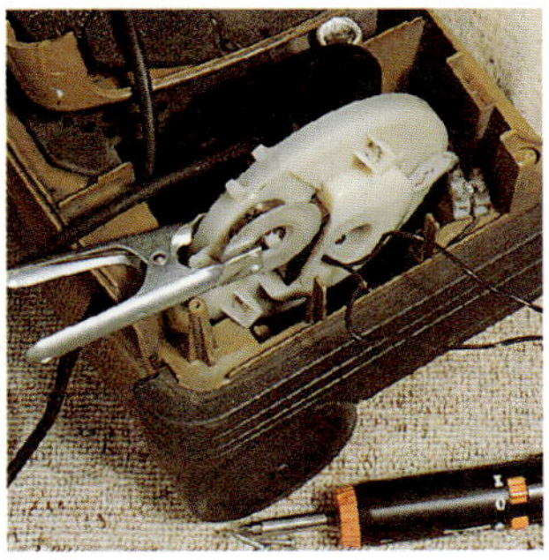

Demontage: Kabel ganz herausziehen, Federspule festklemmen.

Gummikabel erwarten, mit gleicher Adernanzahl und gleichem Leiterquerschnitt, bei nicht zu alten **Geräten** in der Regel 2 x 0,75 Quadratmillimeter.

Kontakte säubern

Vor allem erst einmal verschmutzte **Schleifkontakte** an der Wickeltrommel säubern. Dazu die Gehäuseabdeckung entfernen, und zunächst **Federrolle** sowie Trommel mit einer Klemm-

Zugentlastung entfernen, dann läßt sich das Kabel abklemmen.

zwinge fixieren. Dann läßt sich die **Mechanik** problemfrei demontieren. Für eine Kabelfehlersuche das Kabel von den Anschluß-klemmen lösen, um mit einem Durchgangsprüfer Bruchstellen zu finden. Vielleicht genügt ja ein neuer Stecker. Der sonst fest mit dem **Kabel** verschweißte Euro-Flach-

Im Montage-Eurostecker auf korrekte Kabelführung achten.

stecker läßt sich auch nachträglich montieren. An dem werden die **Leiter** ein-

Bitte beachten Sie in eigenem Interesse die Hinweise auf Seite 144.

Steckerteile einpressen ist schonender als Hammerschläge.

fach in die hohlen **Steckerstifte** geschoben und mit einem Körnerschlag festgecrimpt. Das Kabel aber sehr sorgfältig in die vorgesehe-

Steckschuh von Schmutz- und Oxydschichten befreien.

nen **Windungen** der Zugentlastung legen, sonst passen die **Steckerteile** nicht zusammen. Der Anschlußschuh mit den Schleifkontakten ist im **Kern** der Wikkeltrommel verschraubt oder eingerastet. Adernendhülsen auf den blanken **Litzenenden** vom neuen Kabel halten die feinen **Drähte** korrekt zusammen.

Den ganzen Schuh zum Anklemmen der Adern herausnehmen.

Feder fetten

Häufig genügt etwas Siliconfett (Armaturenfett) auf der gesäuberten **Trommelachse** und ein Hauch Kriechöl

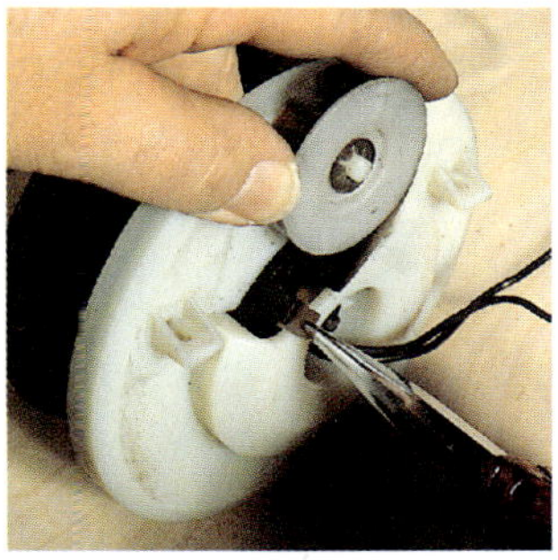

Feder fest im Griff halten, sonst macht sie sich selbständig.

aus der Sprühdose, um den **Kraftaufwand** für die Feder zu verringern. Bei schutzisolierten Geräten (Flachstekker) ohne berührbare Metallteile genügt die sorgfältige Sichtprüfung.

ARBEITSMATERIAL

- Ersatzkabel
- Ersatzstecker
- Schrauber mit Kreuz-/Flachklingen
- Klemmzwinge
- Hammer
- Körner
- Schraubstock
- Flachzange
- Stahlwolle

Unterputzsteckdose neu einsetzen

Wenn sich eine in der Wand eingebaute Steckdose lockert, kann die Ursache weit zurück in der Bauzeit liegen. Erst wenn man später am Kabel zieht, fängt die Steckdose an zu wackeln.

Strom abschalten

Auf die **Kontrolle** mit dem Phasenprüfer (Seite 149) sollten Sie deshalb nicht verzichten. Die **Prüfspitze,** bis sie anstößt, in die **Buchsen** stecken. Die Glimmlampe darf keine **Spannung** an-

Tapete ringsum einschneiden und den Montagering freilegen.

zeigen. Erst mit freigelegtem **Montagering** läßt sich erkennen, ob nur die Spreizklemmen am Steckdoseneinsatz nicht mehr fest sit-

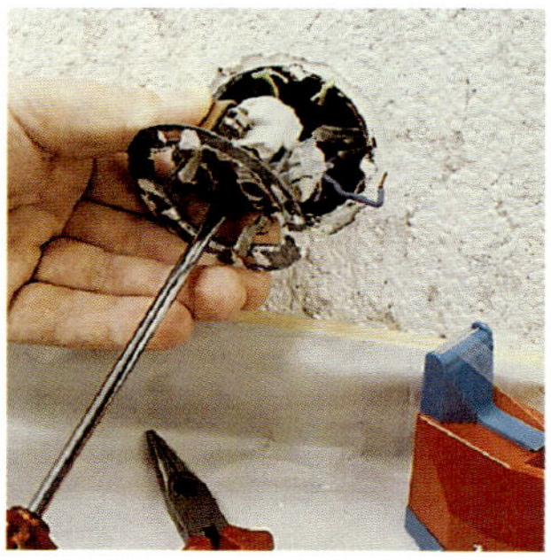

Adern unter den Klemmschrauben lösen und herausziehen.

zen, oder ob sich die eingegipste **Isolierdose** gelockert hat. Genügt es, die **Spreizklemmen** nachzuziehen, hat sich das **Problem** schnell gelöst. Läßt sich dagegen die Isolierdose in der **Wand** bewegen, ist der Einsatz auszubauen. **Schrauben**

Soviel Platz wie möglich für neue Füllmasse schaffen.

der Spreizklemmen lösen, und den Einsatz herausziehen. Das geht mit der schmalen **Telefonzange** leichter, ebenso wie die **Adern** unter den gelösten Klemmschrauben herauszuziehen. Die Adernenden nach **Farben** in einer Lüsterklemme zusammenfassen und aufräumen. Vom Gips um die **Isolierdose** sollte man soviel wie möglich mit einem alten **Schraubendreher** herausholen.

Einsatz einfügen

Wenn Sie den alten **Einsatz** weiter verwenden, einen

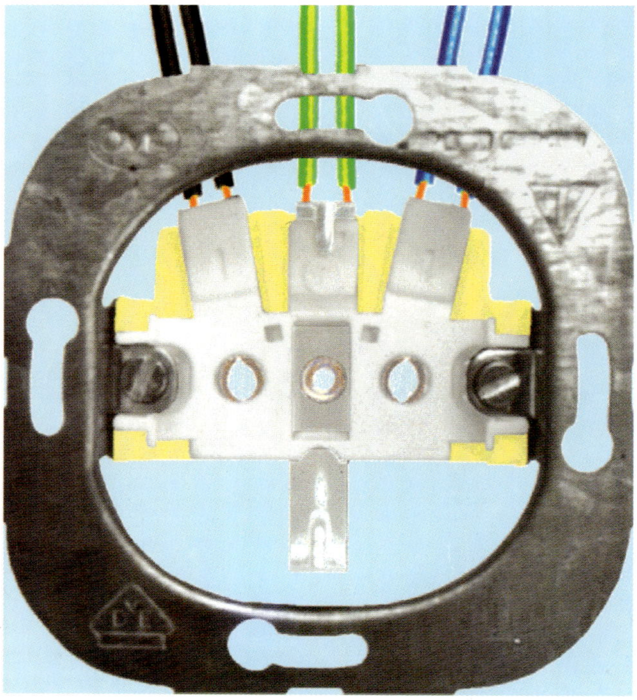

Korrekte Verteilung der Adern auf steckbare Anschlüsse.

Füllmasse aus der Tube tief in die Zwischenräume drücken.

neuen **Gummiring** um die Spreizklemmen legen. Auch das **Anklemmen** der Adern ist einfacher, wenn Sie die Drahtenden mit einer schmalen **Zange** fassen können. Zur Erinnerung: **Drähte** mit gelbgrüner Isolierung unter die mittlere Klemmschraube, blau und schwarz (oder

EXTRATIP: Bei der Gelegenheit können Sie jedoch auch einen neuen Einsatz für eine Doppel-Steckdose montieren, da Steckanschlüsse ja bekanntlich immer nur spärlich zur Verfügung stehen.

braun) jeweils unter die **Klemmschrauben** der Stekkerbuchsen.

ARBEITSMATERIAL

- Füllmasse
- Abdeckpapier
- Phasenprüfer
- Schraubendreher
- Cuttermesser
- Hammer

Bügeleisenschnur auswechseln

Mit Textil-Metallfasern umsponnene Anschlußschnüre sind bei Berührung mit heißem Metall weniger empfindlich als Kunststoffkabel. Bei beginnendem Verschleiß sind sie jedoch unverzüglich auszuwechseln.

Zum Öffnen die **Schraube** unten am Griff oder gar unter dem Temperaturwähler suchen. Tri-Wing-Kreuzschlitzschrauben an neueren Hausgeräten lassen sich nur mit einer ganz speziellen **Klinge** öffnen.

Produkthaftung!

An den **Anschlüssen** zeigen sich manchmal, wie auf den Fotos, die Folgen schlampi-

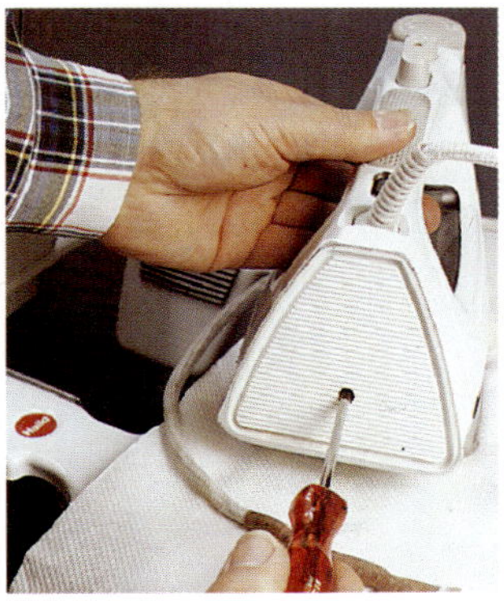

Gehäuseschrauben können sehr verschiedene Schlitze haben.

ger Installation durch lose **Klemmschrauben.** Verschmorte Klemmen und Adern, geschmolzene Adernisolierung und verformte **Kabelführung:** Das könnte zum Brandfall führen, und ist als **Originalzustand** (wie in diesem Fall) schon fast eine Situation für den **Verbraucherschutz.** Wenn Sie vor einer solchen Situation stehen, sollten Sie die oft versiegelten **Klemmen** nicht öffnen, um das Gerät, auch nach Ablauf der **Garantiezeit,** beim Händler zu reklamieren.

Widmen Sie dem Gelbgrünen besondere Aufmerksamkeit

Für die Montage können Sie, falls Sie die **Position** vergessen haben, die

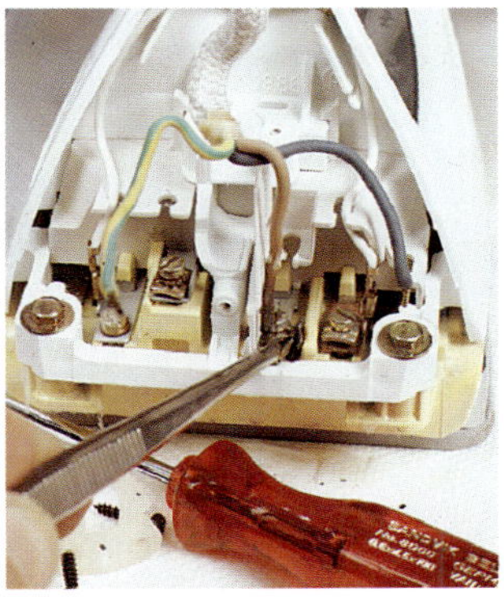

Vor allem die Klemme des gelbgrünen Schutzleiters merken.

Klemmschraube für den gelbgrün gefärbten **Schutzleiter** am eingeprägten Erde-Symbol erkennen. Die

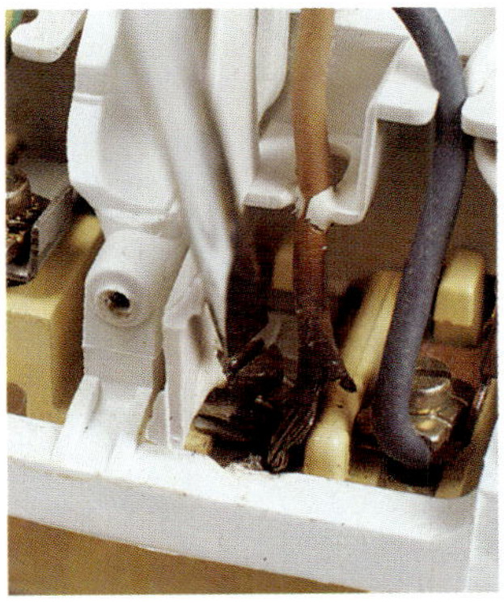

Gelockerte Klemme, heißer Lichtbogen, verschmorter Anschluß.

Bitte beachten Sie in eigenem Interesse die Hinweise auf Seite 144.

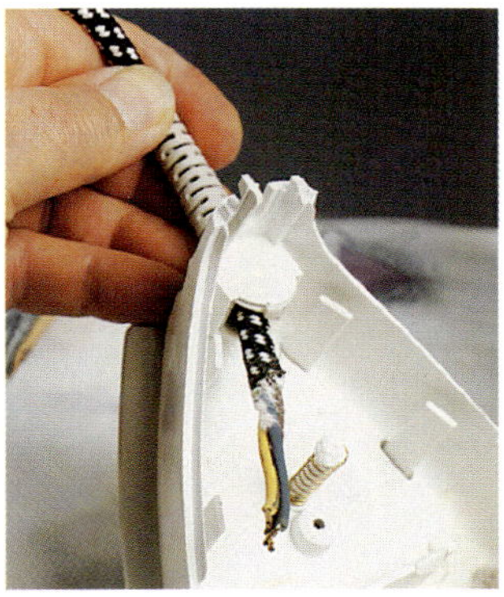

Das neue Kabel zuerst durch den Knickschutz fädeln.

Anordnung der blauen und braunen Ader (aktuelle Be-

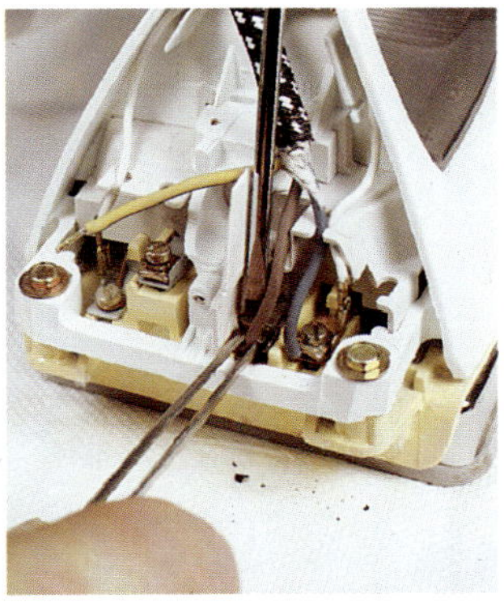

Wo es eng zugeht, ist eine Werkzeugpinzette sehr hilfreich.

zeichnung: Neutralleiter und Außenleiter) ist bei symmetrischen **Schutzkontaktsteckern** nicht festgelegt. Die Adernenden, korrekt in Hülsen gecrimpt, gehören unter die **Klemmplatten**

Alle Schrauben kontrollieren, ob sie fest genug sitzen.

oder links unter den Schraubenkopf und der umwickelte **Kabelmantel** so unter die Zugentlastung, daß die einzelnen Adern in leichtem Bogen zu den **Klemmen** führen.

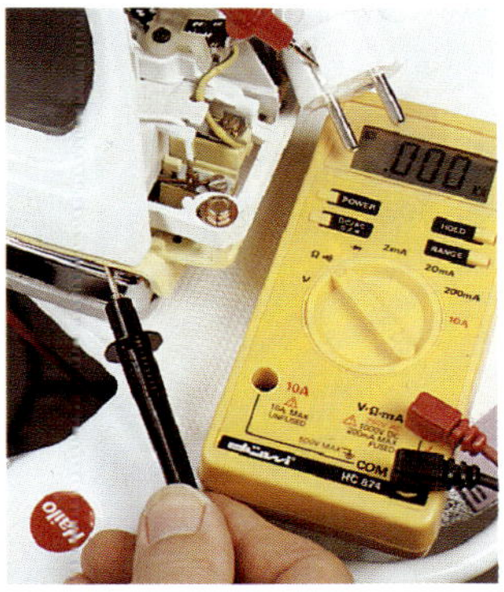

Die Widerstandsprüfung darf nicht über 0,3 Ohm anzeigen.

Eine genaue Widerstandsmessung zwischen **Schutzkontakt** am Stecker und verschiedenen Metallteilen kann die Funktion der **Schutzerdung** überprüfen. Das Meßgerät signalisiert mit akustischem Signal, daß die **Prüfspitzen** Kontakt haben. Außerdem ist auch noch der **Isolationswiderstand** zu messen.

ARBEITSMATERIAL

- Anschlußschnur 2,5 m
- Werkzeugpinzette
- Schraubendreher
- Mehrfach-Meßgerät

Sanitär

Ältere, aber auch moderne Sanitäranlagen müssen von Zeit zu Zeit gewartet werden. Dann bleibt Ihnen der Komfort erhalten und Sie können Ihren Badespaß ungetrübt fortsetzen. Über alle wichtigen Maßnahmen informieren die nächsten Seiten.

Waschtisch befestigen

Wenn Sie Teile aus Sanitärporzellan an der Wand befestigen wollen, sollten Sie das nach einem Verfahren tun, das Fehler und Schäden beim Anbringen zuverlässig verhindert.

Waschtisch auf die eingedrehten Stockschrauben schieben.

Für die **Verbindung** zwischen Waschtisch und Wand verwendet man sogenannte Stockschrauben. Das sind 140 mm lange **Stahlstifte,** die an einem Ende ein M10-Metallgewinde und am anderen Ende ein Holzschraubengewinde tragen. Es gibt sie als **Set,** zusammen mit 14 mm-Mauerdübeln, Kunststoff- und Stahlunterlegscheiben sowie Sechskantmuttern. Die Bundscheibe aus Kunststoff verhindert den direkten **Kontakt** von Metall mit Keramik.

Dübelbohrungen

Eine Bohrung mit einem 14 mm **Steinbohrer,** genau an dem gewünschten Punkt auf der Glasur der Fliesen, ist auch für geübte **Handwerker** nicht ganz leicht. Um sicher zu gehen, sollten Sie zuerst **Führungsbohrungen** nach einer Schablone herstellen. Dazu auf eine Leiste den **Abstand** der Befestigungsöffnungen, parallel zu einer **Kante,** übertragen und mit 6 mm Ø durchbohren. Auf der Wand wird diese **Leiste** so ausgerichtet, daß der Waschtisch später mit seiner **Oberkante** 80 cm von der Oberkante des fertigen Fußbodens entfernt ist. Natürlich können Sie das Becken auch tiefer oder höher, der **Körpergröße** der Benutzer entsprechend, montieren.

Zunächst nur ein Loch mit einem 6 mm-**Steinbohrer** durch die Leiste in die Fliese bohren. Die Schlagbohreinrichtung dabei unbedingt ausschalten. Mit einem Stahlstift (Bohrerschaft) die Leiste vor diesem **Loch** fixieren, waagerecht ausrichten und das zweite 6 mm-Loch vorbohren. Wenn Sie in diesen Führungsbohrungen (etwa 20 mm tief) den 14 mm-**Bohrer** ansetzen und ebenfalls erst ohne Schlag die Fliese durchbohren, kann nichts mehr schiefgehen. Mit verhaltenen **Hammerschlägen** die Allzweckdübel in die mindestens 85 mm tiefen Bohrungen treiben. Besser für die letzten **Millimeter** schon die Stockschraube einstecken, damit die **Dübel** nicht vorstehen.

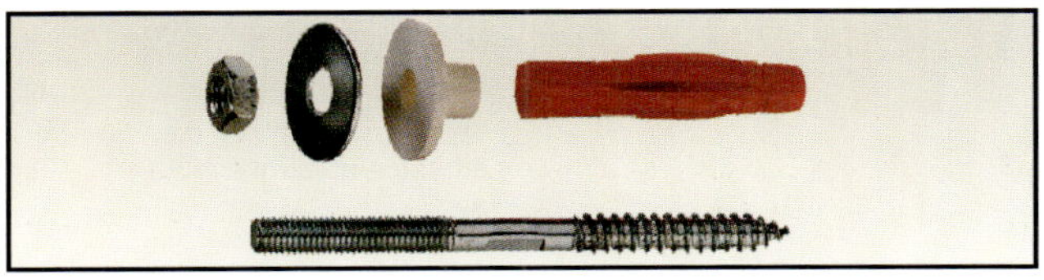

Spezialset verhindert Glasurschäden um die Montageöffnungen.

Montagefolge

Das **Eindrehen** der dicken Stockschrauben kann man sich mit der **Bohrmaschine** erleichtern. Als Eindrehwerkzeug genügt eine M 10-**Gewindemuffe** mit einem Gewindeende (abgesägte Stockschraube). Das Gewindeende muß mit dem **Gewinde** zur Hälfte in die Muffe reichen. Und die Muffe soll am Bohrfutter anliegen.

Objekte aus **Sanitärporzellan** sollten mit einer etwa 5 Millimeter dicken, frisch angerührten **Ausgleichsschicht** an die Wand gesetzt werden, dürfen aber nicht auf der Wand verkleben. Weiße **Fugenmasse** eignet sich gut für diesen Zweck, wenn Sie vor der Montage **Vaseline** oder auch fettende Hautcreme auf die Wandfläche auftragen. Geringe **Bewegungen** mit dem Waschtisch vor der Wand verteilen die Ausgleichsmasse. Vor allem, wenn sie mit einem **Zahnspachtel** schon zu einer gleichdicken Schicht durchgekämmt wurde.

Vorsicht: Der Hammer darf nicht die Fliesen treffen.

ARBEITSMATERIAL

- Sanitär-Befestigungsset
- Fugenmasse
- Wasserwaage
- Schlagbohrer
- 6 und 14 mm-Steinbohrer
- Stoßspachtel
- Zahnspachtel
- Gabelschlüssel

Drahtkorb erneuern

Die Beschichtung der Drahtkörbe im Geschirrspüler ist verletzlich, und Ersatzkörbe sind recht teuer. Leicht entstehen kleine Roststellen. Wärme und Spülmittel machen daraus in kurzer Zeit einen Korrosionsschaden.

Lediglich angerostete Stellen mit Rostumwandler behandeln und dann mit der gezeigten Bandage aus Fasern oder Draht sowie Zweikomponenten-Epoxidharzkleber abdecken. Wo der Draht jedoch schon fast oder ganz durchgerostet ist, muß man das korrodierte Stück heraustrennen. Zuvor den Bereich in unmittelbarer Nähe der **Schadstelle** mit Karton abdecken. Zu leicht könnte man sonst die Beschichtung beschädigen oder verschmutzen. Die Säge am noch festen Draht ansetzen. Der Rost muß ganz weg,

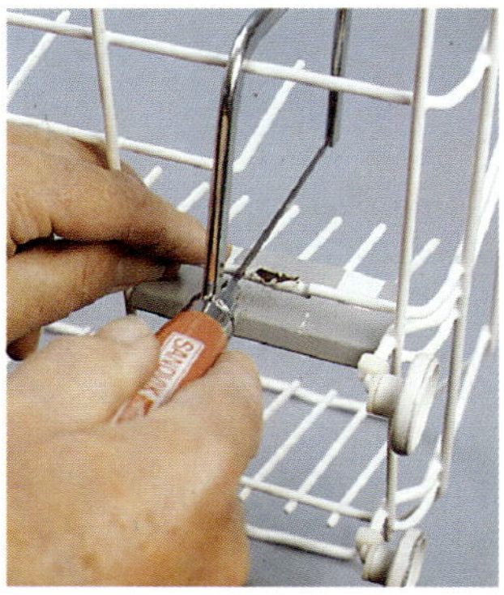

Das Universalblatt der Bügelsäge trennt auch Metall.

sonst kann er sich unter der Reparaturmuffe weiterfressen.

Verrostetes Material ganz entfernen

Für das Ersatzstück zur **Sicherheit** korrosionsfestes Material verwenden. Um dieses Ersatzstück einzukleben, befestigt man zunächst eine **Formschale**

PROFITIP
Bei Arbeiten mit Epoxidharz sollte Küchenkrepp bereitliegen. Verschmutzungen an Fingern und Material sofort abwischen. Mit Nitroverdünnung oder Wasser, Seife und Bürste flüssigen Kleber entfernen. Erhärtet bekommt man ihn nur mit Gewalt und Stecheisen oder Messerklinge ab. Flecken lassen sich allenfalls oberflächlich schichtweise mit Aceton anlösen.

aus mehrfach gefalteter Alufolie mit Klebeband am Draht.
Die Innenfläche der Schale zuvor mit **Kerzenwachs** einreiben. Durch die dünne Wachsschicht zwischen Kleber und **Alufolie** läßt sich diese später leicht vom Kleber trennen.
Zwei dicke **Tropfen** Zweikomponentenkleber auf den Schnittstellen genügen, um das recht genau eingepaßte **Ersatzstück** einzukleben. In solch kniffeligen

In die Lücke wird ein Ersatzstück eingefügt.

Situationen erleichtert eine **Werkzeugpinzette** als Greif- und Haltewerkzeug den Vorgang des Einfügens. Wenn man die **Hilfsschale** aus Alufolie anschließend eng um den Draht formt,

Eine Kleberschicht ringsum ist der Anfang für die Muffe.

kann man das Ersatzstück noch genauer justieren und den Kleber gleichmäßig ver-

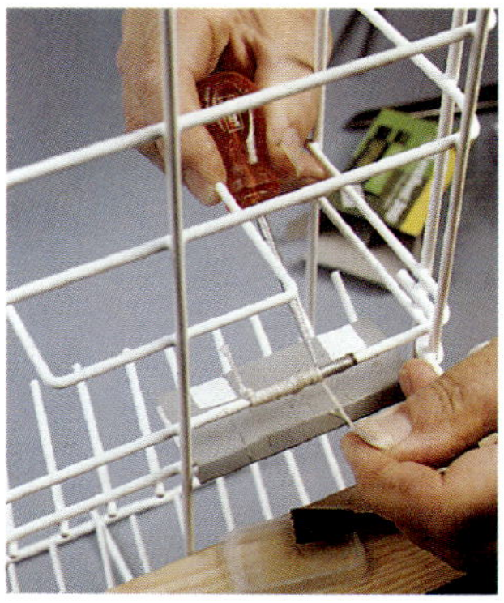

Mit einem Werkzeug die Windungen eng zusammendrücken.

teilen. Nimmt man innerhalb von fünf Minuten abbindenden **Kleber,** kann man zwar anschließend zügig weitermachen, hat aber nur wenig Zeit beim Einkleben.

EXTRATIP: Beginnende Roststellen kann man vorübergehend mit einem Tupfer Nagellack schützen. Lassen Sie sich von der Farbe an eine baldige Reparatur erinnern.

Faserverstärktes Kunstharz ist sehr dauerhaft

Die eigentliche Verbindung der beiden abgetrennten Drahtenden wird erst mit der gewickelten Muffe hergestellt. Dabei verbindet sich die **Polyesterkordel** (1,4 mm Gardinenkordel) mit dem Zweikomponenten-Epoxidharzkleber zu einer mechanisch sehr stabilen Muffe. Dazu erst eine dünne Schicht Kleber, etwa doppelt so lang wie das **Ersatzstück,** auftragen und dann die Kordel fest, Windung eng an Windung, um den Draht wickeln. Das **Kordelende** straff gespannt an einem Draht verknoten. Erst wenn der Kleber hart ist, die Knoten an Anfang und Ende vorsichtig abtrennen, um die **Beschichtung** nicht zu verletzen. Wer will, kann die Muffe auch noch mit weißem Epoxidharzlack beschichten.

ARBEITSMATERIAL
- Bügelsäge
- Ersatzdraht
- Kleber
- Gardinenkordel

Emailleschaden ausbessern

Wenn die Emaille von Bade- und Duschwanne beschädigt wurde, kann der darunterliegende Stahl schnell rosten. Kleine Schäden in der Glasur auf Sanitärobjekten werden mit der Zeit deutlicher sichtbar.

Die als Emaille oder Glasur aufgeschmolzenen **Glasmischungen** sind extrem hart. Emaillelacke, in Tuben, Pinselfläschchen oder Spraydosen angeboten, können diese **Härte** zwar nicht erreichen, genügen aber, um **Schäden** zu kaschieren. Auf waagerechten **Flächen** lassen sich die recht dünnflüssigen **Lacke** schnell und problemlos auftupfen. Abgeplatzte **Schichten** an senkrechten Flächen in einzelnen **Abschnitten** reparieren.

Schäden lassen sich mildern oder nahezu ganz verstecken.

Vorbereitungen

In beiden **Fällen** zuerst wie beim Kleben die Flächen präparieren. Auch einen nur leichten **Rosthauch** mit Rostumwandler behandeln. Denn **Rost** kann selbst Emaille unterwandern. Handelt es sich wie im **Beispiel** um einen größeren Schaden, sollte man die Stelle mit selbstklebender **Reinalufolie** nicht zu eng eingrenzen. Die Ränder der Aussparung mit dem **Fingernagel** fest anreiben. Dann lassen sich alle Arbeiten besser auf die **Schadstelle** konzentrieren. Die fertige Oberfläche bekommt allerdings mehr den Eindruck eines **Pflasters.** Wo zum Teil die **Emailleschicht** fehlt, läßt die sich mit Polyesterspachtel ersetzen. Mit einem steifen **Japanspachtel** aus Stahl ist Mischen und Verteilen intensiver möglich als mit dem zum Set gehörenden **Kunststoffspatel.** Ein Test zuvor vermittelt das notwendige **Gefühl** für den Umgang mit derartigen härtbaren **Kunstharzen.** Spachtelreste auf Alufolie können mitsamt der Folie in den **Müll.** Die gleichmäßig verteilte Spachtelschicht härtet schneller und intensiver in der Strahlungswärme aus einer Infrarotlampe. Eine sehr fein geschliffene **Oberfläche** erreichen Sie mit Naßschleifpapier (stufenweise mit **Körnung** 180/240/320) und Wasser.

Kunstharze über einem Brettchen zum Spachtel mischen.

Spachtelschicht dünn, aber gleichmäßig verteilen.

PROFITIP

Stellen, an denen sich rostanfälliger blanker Stahl zeigt, sollte man mit einer Schicht Epoxidharzkleber gegen Feuchtigkeit isolieren, um die Wanne in der Übergangszeit bis zur Beschichtung oder dem Ersatz noch nutzen zu können. Möglich ist, außer gleich einer neuen Wanne, die Beschichtung durch den Badewannendoktor mit Epoxidharzlack oder ein Einsatz aus Sanitäracryl in die alte Wanne.

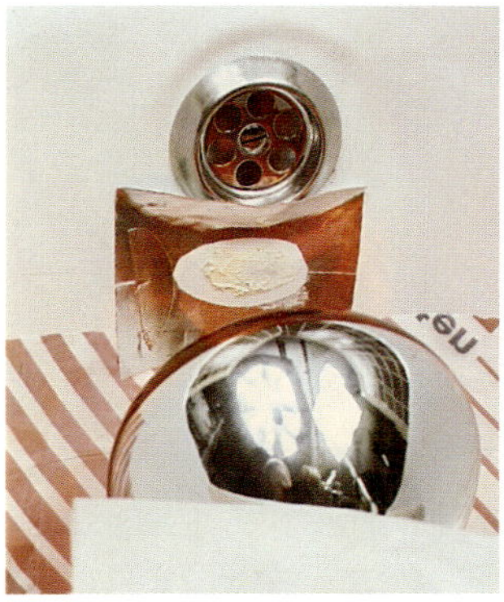

Mehr als gut handwarm soll der Strahler nicht wärmen.

Sprühlackieren

Nur kurze, genau gezielte **Sprühstöße,** bis zu zehn Mal hintereinander in Abständen von drei bis fünf Minuten, führen zu ansehnlichem Erfolg. Nach vier Tagen, in denen die Lackschicht nicht feucht werden darf, können Sie mögliche **Reste** des Sprühnebels mittels Polierpaste entfernen.

Geschliffen soll der Spachtel nur noch Vertiefungen füllen.

Mit einer Lochschablone den Sprühnebel abschirmen.

ARBEITSMATERIAL

- Reparaturset Emaille
- Rostumwandler
- Spiritus
- Verdünnung
- Feinalufolie
- Infrarotlampe
- Japanspachtel
- Naßschleifpapier
- Polierpaste

Wasserhahn abdichten

Wenn ein fest zugedrehter Wasserhahn immer noch tropft, wird nicht nur die Umgebung naß. Über einen längeren Zeitraum können auch nennenswerte Wassermengen verlorengehen.

Gute Gründe, das Tropfen schnellstens abzustellen. Dafür gibt es zwei Möglichkeiten. Zwar mit höheren Kosten verbunden, dafür aber im Handumdrehen er-

Die Ventilkappe nicht zu fest mit der Armaturenzange fassen.

ledigt: einfach das komplette **Hahnoberteil** einschließlich Ventilkegel auswechseln. Oder alle **Dichtungen,** wie die O-Ringe und die Dichtungsscheibe für den **Ventilsitz,** austauschen. Als

Heißluft hilft, um alte Verkrustungen aufzubrechen.

Soforthilfe genügt es, wenn Sie nur die Dichtungsscheibe für den **Ventilsitz** wenden.

Mit einem Maulschlüssel das komplette Oberteil herausdrehen.

Alle Verschleißteile austauschen

Aber wenn man schon die Innereien vom **Wasserhahn** zerlegt, dann sollte man

Das Ventilsitzfräser-Set läßt sich den Ventiltypen anpassen.

gleich alles perfekt überholen. Der prinzipielle **Aufbau** aller klassischen Armaturen mit Drehgriffen ist gleich. Der **Drehgriff** löst sich von der Spindel, wenn man die **Armaturenkappe** abdreht. Die Ventilspindel ist im Oberteil mit einem **Sprengring** gesichert. Diese Verbindung braucht man nicht zu lösen. Der **Ventilkegel,** mit der Dichtungsscheibe für den **Ventilsitz** am unteren Ende läßt sich aus dem Oberteil herausdrehen. Dazu die **Spindel** mit aufgestecktem Griff entgegen dem Uhrzeigersinn drehen. Das ist notwendig, wenn man am herausgedrehten

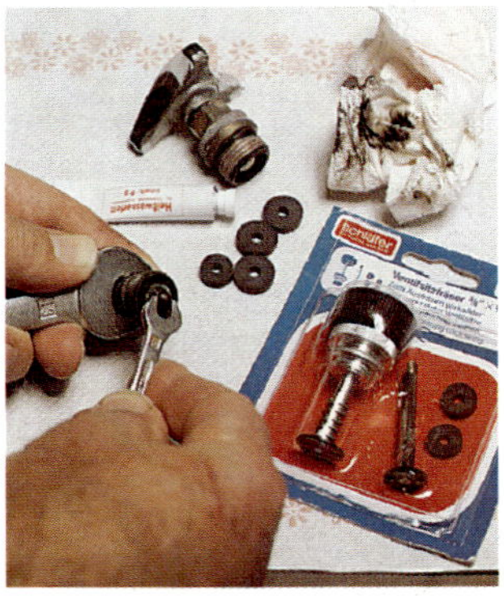

Daß es tropft, liegt meistens an der Ventil-Dichtscheibe.

Kegel den O-Ring wechseln sowie das **Spindelgewinde** säubern und neu fetten will. Außerdem kann man so den Kegel besser mit einem **Maulschlüssel** halten, um die Mutter der Dichtscheibe abzudrehen. Die **Dichtungsscheibe** läßt sich mit der Spitze einer Messerklinge aus ihrer Halterung hebeln.

Zuerst Absperrventile schließen

In jedem Fall muß, bevor Sie anfangen, entweder das zu dem **Wasseranschluß** gehörende Absperrventil oder der **Hauptabsperrhahn** geschlossen werden. Dann den tropfenden Hahn ganz öffnen. So merken Sie

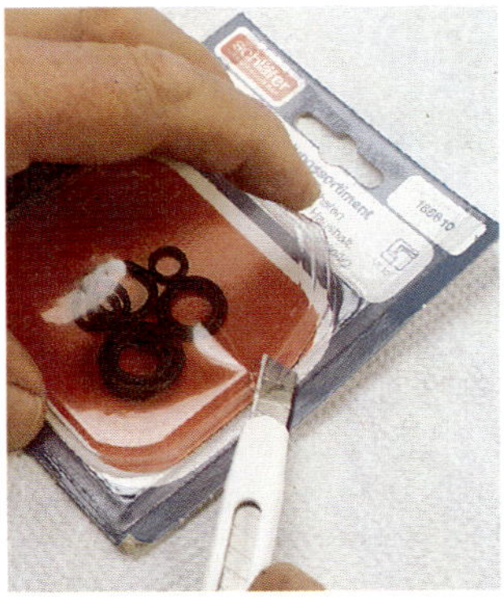

EXTRATIP: Falls nicht der gesamte Inhalt verbraucht wird, Klarsichtabdeckungen auf Blisterkarten nur bis zur Mitte auftrennen. Dann läßt sich, mit Klebeband oder Gummiring verschlossen, der restliche Vorrat gut aufheben.

schnell, ob noch **Druck** auf der Wasserleitung ist, und außerdem läßt sich das Oberteil leichter lösen. Wenn die **Kappe** zu fest sitzt, haben sich entweder die **Ablagerungen** sehr verkrustet, oder Sie haben mit dem **Werkzeug** zu fest zugepackt und dabei das Gewinde zusammengepreßt. **Verkrustungen** lösen sich, wenn Sie die Kappe mit Heißluft anwärmen. Als **Werkzeuge** sollten Sie nur Maulschlüssel, Armaturenzange oder Gummibackenzange verwenden. Die häufige Empfehlung, Wasserpumpen- oder Rohrzange zu benutzen, führt mit Sicherheit zur **Zerstörung** der Chromschicht. Sollten sich am Ventilsitz **Ablagerungen** gebildet haben, kann man sie mit dem kleinen Finger unten im geöffneten **Ventilgehäuse** spüren. Solche Störungen lassen sich mit einem einfachen **Ventilsitzfräser** abschaben.

ARBEITSMATERIAL

- Armaturenzange
- Maulschlüssel
- Ventilsitzfräser
- Ersatzdichtungen
- Armaturenfett

Luftsprudler erneuern

Ohne zu spritzen, weich mit Luftblasen durchsetzt und leise sollte der Wasserstrahl den Auslauf verlassen. Hartes Leitungswasser und Schmutz aus den Leitungen verhindern das zuweilen beträchtlich.

Das Auswechseln der Siebeinsätze ist eine der leichtesten **Übungen.** Wenn man einen **Universalschlüssel** hat, mit dem sich alle üblichen **Luftsprudler** in Standarmaturen oder Schwenkausläufen lösen lassen.

Der Wasserstrahl spritzt nur noch unkontrolliert.

Wärme löst Gewinde

Sollte wirklich einmal eine **Verschraubung** so verkrustet sein, daß sie festsitzt (passiert eigentlich nur bei reinen Kaltwasserventilen), wickeln Sie einen Lappen um die **Auslauföffnung** und

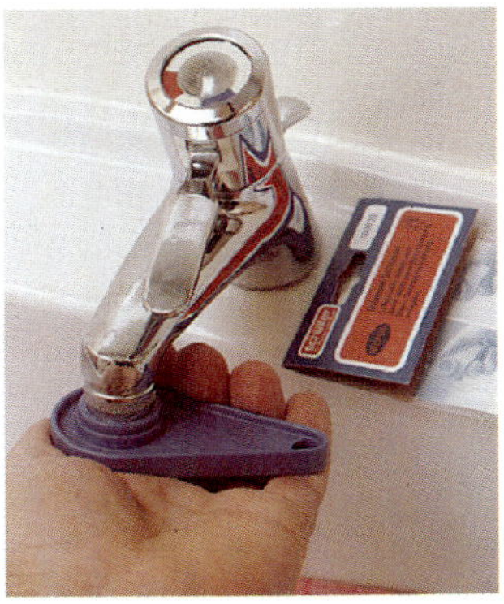

Den Luftsprudler mit dem Spezialschlüssel ausbauen.

ÖKOTIP
Ganz rationell ist es, die Einsätze aller Armaturen in der Wohnung in bestimmten Zeitabständen gleichzeitig gegen entkalkte oder auch neue Einsätze auszutauschen. Denn je häufiger die Einsätze von Kalk und Schmutz befreit werden, desto länger kann man sie, und ebenso die Dichtringe, immer wieder verwenden.

gießen kochendes Wasser darüber. Das Material dehnt sich dann etwas durch die **Wärme.** Das reicht, um das Gewinde zu lockern. Manche Personen haben

Einfach: Das komplette Teil gegen ein neues tauschen.

auch Schwierigkeiten mit der richtigen Drehrichtung, weil die Einsätze von unten eingeschraubt sind. Denn das Ventil geht rechts herum zu und die Verschraubung, von oben gesehen, aber rechts herum raus. Mit etwas Überlegen kommt man aber schnell hinter den Zusammenhang.

Nicht gleich alles wegwerfen

Nun ist es am bequemsten, gleich **Verschraubung mit Einsatz und Dichtung** zu erneuern.

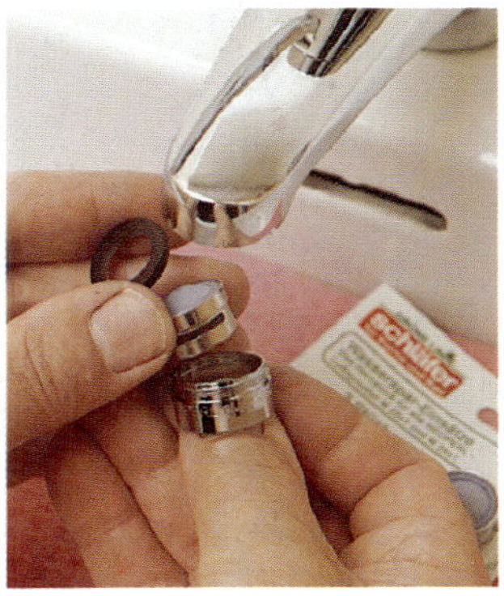

Billiger: Nur Siebeinsatz und Dichtung wechseln.

Bei veralteten Luftsprudlern ist dies sicher auch eine wirtschaftliche **Lösung.** Denn mit den neuesten Siebeinsätzen kann man eine beträchtliche Menge **Wasser** sparen. Und darüber hinaus verkalken sie durch spezielle Kunststoffsiebe nicht so leicht.

Kostenlos: Luftsprudler mit Einsatz in Essigessenz reinigen.

PROFITIP
Verkalkte Armaturenteile in trockene Papiertücher hüllen und 5 cm breite Plastikfolienstreifen locker darüberwickeln.
Gießt man an der obersten Stelle langsam Essigessenz auf das Papier, saugt es sich nach und nach voll. Der Essig kann durch die Folie nicht verdunsten und hat so genug Zeit, die Ablagerungen aufzulösen.

Um diesen **Spareffekt** zu erreichen, genügt es jedoch auch lediglich den Siebeinsatz (neue Dichtringe gibt es ohnehin dazu) zu wechseln und die Verschraubung in **Essigessenz** zu säubern

SPARTIP: Einzelteile der Luftsprudler aller Armaturen der Wohnung sammeln und gleichzeitig entkalken. In einem Plastikbeutel ins Wasser legen und Essigessenz einfüllen.

und diese dann gereinigt wieder zu verwenden.

ARBEITSMATERIAL
- Luftsprudlerschlüssel
- Luftsprudler
- Siebeinsätze
- Essigessenz
- Gefäß

Handbrause entkalken

Solange noch Kalk und andere Minerale im Trinkwasser sind, werden sie sich dort, wo Leitungswasser fließt und trocknet, ablagern. Je nach Wasserhärte entweder nach Monaten, aber auch schon nach wenigen Wochen.

Die Gummibackenzange hält auch glatte Flächen fest im Griff.

Chemische **Entkalker** können aus Kunststoffen die Farbe auslaugen oder die **Oberflächen** von Sanitärglasuren verätzen.

Verschraubungen an Handbrausen haben nicht immer **Ansatzflächen** für Werkzeuge. Wenn Sie den Schraubanschluß jedoch im

Wärme löst verkrustete Gewinde.

Luftstrom anwärmen oder ihn kurz in heißes Wasser eintauchen, läßt er sich meistens, auch per **Hand,** schnell lösen. Doch Vorsicht mit **Temperaturen** über 100 Grad. Auch ein verchromter

ÖKOTIP
Möglichst einfachen Haushaltsessig (5% Säure) zum Entkalken verwenden. Konzentrierte Essigessenz (25% Säure) ist jedoch selbst vielen chemischen Entkalkern überlegen. Auch wenn man die Geruchsbelästigung unverdünnter Essenz, bei der Behandlung größerer Flächen, nicht unterschlagen darf und der Hautkontakt bei kleinen Verletzungen sehr unangenehm werden kann.

Essigessenz wirkt auch in geringer Menge.

Anschluß kann aus **Kunststoff** und damit hitzeempfindlich sein.

Das Folienbad konzentriert die Wirkung

Der **Geruch** von Essigessenz steigt einem nicht in die **Nase,** wenn man sparsam damit umgeht. Dazu die Handbrause in eine kleine, aber wasserdichte **Plastiktüte,** höher als der Gefäßrand, und dann in das Gefäß stecken. Erst Wasser einfüllen und die **Handbrause** dabei festhalten, damit sie nicht aufschwimmt. Anschließend **Essigessenz** in die Handbrause gießen, bis der Essigspiegel den **Brausekopf** knapp übersteigt. An den Perlen kann man schon sehen, wie die Essigsäure dem **Kalk** zusetzt. Der wird zwar auch in

Der Stiel vom Eis ist ein schonendes Werkzeug.

Stunden nicht völlig aufgelöst. Nach rund 30 Minuten sind aber hartnäckige **Krusten** so mürbe, daß man sie mit einem Holzspatel (oder Eisstiel) behutsam abschieben kann.

Kratzer begünstigen schnelles Verkalken

Nicht scheuern, denn auch die **Rückstände** sind noch so hart, daß sie unter dem Holzspatel den **Kunststoff** ankratzen können. Das wirkt dann so, als ob Sie mit scharfem **Metall** den Kalk abstoßen wollten. Die Kunststoffoberfläche bekommt Kratzer und Schram-

Alle Reste verschwinden mit Bürste und frischem Wasser.

men, und da setzen sich neue Ablagerungen besonders schnell und hartnäckig fest. Deshalb ist die Reinigung mit den harten Kunst-

EXTRATIP Zwischenstücke: Am Anschluß verhindert ein Drehgelenk, daß sich der Duschschlauch windet. Und ein kleiner Absperrschieber an der Handbrause macht mehrfaches Bedienen der Mischarmatur während des Duschens überflüssig.

stoffborsten einer Handbürste (oder einer ausrangierten Zahnbürste) wirkungsvoll und doch schonend.

ARBEITSMATERIAL
- Gummibackenzange
- Heißluftgebläse
- Glasgefäß
- Holzspatel
- Handbürste

Schwenkauslauf richten

Wenn sich an der Überwurfmutter Kalkspuren bilden, wird es Zeit, sich einmal die Dichtungen anzusehen. Sonst läuft Wasser bald am Auslaufrohr entlang und hinterläßt auch dort häßliche Spuren.

Armaturenzange mit schützenden Schonbacken aus Polyamid.

Für alle Arbeiten an **Armaturen** sollte man spezielles **Werkzeug** zur Verfügung haben. Auch die erforderlichen **Schlüsselweiten** sind in üblichen Maulschlüsselsätzen selten enthalten. Wenn Sie die **Überwurfmutter** gelöst und den **Schwenkauslauf** nach unten herausgezogen haben, sollten Sie zuerst das alte **Armaturenfett** abwischen.

Maulschlüssel mit Papierzwischenlage als Chromschutz.

Um die O-Ringe zu entfernen, können Sie mit einer schmalen **Schraubendreherklinge** den Ring aus seinem Sitz hebeln oder ihn auch einfach durchschneiden, sofern Sie ihn nicht zum Maßnehmen beim Nachkauf der neuen O-Ringe benutzen müssen.

Die schwarzen O-Ringe sind die Dichtungen.

Abmessungen der O-Ringe genau einhalten

Als Ermittlung für die genaue Größe sollten Sie einen der alten Ringe mit der **Schiebelehre** ausmessen. Auch mit einem O-Ring als **Muster** kann man, durch die Vielzahl von Größen und Abmessungen, nur bei guter **Beratung** fündig werden. Übliche Größen: Schwenkausläufe 16 mm Ø 9,5/14,5 mm und 18 mm Ø 10,8/16,0 mm (innen/außen).

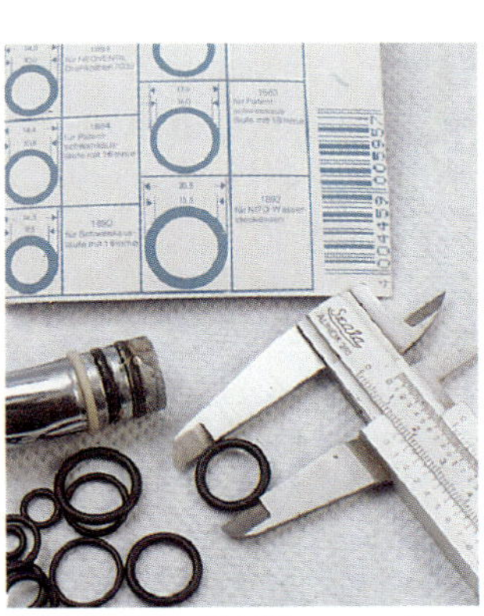

Maßstäbliche Abbildungen oder Schiebelehre zum Maßnehmen.

PROFITIP
Schier unlösbare Verschraubungen an Armaturen geben im heißen Luftstrom aus einem Gebläse schnell nach. Das Metall aber nicht zu stark erhitzen. Ein Wasserspritzer soll zwar schnell verdampfen, darf aber nicht zischen. Durch die Wärme dehnt sich zuerst die außenliegende Verschraubung und gibt damit verkrustete Verbindungen frei.

Die Ersatzringe lassen sich mit einem Tropfen **Spülmittel** oder auch mit Seife als Gleitmittel leichter aufziehen. Bevor Sie neues **Armaturenfett** auftragen, (damit sich der Auslauf leicht bewegen läßt und als **Pflegemittel** für die Dichtungen) ist Spülmittel oder Seife abzuwaschen. **Fett** und Spülmittel vertragen sich nicht. Gleich Armaturenfett als **Gleitmittel** zu verwenden wäre natürlich richtiger. Nur läßt es sich sehr schwer von den **Fingern** entfernen. Vor allem, wenn hochwertiges **Siliconfett** benutzt wird.

Erst den oberen, anschließend den unteren Ring aufziehen.

EXTRATIP: Damit sich die Überwurfmutter nicht von alleine löst, etwas Gewindesicherung auf die Gewindegänge träufeln. Mit Werkzeug läßt sie sich dann immer noch lösen.

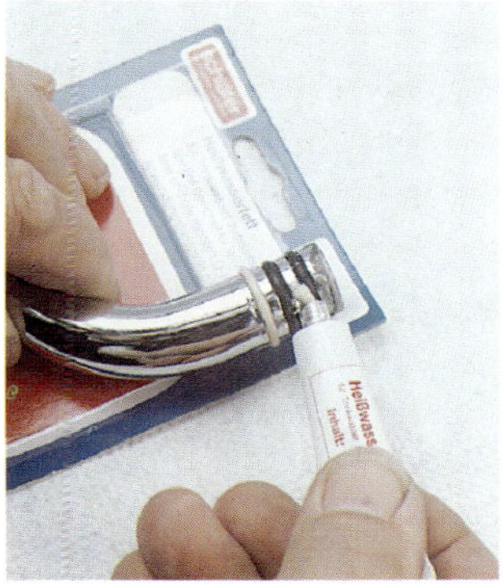

Armaturenfett auftragen und ringsum verteilen.

ARBEITSMATERIAL
- Armaturenzange
- Schiebelehre
- O-Ringe
- Spülmittel
- Armaturenfett

Armaturenrosette abdichten

Wenn Spritzwasser hinter die Abdeckrosette gelangt, kann die Wand durchfeuchten, und Spuren hartnäckiger Ablagerungen werden bald sichtbar. Eine überalterte Abdichtung deshalb paßgenau und dauerhaft erneuern.

Flexibles Isolierband kann keine Dauerlösung sein.

Zuerst den **Bedienungshebel** abbauen und die Rosette abnehmen. Mit dem **Stoßspachtel** entfernt man zunächst alle losen Teile der alten **Weichschaumdichtung,** die sich gleich in einer **Plastiktüte** auffangen lassen.

Genau passender Schraubendreher vermeidet Kratzspuren.

Folie als Trennschicht

Die **Umgebung** um das Armaturengehäuse wird mit einer straff gespannten, klaren PE-Folie (Polyäthylen) oder **Frischhaltefolie** abgedeckt. Wo die **Rosette** im Zentrum auch auf dem Armaturengehäuse abzudichten ist, dort wo auch die alte Dichtung war, kann man **Vaseline** als Trennmittel verwenden. Die Dichtungsmasse müssen Sie so dick in den **Rosettenrand** einspritzen, daß sie beim Andrücken der Rosette noch unter dem Rand hervorquillt. An der **Unterkante** soll jedoch ein etwa 1 cm breiter Kanal als **Kondenswasserablauf** bleiben.

Rückstände und Ablagerungen möglichst restlos entfernen.

Mit Siliconkautschuk den Hohlraum am Rand üppig füllen.

Paßgenaue Dauerdichtung

Bis die Dichtungsmasse fest geworden ist, wird die Rosette von den **Befestigungsschrauben** gehalten. Die sollten jedoch nur mäßig festgezogen werden, damit später die Dichtungsfläche unter **Druck** aufliegt. Erst wenn die **Dichtungsmasse** ganz ausvulkanisiert und fest wie Gummi ist, kann man die **Rosette** wieder entfernen und den überstehenden Rand der Dichtungsmasse abtrennen. Sobald die **Masse** nach kurzer Zeit eine Haut gebildet hat, kann **Wasser** jedoch nicht schaden.

Folie verhindert, daß die Rosette auf den Fliesen verklebt.

Überstehende Dichtungsmasse mit scharfer Klinge abtrennen.

ARBEITSMATERIAL

- Siliconkautschuk
- Schraubendreher
- Stoßspachtel
- Reinigungspinsel
- Testbenzin
- Druckpistole
- PE-Folie
- Klebeband
- Cuttermesser

Abfluß reinigen

Wenn das Wasser nur noch zögernd aus dem Becken läuft, wird es Zeit für eine Ablaufreinigung. Durch regelmäßige Anwendung der Gummiglocke werden größere Aktionen allerdings überflüssig.

Vor dem Einsatz der Saugglocke den Ventilstopfen entfernen.

Chemische Abflußreiniger helfen zwar auch, aber meist nur vorübergehend. Die **Belastung** für die Kunststoff-Tauchrohre, Rohrinnenwände und vor allem für die **Kläranlagen** ist jedoch eigentlich nicht zu verantworten.

Saugglocke einsetzen

Zunächst ist die **Saugglocke** dran. Für ein paar Mark gehört sie zum **Wartungswerkzeug** in jedem Haushalt. Durch pumpende Bewegungen werden die

Den Geruchsverschluß mit einem Bandschlüssel lösen.

Verschmutzungen in Richtung **Ablaufventil** gelöst, aber nur wenn die Überlauföffnung mit Klebeband oder einem feuchten Lappen luftdicht verschlossen ist sowie Abflußrohr und Becken mit **Wasser** gefüllt sind. Hartnäckige Verschmutzungen und Reste,

Einzelteile in Wasser säubern und mit Chromputz polieren.

meistens verantwortlich für eine baldige Wiederholung der **Prozedur,** lassen sich jedoch nur bei demontiertem **Geruchsverschluß** restlos entfernen. Die Überwurfmuttern an den **Rohrbögen** sollten sich eigentlich mit trockenen **Händen** einfach lösen lassen. Dazu muß man mitunter zuerst die Anordnung aufmerksam studieren, um die **Drehrichtung** zu erkennen. Oft sitzen sie auch so fest, daß sie sich nur mit einem Fensterleder als Zwischenlage oder gar nur mit dem **Bandschlüssel** lösen lassen. Manchmal genügt aber auch ein straff um die Verschraubung gelegter **Ledergürtel.** Merken Sie sich bei

Armaturenfett verhindert fest sitzende Verschraubungen.

der Demontage genau die Anordnung der **Dichtungen.** Sonst kann es später tröpfeln. Die Rohrbögen, Dichtungen und Überwurfmuttern in viel **Wasser** mit einer Flaschenbürste reinigen. Nur Holzleisten oder

Rückstände lassen sich durch das Lochsieb entfernen.

biegsame **Kunststoffprofile,** keinen kratzenden Draht zum Stochern verwenden.

Reinigungsspirale verwenden

Hat man Pech, sitzt die **Verstopfung** tiefer, meist an

Eventuell aus dem Ablaufrohr mit einer Häkelnadel angeln.

wenig fachgerechten Rohrwindungen oder Einmündungen ins **Fallrohr.** Dorthin gelangt man nur mit einer **Rohrreinigungsspirale.** Mit den Greifhaken am Kopf, durch Stochern und Drehen,

Reinigungsspirale drehend im Rohr vorwärtsschieben.

die **Rückstände** lösen. Fließendes Wasser aus einem Schlauch hilft dabei und schwemmt den **Dreck** gleich weg, sobald das Rohr wieder etwas frei ist. Aber erst versuchen, den **Pfropfen** im Rohr zu lockern.

ARBEITSMATERIAL

- Armaturenfett
- Saugglocke
- Eimer
- Bandschlüssel
- Flaschenbürste
- Häkelnadel
- Rohrreinigungsspirale

Toilettenspülung reparieren

Feine Rinnsale übersieht man leicht. Erst mit der Zeit werden sie durch Ablagerungen sichtbar. „Dauerläufer" können deshalb sehr lange unbemerkt bleiben und wertvolles Trinkwasser vergeuden.

Absperrventil schließen und den Spülkasten entleeren.

Wenn man den **Kasten** schon öffnen muß, sollte man eine **Generalinspektion** vorbereiten. Hersteller, Typ und Baujahr muß der **Sanitärinstallateur** wissen, um Ihnen die richtigen Dichtungen für Zulauf- und Ablaufventil zu verkaufen. Die **Angaben** findet man in der Regel irgendwo hinter der **Abdeckung.** Ist das Teil allerdings über 10 Jahre alt, besser die ausgebauten, alten **Dichtungen** als Muster verwenden.

Einzelteile ausbauen

Der **Innenanblick** des Kastens ist nach vielen Jahren sicherer Funktion zwar nicht besonders appetitlich. Das ist aber nicht mehr als ungefährlicher **Staub** mit mineralischen Rückständen aus dem **Wasser.** Zunächst das Absperrventil, meist eine **Schlitzschraube** am Wasseranschluß, schließen und den **Kasten** leeren. Um etwas Platz zu schaffen, den Schwimmer vom **Zulaufventil** abbauen.
Die Verbindungen zwischen Standrohr, Gehäuse des Ablaufventils und **Kastenboden** sind in der Regel Gewinde oder Drehrastverschlüsse. Mit kurzem **Ruck** nach links lösen.

ÖKOTIP
Mit einem Gewicht im Standrohr (sandgefülltes und abgedichtetes Plexiglasrohr an einem Splint) können Sie die automatisch ausfließende Wassermenge durch ‚Handsteuerung' verringern. Das Standrohr muß aber stets noch als Überlauf funktionieren können. Bei einem Ventildefekt ist sonst ein Wasserschaden vorprogrammiert.

Standrohr und Ablaufventil, im Kasten getrennt, herausnehmen.

Die Verschraubung am Zulaufventil kann, besonders bei **Metallgewinden,** sehr fest sitzen und zudem schlecht erreichbar sein. Den Gabelschlüssel (32 mm) mit der Rohrzange und sanftem **Druck** unterstützen. Auch leichte Hammerschläge können die **Überwurfmutter** noch lockern. Wenn das nichts hilft, geht es bestimmt mit Wärme aus dem **Heißluftgerät.** Aber Vorsicht! Kunststoffteile mögen keine Hitze.

Überwurfmutter über der Dichtung am Zulaufventil lösen.

Reinigen und Zusammenfügen

Alle **Einzelteile** mit Wasser und Bürste säubern. **Scheuerpulver** ist tabu. Deshalb auch feste Reste nur mit einem **Holzspatel** (oder Eisstiel) entfernen. Der **Austausch** der Dichtungen ist dann im Gegensatz zu den **Vorarbeiten** ein Klacks. Auch der Zusammenbau der sauberen **Teile** geht problemlos, wenn man sich die richtige Reihenfolge gemerkt oder notiert hat.

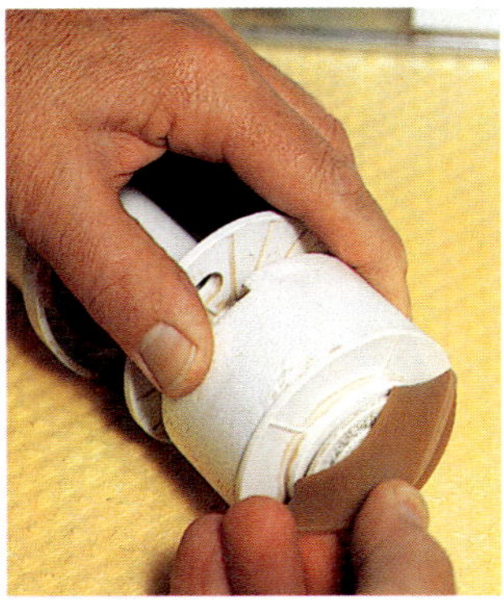

Ablaufventildichtung in der vorgesehenen Rille montieren.

Mit Armaturenfett (Siliconfett) an Gewinden läßt sich **Verdruß** bei späteren Inspektionen vermeiden. Mit mehrfachen **Spülvorgängen** abschließend die Funktion überprüfen. Als Unterstützung für einen alten **Schwimmer** extrudierten Polystyrolschaum und eine korrosionsfeste Befestigung mit **Schmelzkleber** oder Edelstahlschraube wählen.

Ein Hartschaumstück unterstützt mangelnden Auftrieb.

ARBEITSMATERIAL

- Ersatzdichtungen
- Schraubendreher
- Gabelschlüsselsatz bis SW32
- Rohrzange
- Bürste
- Holzspatel
- Haushaltsreiniger
- Armaturenfett

Wasserleitung auftauen

Für einen derartigen Störfall sollte man gerüstet sein. Denn die Erfahrung lehrt, solche Situationen entstehen immer zu einem Zeitpunkt, wenn sich die Mittel zum Auftauen nur schwer beschaffen lassen.

Strenger **Frost** wird zwar in unseren Regionen immer seltener. Aber gerade deshalb gerät das Entleeren der **Wasserleitungen** im Außenbereich, bevor überra-

Eiszapfen am Wasserhahn, ein ernstes Alarmsignal.

schend doch die **Temperaturen** unter Null Grad absinken, leicht in **Vergessenheit.** Wird das Wasser in der **Leitung** erst einmal zu Eis, dauert es meist nicht lange, bis das **Rohr** platzt. Denn je kälter es wird, desto mehr dehnt sich das **Eis** in der Leitung aus, bis die an einer oder mehreren Stellen dem **Druck** nachgibt und reißt.

Vorsorgen

Leeren der Außenleitungen: Absperrventil schließen, Entleerungshahn öffnen und auslaufendes Wasser auffangen. Das **Gefäß** zum Auffangen nicht zu klein wählen. Über einen dünnen Kunststoffschlauch, den man auf den **Auslauf** stecken kann, läßt sich das Wasser ableiten. Denn meistens befinden sich die Absperrventile knapp unter der **Kellerdecke.** Den Außenhahn anschließend geöffnet lassen.

Wenn das **Leitungswasser** aber doch einmal eingefroren ist, oberster Grundsatz beim Auftauen: Die Wasserleitung mit milder **Wärme** gleichzeitig auf möglichst langer **Strecke** nur knapp über Null Grad anwärmen, bis das nachströmende Leitungswasser die **Vereisung** ganz auflösen kann. Möglichst keine offene **Flamme** benutzen. Sie wirkt als Wärmequelle zu eng begrenzt und ist bei **Leitungen** mit

Gewebe-Flachschlauch mit Warmwasserdurchlauf als Wärmewickel.

Kunststoffmantel unbrauchbar. Mit kurzen Strecken am Wasserhahn oder am Entleerungshahn (sofern er sich im eingefrorenen Bereich befindet) beginnen. Und sobald sich das **Ventil** drehen läßt, ganz öffnen.

Wärmespender

Nahezu alles, was genügend Wärme spendet, kann helfen. Dazu gehören auch Bügeleisen, Heizkissen, Wärmetherapiestrahler, Fön, oder Heizlüfter. Vor der **Anwendung** von heißem Wasser die Leitungen mit Weichschaum oder Stoff um-

Infrarotstrahler erwärmen auch das Mauerwerk.

wickeln, damit das **Wasser** nicht zu schnell abfließen kann.

Vorsicht bei ummantelten **Rohren.** Bei direkter oder Strahlungswärme kann der Kunststoff schmelzen oder gar verschmoren. Wo die Leitungen im **Mauerwerk**

Im Mantel aus Weichschaum wirkt heißes Wasser länger.

Wärmestrom vom Gasheizstrahler durch Abstand regeln.

verlegt wurden, muß man die Wand- oder Fußbodenfläche durch Strahlungswärme (Infrarotstrahler) anwärmen. Bei wärmeempfindlichen **Oberflächen** bleibt nur der Ruf nach dem In-

Heiße Luft in ein U-Profil über die Leitung blasen.

stallateur. Er kann mit einer **Niedervolt-Widerstandsheizung** (Auftau-Trafo), allerdings nur in Metallrohren, das **Eis** schonend und sehr schnell schmelzen lassen.

ARBEITSMATERIAL

- Gewebe-Flachschlauch
- Infrarotlampe
- Weichschaumstreifen
- Heizstrahler
- Heißluftgerät
- U-Profil
- Arbeitshandschuhe
- Haushaltsreiniger
- Armaturenfett

Siliconfugen erneuern

Ohne die Vorteile elastischer Abdichtungen zwischen unterschiedlichen Bauteilen ist moderne Bautechnik nicht mehr denkbar. Oft sind diese Fugen, mehr schlecht als recht ausgeführt, ein Anlaß für spätere Mängel.

In **Unebenheiten** oder haarfeinen Fugen durch ungenügende **Haftung** auf den Flächen, bleibt ständig

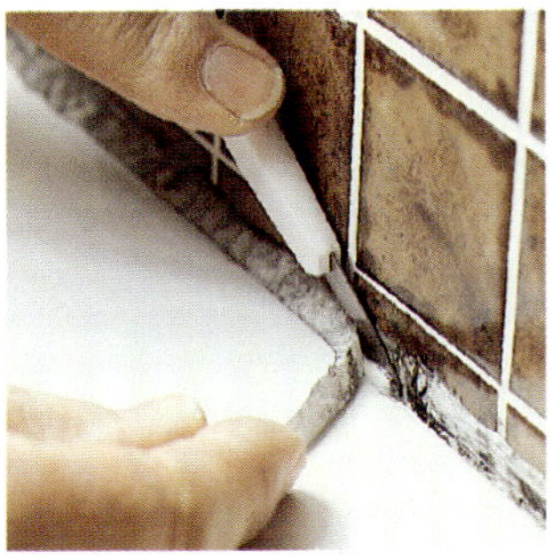

Mit biegsamer Klinge entlang der Fliesenfläche einschneiden.

Feuchtigkeit. Das ist eine der **Ursachen,** daß sich minderwertige Dichtmasse verfärbt und vom **Pilzwachstum** sehr unansehnlich wird. In solchen Fällen hilft nur eine **Radikalkur,** bei der die alte Dichtmasse restlos entfernt und durch eine neue, perfekte **Abdichtung** ersetzt wird.

Reste mit dem Klingenschaber gänzlich entfernen.

Elastische Abdichtung vorbereiten

Soweit sich die alte **Dichtungsmasse** nicht schon von allein aus der Fuge löst, muß man mit der langen **Klinge** eines Cuttermessers etwas nachhelfen. Wenn die Schnitte tief genug waren, kann man jetzt schon den Hauptteil der alten **Dichtung** herausziehen. Reste auf Wanne und **Wand** müs-

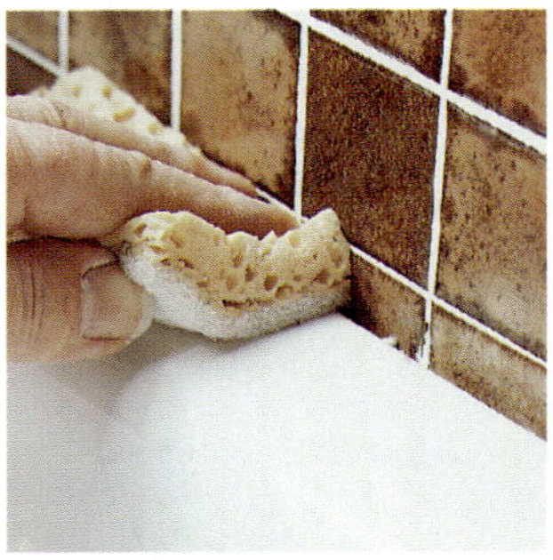

Ränder mit Vliesschwamm (Wasser mit Spülmittel) abrubbeln.

sen jedoch völlig herunter, denn sie wären nur Ursache für neue **Mängel.** Silicon-

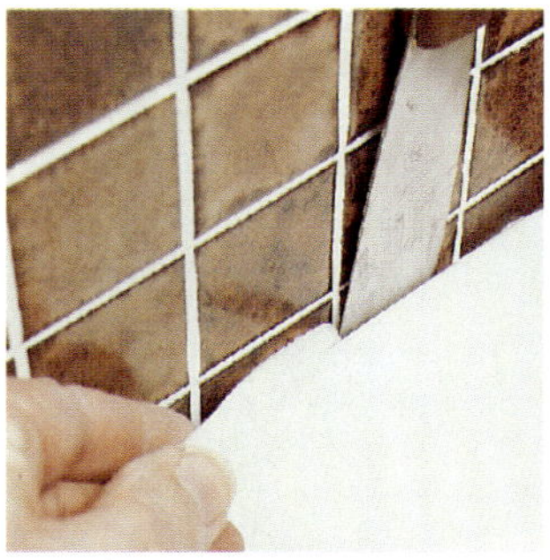

Tiefe Fugen mit PE-Schaumband ausstopfen.

kautschuk kann man weder mit **Wärme** noch mit üblichen Lösungsmitteln beikommen. Nur mit **Geduld,** Klingenschaber oder Stecheisen und Vliesschwamm für Glas. Die **Flächen** anschließend gründlich waschen und mit **Warmluft** trocknen, da man so das Ergebnis besser beurteilen kann. Beim **Sanieren** alter Dichtungsfugen wird in der Fuge meistens noch so viel altes **Material** verbleiben, daß die Fuge nicht zu tief ist, um sie ganz zu füllen.

Hohlräume in den Innenecken vorab verringern.

Bei **Hohlräumen** in über fünf Millimeter breiten Fugen ist es jedoch ganz sinnvoll, die **Fugentiefe** zu begrenzen.
Wenn sie Fugenfüllbänder aus PE-Schaum nicht be-

Innenecken mit eigenen Formstücken abkleben.

kommen: **Band** aus geschäumtem Polyethylen läßt sich auch selbst aus entsprechendem **Bahnenmaterial** (Schalldämmbahnen, Verpackungsmaterial) zuschneiden. Denn **PE-Schaumschnur** als Hinterfüllung in Mauerfugen eignet sich mit 20 mm Ø allenfalls zum Hinterfüllen der **Hohlräume** in den Innenecken.

An farbigem Klebefilm kann man sich leichter orientieren.

Dort können Sie jedoch auch vorab etwas **Siliconkautschuk** einfüllen und vulkanisieren lassen.

Fugenränder eingrenzen

Dazu Packband auf ein Siliconpapier (Etikettenträger) kleben, anzeichnen, ausschneiden und auf die **Ecke** kleben. Anschließend mit breitem **Klebefilm** die Ränder der Dichtungsfuge abkleben. In den Ecken erleichtern kurze **Filmstücke** genaues Ausrichten. Nicht zu knapp an die **Rundung** am Wannenrand gehen und an der Wand fünf Millimeter über der **Wanne** bleiben. Knicken Sie die **Enden** vom Klebefilm gleich als ‚Anfasser' um.

ARBEITSMATERIAL

- Klebefilm
- Fugenfüllband
- Siliconkautschuk
- Handdruckpresse
- Cuttermesser
- Klingenschaber
- Vliesschwamm
- Stoßspachtel

Siliconfugen füllen

Elastische Abdichtungen aus Silicon-Dichtmasse sind, korrekt und fachgerecht ausgeführt, von hochwertiger Qualität. Zum Füllen der Fuge zunächst Kartusche, Düse und Handpresse vorbereiten.

Beim **Füllen** der Fuge aus einer Handpresse kann man schon mit der Düsenspitze die **Masse** etwas formen,

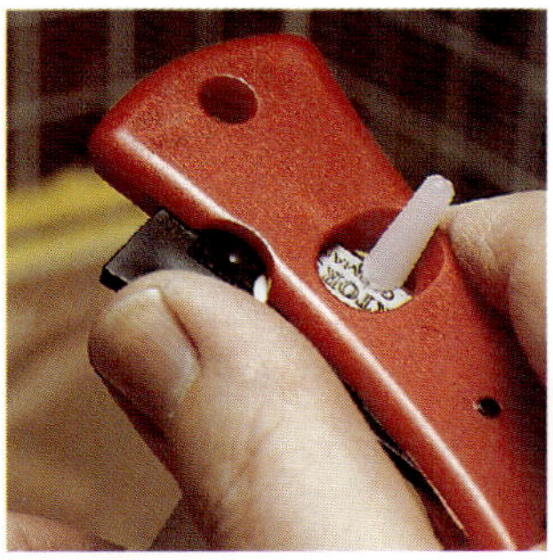

Für Sanitärfugen die Düse nur wenig und schräg abschneiden.

damit die Oberfläche der Naht eher hohl als gewölbt wird. In den **Ecken** beginnen und zur Mitte hin arbeiten. Bis Sie etwas Übung haben, kürzere **Fugenlängen** von etwa einem halben Meter bearbeiten, aber **Innenecken** in einem Stück

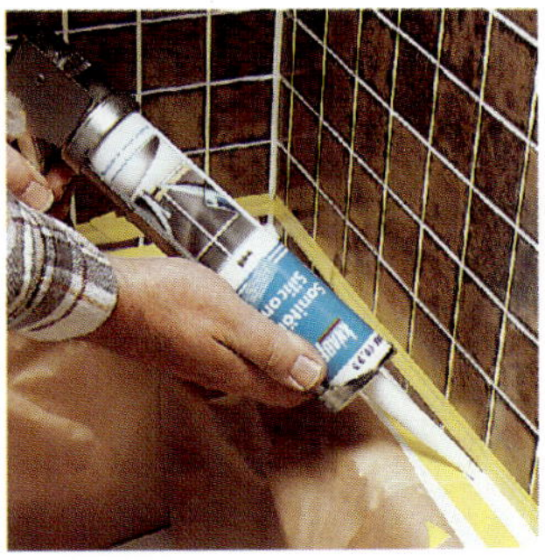

Fuge ganz und genau bis knapp auf den Klebefilm füllen.

mit einbeziehen. Die Führung der **Handpresse** zunächst als ‚Trockenübung' probieren. Sie geraten dann nicht so leicht in **Bedrängnis** mit dem Platz. Innenecke und die übrige **Dichtungsnaht** kann man durch Tupfen mit nassem **Finger** schon vorformen und die Masse dabei auch etwas verteilen. Die **Kanten** vom Klebefilm müssen jedenfalls bedeckt sein, bevor man einen dünnen **Wasserfilm** (mit etwa 5 Prozent Spülmittelzusatz) vornehmlich auf Fliesen und Wannenrand

Anschluß nicht besprühen, sonst gibt's da keine Verbindung.

sprüht. Die angefeuchtete **Fingerkuppe** mit leichtem Druck über die Dichtmasse ziehen. Überschüssige **Masse** bleibt dabei am Fin-

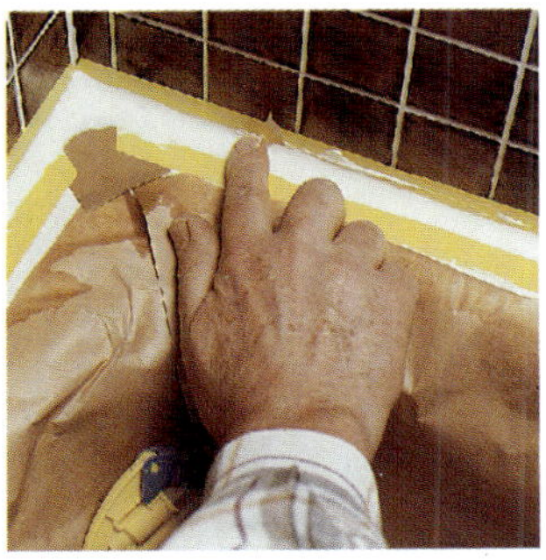

Zunächst mit zügiger Bewegung eine Hohlkehle formen.

ger hängen und wird in weichem **Papier** abgewischt. Mehrfaches Nachformen mit nassem Finger möglich.

Fugen formen

Durch das Werkzeug zeichnet sich jede **Fliesenfuge** als kleine Delle ab, und für **Innenecken** ist die Kappe zu wechseln. Bei breiteren Hohlkehlen ist das **Gefühl** im Finger schon recht wichtig. Den Klebefilm nach möglichst kurzer Zeit, aber von fertig geformter **Naht** abziehen. Wird dabei noch etwas **Dichtmasse** mit hochgezogen, weil sich bereits sehr schnell eine dünne **Haut** bildet, lassen sich auch diese **Ränder** noch mit angefeuchteter Fingerkuppe glätten. Mit benutztem Klebefilm vorsichtig umgehen und eine **Ablagefläche** (Zeitung) vorbereiten. Denn **Siliconkautschuk** ist dort, wo er nicht hingehört, außerordentlich lästig. Die Reste im Papier können jedoch mit gutem Gewissen in den **Hausmüll.** Die Flächen trocknen lassen. Wenn sich frühestens nach **24 Stunden** eine feste Haut gebildet hat, abwaschen und noch

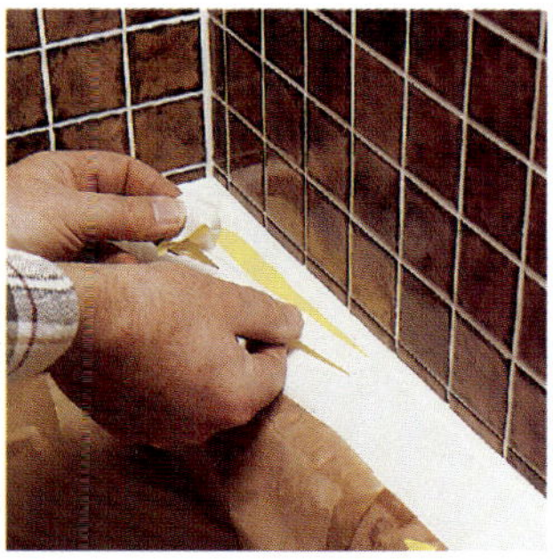

Klebefilm ganz flach, in spitzem Winkel zur Fläche abziehen.

etwas umsichtig behandeln. Bis die Masse völlig vulkanisiert ist, können noch **Wochen** vergehen.

EXTRATIP: Besonders schmale, elastische Dichtungsfugen lassen sich im Wohnbereich mit Heißklebstoff erreichen. Dafür elastische, schwarze, weiße oder transparente Klebersticks verwenden. An Holzarbeitsplatten vor der Oberflächenbehandlung: Den Schmelzkleber aus der dünnen Fugendüse in angewärmte Fuge einfließen lassen. Wenn er erstarrt ist, läßt er sich mit Klingenschaber oder Stecheisen ebnen oder mit einem Hohleisen zur Hohlkehle formen.

ARBEITSMATERIAL

- Silicon-Dichtmasse
- Klebefilm
- Papiertücher
- Universalmesser
- Sprühflasche
- Heißklebepistole
- Klingenschaber

Einhandmischer instand setzen

Wasserverluste und Kalkspuren in der Wanne sind die Folge einer undichten Armatur. Ist das Ventil am Einhandmischer ohnehin reparaturbedürftig, sollte man auch gleich den Umstellknopf für die Dusche überarbeiten.

Befestigungsschrauben verstecken sich oft unter eingeclipsten Abdeckungen.

Einhandmischer sind hochwertige **Armaturen** mit oft kompliziert zusammengefügten Einzelteilen und Dichtungen. Ein **Servicehandbuch** vom jeweiligen Hersteller, oder wenigstens **Kopien** daraus für alle benutzten Armaturen, sind bei Reparaturen außerordentlich hilfreich. Möglichst gleich beim **Kauf** der Armaturen beschaffen. Spätestens beim Einkauf der **Dichtungssätze,** denn dafür muß wenigstens die korrekte **Typenbezeichnung** und das Baujahr bekannt sein.

Verchromte Teile ohne Beschädigung der Oberfläche lösen.

Daß die **Absperrventile** für Kalt- und Warmwasser vor **Beginn** der Arbeiten zu schließen sind, daran sei nur der Vollständigkeit halber erinnert. Mit einem **Folienstück** können Sie die Umgebung am sichersten vor nachtropfendem Wasser schützen.

SICHERHEITSTIP
Unsachgemäße Reparaturen an Sanitärarmaturen haben zwar keine lebensbedrohlichen Folgen wie bei der Elektroinstallation. Die Folgen können sich aber auch recht unangenehm auswirken. Vorhandene Grundkenntnisse sollten ausreichen, um wenigstens die für Fachkräfte geschriebenen Einbauanleitungen der Hersteller zu verstehen.

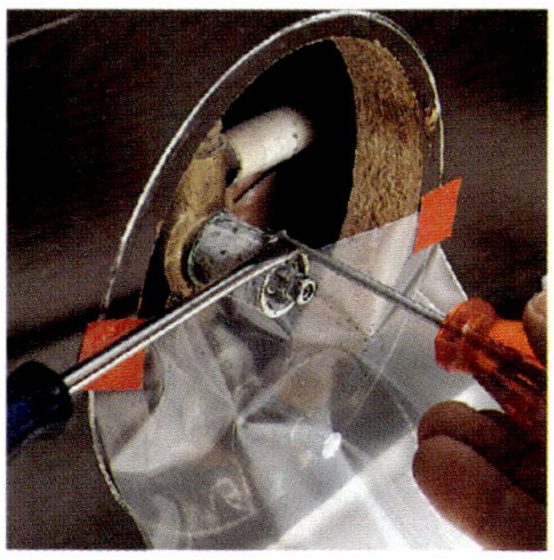

Sperrfeder vor der Kartusche behutsam heraushebeln.

Fachgerechtes Spezialwerkzeug

Glatte **Werkzeugflächen** wie am Gabelschlüssel, an der Armaturen- oder der Gummibackenzange hinterlassen keine **Kratzer** auf glänzenden Chromflächen. Auch in den **Schraubstock** lassen sich die Einzelteile, zwischen entsprechenden **Schonbacken als Zulagen,** zum Zerlegen einspannen. Trotzdem nie mit Gewalt vorgehen. Geeignetes

Festsitzende Kartusche mit improvisiertem Werkzeug lösen.

Werkzeug, Geduld und notfalls auch **Heißluft** oder Backofenhitze helfen besser weiter. Denn oft sind doch beträchtliche **Kräfte** erforderlich, um festsitzende **Gewinde** zu lösen.

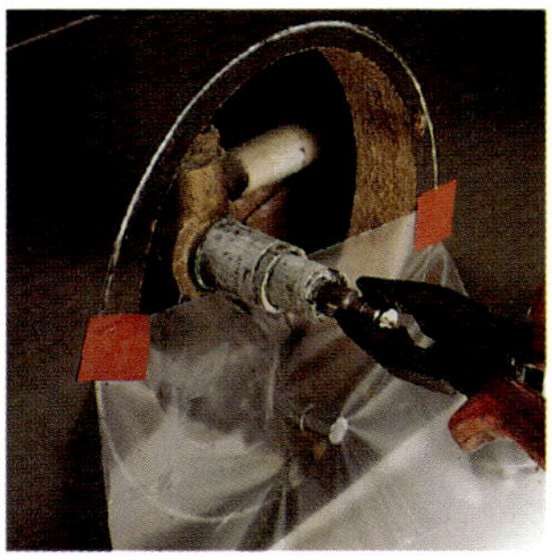

Sie soll sich leicht am Steuerkolben herausziehen lassen.

Instandsetzen kann auch Spaß machen

Zum **Reinigen** und Ausstatten mit neuen Dichtungen sollte man die **Ventilteile** von Armaturen nicht nur ausbauen, sondern auch in alle **Einzelteile** zerlegen. Dabei lassen sich dann auch andere **Verschleißteile,** wie zum Beispiel Federn oder Spannringe, gegen neue Teile tauschen. In den **Reparatursets** sind diese Teile in der Regel ebenfalls enthalten.

Mischer-Kartusche

Zwar gibt es für **Installateure** spezielle Demontagewerkzeuge. Ausleihen kann aber viel zeitraubender werden als eine improvisierte **Eigenanfertigung.** Im Beispiel diente ein abgesägter **Steckschlüssel,** zweckentsprechend zurechtgefeilt, zum Lockern der **Mischer-**

Nur Kartusche wechseln ist einfacher, aber teurer.

kartusche. Nach häufigem Hin- und Herdrehen läßt sie sich mitsamt dem **Steuerkolben** herausziehen.
Die eigentliche Instandsetzung: Die alten Dichtungsringe alle entfernen, und die **Metallteile** in Essigessenz entkalken. Die wirkt ebenso gut, aber schonender als chemische **Schnellentkalker.** Beim Abstoßen von Verkrustungen hinterlassen **Holzspatel** (oder Eisstiele) keine Kratzer, an denen sich sonst sehr schnell wieder **Ablagerungen** festsetzen. Die neuen O-Ringe lassen

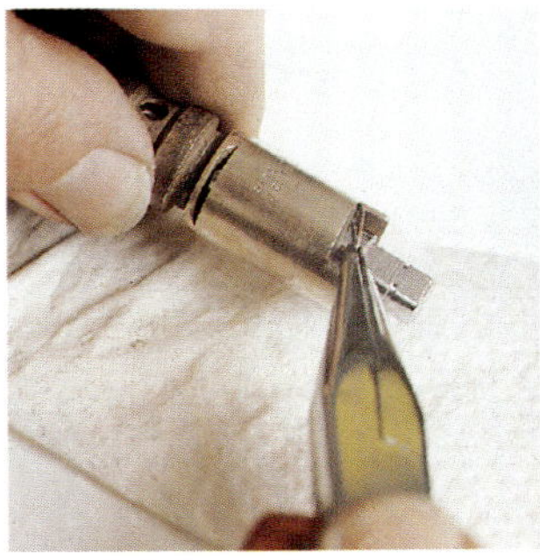

Spannring lösen, den Kolben aus der Kartusche ziehen.

sich leichter in die engen **Aufnahmenuten** schieben, wenn man alle Flächen mit Seife oder **Spülmittel** gleitfähiger macht. Armaturenfett eignet sich auch, läßt sich aber durch den **Siliconanteil** nur mit Lösungsmittel von den Fingern entfernen. Beschädigung der O-Ringe durch **Kraftanwendung** könnte den ganzen Reparaturaufwand in Frage stellen.

Umstellknopf der Dusche

Die feine Bohrung im **Ventilteller** der Duschumstellung (für die **Wasserdruckumleitung)** verschließt sich nur zu

Alles säubern und mit neuen O-Ringen ausstatten.

leicht. Zum Reinigen ist die **Umstellmechanik** auszubauen. Auf der Drehbank hergestellte **Einzelteile** lassen sich zum Säubern der **Oberfläche** auch ins Bohr-

Verschraubung vom Umstellknopf mit Gabelschlüssel lösen.

maschinenfutter spannen. Am langsam rotierenden Teil läßt sich die Oberfläche bequem mit Schleifvlies ‚sehr fein' oder auch mit **Stahlwolle** bearbeiten und polieren.

Reste der **Stahlfasern** aber sehr sorgfältig entfernen, denn sie wären Gift für die **Dichtungsringe.** Die abschließende Behandlung mit Polierpaste erzeugt eine **Oberfläche,** auf der sich,

Der Ventilteller wird von einer Schraube gehalten.

weit weniger als im neuen Zustand **Rückstände** festsetzen und die Funktion stören können.

Hochwertiges Armaturenfett verwenden

Gewindeverbindungen, die sich bei der **Benutzung** lösen können, zum Beispiel

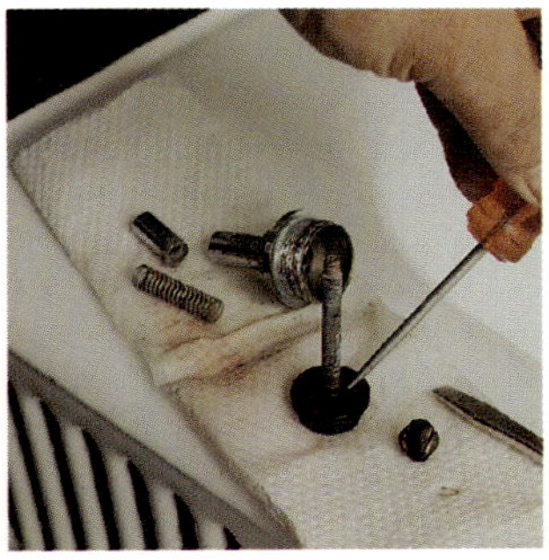

Bohrung im Ventilteller mit Spitzbohrer öffnen.

an der Duschumstellung zwischen **Ventilstange** und **Druckknopf,** mit Gewindesicherung oder Teflon-Dichtungsband sichern.
Nach der **Montage** der großzügig mit Armaturenfett behandelten Einzelteile schützt eine abschließende **Kontrolle** aller Verschraubungen vor nassen Überraschungen. Vor allem jedoch

Polierte Oberflächen nehmen weniger Ablagerungen an.

den korrekten **Einbau** des Steuerkolbens überprüfen. Falls bei der Einstellung ‚KALT' nur heißes **Wasser** fließt, ist er um 180 Grad zu drehen. Durch vorsorgliche

Mit neuen O-Ringen arbeitet der Umstellknopf störungsfrei.

Wartung nach jeweils 4 bis 5 Jahren lassen sich problemreiche **Reparaturen** an diesen Armaturen vermeiden, die wesentlich zeit- und kostenintensiver ausfallen würden als die einfache Wartungsarbeit.

ARBEITSMATERIAL

- Dichtungsset oder Ersatzkartusche
- Essigessenz
- Schraubendreher
- Gummibackenzange
- Spitzbohrer
- Abziehwerkzeug
- Gabelschlüssel
- Armaturenfett
- Stahlwolle
- Polierpaste
- Klebeband
- Plastikfolie

Einhebelmischer überholen

Unter Putz eingebaute Armaturengehäuse lassen sich nur mit beträchtlichem Aufwand erneuern. Deshalb bei Reparaturen keine rohe Gewalt anwenden, sondern versuchen, mit geeigneten Hilfen die Einzelteile zu demontieren.

Altersschwache O-Ringe sind die Ursache für stetes Tropfen.

Ersatzteilbeschaffung

Da kein **Fachmarkt** und erst recht kein Handwerker die Vielzahl möglicher **Ersatzteile** bereithalten kann, sollten Sie für die Beschaffung von **Dichtungssatz** oder Kartusche Hersteller, Modell und Baujahr der Armatur kennen. Dann kommt man

Chromteile stets mit der Gummibackenzange lockern.

direkt beim **Kundendienst** des Herstellers am schnellsten zum Ziel und muß nicht auf die Dusche verzichten, weil man die **Austauschteile** vorab bestellen kann.

PROFITIP
Wartungsarbeiten lassen sich wesentlich leichter ausführen als problematische Reparaturen. Auch wenn jeweils vier oder fünf Jahre vergehen - wenn man in regelmäßigen Zeitabständen diese etwas komplizierteren Armaturen zerlegt, säubert, fettet und möglichst auch die Dichtungsringe wechselt, erspart man sich viel Zeitaufwand oder hohe Rechnungen.

Sonst kann man nur die defekten Teile einschicken.

Die Formteile soweit möglich per Hand demontieren.

Zum **Entfernen** des Mischhebels zunächst die Deckplatte abschrauben. Auch gewissenhafte **Pflege** der Außenflächen kann **Ablagerungen** auf den Innenflächen nicht verhindern und läßt **Gewinde** verkrusten. Dann faßt die **Gummibakkenzange** auch schwer lösbare, glatte Schraubdeckel sicher. Die Mechanik in alle **Einzelteile** zerlegen. Ablagerungen in **Essigessenz** aufweichen und abbürsten.

Läßt sich der Steuerkolben nicht mit kräftigen **Händen** herausziehen, hat sich vermutlich ein bereits überalterter O-Ring verklemmt. Zunächst mit wenig **Kraft** und einer Hartholzleiste als Unterlage zwischen Armatur und **Schraubendreher** ver-

Selbstgefertigtes Ausziehwerkzeug für den Steuerkolben.

suchen, das Teil behutsam herauszuhebeln.

Ausziehwerkzeug

Wenn das nicht hilft, kann man es mit einem aus Bordmitteln improvisierten Ausziehwerkzeug versuchen. Dazu einen **Gewindebolzen** (Stockschraube M 12) absägen und so anschleifen, daß er in der Gabel des Steuerkolbens, ähnlich wie der Mischerhebel, eingehakt werden kann. Mit einem Stützrohr (ALU 30 x 3 x 120) über dem Bolzen Unterlegscheiben und Sechskantmutter

Gewinde schneiden, um die Kartusche daran herauszuziehen.

auf dem Gewindeende montieren. Dann kann man mit fein dosierter Kraft den Kolben durch Drehen an der Mutter herausziehen. Die Kartuschenhülse läßt sich nur fassen und auf gleiche Weise herausziehen, wenn man in ihre Innenwandung ein M12-Gewinde einschneidet, eine Gewinde-

Einbau der Ersatzkartusche mit Schutz vor dem Armaturenfett.

stange eindreht und über das vorhandene Stützrohr die Kartuschenhülse an der Gewindestange herauszieht. Bei der Prozedur werden Steuerkolben und Hülse allerdings zerstört.

ARBEITSMATERIAL

- Dichtungensatz oder Ersatzkartusche
- Silicon-Armaturenfett
- Gummibackenzange
- Gabelschlüssel
- Schraubendreher
- Abziehwerkzeug
- Gewindeschneidsatz M 12

Zentralthermostat erneuern

Schwankt die gewünschte Mischtemperatur willkürlich, wird es Zeit, das Thermoelement auszutauschen. Haben sich zudem an Verschraubungen Kalkkrusten gebildet, sollte man gleich eine Generalüberholung einplanen.

Verzögerungen einplanen

Zum **Beispiel** wenn sich das Wasser nur noch über das **Hauptventil** absperren läßt, weil die Dichtungen der **Absperrspindeln** an den S-Anschlüssen vom Zentralthermostat nicht mehr schließen. Wenn sich

Eine Armaturenzange leistet gute Dienste.

die Federring-Sicherung der **Spindeln** nicht entfernen läßt, hilft nur noch Herausdrehen mit **Ausdrehwerkzeug** und roher Gewalt. Oder besser gleich den kompletten S-Anschluß ersetzen. **Dichtungssets** mit allen Verschleißteilen gibt es beim Kundendienst des Armaturenherstellers. Einschließlich **Zeichnungen** für die Anordnung der Teile und **Dichtungen.** Zur Bestellung, über einen Installateur oder direkt, sind präzise **Artikelbezeichnung** und **Baujahr** unbedingt erforderlich.

Die Anschlüsse, soweit möglich, in alle Einzelteile

Nach 10 Jahren gealterte Dichtungen sind normaler Verschleiß.

zerlegen, da die komplette **Demontage** die fälligen Arbeiten wesentlich erleichtert.

Absperrspindeln sind oft schwer zu lösen.

Dichtungen austauschen

O-Ringe vorsichtig abnehmen, um sie als **Muster** zum Vergleich bei der **Auswahl** aus dem neuen Satz zu behalten. Zum Montieren der neuen **Dichtungsringe** das gesäuberte Teil einseifen, damit die neuen Ringe beim **Aufziehen** leicht in die Aufnahmenuten gleiten können. Anschließend abwaschen, trocknen und mit reichlich **Armaturenfett** bestreichen. Auch die Gewinde, damit sich die **Einzelteile** auch später wieder leicht

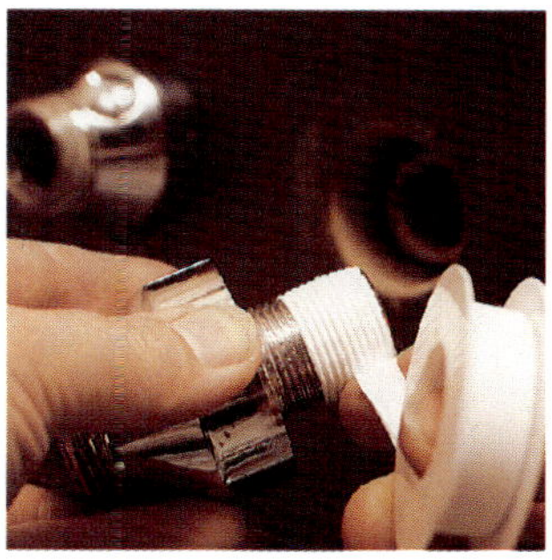

Gewindedichtungen mit Teflonband grundsätzlich erneuern.

lösen lassen. Die Reinigung aller Teile mit chemischem **Schnellentkalker** geht zwar schneller als in etwa 30%-iger **Essigessenzlösung.** Die greift aber weder das Material noch die Umwelt an. Hartnäckige **Verkrustungen** lassen sich mit einem **Hartholzspatel** ab-

Preßstoffdichtungen der Überwurfmuttern ebenfalls ersetzen.

stoßen. Von Bronzeoberflächen im Inneren der **Armatur** auch mit einem Stückchen Alu-Flachprofil als **Schaber.** An Kratzern von harten Schabern bilden sich neue **Ablagerungen.**

Hartnäckige Verschraubungen lassen sich mit Heißluft lösen.

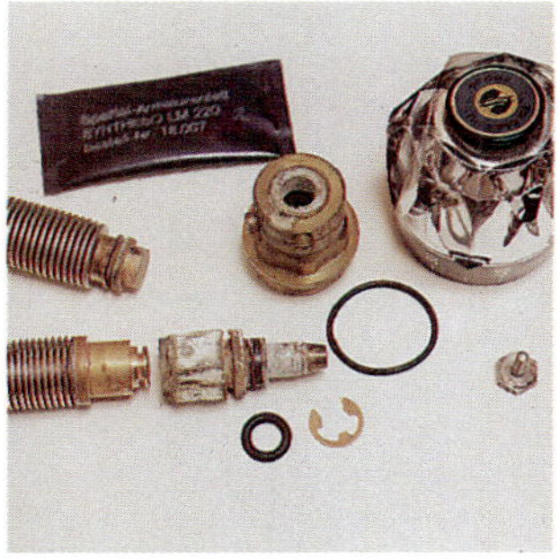

Die Temperatursteuerung läßt sich leicht zerlegen.

Eine improvisierte Brücke sichert die Versorgung.

ARBEITSMATERIAL

- Thermoelement
- O-Ring-Satz
- Armaturenzange
- Gabelschlüssel
- Ausdrehwerkzeug
- Schraubendreher
- Armaturenfett
- Teflonband
- Preßstoffdichtungen
- Essigessenz

Heizung

Von Heizungen wird erwartet, daß sie funktionieren und daß sie sparsam sind. Daher ist es im Heizungsbereich ratsam, regelmäßig Geräte und Anlagen zu überholen. Hierzu, aber auch wie Sie sich im Notfall behelfen können, informiert unser Kapitel „Heizung“.

Heizkörper entlüften

Vor allem zu Beginn der Heizperiode werden manchmal die Heizkörper im Bereich der Oberkante nicht richtig warm, weil sich dort Luft gesammelt hat.

Am Heizkörper festgebundene Schlüssel gehen nicht verloren.

Der Verlust von Heizwasser durch **Verdunstung** ist ganz normal, auch wenn aus einem geschlossenen **System** kaum Wasser verdunsten sollte. Aber allein aus dem automatischen **Entlüftungsventil** im Heizkeller entweicht mit der Luft auch Wasserdampf. Das

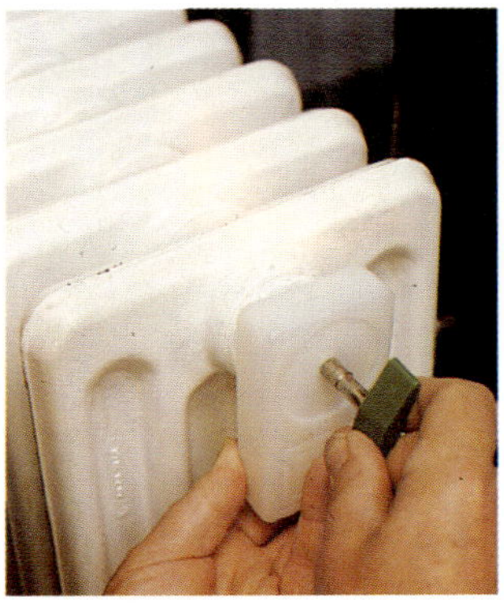

Der Auffangbehälter mit Schlüssel verlangt etwas mehr Platz.

führt zu **Luftblasen** in den Heizkörpern, zuerst in oberen Stockwerken. Diese Luft verhindert eine ausreichende **Erwärmung.** Eventuell deuten auch schon hörbare **Fließgeräusche** darauf hin.

Alle Heizkörper haben Entlüftungsventile

Üblich sind zwei verschiedene **Entlüftungsventile** an der Endverschraubung oben rechts oder links am Heizkörper. Entweder ein kleiner, eingelassener oder auch vorstehender **Vierkantstift,** der mit einem kleinen Schlüssel bedient wird. Oder ein hervorstehender Sechskantkopf mit einer **Rändelschraube.** Werden diese Ventile geöffnet, entweicht zuerst die **Luft,** und dann fließt ein wenig **Wasser** aus einer kleinen Bohrung, bis Sie das Ventil wieder schließen. Der

Rändelschrauben muß man manchmal mit der Zange öffnen.

Wasserdruck ist nur in mehrgeschossigen Häusern so hoch, daß ein längerer **Wasserstrahl** entsteht. Er läßt sich in jedem Fall mit einem Schwammtuch leicht auffangen. Relativ neu sind spezielle **Behälter** mit eingebautem Vierkantschlüssel. Die verlegt man nicht so leicht wie die kleinen Schlüssel, und der Behälter fängt jeden **Wasserstrahl** sicher auf. Entweicht keine Luft und möglicherweise auch kein Wasser und wird der **Heizkörper** nach geraumer Zeit noch nicht warm, liegt die Ursache tiefer.

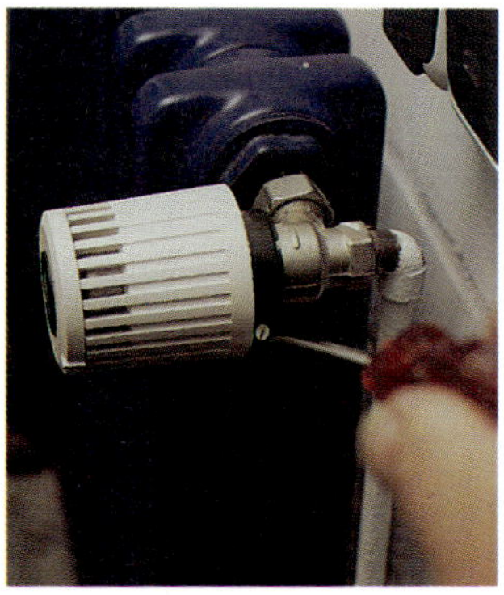

Die Schraube der Befestigungsschelle ganz lösen.

Die Ursache kann auch im Thermostatventil liegen

Dann sitzt der **Ventilstift** in der Stopfbüchse am Hei-

Zum Abziehen den Ventilkopf vorsichtig hin- und herbewegen.

zungsventil durch **Ablagerungen** fest. Wenn Sie das Griffoberteil mit dem eingebauten Thermostat abneh-

Den Ventilstift durch Bewegungen gangbar machen.

men, wird ein kleiner Stift sichtbar, der in das **Gehäuse** führt. Den können Sie vorsichtig mit einer **Zange** fassen und mehrfach vorziehen und wieder hineinschieben. Er muß sich nach kurzer **Zeit** ganz leicht mit der Fingerkuppe rein- und rausbewegen lassen. Wenn nicht, dann sollten Sie die **Stopfbüchse** auswechseln.

EXTRATIP: Geringfügige Leckstellen am Heizkörper lassen sich mit Epoxidharz-Knetmasse bis zum Ende der Heizperiode provisorisch abdichten. Denn für Reparaturen muß das Wasser aus dem Heizkreislauf abgelassen werden.

ARBEITSMATERIAL

- Entlüftungs-Ventilschlüssel
- Schwammtuch
- Schraubendreher
- Kombizange

Heizkörper überholen

Die Lackoberflächen vom Heizkörper sind durch den ständigen Temperaturwechsel ungewöhnlichen Belastungen ausgesetzt. Auf dem harten Metalluntergrund werden sie auch leichter beschädigt.

Bei Schäden, aber auch einfach für neue Überholungsanstriche kann man spezielle **Heizkörperlacke** verwenden. Hochwertige Weißpig-

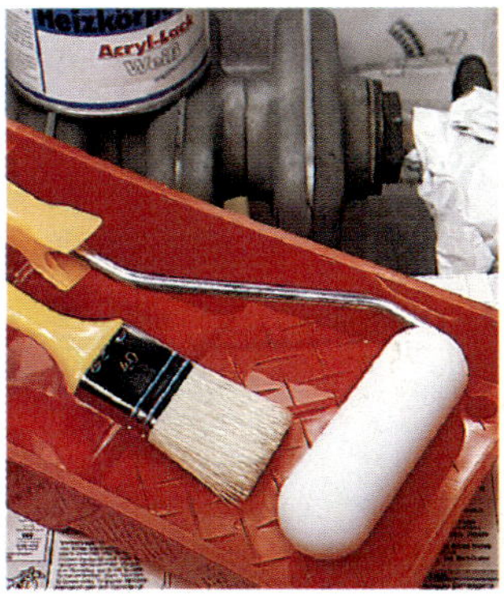

Zum Lackieren genügen Farbroller, Lackwanne und Pinsel.

mente vergilben nicht. Elastische **Acrylatlacke** lassen sich angenehm verarbeiten, denn sie sind frei von organischen Lösungsmitteln. **Heizkörper** sollen möglichst weiß bleiben, um die **Wärmeabstrahlung** nicht zu stören. Um den **Lack** aufzutragen braucht man heute nur noch eine beidseitig fein abgerundete, 10 cm

Elektrowerkzeuge ersparen beim Schleifen mühevolle Handarbeit.

breite **Moltoprenwalze.** Dazu einen langen und einen kurzen **Bügel** und eine schmale Lackwanne. Für Übergänge zum blanken **Metall** allenfalls noch einen schmalen Flachpinsel, der nicht neu sein muß.

Vorbereitungen

Wie bei allen **Anstricharbeiten** kostet die Vorbereitung der Oberflächen meistens mehr Zeit als der **An-**

Rostumwandler eignet sich auch als Rostschutzgrundierung.

strich. Fest haftender Schmutz läßt sich jedoch einfach mit **Schleifflächen** aus Faservlies an der Multisäge oder am Winkelschleifer, entfernen. Auch erreicht man an Verschraubungen aus **Messing** oder auf Kupferrohren wieder blanke **Oberflächen.** Blanke Metallstellen auf dem **Heizkörper** sollten Sie jedoch grundieren, denn wasserhaltige Lacke könnten diese **Stellen** schnell rosten lassen. Ist ohnehin schon Rost auf dem Metall, kann man zum Grundieren gleich einen **Rostumwandler** verwenden.

Wand- und Bodenflächen sollten Sie mit **Zeitungspa-**

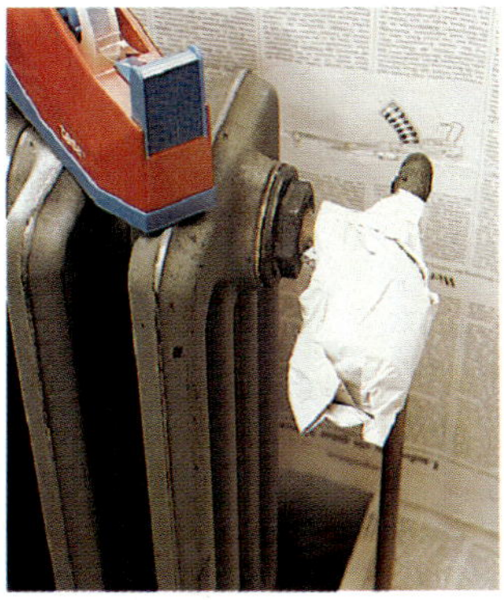

Ventil und andere Teile mit Papier und Klebefilm schützen.

pier abdecken, das saugt Lackspritzer schneller auf als Plastikfolie. Dunkel lackierte oder grundierte **Heizkörper** verlangen in der Regel ohnehin zwei weiße **Lackschichten,** um eine gleichmäßige Farbfläche anzunehmen. Das gelingt noch besser, wenn man für die erste **Schicht** einen zum Decklack passenden Vor-

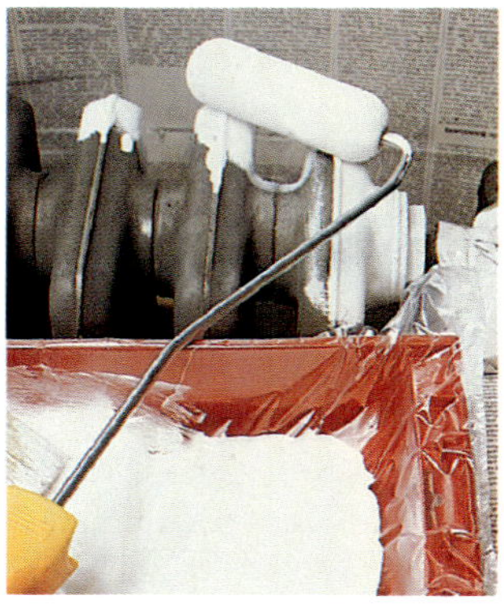

Am langen Bügel reicht die Walze weit hinter den Heizkörper.

lack verwendet. Dann bleiben die **Schichten** sehr dünn und der Verbrauch sparsam.

Vorlackieren

Außerdem trocknet der **Vorlack** recht schnell, so daß man den Decklack meistens gleich anschließend auftragen kann. Der **Heizkörper** muß jedoch in jedem Fall kalt sein, sonst trocknet der **Lack** zu schnell und kann nicht zu einer glatten Oberfläche verlaufen. Wenn Sie die **Lackwanne** in eine Plastiktüte stecken, sparen Sie sich das säubern. Zuerst mit der **Walze** an dem langen Farbrollerbügel die erreichbaren **Flächen** auf der Rück-

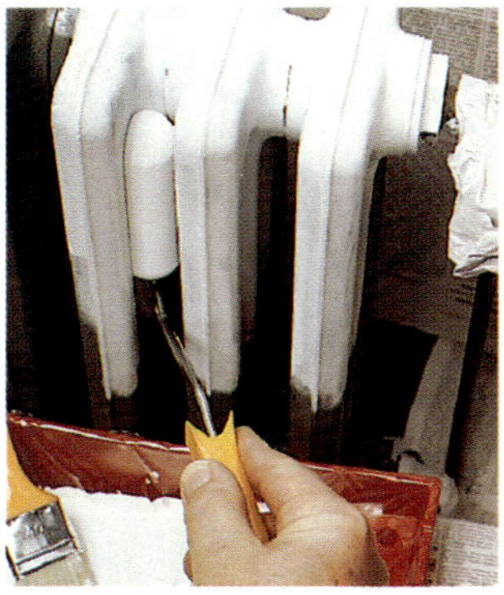

Am kurzen Bügel läßt sie sich besser in Vertiefungen führen.

seite behandeln. Oberfläche und **Zwischenräume** erreicht man besser mit dem kurzen Bügel, um mit den **Rundungen** der Walze gut in alle **Vertiefungen** zu gelangen.

ARBEITSMATERIAL

- Heizkörperlack
- Vorlack
- Lackierwerkzeug
- Moltoprenwalze,10 cm
- Plastiktüte
- Zeitungspapier
- Klebefilm
- Lackierwerkzeug
- Vliesschleifmittel

Heizkörper austauschen

Wird ein Raum ausgebaut und anders genutzt, erhöht sich in der Regel auch der Wärmebedarf. Für einen neuen Heizkörper sind dann vorhandene Leitungen zu verändern und neue Anschlüsse zu installieren.

In dieser **Situation** sind Klemmringverschraubungen für **Kupferrohre** die beste Wahl, um die notwendigen **Veränderungen** zu verwirklichen. Für weiches Kupferrohr sind Stützhülsen im **Rohrende** notwendig. Diese Verschraubungen bekommt man in **Fachmärkten.** Fragen Sie nach **VSH-Super**-Verschraubungen, die sind neu auf dem **Markt** und haben generell Sechskant-Überwurfmuttern.

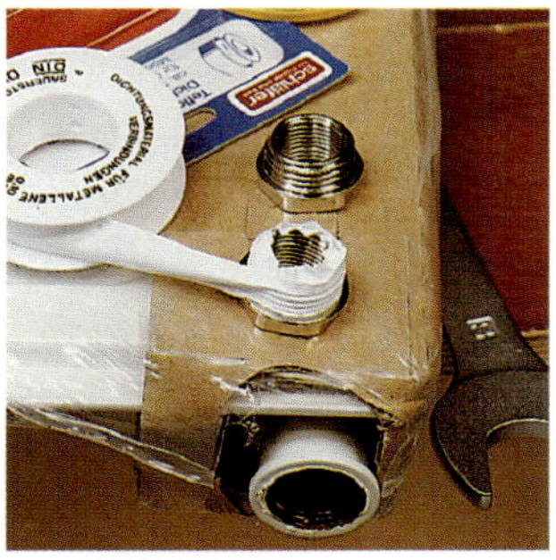

Reduzierung mit bis zu zehn Windungen Teflonband abdichten.

Läßt sich das Gewinde schwer eindrehen, dichtet es gut ab.

Wärmeleistung planen

Die größte **Erweiterung** ist möglich, wenn der neue **Heizkörper** höher und tiefer als der alte ist und auch mit seiner **Unterkante** niedriger montiert werden kann. Dazu ist die **Vorlaufleitung** nach oben und nach vorn zu verlängern. Die **Rücklaufleitung** ist zu kürzen und ebenfalls nach vorn zu verlängern. Gängige ein- und mehrlagige **Flachheizkörper** haben in der Regel vier Anschlüsse mit $^1/_2$-Zoll-Gewinde. Für das **Thermostatventil** (Eck- oder Durchgang), die Eckanschlußverschraubung sowie **Verschlußstopfen** mit und ohne Entlüftung. In Heizanlagen von **Eigenheimen** mit Umwälzpumpen genügen für den Heizkörper jedoch $^3/_8$-Zoll-**Verbindungen** mit Kupferrohr 12 mm Durchmesser. Damit wird es etwas zierlicher und preiswerter. Am **Heizkörper** werden dazu Reduzierungen von $^1/_2$-Zoll auf $^3/_8$-Zoll-**Gewinde** eingedreht. Teflonband zur **Abdichtung** gegen die Gewinderichtung, also links herum, straff aufwickeln und den **Überstand** abtrennen.

Die notwendige Kürzung der Rücklaufleitung feststellen.

Das Rohr mit Schleifleinen metallisch blank machen.

Die Leitung mit einem kleinen Rohrschneider kürzen.

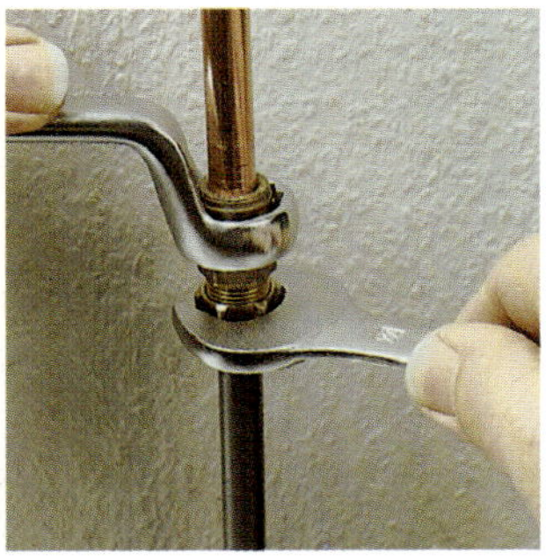

Genau eine ganze Umdrehung dichtet die Verschraubung ab.

In die Reduzierungen die Anschlüsse für **Thermostatventil** und Rücklaufverschraubung auch mit **Teflonband** eindichten.

$^3/_8$-Zoll-Verschraubungen machen die Installation zierlicher.

Vor Beginn der **Arbeiten** an den Rohren zunächst die Anlage entleeren, um den alten **Heizkörper** abzubauen. Den neuen Heizkörper einschließlich der **Anschlüsse** an der geplanten Position in die montierten **Konsolen** einhängen oder provisorisch aufstellen. Wenn zwischen beiden Rohren wenigstens 32 mm **Platz** ist, kann man das Rohr mit einem kleinen **Rohrschneider** exakt und gratfrei kürzen. Die **Vorlaufleitung** wird ebenso behandelt, um sie mit einem entsprechenden Rohrende zu verlängern. Sind alle **Anschlüsse** und Verbindungen hergestellt, die **Überwurfmuttern** der Klemmringverschraubungen handfest anziehen. Mit einer **Umdrehung** jeder Überwurfmutter dichtet die **Verschraubung** ab. Zur Sicherheit einen **Drucktest** machen.

ARBEITSMATERIAL

- Flachheizkörper
- Thermostatventil
- Eckanschlußverschraubung
- Verschlußstopfen
- Klemmringverschraubungen
- Teflonband
- Kupferrohr 12 mm Ø
- Gabelschlüssel
- Sechskantstiftschlüssel
- Rohrschneider
- Schleifleinen

Heizungsrohre dämmen

Mit Rohrschalen aus Polyethylenschaum kann man Energieverluste aus Heizungsrohren vermeiden. Der Zuschnitt ist einfach. Der Zeitaufwand hängt von der Art der unterschiedlichen Nahtverschlüsse ab.

Einen **Mantel** brauchen jedoch nur die Rohre in unbeheizten **Bereichen.** In Wohnhäusern genügt eine 13 oder 20 mm dicke **Dämmschicht,** genau passend zum Rohrdurchmesser.

Mit Kerben zum Bogen

Wenn man die Einschnitte nicht ganz dem **Augenmaß**

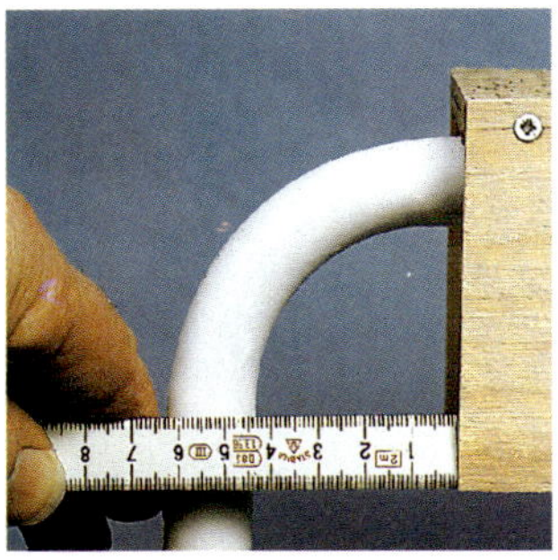

Der Bogenradius (55 mm) bestimmt Art und Anzahl der Kerben.

überläßt, spart man sich einigen **Verschnitt** oder unansehnliche Bögen. Um die zu berechnen, gibt die selbstgefertigte **Schneidelade** dem Maßstab eine exakte **Anlage,** um den Radius festzustellen. Entspricht der Radius dem **Durchmesser** der erforderlichen Rohrschale, genügen zwei **Kerben** mit Einschnitten im Winkel von 22,5 Grad. Dazu wird die **Länge** vom doppelten Durchmesser der Rohrschale in 5 x $^{1}/_{5}$ aufgeteilt. Die **Einschnitte** sollen nur bis zur Innenfläche der Dämmschicht reichen. Die **Naht** der Schale an den Innenradius des **Bogens** legen. Ist der **Radius** etwa 1,5 mal so groß wie der Durchmesser der **Rohr-**

Ventilaussparung mit schmalem Cutter ausschneiden.

schale, erfordert das drei Kerben mit Einschnitten im **Winkel** von 15 Grad. Die Länge vom doppelten **Durchmesser** wird dann in 8 x 1/8 aufgeteilt. Der Reißverschluß kann am **Außenradius** des Bogens

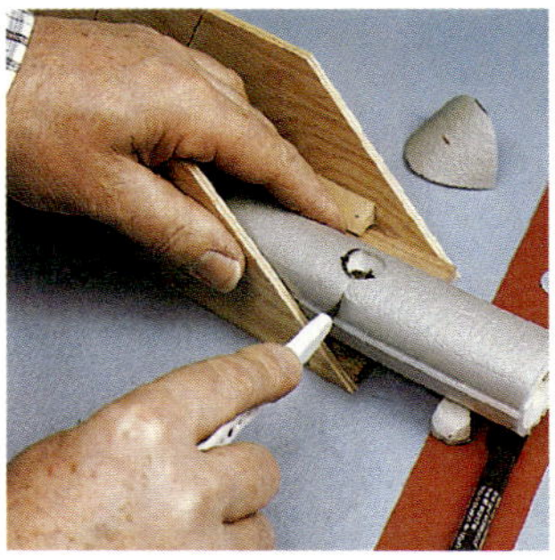

Mit einem Schnitt die Schale bis zur Naht trennen.

liegen, wenn man die Schale über einem geraden **Rohrstück** schließen und dann über den Bogen schieben kann. Entspricht der **Radius** bereits dem doppelten **Durchmesser** der Rohrschale, wird die Schale nicht eingeschnitten. Die läßt sich dann mit geschlossener **Naht** von einem geraden Rohrstücke aus über den Bogen schieben. An der Schale über einem 90 Grad Rohrwinkel reicht eine 90 Grad Kerbe durch zwei 45 Grad **Einschnitte.** Der Reißverschluß liegt dementsprechend außen.

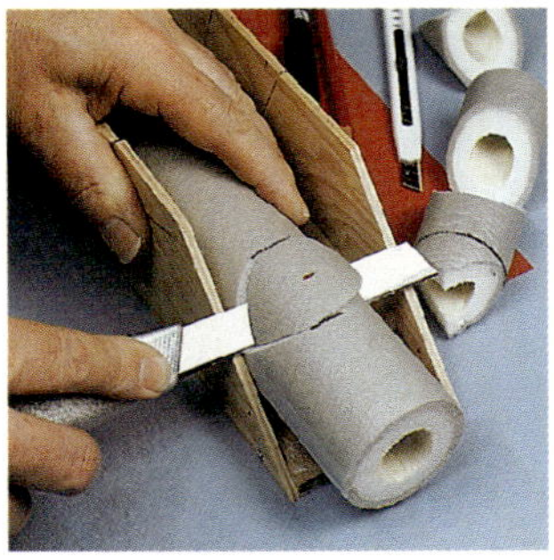

Eine 90-Grad Kerbe schneiden.

Schneidlade anfertigen

Eine selbstgefertigte **Schneidelade** garantiert genaue Winkel, wenn die Führungsschlitze für die **Messerklinge** im Winkel von 15 und 22,5 Grad zur Senkrechten genau gelingen. Die **Innenhöhe** und

Die 90-Grad Spitze einpassen.

Weite reicht mit 75 mm für Rohrschalen bis 35 mm Rohrdurchmesser. **Winkel** von 90 oder 45 Grad kann man an den **Enden** der 30 cm langen Lade schneiden.

Eine **Schaumstoffklinge** mit 10 cm langer Wellenschliff-Schneide im **Uni-**

Beide Teile zusätzlich mit Kontaktkleber verbinden.

versalmesser eignet sich besonders gut für die Einschnitte. Ummanteln Sie erst alle **Bögen** und Abzweige mit möglichst langen **Stücken.**

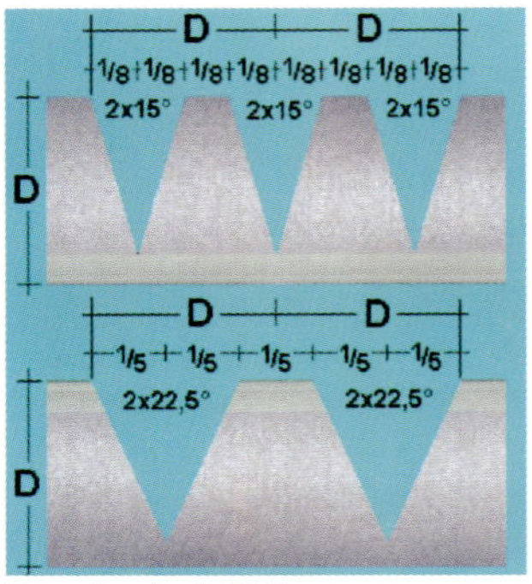

Berechnete Aufteilung optimiert die Bögen.

EXTRATIP: Rohrpakete unter der Decke mit einem Kasten einschalen. Mit PE-Folie ausgekleidet, wird er unter die Decke gespreizt. Auch so lassen sich Rohre mit Bauschaum umhüllt dämmen.

ARBEITSMATERIAL

- Rohrschalen
- Kontaktkleber
- Cuttermesser
- Universalmesser
- Schaumstoffklinge
- Gliedermaßstab

Thermostatventil einfach abdichten

Auch moderne Heizkörperventile können nach einigen Jahren mal tröpfeln. Abhilfe ist in diesem Fall sehr einfach. Auch bei einem fälligen Teileaustausch sind Thermostatventile so komfortabel wie im Betrieb.

Heute kann die komplette **Stopfbüchse** ausgewechselt werden. Die **Heizung** bleibt in Betrieb. Da sich im Lauf der Jahre bei allen **Herstellern** die Ventilkonstruktion verändert, sollten

Regelhandgriff ganz nach links auf MAXIMUM drehen.

Sie zunächst den **Ventilgriff** abnehmen. Mit geringen, seitlichen Bewegungen läßt sich der Griff aus den **Rastnocken** am Ventilgehäuse lösen, wenn man zuvor die Schraube der **Spannschelle** ganz aus dem Gewinde gedreht hat.

Stopfbüchse beschaffen

Der **Fachmarkt** für Installationsbedarf, der **Heizungsinstallateur** oder auch die **Kleinverkaufsabteilung** eines Großhändlers können daran erkennen, welcher **Typ** Stopfbüchse erforderlich ist. Da das Teil nicht viel kostet, lohnt es sich, **Vorrat** mitzunehmen. Die anderen Ventile halten auch nicht

Schraube lösen: Spannschelle in günstige Stellung drehen.

ewig. 12er oder 13er **Gabelschlüssel** sind die gebräuchlichen Schlüsselweiten, und der stummelige Kurz- oder **Vergaserschraubendreher** ist besonders günstig, wo's eng ist. Als Dichtung zwischen

Regelhandgriff mit seitlichen Bewegungen abziehen.

Ventilgehäuse und Stopfbüchse genügt das sauber bearbeitete **Metall,** denn im Heizungskreislauf herrscht nur wenig **Druck.** Deshalb die neue Stopfbüchse mit dem **Gabelschlüssel** höchstens mit einer Viertelumdrehung festziehen. Vermeiden Sie möglichst den **Kontakt** mit der Fettfüllung in der neuen Stopfbüchse.

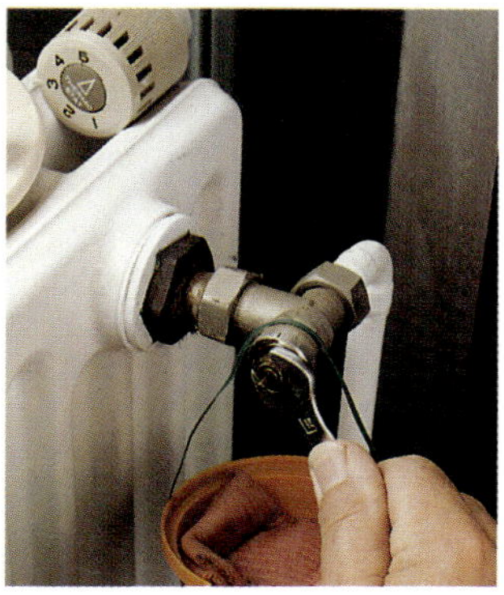

Stopfbüchse mit Gabelschlüssel herausdrehen.

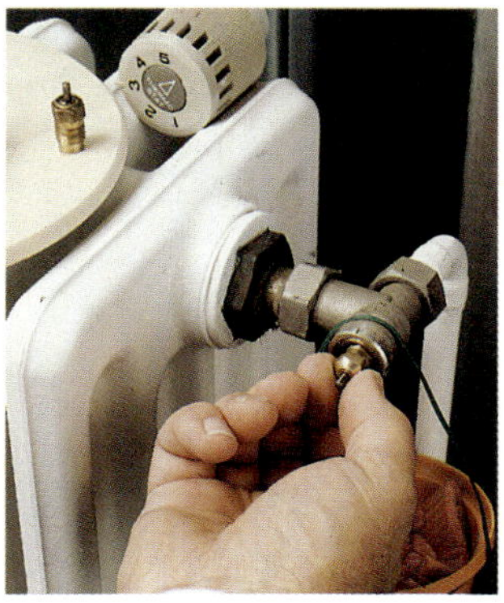

Neue Stopfbüchse eindrehen und nur handfest anziehen.

Regelhandgriff montieren

Mit leichtem Druck auf den kleinen **Ventilstift** können Sie testen, ob das Ventil leichtgängig funktioniert.

Sollte dieser Stift nach der **Sommerpause** festsitzen, läßt er sich auf diese **Weise** oder an der demontierten

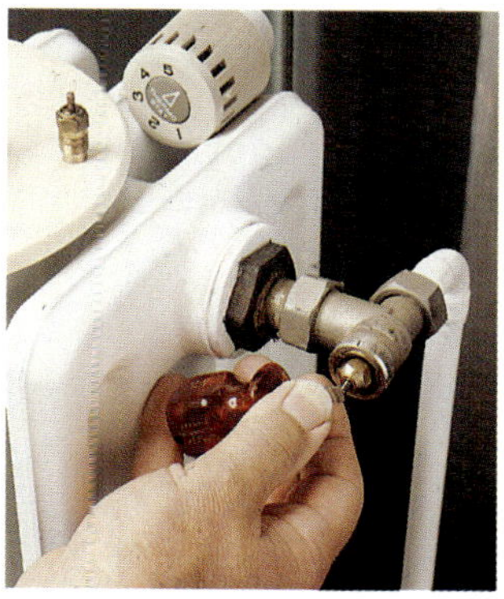

Ventilbetätigung auf Leichtgängigkeit überprüfen.

Stopfbüchse wieder gangbar machen (Seite 175).

Bei der **Montage** des Ventilhandgriffs müssen Sie darauf achten, daß die kleinen **Stege** im Griff in die Aussparungen am Ventilgehäuse kommen und der Griff bis zum **Anschlag** auf das Gehäuse geschoben ist. Kontrollieren Sie auch mal den **Wasserstand** in der Heizung und entlüften Sie die Heizkörper.

Stege im Griff müssen in die Aussparungen fassen.

ARBEITSMATERIAL

- Ersatz-Stopfbüchsen
- Schraubendreher
- Gabelschlüssel SW 12/13

Heizwasserkreislauf warten

Meist kümmert man sich erst zu Beginn der Heizperiode um den Wasserkreislauf. Manchmal zu spät - wenn sich erst dann Defekte zeigen und die Heizung deswegen kalt bleibt.

Zu wenig Wasser im Heizwasserkreislauf.

Zuerst die Umwälzpumpen einschalten und die **Anzeige** der Wassersäule kontrollieren. Steht die Anzeige unter dem **Minimum** (roter

Am Kükenventil Leitungswasser bis zum grünen Bereich nachfüllen.

Zeiger), nur bis zum Minimum über das sogenannte **Kükenventil** auffüllen. Dieses Ventil dient auch zum Entleeren der **Heizleitungen** und ist deshalb meistens per Schlauch, aber nur zum **Nachfüllen,** mit dem Wasserhahn zu verbinden. Es kann jedoch auch

ÖKOTIP
Alles, was 24 Stunden elektrische Energie verbraucht, ist teuer. Eine nutzlos rotierende Umwälzpumpe verbraucht für über 100 Mark zuviel Strom im Jahr. Deshalb ist eine eigene Schaltuhr für die Pumpe immer wirtschaftlich, soweit die Steuerung nicht eine witterungsgeführte Regelung übernimmt. Mit dieser kann man, durch noch differenziertere Regeldaten, noch mehr sparen.

ein fester **Füllanschluß** mit eigenen Sicherheitseinrichtungen und ein extra Entleerungsventil installiert sein.

Luft ist Ursache der Fließgeräusche

Beim Aufheizen dehnt sich das **Wasser** noch aus, deshalb genügt zunächst die **Füllung** bis zum Minimum. Füllt man zuviel Wasser auf, wird es nur über das **Überdruckventil** wieder ausgeschieden. Zirkuliert auch nach einiger Zeit immer noch **Luft** im Kreislauf, was das Entlüftungsventil eigentlich verhindern sollte, bedürfen die Heizkörper vielleicht der **Entlüftung** (Seite 175). Sollte allerdings der Pegel nach einigen Stunden wieder deutlich unter das Minimum absinken, deutet das auf eine defekte **Membran** im Ausdeh-

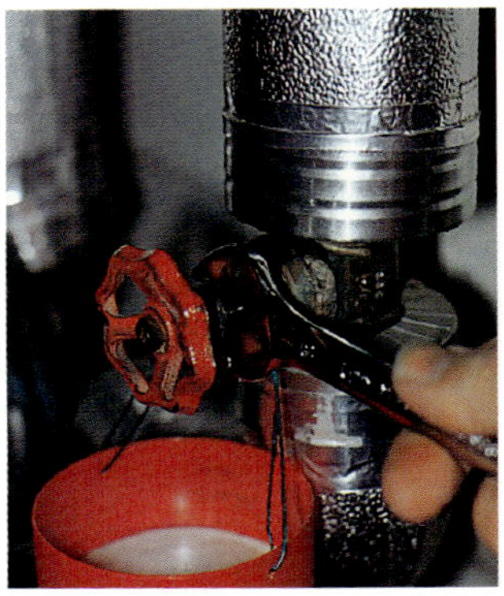

Tropft ein Absperrventil, die Überwurfmutter nachziehen.

nungsgefäß hin. Das ist dann ein Fall für den **Installateur.** Ab und zu kann auch mal ein **Absperrventil** tropfen, wenn es verstellt wurde. An der Überwurfmutter hinter dem **Ventilrad** kann man das meistens schnell abstellen, wenn man diese Mutter etwas fester anzieht und damit die **Stopfdichtung** weiter zusammendrückt.

Ohne Kreislauf keine Wärme

Nach monatelangem **Stillstand** kann auch, gar nicht so selten, die **Umwälzpumpe** blockiert sein. Die haben deshalb schon eine Öffnung vor dem **Motoranker,** um ihn wieder anzuwerfen. Daß es aus dieser Öffnung heftig tropft, wenn Sie die **Verschlußschraube** herausdrehen, ist normal. Das Wasser kann aber heiß sein.

Wenn Sie mit einer **Handlampe** in die Öffnung leuchten, können Sie Kerben oder **Aussparungen** erkennen, in denen man ein geeignetes Werkzeug, meistens **Schraubendreher,** ansetzen kann. In der Regel kennzeichnen auch Pfeile

Verschlußschraube mit großem Schraubendreher öffnen.

auf der Pumpenfront die **Drehrichtung,** in die Sie den Anker bewegen müssen. Meistens bewegt er sich gutwillig. Wenn nicht, höchstens sanften **Druck**

Den Motoranker in der angezeigten Richtung drehen.

anwenden, denn das erreichbare Metall ist **Weicheisen** und bricht schnell aus, wenn man nicht sehr vorsichtig damit umgeht.

ARBEITSMATERIAL
- Vierkantschlüssel
- Maulschlüssel
- Schraubendreher
- Auffangbehälter für Tropfwasser

Umwälzpumpe in Ordnung bringen

Fällt die Umwälzpumpe aus, bleibt die Heizung kalt. Beim Austausch einer alten Pumpe gegen vorteilhaftere neue Pumpentechnik ist es deshalb sinnvoll, die alte als ‚Erste Hilfe' wieder instandzusetzen.

Zu Beginn der **Heizperiode** wird die Umwälzpumpe für den **Heizwasserkreislauf** wieder eingeschaltet. Oft läuft sie jedoch nicht an, weil **Ablagerungen** den Motor blockieren. Nach dem Lösen der **Abdichtschraube,** (daß dabei Wasser tropft ist normal), kann man mit einem **Schraubendreher** versuchen, die Motorachse zu drehen. Aber vorsichtig, denn sie ist aus sprödem **Eisen,** das schon bei wenig Kraftaufwand bröckelt.

Erste Hilfe ist häufig mit dem Schraubendreher möglich.

Austauschpumpe als Vorsorge

Achten Sie darauf, daß für die neue **Pumpe** nicht die Anschlüsse verändert werden. Das würde einen erneuten **Wechsel** der Pumpen erschweren. Denn als **Vorsorge** ist es recht sinnvoll, die alte Pumpe wieder gangbar zu machen, damit im **Notfall** eine Austauschpumpe zur **Verfügung** steht. Denn in der Regel genügt das Entfernen der Ablagerungen auf **Welle und Rotor,** falls nicht die Motorwicklungen oder ein **Kondensator** defekt sind. Dazu eine Verschraubung am **Pumpengehäuse** abdichten, und die Pumpe mit einer Mischung aus Wasser und **Essigessenz** zu gleichen Teilen füllen. Oft dreht sich der Rotor dann schon nach **24 Stunden** wieder. Durch Ablagerungsreste wird die **Pumpe,** wieder in Betrieb genommen, jedoch schnell wieder festsitzen. Deshalb auseinandernehmen und gründlich säubern. Dazu die **Verschraubungen** zwischen Motor und **Pumpengehäuse** lösen. Um die Trägerscheibe befinden sich meist kleine **Aussparungen,** in denen man einen dünnen Schraubendreher ansetzen kann, um Scheibe und Rotor mit **Pumpenrad** herauszuhebeln.

Scheibe aus Fahrradschlauch dichtet die Verschraubung ab.

Vor dem Lösen der Verschraubung die Pumpe ganz entleeren.

Die Füllung mit Essigwasser weicht Kalkablagerungen auf.

Beim Lockern der Lagerscheibe die Dichtung nicht verletzen.

Polierwerkzeuge in der Bohrmaschine sparen Handarbeit.

Je glatter die **Oberflächen** werden, umso geringer ist die Gefahr neuer **Ablagerungen.** Durch die Bearbeitung mit sehr feinen Vliesschleifwalzen oder Fächerschleifern und mit der Schwabbelscheibe lassen sich hochfein polierte Flächen erreichen, aber auch in **Handarbeit** mit Polierpaste.

Innenwände vom Pumpengehäuse auf Hochglanz bringen.

ARBEITSMATERIAL

- Sechskantstiftschlüssel
- Schraubendreher
- Holzschaber
- Polierwerkzeug
- Schwabbelscheibe
- Polierpaste

Dach

Das Hausdach soll nicht nur schön aussehen, es gewährt uns vor allem Schutz und Geborgenheit. Gerade deshalb ist es wichtig, Schäden rechtzeitig zu beheben. Was Sie darüber hinaus noch verbessern können, erfahren Sie in diesem Kapitel.

Faserzementplatten reparieren

Wenn einzelne Teile einer Dachdeckung mit Faserzementplatten im Lauf der Zeit zu Bruch gehen, sind die nicht ganz so leicht und kaum sichtbar zu ersetzen wie Betondachsteine oder Tondachziegel.

Dachinspektion

Ohne die **Bruchstücke** ist eine Reparatur jedoch nicht möglich. Ersatz ist nach vielen Jahren, in gleicher Form

Gebrochene Faserzementplatten auf dem Dach.

und Farbe, nur selten zu bekommen. **Aufmerksame** Kontrolle, bei jeder Gelegenheit, ist in diesem Zu-

Dichtmasse, dick aufgetragen, mit dem Bruchstück breit drücken.

sammenhang also besonders wichtig. Abgebrochene Teile lassen sich auch hoch oben auf dem **Dach** wieder ansetzen. Man muß einzelne Elemente nicht unbedingt ausbauen. **Siliconkautschuk** ist dann die geeignete Klebe- und Dichtungsmasse. Auf gesäuberter Fläche zunächst einige dicke **Batzen,** als Auflage und zum Ausrichten des

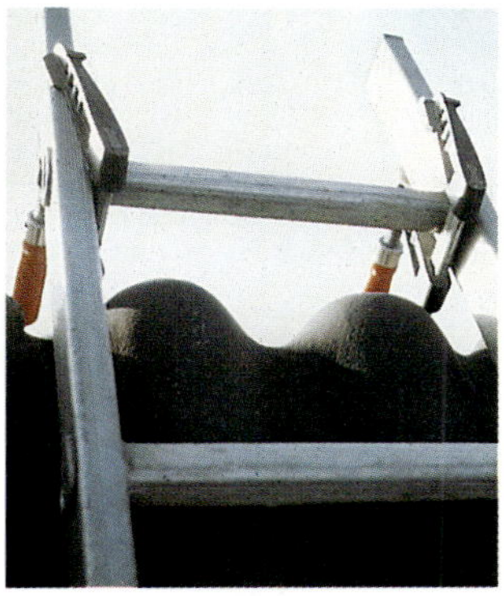

Hilfsmittel mit viel Überlegung improvisieren.

Bruchstücks, plazieren. Auf die **Bruchkante** soviel Dichtmasse auftragen, daß sie bei leichtem Zusammendrücken der Teile herausquillt. Abschließend mit nassem **Finger** (Spülmittel im Wasser) den Wulst ebnen und glätten.

Soforthilfe

In Spannungsrisse kann Regen eindringen. **Reparaturband** aus Aluminiumfolie, mit einer dicken Schicht Dichtmasse vorbeschichtet, verschließt **Risse** in solchen

Besonders gefährdet sind die Befestigungspunkte.

Elementen, die sonst noch stabil genug sind. Die **Haftflächen** sollten auch dafür gut mit einer Bürste und Wasser gereinigt werden und völlig trocken sein. Spitze **Ecken** lösen sich leichter

Aluminiumband läßt sich in passendem Farbton überstreichen.

durch Wind und Regen. Deshalb die Ecken vom **Reparaturband** rund beschneiden. Sind die Elemente noch mit **Glockennägeln** befestigt, ist jetzt auch eine gute Gelegenheit, die Nägel gegen **Schrauben** mit Dichtkappen auszutauschen. Für gebrochene Formteile zunächst ein **Modell** anfertigen, in dem sich das Teil in seiner ursprünglichen Form ohne **Zwang** fixieren läßt. So bleibt die Kleberfuge frei von Spannungen. **Epoxidharzkleber** ist das geeignete Bindemittel. Von unten mit Klebe-

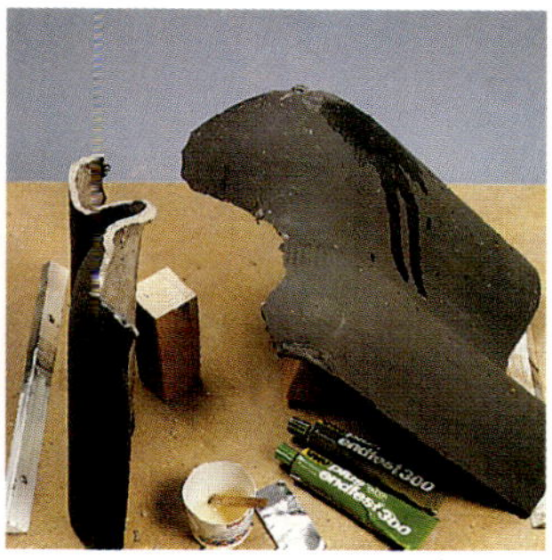

Widerlager und Stützen halten gebrochene Teile in Form.

band verschlossen, läßt sich die **Fuge** ganz ausfüllen. Mit Warmluft ange-

Die Bruchfuge nach und nach mit Kleber füllen.

wärmter Kleber fließt leichter in den **Spalt.**

ARBEITSMATERIAL

- Sicherheitsgurt
- Silikonkautschuk
- Druckpistole
- Reparaturband
- Epoxidharzkleber
- Schere
- Heißluftgebläse

Welldachplatten fixieren

Wenn Ihr Dach mit Wellplatten gedeckt ist, sind im Wind klappernde Platten die ersten Anzeichen, daß sich die Befestigung mit einfachen Glockennägeln zu lockern beginnt.

Glockennägel auswechseln

Als vorsorgliche erste **Hilfe** genügen oft schon neue

Rostige Glockennägel, die Vorboten möglicher Dachschäden.

Befestigungen an Dachrändern, Traufe, Ortgang und First. Dauerhafter ist auf jeden Fall das **Auswechseln** aller Glockennägel gegen sichere Sechskantkopf-Schrauben (DIN 571, 7,0 x 120) mit Dichtungs-

Eine Hartholzleiste verteilt den Druck auf mehrere Wellen.

kappen. In der Regel auch vom **Privatmann** per Barverkauf beim **Dachdeckereinkauf** zu bekommen. Beim Herausziehen der Nägel darf man keine **Gewalt** anwenden. Denn Faserzementplatten, in vielen Situationen wird es sich noch um Asbestzementplatten handeln, sind spröde, und passender **Ersatz** ist schwer zu bekommen. Den **Druck** des Nageleisens muß man deshalb, über eine Hartholzleiste als **Unterlage,** auf mehrere Wellen verteilen.

Oft läßt sich der **Nagel,** mit der Kombizange am Kopf gefaßt, mit **Drehbewegun-**

Bohrungen 11,0 mm Ø für den Schaft der Dichtungskappen.

gen schon etwas lockern. Falls gar nichts hilft, ist eine neue Befestigungsbohrung immer noch besser als eine gebrochene **Platte.** Der Nagel wird dann unter **Dichtungsmasse** verdeckt.

Bohrerspitze anschleifen

Zum Aufbohren der **Nagellöcher** für den Schaft der Dichtungskappe einen 11 mm-HSS-Spiralbohrer mit 90-Grad-Spitze für Faserzementplatten verwenden. Sonst kann die **Bohrung** nach unten stark aussplittern, wenn die normale

Schraube und Platte sind elastisch voneinander getrennt.

60-Grad-Spitze plötzlich von der **Bohrerspirale** durch das Material gezogen wird. Dichtungskappe einstecken, **Schraube** eindrehen und Kopf abdecken sind im Verhältnis zu den **Vorbereitungen** schnell erledigt.

Schrauben eindrehen, ohne Anstrengung, aber gefühlvoll.

Und wie verhält sich ein **Dachdecker** auf dem Dach? Bei Welldachplatten

Die kleine Schutzkappe paßt stramm auf den Schraubenkopf.

muß man nicht unbedingt auch eine Dachdeckerleiter mit gewölbten **Sprossen** haben. Die Wellentäler bieten genügend Raum für die Füße. Nur **Dachhaken** müssen vorhanden sein, die eine Leiter sicher tragen.

Wichtig ist vor allem eine frühzeitige Reparatur der

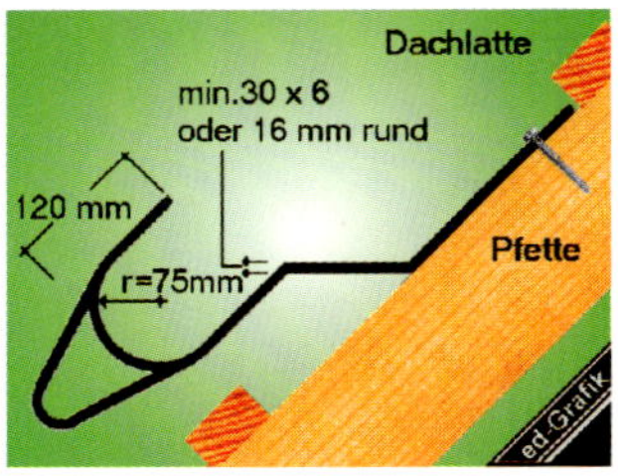

EXTRATIP: Sicherheitsdachhaken in der Dacheindeckung, nach Vorschrift der Bauberufsgenossenschaft, sind wichtig zum Schutz vor Unfällen, und sie halten Leitern oder Gerüste.

Platten, denn wenn Sturm unter lockere Platten fassen kann, vergrößert sich der Schaden schnell. Die Gebäudeversicherung hilft später dann allenfalls, den großen finanziellen Schaden etwas zu lindern.

ARBEITSMATERIAL

- Bohrmaschine
- Nageleisen
- Kombizange
- Hartholzleiste 40 x 20 mm
- Sonder-Spiralbohrer
- Ratschen-Schrauber

Kleines Grasdach selbst herstellen

Wenn Sie ein Grasdach interessiert, versuchen Sie es doch mal mit einem ganz kleinen. Selbst das Dach vom Mülleimerbunker ist geeignet. Bei einem Versuch kann man Erfahrungen sammeln.

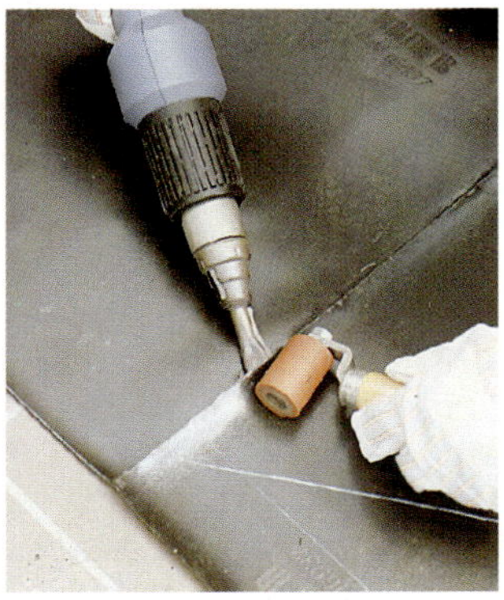

Zum Schweißen muß sich die Heißluft in der Naht stauen.

Das **Prinzip** ist einfach. Eine wasserdichte Haut (Teichfolie) wird mit einem **Rahmen**

In der Sonne wird die Folie flexibel und schmiegsam.

ringsum etwa 3 cm hoch aufgestellt. **Blähton** etwas höher als 3 cm in die flache **Wanne** füllen und dünn abgeschälte Grassoden auflegen.

Damit bei waagerechten Flächen der **Wasservorrat** nicht die Dicke der **Blähtonschicht** übersteigt, muß Wasser grundsätzlich an geeigneter **Stelle** über- und ablaufen können. Für das Pavillon-Dach auf den **Abbildungen** wurde die Dach-

Erst wenn die Folie belastet ist, die Ränder antackern.

schalung schuppenförmig verlegt. Um **Rinnen** als Wasserspeicher zum Ausgleich der **Dachneigung** zu schaffen.

Schon in der nächsten Saison bedeckt ein dichtes Pflanzenpolster die Dachfläche.

ÖKOTIP
Witterungsschutz, Widerstandsfähigkeit und Wärmedämmung von Grasdächern sind deutlich besser als bei üblichen Dacheindeckungen, weil sich das dicke Graspolster selbst regeneriert. Hohes Gewicht verlangt jedoch nach einer stabileren Dachkonstruktion, was sich bei Sturm wiederum positiv auswirkt. Dachneigungen unter 15 Grad sind unproblematisch.

Beispielhaftes Ökosystem

1,0 mm dicke **Teichfolie** dient als Dachhaut. Die **Nähte** sollen sich 20 mm überlappen und sind von beiden Seiten zu verschweißen. An den **Dachrändern** wurde die Folie angetackert und zum Schutz der **Klammern** ein Folienstreifen darüber geschweißt. Ein Strei-

Graswurzeln und Moose als Basis für die Pflanzendecke.

fen schwarze Polyäthylenfolie schützt die Kunststoffoberfläche gegen **UV-Licht.** Auf die 5 cm dicke Blähton-Drainageschicht wurde nur das verfilzte Graswurzelgeflecht einer vermoosten **Rasenfläche** übertragen.

EXTRATIP: Grassoden lassen sich mit einem alten Fuchsschwanz weit besser zurichten und lösen als mit dem Spaten. Die Flanken der Sägezähne zu einer Messerschneide anschleifen.

ARBEITSMATERIAL
- Teichfolie
- Heißluftgebläse
- Siliconrolle
- Blähton
- Tacker
- alter Fuchsschwanz

Schornsteinkrone restaurieren

Steigen Sie sich mal selbst aufs Dach, um den Schornsteinkopf einer vorsorglichen Inspektion zu unterziehen. Der Schornsteinfeger schlägt vielleicht erst Alarm, wenn Ausbessern nicht mehr möglich ist.

Tiefgrundierung großzügig auftragen, damit sie auch wirklich tiefere Schichten erreicht und festigen kann.

Schon nach einem **Jahrzehnt** können, durch die aggressiven **Emissionen**

Ein spezielle Kunststoffdispersion wirkt als Haftvermittler.

aus der Ölheizung, Mörtelschicht oder Betonplatte und auch der obere Teil des **Schornsteinzuges** vom Heizkessel beträchtliche **Korrosionsschäden** auf-

Anschließend die Grundspachtelschicht auftragen.

weisen. Die Zersetzung beschleunigt sich, wenn die **Fehlstellen** nicht gefüllt und die **Oberfläche** nicht mit einer widerstandsfähigen Deckschicht dauerhaft be-

Spachtelschicht wiederum mit der Dispersion gut glätten.

schichtet werden. Wenn Sie nicht mit Öl heizen, ist das noch keine **Garantie** für eine intakte Schornsteinkrone. Denn der saure Regen setzt dem **Schornstein** besonders zu, wenn auch in weit geringerem Umfang als die **Rauchgase.** Das geeignete Material für die neue **Deckschicht**: Epoxidharzspachtel.

SICHERHEITSTIP
Ohne angelegten Bauchgurt sollten Sie nicht aufs Dach. Das Sicherungsseil, in das man sich mit dem Gurt einhaken kann, läßt sich um den Schornsteinkopf schlingen. Auch die Leiter sollte am Schornsteinkopf hängen und nicht etwa in der Dachrinne stehen. Auf einem Leihgerüst finden Sie jedenfalls den sichersten Stand in luftiger Höhe.

Rauchgase reizen auch die Nase

Bevor Sie mit den **Arbeiten** beginnen, sollten Sie erst den **Heizkessel** abschalten, denn die Rauchgase sind nicht sonderlich wohlriechend. Vor allem sollten Sie jedoch die notwendigen **Sicherheitsvorkehrungen** bedenken. Dazu kann auch eine kurzfristige **Unfallversicherung** gehören.

Bei Eigenleistungen am Neubau sind Sie kostenlos bei der Bauberufsgenossenschaft versichert. Bei **Instandsetzungen** nur, wenn es sich um eine genehmigungspflichtige Baumaßnahme handelt, die der **Genossenschaft** gemeldet wurde.

Untergrund vorbereiten

Der **Untergrund** für die Beschichtung muß fest sein. Deshalb poröses Material mit der **Drahtbürste,** bequemer mit einer Topfbürste im **Winkelschleifer,** entfernen. Überstehende Kiesel mit Hammer und Meißel abschlagen. Die stören beim **Glätten** der Spachtel-

Epoxidharz und Binder nur in korrektem Verhältnis mischen.

schichten. Mit einer tief eindringenden Sicherheits- und Haftgrundierung werden die alten **Schichten** zunächst verfestigt. Eine zusätzlich aufgestrichene Kunststoffdispersion (z. B. Amalgo) bildet eine **Haftbrücke** zu der folgenden Spachtelschicht.

Züge am oberen Ende sorgfältig und dick beschichten.

Mit Kleber spachteln

Dafür ist ein zementfester **Dispersionskleber** besonders geeignet. Durch eingemischten **Zement** wird der Kleber steif genug zum Spachteln und die **Spachtelschicht** besonders hart. Vor allem läßt er sich, besser

PROFITIP
Epoxidharzspachtel läßt sich am besten mit dem Stoßspachtel, mit je einem eigenen für Binder und Harz, aus den Gebinden entnehmen und mischen sowie mit einem breiten Japanspachtel verarbeiten. Innerhalb der Verarbeitungszeit kann man Werkzeuge und Mischgefäße mit Wasser und der groben Seite von einem Haushaltsschwamm säubern.

als eine Spachtelmasse auf **Zementbasis,** mit einem breiten Pinsel auf der **Innenwand** der Schornsteinzüge verteilen – in nahezu beliebig

Ein Wasserfilm hilft beim Glätten der Oberfläche.

dicker **Schicht,** ohne an den senkrechten Flächen im Schornstein abzulaufen oder

Nach einem guten Jahrzehnt ist die Krone rauh geworden.

beim **Trocknen** zu reißen. So kann man die entstandenen Vertiefungen und offenen **Fugen** in einem engen Rohr ausfüllen. Die Spachtelschicht anschließend mit einem breiten **Flachpinsel,** mit Kunststoffdispersion

Die Oberfläche ist jetzt wieder für mehr als 20 Jahre gut.

angefeuchtet, glätten. Von dem hochwertigen **Epoxidharzspachtel** genügt dann

Anstrich mit hochwertiger Fassadenfarbe als Abschluß.

eine nur wenige Millimeter dünne **Schicht,** die jedoch völlig geschlossen sein muß. Das erreichen Sie mit zwei dünnen **Spachtelschichten** übereinander zuverlässiger als mit nur einer dickeren Schicht. Zum **Anmischen** die Verarbeitungsanleitung beachten. Mit kleinen **Mengen,** aus exakt gewogenen Anteilen gemischt, lassen sich die **Verarbeitungszeiten** besser einhalten.

EXTRATIP: Angerostete Stahlteile nur von losem Rost befreien und mit Rostumwandler behandeln. Aus fest haftendem Rost und Umwandler entsteht so durch chemische Reaktion eine widerstandsfähige Schutzschicht.

Glatte Flächen halten länger

Je ebener und glatter die **Spachtelfläche,** desto weniger können sich später schädliche **Einflüsse** auswirken. Eine **Handvoll** nicht zu feiner Kies, in die noch frische Schicht gestreut und mit einem **Stoßspachtel** etwas angedrückt, bewirkt, daß der **Schornsteinfeger** später auf der geglätteten Fläche nicht ausrutscht.

ARBEITSMATERIAL

- Sicherheitsgurt
- Drahtbürste
- Topfbürste
- Winkelschleifer
- Hammer
- Meißel
- Tiefgrundierung
- Haftbrücke
- zementfester Dispersionskleber
- Spachtelkelle
- Epoxidharzspachtel
- Waage
- Flachpinsel
- Japanspachtel
- Fassadenfarbe
- Farbroller

Antennenmastdurchführung abdichten

Der Antennenmast auf dem Dach schwankt häufig im Wind. Nur eine hochelastische Abdichtung verhindert die Probleme, wenn Regenwasser vom Mastrohr tropft.

Die Öffnung im Dachfirst, braucht eine neue Abdichtung.

Die Abdichtung um den **Antennenmast** ist eine besonders heikle Stelle, weil sie neben der Witterung auch noch die **Bewegungen** vom Mast aushalten muß. Mit elastischem **Dichtungsband** läßt sich jedoch auch nachträglich eine **Abdichtung** erreichen. Sie wird noch zusätzlich mit einem **Folienbalg** aus Dach- oder Teichfolie geschützt.

Für den Balg eine Folie als Schablone zuschneiden.

Zwischenräume mit Dichtungsschnur aus PE-Schaum füllen.

Nur gesichert aufs Dach

Bei Arbeiten auf dem Dach zuerst an die **Sicherheit** denken. Versprödete Dichtungsmasse und loses Material zunächst restlos entfernen und für saubere **Kontaktflächen** sorgen. Dichtungsschnur aus Polyäthylenschaum füllt die Hohlräume um den Mast und ist Auflage für das **Dichtungsband.** Aus einer provisorisch um den Mast gelegten, dünnen Folie entsteht das **Schnittmuster** für den Folienbalg. Die Enden sollten sich auf der Nordostseite gut 5 cm überdecken. Der **Balg** erlaubt dem Mast ausreichend Bewegungsspielraum, schützt das Dichtungsband und verdoppelt die Sicherheit der Abdichtung. Die **PVC-Folie** ist nach längerer Zeit zu erneuern. Denn nach **Jahren** versprödet draußen jede ungeschützte Kunststoffolie.

Jeden Zuschnitt mit einer Siliconwalze fest andrücken.

Der Dichtkegel schmiegt sich eng, aber elastisch um den Mast.

Doppelt dichtet besser

Die untere Abdichtung besteht aus dachziegelartig übereinander geschichteten **Bogenzuschnitten** aus einem Faservlies mit einer dicken Schicht Dichtmasse. Dieses Dichtband ist leicht zu formen, auf der **Oberfläche** jedoch zusätzlich zu schützen. Runde **Ecken** an den Zuschnitten schmiegen sich besser an. Den Folienbalg um den Mast mit einer **Schlauchschelle** aus Edelstahl rostfrei befestigen.

Den Rand vom Folienbalg auf der Dacheindeckung befestigen.

ARBEITSMATERIAL

- Dichtband
- PE-Schaumschnur
- PVC-Folie 1,0 mm
- Siliconwalze
- Schraubendreher
- Blindnietzange

Foliendach flicken

PVC-Folien für die Flachdachabdichtung früherer Jahre erweisen sich heute oft als recht problematisch. Die Ursachen liegen sowohl bei der Verarbeitung wie auch in der Materialzusammensetzung.

Schäden entstehen vor allem, weil flüchtige **Weichmacher** die Folie schrumpfen lassen, und **Tageslicht** ungeschützte Flächen verspröden läßt.

Bei einer Reparatur kommt es also darauf an, die **Spannungen** aus der alten Folienbahn zu nehmen, versprödete **Stellen** wasserdicht abzudecken und anschließend die Folienoberfläche sehr sorgfältig mit der **Kiesschüttung** gegen den schädlichen Einfluß ultravioletter **Strahlung** zu schützen.

Schweißflächen säubern

Voraussetzung für dichte **Schweißnähte** sind zunächst einmal saubere Folienoberflächen. Der intensiven **Reinigung** mit Wasser und einem Topfschwamm oder Vlies-Schleifkissen kann sich noch eine Reinigung mit geeigneter **Verdünnung** anschließen, von der die **Oberfläche** etwas angelöst wird.

Voraussetzung für Schweißnähte: gereinigte Oberflächen.

Angefügte Folienbahnen mit großzügiger Reserve ausrüsten.

Mit etwas Übung und Heißluft gelingen geschweißte Nähte.

Runde Folienflicken zum Abdecken kleiner Leckstellen.

Zum **Ausbessern** eignen sich ohne weiteres die heute üblichen PVC-Dachfolienbahnen (auch Teichfolie). Die lassen sich ebensogut miteinander wie auch mit den alten PVC-Folien verschweißen, sofern die alte Folie nicht schon so spröde und brüchig ist, daß sie durch **Heißluft** nicht mehr plastisch wird, sondern gleich wegschmilzt. In diesem Fall läßt sich allenfalls noch mit **Quellschweißmittel** eine für kurze Zeit haltbare **Notreparatur** vornehmen. Die neue Folienbahn sollte so groß sein, daß ihre **Ränder** noch auf schweißfähige Oberflächen der alten Folie reichen. Zunächst beide **Folien** 2 bis 3 cm vom Rand in kurzen **Abständen** mit Heißluft aufeinander heften. Damit sich beim Heißluftschweißen die **Hitze** in der Naht staut. Es soll zuerst die Oberfläche der alten Folie plastisch werden. Besser etwas mehr **Zeit,** bei verringerter Temperatur (ca. 280 Grad), für den **Schweißvorgang** (Seite 134) aufwenden. Die Kante der neuen Folienbahn anschließend als zusätzliche **Sicherheit** mit zwei bis drei Schichten Flüssigfolie abdichten.

Flüssigfolie aus der Spritzflasche als Zusatzsicherung.

Reparaturerfolg prüfen

Nach den Reparaturarbeiten den **Flachdachablauf** so abdichten, daß sich zum Testen der **Wasserspiegel** wenigstens 2 cm höher als bei starkem Regen auffüllen läßt. Wenn sich ein **Neubelag** nicht mehr umgehen läßt, kann man dafür trotz schlechter **Erfahrungen** auch wieder Dachfolie verwenden. Sie läßt sich, in der Regel auf einer trennenden **PE-Folie,** ohne weiteres auf der alten Dachfolie verlegen.

Alles dicht? Dachfläche mit Leitungswasser prüfen.

ARBEITSMATERIAL

- Dachfolie
- Quellschweißmittel
- Flüssigfolie
- Heißluftgebläse
- Siliconrolle
- Vlies-Schleifkissen
- Nitroverdünnung
- Schere
- Universalmesser

Flachdachrand bepflanzen

Wenn die Dachfläche selbst eine extensive Begrünung nicht tragen kann, läßt sich auf dem Dachrand über dem Mauerwerk immer noch eine attraktive Randbegrünung aufbauen, unkompliziert und pflegeleicht.

Die Folienplane als Dachhaut ist Sache von Spezialisten.

In der Wanne am Dachrand staut sich bereits das Regenwasser.

Blähtonsäcke (33 kg) lassen sich leichter tragen als Erde.

Die Dachkonstruktion muß mit der Erde, den Pflanzen und mit dem darin gespeicherten **Wasser** zusätzlich erhebliche **Lasten** aufnehmen können. Für Flachdächer wird vor allem aus **Gewichtsgründen** in der Regel zur extensiven **Begrünung,** bei relativ geringem Geld- und Pflegeaufwand, mit nur flach wachsenden **Sedum-Arten** geraten. Aber selbst die bringt, nachträglich eingerichtet, für statisch korrekt berechnete Dächer häufig zuviel **Gewicht** aufs Dach. Zu Lasten der rechnerischen Sicherheit von 75 kg **Schneelast** je Quadratmeter.

Nicht auf den Rat des Statikers verzichten

Das ist nicht ungefährlich und deshalb in jedem Fall von einem **Statikbüro** zu kontrollieren. Abhängig von den **Landesbauordnungen** kann auch eine eigene Genehmigung für die nachträgliche **Begrünung** erforderlich werden. Das Bauamt der **Gemeinde** gibt darüber Auskunft. Auf bestehenden Flachdächern ist deshalb eine intensive **Kultur** mit attraktiven Pflanzen bis hin zum **Dachgarten** nur in seltenen Ausnahmen möglich. Sie können jedoch auch diesen **Vorschlag** hier aufgreifen. Nur die tragfähigen Bereiche über dem **Außenmauerwerk** werden für die Bepflanzung genutzt. Außerdem wird keine **Erde,** sondern leichter Lecadan-**Blähton** in Kästen aus hochdruckimprägniertem Gartenholz verwendet. Unter den **Kästen** wird, auf einer Trennschicht aus 0,3 mm Polyäthylenfolie, eine durchgehende, wurzelfest verschweißte **Folienplane** (Teichfolie 1 mm dick) verlegt. Denn Pflanzenwurzeln könnten sonst feinste **Kapillarrisse** in der alten Dachhaut zu wasserdurchlässigen **Leckstellen** erweitern. Sanierungsbedürftige Flachdächer lassen sich bei der **Gelegenheit** und auf diese Weise gleich zuverlässig abdichten.

Kultursystem mit vielen Vorteilen

Als Wasserspeicher kann man unter der **Folienplane** aus Hartschaumstreifen eine etwa 6 cm hohe **Wanne** herstellen, auf deren Rändern die Wände der **Pflanzkästen** stehen. Die kastenförmigen Umrandungen der **Kulturflächen** lassen sich leicht selbst herstellen. Und die Ziergehölze wachsen in der kombinierten Erd-Hydrokultur, durch die intensive durchlüftete

Bereits im zweiten Jahr nach der Neuanlage sind die Pflanzen fest eingewurzelt.

Blähtonschicht, auch ohne besonders aufwendige Pflege recht prächtig. Das Herstellen der unteren Schicht mit der **Folienplane** sollte man allerdings einem Spezialunternehmen für Foliendächer überlassen.

Wenige Trennschnitte sind auch per Hand schnell erledigt.

Pflanzen sind anpassungsfähig

Da die Pflanzen, bald nach dem Einsetzen in die **Blähtonschicht,** aus ihrem Erdballen eigene sehr helle **Wasserwurzeln** in den angestauten Wasservorrat treiben, sind sie weitgehend unabhängig von künstlicher **Bewässerung.** Nur während langer Trockenperioden muß man den **Wasservorrat** auffüllen. Geeignete **Schlauchanschlüsse** sollte man deshalb im Abstand von drei bis vier Metern im unteren **Bereich** der Kästen vorsehen. Sonst nimmt die Bewässerung von oben viel Zeit in Anspruch, weil nach wenigen **Jahren** die Blähtonschicht bereits so stark durchwurzelt ist, daß Wasser nur langsam eindringen kann.

Der Eigenbau ist leicht zu bewältigen

Die **Bretter** aus hochdruckimprägniertem Gartenholz sind lediglich auf die erforderliche **Länge** abzusägen. Im gezeigten Beispiel wurden unten 145 mm breite und oben 120 mm breite Bretter verwendet. Das ergibt einschließlich einer Fuge von 10 mm und der 60 mm hohen **Wasserwanne** eine Wurzeltiefe von knapp 30 cm: genug um niedrigen Gehölzen, Stauden und Bodendeckern ausreichenden Halt zu geben. Zum Vorbohren der **Schraubenlöcher,** gegenüberliegende Bretter aufeinanderspannen und gleichzeitig durchbohren. Die höchstens 60 cm langen **Zwischenwände** werden in Abständen von 150 cm, ebenso wie die Wände an den Enden, stumpf zwischen den **Längsseiten** verschraubt. Kurze Brettabschnitte (etwa 30 cm) verbinden die 450 cm Standardlängen zu den durchgehenden **Seitenwänden.** Auch um den 10 mm Abstand einzuhalten, von innen kurze **Abschnitte** aufschrauben. Dieser Spalt dient der zusätzlichen **Belüftung** und ist außerdem optisch günstig. Für sämtliche Verbindungen möglichst **Holzschrauben** aus **Edelstahl** verwenden. Die Lebensdauer verzinkter Schrauben kann bedeutend kürzer sein als die von korrekt hochdruckimprägniertem **Gartenholz.**

Brettenden beim Schraubeneindrehen zusammenspannen.

An den Ecken alle Splitter und Fasern abschleifen.

ÖKOTIP

Weitgehend immergrüne und wegen dem Wind niedrig bleibende Gehölze wählen. Ausfälle durch starken Frost sind nur bei empfindlichen Arten zu befürchten. Vorzugsweise im Oktober/November pflanzen, aber nicht mehr düngen. Mit Containerpflanzen ist die Neuanlage natürlich das ganze Jahr über, zu frostfreien Zeiten, möglich.

Pflanzen im Blähton einbetten und dann den Rest auffüllen.

Abweichungen von der Erdkultur

Die Pflanzen werden einschließlich **Ballentuch,** damit die Erde zusammengehalten wird, in die Lecadan-Schicht eingebettet. Es erleichtert die **Pflanzarbeiten,** wenn dazu der Blähton nur etwa 20 cm hoch in die Kästen gefüllt wird. Zuerst die größten **Büsche** in Gruppen (auch die anderen Pflanzen in Gruppen von 2-5 Stück) einpflanzen, und dann die **Lücken** mit dem restlichen Blähton und den Bodendeckern füllen. Raum zwischen den Pflanzen lassen. Nach vier bis fünf Jahren ist die **Bepflanzung** so dicht, daß nicht einmal mehr **Unkraut** dazwischen paßt.

Nur wo die Eigenfärbung stört, ist ein Anstrich erforderlich.

Folienplane zum Schutz gegen Licht mit Grobkies abdecken.

ARBEITSMATERIAL

- Hand-/Kreissäge
- Bohrmaschine
- Schraubzwinge
- Flachpinsel

Fassade

Die Hausfassade sorgt für eine schöne Optik und dient als Schutzhülle. Schadhafte Stellen müssen Sie daher fachgerecht restaurieren. Wie das gemacht wird und was Sie sonst noch zur Verschönerung Ihrer Fassade tun können, zeigen Ihnen ausführlich die nächsten Seiten.

Sockelputz renovieren

Geputzte Außenecken müssen oft besondere Belastungen aushalten. Vor allem im Sockelbereich, wo dauernde Erdfeuchtigkeit den Putz zusätzlich belastet. Bereits kleine Risse können schnell zu größeren Schadstellen führen.

Für solche relativ kleinen Flächen gibt es spezielle **Fertigmischungen** auch in Kleinpackungen. Neben den Hauptbestandteilen Quarzsand und Zement sind diese Mischungen mit

Das Gitter fest zwischen Leisten gespannt abwinkeln.

Kunststoffen vergütet. Damit lassen sie sich geschmeidiger verarbeiten, haften besser auf dem **Untergrund** und sind auch stoßfester als reiner **Kalkzementputz.**

Außenecken armieren

Als **Armierung** muß man jedoch nicht unbedingt die handelsüblichen, langen **Putzprofile** verwenden. Ein Stück Schweißgitter oder notfalls auch kräftiger, verzinkter Maschendraht, erfüllen den gleichen **Zweck.** Dieses Material läßt sich einfach in der erforderlichen Größe zurichten. Eine exakte **Winkelkante** gelingt perfekt, wenn der mittlere Längsdraht genau an der **Leistenkante** liegt und die Querdrähte mit leichten

Mit der Spitze am Fliesenhammer Vertiefungen schlagen.

Eine ausreichend dicke Grundschicht aufbringen.

Hämmerschlägen über den **Längsdraht** gebogen werden. Vor Beginn der **Spachtelarbeiten** sollte man vorhandene Bitumenanstriche

Geringe Mengen vorzugsweise im Gummibecher anmischen.

aufrauhen, damit sich die **Füllmasse** gut verankern kann. Dabei hört man dann gleich, wo der alte **Putz** möglicherweise noch hohl klingt, weil er keine **Verbindung** zum Mauerwerk hat.

Kleine Mengen mischen

Beim Anmischen zunächst nur etwas **Pulver** in wenig Wasser schütten und verrühren. Anschließend mehr Pulver oder mehr **Wasser** untermischen, bis eine steife **Mischung** entsteht, die nicht von der Kelle fließen soll.

Die **Grundschicht** von unten nach oben und von der Ecke aus zu den Seiten

Dann die Eckarmierung tief eindrücken.

auftragen. Es sollen noch etwa 5 mm Platz für die **Deckschicht** bleiben. Die Schichten müssen jedoch nicht frisch in frisch aufeinanderfolgen.

Über der Armierung die Deckschicht auftragen.

Bei wenig **Übung** mit diesen Arbeiten läßt sich **Füllspachtel,** auf jeweils getrockneter Vorschicht, in dünnen **Schichten** leichter aufziehen, um eine ebenmäßige Oberfläche zu erzielen. Diese insgesamt wieder

EXTRATIP: Trockenmischungen mit Zement sind bald hart, wenn sie Kontakt mit der Luftfeuchtigkeit haben. Schüttöffnung gut mit Packklebeband verschließen. Besser das Pulver in Plastik- oder Blechgefäße umfüllen.

mit einem **Isolieranstrich** behandeln.

ARBEITSMATERIAL

- Fliesenhammer
- Spachtelmischung
- Gummibecher
- Maurerkelle
- Drahtgitter
- Aufziehspachtel

Mauer neu verfugen

Im porösen Gefüge von schlechtem Fugenmörtel kann sich Wasser sammeln. Wenn es gefriert, dehnt es sich aus und zermürbt dabei den Mörtel, bis er von allein aus den Fugen fällt.

Durch ungenügendes Mischen per Hand sind sogenannte **Sandnester** in den Fugen entstanden. Häufig wird man erst aufmerksam, wenn der Mörtel bereits zerstört wurde.

Ein altes Stecheisen paßt gut in die schmalen Fugen.

Eine jährliche **Inspektion** der Mauerfugen ist sicher keine übertriebene **Vorsorge.** Solange der Schaden noch eng begrenzt ist, kann man ihn mit neuem **Fugenmörtel** schnell beheben.

Den alten **Mörtel** tief, aber nicht mehr als ein Drittel der

Der Wasserstrahl spült die Fugen und näßt die Steine.

Mauerschalendicke, lösen und auskratzen. Dabei darauf achten**,** daß die Verblend- oder Vormauerschale nicht nach innen durchstoßen wird, damit weder frischer Mörtel noch Wasser in die dahinter liegende Luft- oder Dämmschicht gelangen kann.

Bevor der neue Mörtel in die Fuge kommt, muß sie naß sein, damit die **Mischung** nicht ‚verbrennt' – das

Mit dem Fugeneisen zuerst die senkrechten Stoßfugen füllen.

heißt zu schnell abbindet, weil die trockenen Mauersteine zuviel **Wasser** zu schnell aufsaugen. Auch das kann eine Ursache für später auftretende **Schäden** sein.

Den fertig gemischten **Trockenmörtel** nur mit wenig Wasser zu einer steifen, aber nicht zu trockenen Mischung nach **Gebrauchsanleitung** auf der Verpackung verarbeiten. Ist der Mörtel zu schlank, fließt er wieder aus der **Fuge.**

Von der Maurerkelle den Mörtel in die Lagerfugen streichen.

Kunststoffdispersion im Mörtel macht ihn geschmeidiger

Um zu verhindern, daß der Mörtel am unteren **Mauerrand** wieder aus den Stoßfugen fällt, kann man unter die Mauerkante eine Leiste

Fugen im Sichtmauerwerk mit einem Schlauchstück formen.

als **Hilfsschalung** spannen. Mit ihr läßt sich gleichzeitig ein Stück **Plastikfolie** festhalten, die Mörtelbatzen vom Untergrund fernhält. Mit dem schmalen **Fugeneisen** soviel Mörtel wie möglich tief in den **Hintergrund** drücken und an der Frontfläche kräftig, wie es der Maurer nennen würde, ‚festbügeln'. Um die Fuge sicher abzudichten, muß der Mörtel innigen **Kontakt** zu den Steinflächen bekommen. Für den vordersten Zentimeter der Fuge läßt sich dann eine etwas trockenere **Mischung** besser verarbeiten und leichter an die vorhandene Form und **Struktur** der übrigen

Farbe in den Fugen mit einem kleinen Farbroller auftragen.

Fugen anpassen. Bei Verblendsteinen den Mörtel nach oben schräg unter den Stein in die Fuge füllen und die **Sichtfläche** glätten. Einen störenden, noch nicht trockenen **Zementschleier** mit Wasser und **Schwamm** von den Frontflächen der Steine abwaschen. Den **Anstrich** frühestens nach 24 Stunden aufbringen.

ARBEITSMATERIAL

- Farbroller
- Fugen-Fertigmörtel
- Fugeneisen
- Handfeger/Bürste
- Maurerkelle
- Mörtel-Vergüter
- Plastikfolie
- Reibebrett
- Schlauchstück
- Schraubendreher
- Stecheisen
- Wasserschlauch

Betonrisse verschließen

Ungewöhnliche Belastungen können zum Bruch oder Aussplittern von Fertigbetonteilen am Haus führen. Gefrierendes Wasser drückt den Riß immer weiter auseinander, wenn man ihn nicht umgehend schließt.

Damit ausreichend Füllmasse in den **Riß** eindringen kann, wird er zunächst mit einem kleinen Hartmetall-Fliesenmeißel auf etwa 5-6 mm Breite behutsam erweitert. Wo die Reparaturmischung nicht abfließen darf, muß man den Riß oder die abgesplitterte Stelle möglichst dicht eingrenzen. Die **Holzstücke** für diesen Zweck mit Plastikfolie abdecken, damit sie nicht festkleben. Für die **Grundfüllung,** bis knapp unter den Rand, reinen **Kleber** verwenden, der möglichst tief in den Spalt fließen soll. Dazu sollte der Beton mit **Heißluft** angewärmt werden, denn auch bei sommerlichen **Temperaturen** bleibt er erdkalt.

Schmale Risse V-förmig nach unten erweitern.

Knetmasse drückt die Folienstücke dicht an das Bauteil.

Langsam, aber genau: Mischung vom Spatel tropfen lassen.

Mit Warmluft sehr vorsichtig manipulieren

Auch das Harz fließt leichter und läßt sich besser dirigieren, wenn man es vorsichtig anwärmt. Das beschleunigt jedoch den **Härtungsprozess.** Eine ruhige Hand und Geduld gehören allerdings dazu, damit das **Harz** nur dorthin gelangt, wo es hingehört. Bei ungünstig gelegenen Stellen hilft vielleicht das etwas dünnflüssigere **Modellbauharz** weiter. Man kann es aus einer Einweg-Injektionsspritze verarbeiten. Für breitere Risse kann man auch bereits die **Grundfüllung** mit Quarzsand vermischen, muß jedoch darauf achten, daß die **Mischung** fließfähig bleibt. Mehr als im Verhältnis 1:1 ist zwar möglich, aber wenig sinnvoll. Auch mehrere **Schichten** übereinander sind möglich.

Mit sanftem Warmluftstrom dirigieren und verteilen.

Für die nur ein bis zwei Millimeter dünne **Deckschicht** vermischt man Harz, Sand und Zement: **Sand,** damit die Oberfläche rauh wird, und **Zement** zum Färben. Auf jeden Fall zuerst den **Kleber** anmischen und anschließend den mit Zement vermischten Quarzsand (etwa 1:3) einrühren. Die zum Abschluß aufgestreute trockene Quarzsand-Zementmischung noch mit dem **Spatel** leicht andrücken und die Reste abfegen. Damit sollte die **Oberfläche** weitgehend angeglichen sein.

Im Riß behutsam zu ebener Schicht verteilen.

Zum Schluß mit trockenem Quarzsand-Zementgemisch abstreuen.

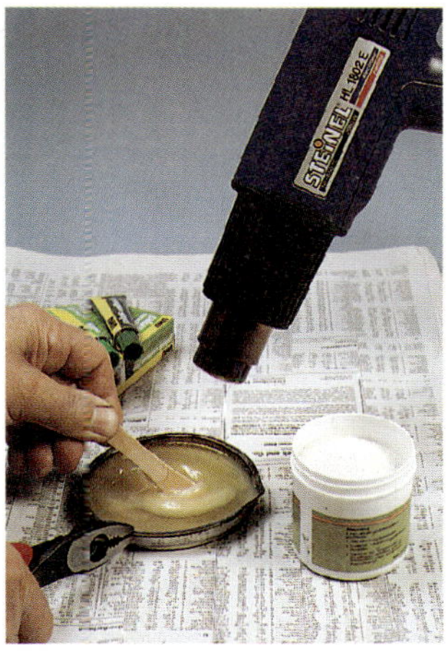

EXTRATIP: Harz und Binder (auch Härter) lassen sich besser miteinander mischen, wenn man sie unter oder über gut handwarmer Luft erwärmt. Aber Vorsicht: Das verkürzt den Härtungsprozess. Ein Metalldosendeckel ist dafür ein wärmefestes Mischgefäß, dessen Rand sich gut mit einer Zange zum Gießer formen läßt.

ARBEITSMATERIAL

- Fliesenmeißel und -hammer
- Hilfsschalung
- Heißluftgebläse
- Epoxidharzkleber
- Spatel
- Quarzsand
- Zement

Fassaden streichen

Sichtmauerwerk oder Putzflächen verlangen ab und zu nach einem neuen Anstrich. Nicht nur der Ansicht wegen. Vor allem, um von Schmutz und Fehlern befreit wieder für ein Jahrzehnt und mehr gerüstet zu sein.

Mit halbwegs ebenen Flächen ums Haus oder mit Bohlen auf Kanthölzern lassen sich auch die Arbeiten an Wänden bis zu knapp drei Meter Höhe auf einem fahrbaren Leihgerüst ungleich angenehmer bewältigen.

Zunächst ist erst einmal eine intensive **Inspektion** fällig, ausgerüstet mit

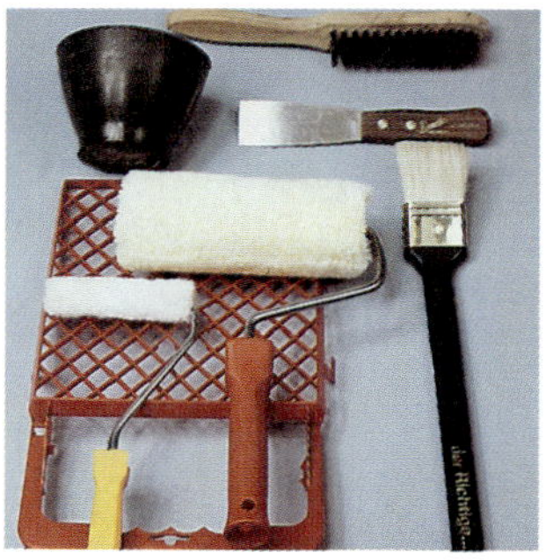

Art und Zustand der Fassade bestimmen die Werkzeugauswahl.

Schraubendreher und Stoßspachtel zum **Stochern und Schaben.** Zweckmäßig im zeitigen Frühjahr als Grundlage für Arbeitsplanung und **Materialbeschaffung.** Je nach Art der Fassade können Sie dabei dann auch gleich feststellen, ob Sie ohne **Gerüst** auskommen. An der Fassade zu arbeiten, etwa im zweiten Stockwerk auf der Leiter, muß man gewohnt sein.

Werkzeugauswahl

Auch der **Werkzeugbestand** ist zu überprüfen. Im **Prinzip** genügen zwar Pinsel und Farbroller, um Ecken und Anschlüsse vorzustreichen sowie die **Farbe** senkrecht aufzurollen, quer dazu zu verteilen und wieder senkrecht zu egalisieren. **Handwerker** benutzen nicht ohne Grund einen abgewinkelten, vier bis sechs Zentimeter breiten **Heizkörperpinsel.** Der Farbroller sollte nicht breiter als 18 cm sein. Breitere **Walzen** erfordern mehr Kraft und Übung. Für **Sichtmauerwerk** mit hohl geformten Fugen ist sogar eine nur 10 cm breite Walze mit langem **Flor** besser geeignet. Denn schmale Fugen erreicht man auch mit einer zusätzlich gepolsterten **Walze** (für kräftig strukturierte Putzflächen) kaum.

Wichtiger ist jedoch, daß der **Farbroller** mit einem hochwertigen Flor die Farbe leicht aufnehmen und abge-

Lösbare Rankgerüste lassen sich mit den Pflanzen schützen.

ben kann. Und daß vor allem ein gut geformter **Griff** die Belastung für Hand und Handgelenk mildert. Für zusammenhängende Flächen ist ein Gerät mit **Farbenpumpe** recht komfortabel. Damit spart man sich das ständige Bücken zum **Farbeimer.** Durch die verschiedenen **Dosiermöglichkeiten** läßt sich die geförderte Farbmenge der eigenen **Leistung** anpassen. Wenn man den Anstrich auf ein, zwei Tage konzentriert, hält sich auch der **Reinigungsaufwand** in Grenzen.

Inspektion

Sollte der alte **Anstrich** in ein dunkles Tuch abfärben (kreiden), muß man ihn mit

Schmutz, Bewuchs und lose Farbe mit Hochdruck abwaschen.

Tiefgrundierung vorbereiten, damit neue Farbe halten kann. Von **Flächen,** die fest, trocken und rißfrei sind, genügt es, wenn man mit einer großen **Bürste** Staub und Spinngewebe entfernt. Starker **Schmutz** oder Algenwachstum, das sich nur dort verbreiten kann, wo die **Fassade** im Schatten oder der Nordseite nie ganz abtrocknet, läßt sich auf diese **Weise** kaum entfernen. Da muß man zum Hochdruckreiniger greifen, wenn die **Handarbeit** nicht allzu mühsam werden soll.

Mit dem können Sie auch nicht fest genug haftende, alte **Anstrichschichten** lösen. Nur sollten Sie dann auch der **Ursache** für die abblätternde Farbe auf den Grund gehen, besonders wenn solche **Stellen** in größeren Flächen vorkommen. Denn das läßt vermuten, daß **Regen** in die oberste Schicht eindringen kann, bleibende **Feuchtigkeit** bei Frost gefriert und die Farbschicht absprengt. Das läßt sich mit einer **Imprägnierung** auf Siloxanbasis ausschließen, die sich bei **Bedarf** auch wiederholen läßt. Nicht zu verwechseln mit siliconhaltiger Imprägnierung für **Klinker-Fassaden.**

Risse füllen

Noch leichter kann **Regen** mit zerstörender Wirkung in Risse und Fugen eindringen. Dabei sind **Setzrisse,** die stets mehr oder weniger senkrecht in Fugen, aber auch mal durch einen **Stein** verlaufen, nicht allzu schlimm. Die bewegen sich zwar kaum, sollten aber doch mit plastischer **Dicht-**

Risse in der Fassade mit Dichtmasse füllen.

masse (Acrylat) gefüllt werden. Auf elastischer Dichtmasse (Siliconkautschuk) hält kein **Anstrich.** An Fassaden schließt man damit Dehnungsfugen oder Fugen zwischen unterschiedlichem **Material,** zum Beispiel zwischen Mauerwerk und Holz.

Die Dichtmasse ist zwar außerordentlich alterungsbeständig. Ob es auch die **Verbindung** zu den Baustoffen ist, sollte man kontrollieren.

Über längere **Strecken** waagerecht verlaufende Risse sind jedoch ein ernstes **Warnsignal** mit tieferliegender Ursache. Die Risse sollte man zunächst

Nach dem Voranstrich findet man kleine Fehlstellen leichter.

schließen, aber umgehend nach den **Ursachen** forschen. Kleine Fehlstellen im Putz oder in Steinoberflächen sind dagegen harmlose **Schönheitsfehler,** die immer mal wieder auftreten können. Diese lassen sich ohne Probleme mit einer geeigneten, hydraulisch abbindenden **Spachtelmasse** schließen.

Nachbesserungen mit etwas verdünnter Farbe vorstreichen.

Nicht nur die Spuren von dunkleren **Anstrichen** sind auf frisch gestrichener **Fassade** mehr als ärgerlich.

Auch Fenster- und Türflächen sollten mit Papier oder Plastikfolie abgedeckt werden. Denn selbst bei langsamen **Bewegungen** mit dem Farbroller können feine Spritzer entstehen, die vom **Luftzug** weiter getragen werden. Doch auch vom Klebeband bleiben **Reste,** wenn man es nicht nach kurzer Zeit wieder abzieht.

Farbenauswahl

Für übliche **Anstriche** eignen sich Kunstharz-Latex-

Dunkle Fassadenteile vor dem hellen Anstrich behandeln.

Dispersionen. Das ist jedoch keine **Garantie** für einheitliche Qualität. Beim Vergleich der **Produktbeschreibungen** sollten Sie berücksichtigen, daß auch die DIN-Norm für Fassadenfarben nur **Mindestanforderungen** beschreibt.

Anschlüsse und Begrenzungen randscharf vorstreichen.

Hochwertige **Reinacrylatfarben** lassen sich nicht nur zwischendurch auch mal mit dem **Hochdruckreiniger** bearbeiten, ohne Schaden zu nehmen. Auch auf die übrigen **Vorteile** dieser Produkte sollten Sie nicht verzichten. Für den **Anstrich** sollten Sie geeignetes Wetter abwarten. Ist es zu warm, trocknet der Anstrich zu schnell, und man sieht die **Ansätze** zwischen den einzelnen Farbflächen. Direkte **Sonne** läßt sich we-

Anstrich mit der Sockelbeschichtung abschließen.

nigstens noch mit der **Tageszeit** umgehen. Ist es jedoch nebelig feucht, kondensiert die Feuchtigkeit auf dem kalten **Mauerwerk** zu einem Feuchtigkeitsfilm, der keine **Farbe** annimmt.

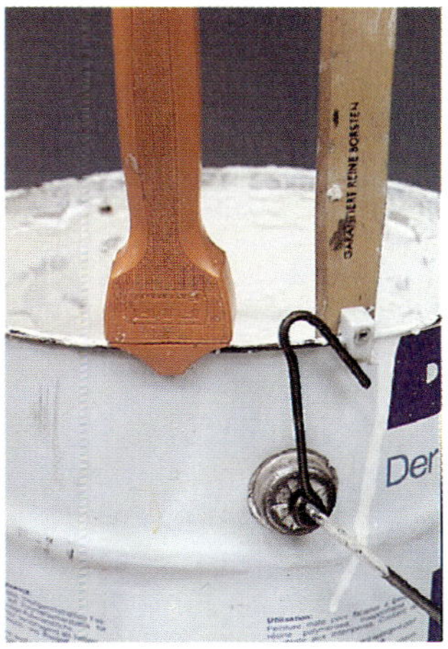

EXTRATIP: Ständig größere Farbmengen zu bewegen ist beim Streichen der Fassade hinderlich. In einen eigenen Arbeitseimer jeweils nur soviel Farbe füllen, daß man Farbroller und Pinsel noch an den Rand hängen kann.

ARBEITSMATERIAL

- Fassadenfarbe
- Dichtmasse
- Spachtelmasse
- Abdeckfolie
- Kreppklebeband
- Farbroller
- Pinsel
- Schraubendreher
- Stahldrahtbürste
- Stoßspachtel
- Gummibecher
- Abstreifgitter
- Handdruckpresse

Klinkerfugen abdichten

Wasser findet überall einen Weg. Es dringt durch die feinen Haarrisse, die im Laufe der Zeit in den Fugen zwischen den Fliesen entstehen.

Undicht werden nur die **Fugen.** Eine fachgerechte Drainageschicht beim **Neubau** hätte das verhindern können. Liegt unter der Plattenfläche, zum Beispiel

Bequeme Reinigungsarbeiten mit einem Hochdruckreiniger.

über der Kellerdecke, wenigstens eine **Dichtungsbahn,** kann das eingedrungene Wasser auch an den **Rändern** der Bodenfläche sehr unangenehme Probleme bereiten.

Fugen imprägnieren

In solchen **Fällen** hilft nur das Abdichten der Fugen auf der ganzen **Bodenfläche.** Die Bauchemie bietet dafür Fassadenimprägnierungen auf der Basis von ‚Siloxan' an, die sich auch für **Bodenflächen** einsetzen lassen. Zunächst ist festzustellen, wie groß die **Risse** sind. Denn die recht dünnflüssigen Imprägnierungen können mit ihren **Feststoffen** höchstens bis zu 0,3 mm breite Risse füllen und abdichten. Was breiter ist muß man vorher zum Beispiel mit **Epoxidharz** füllen.

Für die Abdichtung von Bodenflächen eine warme, trockene **Wetterperiode** abwarten. Denn die Fläche ist zuerst mit **Wasser** zu reinigen und muß dann wieder

Risse über 0,3 mm Breite mit Epoxidharz füllen.

ganz durchtrocknen. Ohne **Hochdruckreiniger** kostet das Reinigen viel **Schweiß** bei harter Arbeit mit Wasser und Bürste. Doch eine **Schmutzschicht** behindert die notwendige Saugfähigkeit der Fugen. Die **Imprägnierung** läßt sich einfach ausschütten und dann verteilen. Wirtschaftlicher ist

Das Harz mit Heißluft dünnflüssig verteilen.

das **Aufsprühen** einer gleichmäßigen Schicht mit Hilfe einer chemiefesten **Gartenspritze** aus Metall. Das Material so verteilen, daß es sich möglichst nur

Mit chemiefestem Gummiwischer die Flüssigkeit verteilen.

über den **Fugen** sammelt. Da die Fugen ohnehin immer etwas tiefer sind, ist das nicht so schwierig. Denn auf der **Plattenfläche** nutzt die Imprägnierung gar nichts, sie muß in die Fugen. Über den Fugen muß sie möglichst dick stehen, weil sich die Fugen mit dem **Material** vollsaugen sollen. Die Fugen sollten so ausgetrocknet sein, daß sie sich nach 20 bis 30 Minuten vollgesaugt haben. Dann überschüssiges Material mit dem Wischer auf noch trockene Flächen ziehen.

Oberfläche mit passender Verdünnung mehrfach abwaschen.

Vorsicht: Lösungsmittel

Reste von der Plattenoberfläche abwaschen und mit frischer **Verdünnung** und einem anderen Lappen ein-

Auch nach 24 Stunden darf noch kein Wasser fehlen.

oder zweimal nachwaschen. Mit **Lösungsmitteln** jedoch stets sehr vorsichtig und sparsam umgehen. Darauf verzichten kann man oft leider nicht. Auf entsprechende **Schutzkleidung** und viel frische Luft ist in jedem Fall zu achten. Sind nach 24 Stunden die Lösungsmittel verdunstet, sollte die **Fläche** für die nächsten Jahre dicht sein. Der **Röhrchentest** beweist es: Ein Plexiglasröhrchen auf einer Kreuzfuge mit elastischer **Knetmasse** befestigen und mit Wasser gefüllt oben abdichten.

ARBEITSMATERIAL

- Siloxanimprägnierung
- Lösungsmittel
- Epoxidharz
- Heißluftgebläse
- Gummiwischer
- Knetdichtmasse

Klinker befestigen und ausfugen

Können Pflanzen erst einmal Wurzeln treiben, entfaltet die Natur schnell ihre ganze Sprengkraft. Bereits den Anfängen wehren. Nach dem ersten Fugenmörtel lösen sich schnell ganze Platten.

Mit dem Wasserstrahl des Hochdruckreinigers sind Schmutz und Grünzeug schnell entfernt. In diesem **Bereich** zunächst nur den

Alten Mörtel stückweise aus den Fugen entfernen.

Fugenmörtel, mit altem Schraubendreher oder **Fliesenmeißel,** Stück für Stück lockern und herausbrechen. Sonst sperren sich die Klinkerplatten und werden beim Herausheben möglicherwei-

Mit dem Stoßspachtel die Platten vorsichtig herausheben.

se beschädigt. Sobald wenigstens zwei Fugen frei sind, läßt sich die Platte mit dem **Stoßspachtel** anheben.

Alten Mörtel entfernen

Loses oder poröses Material vom **Untergrund** ebenfalls bis auf festes Material herauslösen. Die Mörtelreste von den Klinkerplatten mit

Auch letzte noch haftende Mörtelreste völlig entfernen.

Hammer und Meißel entfernen. Dabei verhindert ein **Brett** als Unterlage Beschädigungen und Bruch. Bei noch festem, glattem und trockenem **Untergrund** (evtl. mit Heißluft trocknen) genügt es, die Klinkerplatte mit Zweikomponentenkleber oder Epoxidharzspachtel aufzukleben. Sonst den Untergrund, je nach Größe der **Hohlräume,** mit Baukleber oder Fertigmörtel auffüllen, und die Platten naß in naß ins **Kleberbett** legen.

Das bedeutet: Klinkerplatten naß machen, trockenes

Bei zerstörtem Untergrund das Bett ebenfalls erneuern.

Fliesenkleberpulver auf die nasse Mörtelfläche aufstreuen und die **Platten** auflegen. Oder eine dünne Kleberschlämme (-schlempe) aufbringen. Die läßt sich gleichmäßiger verteilen.

Fugen mit Epoxidharz-Spachtel zuverlässig verschließen.

Fugen ohne Schwächen

Durch hin und her bewegen die Platte auf das ursprüngliche **Niveau** drücken. Dabei soll der Mörtel schon zum Teil von unten in die Fuge steigen. Mit der **Schiene** des Anreißwinkels oder der **Wasserwaage** kontrollieren, ob die bisherige Ebene eingehalten wird.

Wenn die **Ursache** nur Pfusch war, genügt Fugenmörtel zum Ausfugen. Besonders belastete Flächen besser mit **Epoxidharzspachtel** ausfugen. Der ist absolut wasserdicht und elastischer als Mörtel. Epoxidharzspachtel füllt die offenen und überzieht, falls nötig in dünner **Schicht,**

Die Masse noch frisch mit viel Wasser glätten und abwaschen.

auch die alten Fugen völlig wasserdicht.

Überschüssige **Spachtelmasse** läßt sich am besten mit einem Scotch-Britt Haushaltsschwamm und Wasser abwaschen. Mit kreisenden **Bewegungen** die Oberfläche säubern, gleichzeitig die **Fugen** glätten und mit viel Wasser nachwaschen.

ARBEITSMATERIAL

- Baukleber
- Epoxidharzspachtel
- Fliesenhammer
- Fliesenmeißel
- Hammer
- Schraubendreher
- Stoßspachtel
- Mörtelkelle
- Schleifvliesschwamm

Profilschalung restaurieren

Es dauert zwar Jahrzehnte, bis eine ursprünglich fachgerecht behandelte Holzfassade einer Renovierung bedarf. Wenn es aber soweit ist, sollte man nicht am falschen Ende sparen.

Nur Holzschrauben aus Edelstahl leben länger als das Holz. Mit einem Bohrschrauber lassen sie sich besonders schnell verarbeiten.

Als Fassadenbekleidung ist Holz kaum dem **Angriff** von Mikroorganismen, Pilzen und Insekten ausgesetzt,

An der Wasserwaage läßt sich die genaue Linie kontrollieren.

sofern der konstruktive **Holzschutz** verwirklicht wurde, also das Holz so verbaut wurde, daß es immer ganz abtrocknen kann.

Wenn Profilbrettkrallen, Panelhaken oder auch Tackerklammern nicht aus **Edelstahl** sind, werden sie auf Dauer den Belastungen im **Außenbereich** nicht widerstehen. Die einzige **Befestigung,** die Profilbretter daran hindert, sich nicht durch Witterungseinflüsse zu verziehen, sind von der Oberfläche aus in die Unterlattung gedrehte **Schrauben** 3,5 x 35 bis max. 4,0 x 40 aus Edelstahl rostfrei. Eine Schraube je **Profilbrett,** 12 mm von der Kante an der Nutseite entfernt, genügt.

Massivholz als Fassade braucht Beweglichkeit

So bleibt dem **Brett** genügend Spielraum beim Ausdehnen und Schwinden. Denn es folgt durch Aufnahme und Abgabe von **Feuchtigkeit** den natürlichen Schwankungen der Luftfeuchte und kann sich so mit seiner Feder in der Nut im benachbarten Brett bewegen. Bei zwei Schrauben könnte das Brett reißen, und an Rissen kann die **Zerstörung** durch biologische Organismen beginnen. Zum **Beispiel** auch, wenn man die heute üblichen Kreuzschlitzschrauben ohne vorzubohren eindreht. Dann kann der Schraubenkopf die **Holzfläche** aufspalten. In dem Riß bleibt unter weniger günstigen Umständen **Feuchtigkeit** zurück. Damit

Durch das Schnellwechselfutter wird Vorbohren einfach.

haben Bakterien, Pilzsporen oder Insekten die notwendige **Lebensgrundlage,** können sich einnisten, wachsen und letztlich das Holz zerstören.

Deshalb die **Schraubenbohrungen** mit einem Spitzbohrer in genau waagerechter **Linie** markieren. Auch eine gespannte **Schnur** kann die gerade Linie bestimmen. Um 0,5 mm größer als der Schraubendurchmesser vorbohren genügt, damit sich der **Schraubenkopf** fachgerecht eindrehen läßt. In einer **Ebene** (bündig) mit der Holzoberfläche, ohne daß sich kleine Risse an der **Bohrung** bilden. Kreuzschlitzschrauben lassen sich ohne Rücksicht auf Schlitzstellung eindrehen. Die klassisch perfekte Art ist die **Befestigung** mit Längs-

Die korrekte Ausrichtung der Schlitze geht nur per Hand.

schlitzschrauben: Alle Schlitze sind akkurat in Richtung der **Holzmaserung** ausgerichtet.

Oberflächen widerstandsfähig behandeln

Zunächst sind trockener Schmutz und Spinnweben abzufegen. Dabei kann man gleichzeitig den **Zustand** der einzelnen Profilbretter und die **Befestigungen** kontrollieren. Die verwitterte Oberflächenschicht ist zwar nach **Jahrzehnten** nur noch dünn, stört jedoch neue Anstriche. Kleine Flächen lassen sich mit einer **Handbürste** schonend, aber nicht sehr wirksam bearbeiten. Mit **Schleifvlies,** als doppelseitige Pads oder auf den Schrubbies von 3M, kann man den Oberflächen schon wirkungsvoller zu Leibe rücken, auch ohne die Oberflächen gleich bis aufs rohe Holz durchzuschleifen. Mühevolle **Handarbeit** läßt sich vor allem jedoch durch rotierende Werkzeuge im Bohrmaschinenfutter vermeiden. Die Borsten einer **Rundbürste** erreichen auch gut die Flächen der tieferliegenden Schattennuten.

Bürsten sind zum Säubern wirkungsvoller als Schleifmittel.

Meistens genügt Auffrischen mit einem getönten Anstrich

Kann nach der **Vorbehandlung** der Farbton bleiben, genügt (bei ursprünglich ölhaltiger Lasur) ein satt aufgetragener **Anstrich** einer Imprägnierung oder einer

Mit der Schmalseite gelangt man gut in die Schattenfugen.

farblosen Holzschutzlasur „mit boiziden" Wirkstoffen gegen biologische Organismen, oder mit **Klarlasur** „ohne biozide" Wirkstoffe. Um den **Farbton** aufzufrischen, kann man farblose Mittel auch mit der passenden Farblasur abtönen. Oder farbige **Lasuren,** im gleichen oder dunkleren Farbton mit oder ohne Wirkstoffe verwenden.
Hell lasierte, stark verfärbte **Oberflächen** lassen sich nur dunkler lasieren oder mit deckenden **Holzfarben** wieder ansehnlich gestalten. Aber: Je dunkler der Farbton, desto größer die durch **Sonneneinstrahlung** belastenden Schwankungen der **Temperatur** im Holz.

Verwitterte Deckfarben und **Dickschichtlasuren** (Binde-

Lasur stets sparsam auftragen und kraftvoll verstreichen.

mittel Acryl- oder Alkydharze) weitgehend abschleifen oder abbeizen und nur mit dem gleichen **Anstrichmittel** auffrischen. Wählen Sie speziell für Massivholz geeignete **Anstriche.** Das Holz muß durch offene Poren die Möglichkeit behalten, je nach **Luftfeuchte** unbeschadet Feuchtigkeit aufzunehmen und abzugeben.

Als **Bindemittel** sollten möglichst **Naturöle** tief einziehen, die Farbpigmente (und Wirkstoffe) tief in die Oberfläche einbinden und damit die holzeigene **Widerstandsfähigkeit** unterstützen.

ÖKOTIP
Lasuren mit biologisch wirksamen Stoffen sollte man nur dort einsetzen, wo sich Belastungen von Mikrolebewesen, Pilzen oder Insekten nicht ausschließen lassen. Das ist an Fassaden nur selten der Fall. Die sind wirkungsvoller durch die Farbpigmente in den Lasuren und intensive Behandlung gegen Witterungseinflüsse zu schützen.

Für ölhaltige Lasuren nur Naturborsten verwenden

Beim Lasieren werden **Pinselspuren** durch die Holzmaserung unsichtbar. Bis zu 75 mm breite Flächenstreicher mit **Naturborsten** sind die richtigen Werkzeuge. Borsten nur 2 cm tief eintauchen, am **Dosenrand** abstreifen und den Pinsel je-

So wird sie in die Poren der Oberfläche eingebürstet.

weils möglichst trocken ausstreichen. So wird der **Lasurauftrag** gleichmäßiger. Pinselstiel und Hände bleiben sauber, auch wenn die **Borsten** beim Arbeiten nach oben zeigen. Und nicht vergessen: Farblasuren in kurzen **Abständen** aufrühren, weil sich die Farbpigmente schnell über dem **Boden** absetzen. Sonst kann es Farbtonunterschiede geben. Erst die **Schattenfugen** satt vorstreichen. Hier hält sich

Das Egalisieren ist dagegen mit leichter Hand auszuführen.

Feuchtigkeit länger. Für die Flächen gilt die **Standard-Arbeitsweise**: In Richtung der Holzmaserung auftragen – quer dazu verteilen – und wieder in **Maserrichtung** egalisieren.

EXTRATIP: Ein Streifen stabiles Klebeband über der Dosenöffnung ist eine sinnvolle Pinselablage für kurze Arbeitspausen. So bleibt auch der Dosenrand sauber, der sonst den Pinselstiel verschmutzt.

ARBEITSMATERIAL

- Bohrmaschine
- Wasserwaage
- Schraubendreher
- Bürsten
- Flächenstreicher
- Holzlasur

Balken sanieren

An von Fäulnis bedrohten Balken ist der Schaden oft größer als auf den ersten Blick erkennbar. Bevor das Holz gar nicht mehr zu retten ist, sollten die Balken umgehend saniert werden.

Bei regelmäßiger **Inspektion** solcher Bauteile lassen sich Schäden rechtzeitig erkennen. Zur **Kontrolle** abklopfen, und wenn es nur ein bißchen hohl klingt, die Oberfläche öffnen. Kann mehr als 50 % des **Balkenquerschnitts** ausgeräumt

Verrottetes Material bis ins gesunde Holz ausräumen.

werden, bleibt bei tragenden **Konstruktionsbalken** nur völliges, die Konstruktion und Statik erhaltendes **Auswechseln.** Nichttragende Balken lassen sich in solchen Fällen noch sanieren, wenn der **Hohlraum** im-

Absaugen der Späne hält die Sicht in den Hohlraum frei.

SICHERHEITSTIP

Auf einer Stehleiter kann man ohne gefährliche Verrenkungen hantieren. Der günstigste Abstand zum Arbeitsbereich läßt sich leicht wählen. Man kommt auch dem Balken nicht zu nah. Eine Anlegeleiter ist unten zusätzlich und zuverlässig gegen Wegrutschen zu sichern, wenn sie mit ihren Holmen den Anlagepunkt überragt.

prägniert und verstärkend ausgefüllt wird. Ölhaltige Holzschutz-Imprägnierung kann nur in trockenes **Holz** richtig einziehen, um die

Mit schmalem Strahl die Imprägnierung recht naß aufsprühen.

Wirkstoffe einzulagern und den Mikroorganismen den Appetit zu verderben. Deshalb den **Hohlraum** schützen, so daß er abtrocknen kann, dann imprägnieren und wieder trocknen lassen.

Durch geringe Mischmengen Hektik vermeiden

Hohlräume lassen sich mit einer Mischung aus härtba-

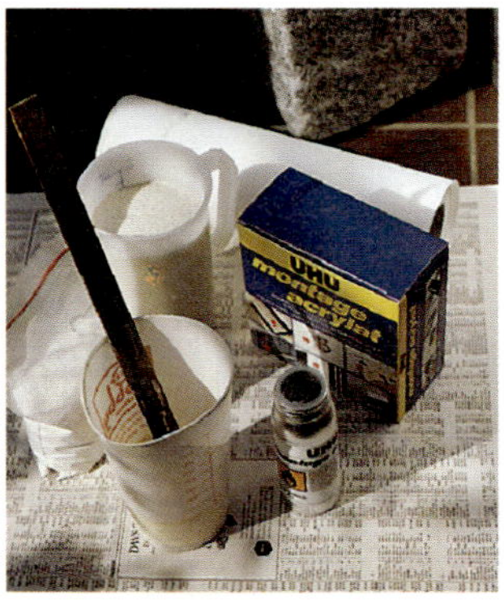

Gut vorbereitet kann die Verarbeitung ohne Stocken ablaufen.

ren **Kunstharzen** (Acryl-, Epoxid-, Polyesterharz) mit **Holzmehl oder Quarzsand** füllen. Die feste Verbindung zwischen Gemisch und Holz wirkt stabilisierend. Als **Füllstoff** ist Quarzsand fester.

Holzmehle im ausgehärteten Harz kann man anschließend immer noch bearbeiten. Einmalmischbecher (gewachste Pappbe-

Mit Füllstoffen die Fließfähigkeit einrichten.

cher) und Haushaltskrepp auf abgedeckter **Arbeitsfläche** vorbereiten, und die Verarbeitung probieren. Denn durch das **Mischen**

Die Mischung im Hohlraum verteilen.

der Komponenten wird eine chemische **Reaktion** in Gang gesetzt, die sich nicht mehr stoppen läßt. Für die Mischung von Harz, Härter und Füllstoffen die Mengen-

EXTRATIP: Kleine Risse gleich mit Reparaturspachtel füllen. Die helle Spachtelmasse für dunkel lasierte Oberflächen mit Trockenpigmenten, notfalls mit etwas Acrylatfarbe, abtönen.

angaben der jeweiligen **Verarbeitungsanleitung** korrekt beachten. Somit steht einem erfolgreichen Arbeitsablauf nichts mehr im Wege.

ARBEITSMATERIAL

- Hammer
- Stecheisen
- Kunstharz
- Füllstoff
- Mischbecher

Balken füllen

Wenn Hohlräume in Balken nur auszufüllen sind, ohne eine Stabilisierung zu verlangen, kann man das auch mit PU-Schaum machen. In vielen Fällen reicht das aus und geht, mit geringerem Aufwand, erheblich schneller.

Eine Sperrholzplatte verschließt das Stirnende.

Dazu kann man Bau- oder **Füllschaum** aus Spraydosen verwenden oder aus dem neuen Portionsbeutel. Dieser Schaum härtet wesentlich schneller bis in den **Kern** durch. Die gesamte **Menge** ist jedoch auf einmal zu verarbeiten. Frei aufgeschäumt ergibt der **Beutelinhalt** maximal 6 Liter. Ein allseitig geschlossener Hohlraum sollte nicht kleiner als 4 Liter sein, damit der **Schaumdruck** nicht den Hohlraum sprengt. In kleinere **Hohlräume** nur einen Teil der Menge einfüllen und für den Rest einen **Plastikbeutel** bereithalten. Zweikomponentenschaum hat, im Gegensatz zu einfachem **Bauschaum,** weitgehend geschlossene Schaumzellen, die sich im **Außenbereich** nicht mit Feuchtigkeit füllen können.

Für reibungslosen Arbeitsablauf sorgen

Perfekte **Vorbereitung** verlangt allerdings die höhere Geschwindigkeit der **Verarbeitung.** Bei etwas Übung ist sie jedoch auch noch gut zu bewältigen.
Um einen **Hohlraum** völlig mit Schaum zu füllen, ist er allseitig zu verschließen. Offene **Stirnflächen** an Balken zum Beispiel mit einer aufgeschraubten **Platte** abdichten. Für den Einfüllspalt

Beide Komponenten im Portionsbeutel vermischen.

ein **Deckbrett** vorbereiten. Falls erforderlich mit Randleisten, die dem **Balken**

Die chemische Reaktion treibt den Schaum aus dem Beutel.

auch in seitlicher Richtung Halt geben. Wo Schaum mit diesen **Hilfsschalungen** Kontakt bekommen könnte, ist Plastikfolie als **Trennschicht** notwendig. Denn in frischem Zustand klebt der Schaum auf allen **Flächen** und ist nur mit speziellem **PU-Reiniger** (oder Methylenchlorid) zu entfernen.
Vom ausgehärteten Schaum kann man die **Plastikfolie**

Plastikfolie trennt den Schaum vom Deckbrett.

jedoch problemlos abziehen. Das Deckbrett mit Schraubzwingen aufspan-

Der Schaum verteilt sich selbst im geschlossenen Hohlraum.

nen oder mit **Gewichten** (großformatige Mauersteine, Granitpflaster, Eisengewichte, Wasserkanister) beschweren.

Wärme erhöht die Reaktionsgeschwindigkeit

Die **Richtlinien** für die Verarbeitung der Portionsbeutel auf der **Verpackung** sehr

Überschüssige Reste mit langer Messerklinge abtrennen.

genau beachten. Den Schaum in dünnen **Strängen** möglichst gleichmäßig in den Hohlraum füllen. Bevor die Schaumstränge ganz aufgetrieben sind, müssen **Trennfolie und Deckbrett** montiert sein. Sonst quillt Schaum aus offenen Fugen. Grobe **Unebenheiten** auf der Balkenoberfläche lassen sich mit einer dünnen **Lage** Polyethylen-Schaum (Verpackungsmaterial) zwischen Folie und Brett ausgleichen. Unerwünschter **Schaum** läßt sich ausgehärtet jedoch auch noch mit einer langen **Messerklinge** mit Wellenschliff (Martor Styroporklinge) abtrennen. Das stört weiter nicht, weil **Schaumflächen** noch abzudecken sind.

ARBEITSMATERIAL

- Polyurethan-Schaum
- Bohrmaschine
- Plastikfolie
- Schraubzwingen
- Styroporklinge

Balken abdecken

Der Witterung ausgesetztes Holz muß auf waagerechten Oberflächen besondere Belastungen aushalten. Damit kein Wasser in Risse eindringen kann, sind diese Flächen mit witterungsbeständigem Material abzudecken.

Folie beim Zuschneiden gut mit dem Lineal festhalten.

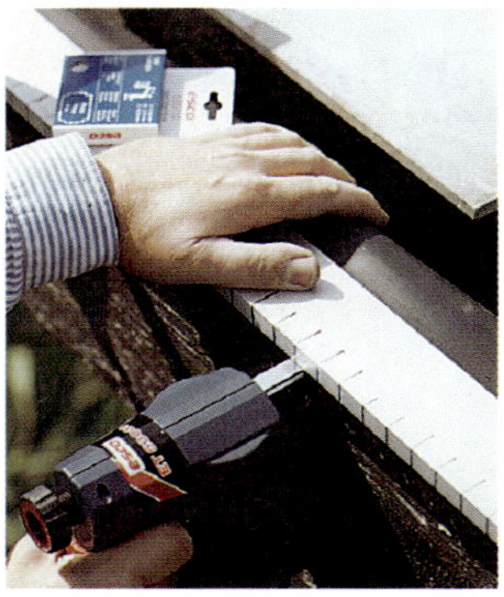

Klammern in einer Linie erlauben knapp beschnittene Ränder.

Genau bündig ist die richtige Position für die Klammern.

Herkömmliche **Abdeckungen** sind aus verzinktem Blech vom **Klempner** geformt und gelötet. Die lassen sich in **Eigenleistung** nicht so einfach herstellen. PVC-Dach- oder **Teichfolie,** mit nicht auswandernden Weichmachern oder gegen UV-Tageslicht stabilisiert, kann man dagegen leichter zu **Abdeckungen** verarbeiten. Abdeckflächen und -streifen lassen sich einfach mit einem **Universalmesser** an einem Metallineal zurichten. Um die Folie gut anfassen, spannen und antackern zu können, sollte sie ringsum wenigstens 3 cm **Zugabe** haben. Ein Streifen Holzfaserhartplatte ist eine gute **Schneidunterlage,** um die Messerklinge nicht allzuoft wechseln zu müssen. **Deckstreifen** für die Tackerklammern 15 mm breit zuschneiden.

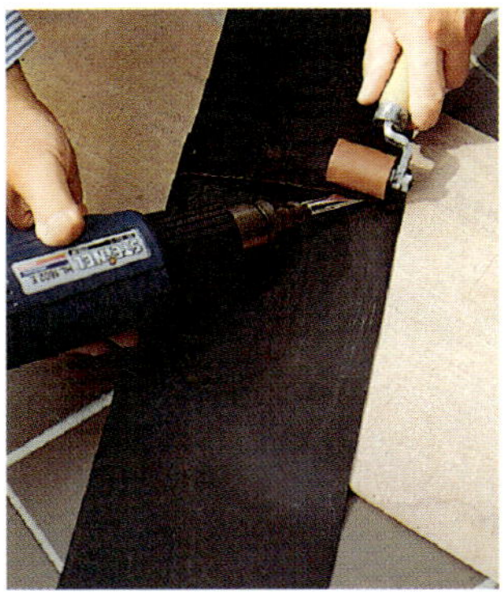

Die Heißluft soll sich zwischen den Folien stauen.

Heißluft ist umweltverträglicher als Quellschweißmittel

Kleinere **Folienreste** lassen sich mit Heißluft zu größeren **Stücken** zusammenschweißen. Mit der bis zu 400 Grad heißen **Luft** beide Folienoberflächen in der überlappend ausgerichteten **Naht** soweit anschmelzen, daß sie sich mit der **Siliconrolle** zusammengedrückt innig miteinander verbinden. Das kann man an der aus der Naht gequetschten plastischen **Folie** erkennen. Wenn man die ganz abgekühlte Naht auseinanderreißt, müssen sich die **Kontaktflächen** weißlich auseinanderschälen. Zum Aufkleben der Folie müßte man speziellen **Kontaktkleber** mit Härter verwenden, der jedoch nur für den gewerblichen Bereich zu bekommen ist. Deshalb sind im privaten **Bereich** Tackerklammern die sicherste Befestigung für Abdeckfolie.

Unter aufgeschweißten Deckstreifen kann nichts mehr rosten.

Tackerklammern in Reih und Glied plazieren

Da es aber keine **Edelstahlklammern** gibt und die üblichen verzinkten Klammern, der **Witterung** ausgesetzt, doch schnell rosten, muß man sie mit aufgeschweißten **Folienstreifen** abdecken. Das setzt voraus, daß die Klammern in einer Linie und in kurzen **Abständen** eingetrieben werden. An einem 15 mm hohen **Aluwinkelprofil,** auf dem 20 mm-Abstände gekennzeichnet sind, läßt sich die **Tackernase** führen.

Mit einem Elektrotacker kann man sich diese Arbeit wesentlich erleichtern. Die **Klammern** nicht zu tief eintreiben, weil sie sonst die **Folie** durchschlagen können. Nachträglich mit dem **Hammer** regulieren. Auf diese **Weise** können die aufzuschweißenden **Deckstreifen** schmal bleiben, und die Folienränder lassen sich exakt bei 20 mm **Randhöhe** beschneiden.

Das Winkelprofil bestimmt die gleichmäßige Höhe der Ränder.

ARBEITSMATERIAL

- PVC-Folie
- Universalmesser
- Schneidschiene
- Heißluftgebläse
- Siliconrolle
- Elektrotacker
- Tackerklammern
- Hammer
- Winkelprofile

Pflanzkasten anbringen

Blumenkästen sind nicht nur am Balkongitter oder vor Fenstern sehr schön. Auch direkt vor Fassadenflächen sind sie nicht nur reizvoll, sondern auch praktisch und leicht auf System-Trägern anzubringen.

Für Kästen, die sich mit ihren **Abmessungen** an die vorhandene Situation anpassen lassen, ist hochdruckimprägniertes **Gartenholz** (160 x 24 mm Kiefer) besonders wetterbeständig. Die Einzelteile sollten Sie möglichst durch **Edelstahlschrauben** miteinander verbinden. Durch einen geringen **Spalt** zwischen Rückwand und Frontbrett und dem Kastenboden kann überlaufendes **Wasser** ablaufen. Sie können die **Folienwanne** auch etwas höher zusammenschweißen und mit einem eingeklebten Röhrchen als **Überlauf** ausstatten. Durch die schwenk- und abnehmbaren System-Träger aus **Rundstahl** bleibt der Kasten leicht abnehmbar, um zum Beispiel mehrjährige **Pflanzen** am geeigneten Ort zu überwintern. Falls Sie lieber einzelne **Blumenkästen** in dem Holzkasten verwenden möchten, sollten Sie seine **Innenmaße** auf die Standardmaße 50, 60, 80 und 100 cm der Plastik-Balkonkästen abstimmen. Für die Bepflanzung ist Blähtonsubstrat besonders günstig.

Die **Montage** der Träger in Ringschrauben erlaubt **Korrekturen.** Sie können die Mauerdübel für die Ringschrauben so setzen, daß die Träger an der Spitze je nach **Kastengewicht** 3-5 mm über der Waagerechten stehen. Zu diesem Zweck zuerst die obere **Bohrung** mit eingehaktem Träger markieren, wobei der **Abstand** zwischen den Trägern etwa vier Fünftel der Kastenlänge betragen sollte. Für die 6 mm-**Führungsbohrungen,** den Abstand der Ringschrauben übereinander und genaues **Ausrichten** ist eine Bohrschablone sinnvoll. Die aufgebogene **Spitze** der Träger können Sie in Bohrungen in die **Kastenfront** einfügen. Das hält den Kasten mit Abstand vor der Wand, damit die Pflanzen nicht zu eng an der **Fassadenfläche** wachsen.

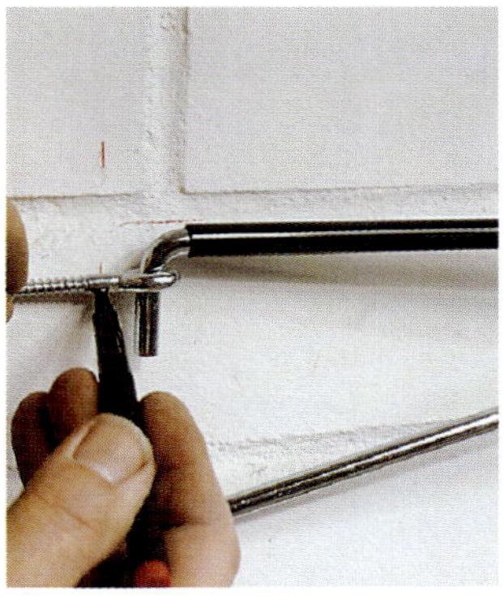

Abstand zwischen Bohrung und Oberkante Träger ermitteln.

HDI-Holzkasten, Lecadansubstrat, Träger, KS-Vollstein.

Bohrungen durch eine Schablone dienen der Genauigkeit.

Durch schwenkbare Träger den Abstand zur Wand regulieren.

Genau rechtwinkelige Bohrungen mit einer Maschinenführung.

EXTRATIP: In geeigneter Höhe angebracht, kann der Blumenkasten auch die Fassade vor unerwünschten Spuren (z. B. von Fahrrädern) schützen.

Dafür den Bohrlochmittelpunkt markieren und das **Loch** rechtwinkelig bohren.

ARBEITSMATERIAL

- Gartenholz
- Systemträger
- Bohrmaschine
- Bohrschablone
- Wasserwaage
- Blähton

Rankhilfen für grüne Fassaden anbringen

Sollen grüne oder blühende Pflanzen an der Hauswand emporranken, können sie das nur an geeigneten Hilfen. Komplette Systeme für diesen Zweck muß man suchen. Die herkömmlichen Methoden sind jedoch ohnehin einfacher.

Netze hängen straff gespannt, wenn man unten Mauersteine anbindet.

Zwei Grundregeln

Die **Werkstoffe** müssen der Belastung durch die Witterung auch über einen größeren Zeitraum standhalten können, und wenigstens 2,5 cm Abstand sollte zwischen Wand und Rankhilfe verbleiben.

Oben trägt ein Bambus-Stab auf Holzkonsolen das Netz.

Das Material

Der **Witterung** ausgesetzt, ist massives und gesundes **Nadelholz** im Vergleich zu verzinktem **Stahl** selbst dann noch sehr haltbar, wenn es unbehandelt bleibt. Im **Normalfall** genügt Fichte oder Kiefer (großflächige Unterlegscheiben verwenden), noch ausdauernder ist Lärche oder Red Cedar. Das **Holz** darf nur keinen Kontakt mit dem **Erdboden** haben und muß, naß geworden, immer wieder an allen Stellen gut trocknen können. Denn wo **Feuchtigkeit** fehlt, können weder Bakterien noch Pilze oder Algen wachsen und so das Holz zerstören. **Holzschutzanstriche** würden die Schlingpflanzen belasten.

Den Dübel nur bis zur 2 cm dicken Leiste einschlagen.

Sechs Systeme zur Wahl

Wollen Sie aus optischen Gründen nicht auf **Farbe** verzichten, sollten Sie in jedem Fall Lasuren oder deckende Farben ohne biozide **Beimischungen** (Naturölbasis oder wassergelöste Acrylfarben) verwenden. Draht und Schrauben aus galvanisch verzinktem **Stahl** können jahrelang halten, aber zum Teil schon nach **Monaten** rosten. Wenigstens alle Schrauben und Unterlegscheiben sollten aus **Edelstahl** rostfrei sein.

Dünne Leisten wenigstens alle 50 cm anschrauben.

Die Verfahren

Bohrungen für die **Befestigungsdübel** möglichst nicht in den Fugen anbringen, auch wenn es leichter erscheint. Das kann die Ursache für **Schäden** am Mauerwerk durch **Schlagregen und Frost** werden. Kunststoffdübel mit 6 mm Ø genügen, sofern der Dübel eng in das Loch paßt, die **Schraube** sorgfältig eingedreht wird und sich festziehen läßt. Befestigungsabstand für die **Traglatten** nicht über 75 cm, denn der Wind kann beträchtlich am **Rankenwerk** zerren.

Die Systeme

Netze: Als leicht veränderbare Rankhilfe, besonders

auch für einjährige, schlingende Nutz- oder Blütenpflanzen, eignen sich geknüpfte Polyester-Netze mit der **Maschenweite** 50 x 50 mm. Sie lassen sich an den

Nach außen versetzte Schrauben halten höhere Spannung aus.

Rändern straff spannen und sind witterungsbeständig. **Leisten**: Schmale Holzleisten, aus **Profilholz** zugeschnitten, sind besonders unauffällig und verursachen nur geringen **Aufwand.** Wenn Sie überlange Rahmendübel (6,0 x 70 mm) für die Befestigung verwenden, dient der **Dübelschaft** als Abstandhalter. **Spanndräh-**

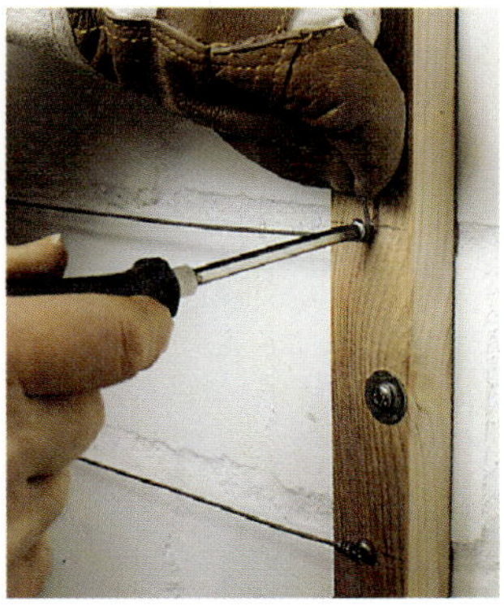

Um Drähte zu winden, Handschuhe tragen.

te: Für waagerechte Spanndrähte aus 2,0 mm dickem, verzinktem **Bindedraht,** montiert man zuerst Traglatten 40 x 28 mm. Die Befestigungsbohrung nach außen versetzt anordnen. Dann

PROFITIP

Die Gerüste sollten nicht so stabil sein, daß sie ungebetene Gäste zum Klettern verführen. Außerdem sollten Sie auch an die vielleicht ab und zu erforderliche Pflege der Fassadenfläche denken. Dafür lassen sich biegsame Pflanzen einschließlich stabiler Rankgerüste leichter entfernen, wenn die nur an zwei größeren Schrauben hängen.

kann die **Latte** die Zugkräfte besser aufnehmen. Die 4,0 x 30 mm Schrauben für die Spanndrähte lassen sich auf der **Werkbank** leichter montieren. **Drahtseile** lassen sich besser spannen, sind haltbarer und auch nicht ganz so glatt wie einfacher Bindedraht. Bei senkrechter

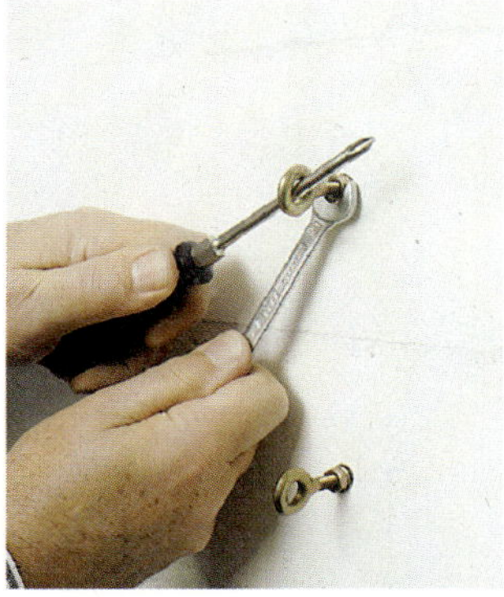

Die Gewindelänge reicht, um genügend Abstand einzustellen.

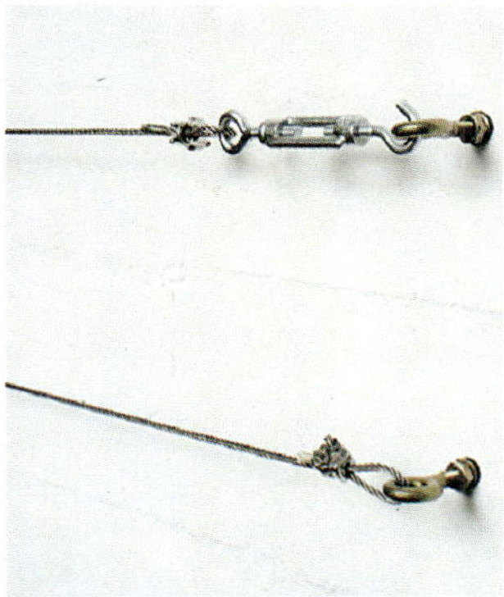

Ein Spannschloß zieht das Seil über 4 Ringschrauben straff.

Anordnung finden Ranken und Bindematerial mehr **Halt.** Die geschlossenen Ringösen von **Gerüstbefestigungen** aus Temperguß können sich im Gegensatz

Rost mit Stahldraht-Topfbürste im Winkelschleifer entfernen.

zu einfachen **Ringschrauben** nicht aufbiegen. Eine Fassadenbegrünung für viele Jahrzehnte verlangt nach Seilen mit Zubehör aus **Edelstahl.** In der Taklerei eines Yachtausrüsters konfektionieren lassen. Auf Dauer gesehen ist dieser **Aufwand** letztlich der preis-

Pulverbeschichtete Schraubhaken genügen als Träger.

werteste. **Gitter**: Simpel und trotzdem gut geeignet sind auf Haken gehängte **Bewehrungsmatten,** die sonst für Stahlbetonflächen verwendet werden. Das Entrosten und lackieren können Sie sich sparen, denn bereits nach kurzer **Zeit** wer-

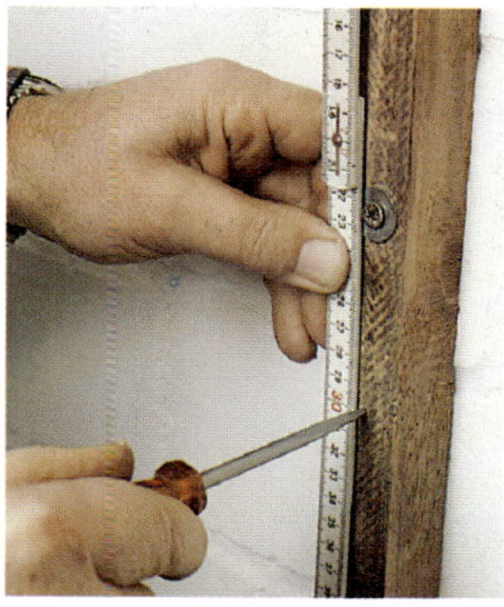

Erst die Latte am anderen Ende aufschrauben.

den sich wieder **Roststellen** zeigen. Für die Pflanzen hat Rost keine nennenswerten **Nachteile,** und bis der Stahl ganz weggerostet ist, dauert es Jahrzehnte. **Latten**: Einschublatten mit dem Querschnitt 48 x 18 mm sind das preiswerteste Holz und für rustikale **Rankgitter** bestens geeignet. Auf der rauhen **Oberfläche** können sich die Ranken leicht festklammern. In den **Traglat-**

Die Querlatte waagerecht am zweiten Ende befestigen.

ten von 35 x 25 mm finden die Schrauben, 5, 0 x 70 für die **Dübel** und 4,0 x 45 für die Latten, genügend Halt.

ARBEITSMATERIAL

- Hammer
- Schraubendreher
- Bohrschrauber
- Maulschlüssel
- Wasserwaage

Außenanlagen

Auch am und ums Haus gibt es eine Fülle von Arbeiten, die Sie erfolgreich und mit Spaß selbst durchführen können. Ob es um eine Neugestaltung geht oder um die Instandsetzung beschädigter Teile, unsere Ratschläge erleichtern Ihnen auch komplizierte Arbeiten.

Pfosten auswechseln

Werden Holzpfosten von Zäunen, Pergolen, Rankgerüsten und ähnlichen Anlagen morsch, bleibt nur das Auswechseln. Neue Pfosten sollte man dann so einsetzen, daß sie möglichst dauerhaft geschützt sind.

Bauteile aus Holz sind, in direkter Verbindung mit dem **Erdreich,** immer problematisch. Der bestmögliche **Holzschutz** ist die Imprägnierung mit zusätzlichen, konstruktiven **Schutzmaßnahmen.** Selbst hochdruckimprägnierte **Hölzer** sind

ÖKOTIP
Nichts hält ewig – und werden hochdruckimprägnierte Hölzer zu Abfall, sind sie wie Sondermüll zu behandeln. Durch die unlösbar in die Holzstruktur eingelagerten, aber hochgiftigen Metallsalze können beim Verbrennen Dioxine entstehen. Also keine Reste im Kamin verheizen. Das gilt auch für chromfrei, also minder giftig imprägnierte Hölzer.

zwar in der **Anwendung** unbedenklich, für die Schutzwirkung gelten jedoch auch **Einschränkungen.** Wichtig ist die Sorgfalt bei der **Vorbehandlung** und beim Imprägnieren, sowie auch die Qualität der Rohware Holz, was sich letztendlich in erheblichen **Preisunterschieden** zeigt.

Angriffsflächen vermeiden

Vor allem können aber auch **Risse** oder **Schnittflächen,** die erst nach der Imprägnierung entstehen, ungeschützte **Zonen** freilegen. Selbst wenn diese Stellen zusätzlich mit Holzschutzimprägnierung oder **Holzschutzlasur** behandelt werden, können bei ungünstigen Voraussetzungen **Mikroorganismen** das Bauteil von innen nach außen zersetzen. Diese **Organismen** leben vor allem in einer dünnen, oberen **Bodenschicht.** In magerem Sand weniger als in fetter Gartenerde. Dieser **Bereich** läßt sich an eingegrabenen **Pfosten** mit ca. 25 cm breiten Folienstreifen schützen. Dickere **Teichfolie,** 0,8 bis 1,2 mm dick, ist beim Einbau widerstandsfähiger gegen **Beschädigungen** mit Werkzeug oder Stampfer. Auch wenn **Pfosten** angespitzt gehandelt werden, genügt einschlagen nur in seltenen **Fällen.** Wenigstens ein Drittel der Gesamtlänge sind einzugraben, sollen die Pfosten noch **Spanndrähte** halten, dann bis zur Hälfte. Oder die Grube mit **Magerbeton** füllen. Dazu 5 Schaufeln Sand mit 1 Schaufel Zement mischen. Im **Normalfall** wird der ausgehobene Boden wieder eingefüllt. Dabei die **Senkrechte** mittels zweier Himmelsrichtungen kontrollieren, die im rechten **Winkel** liegen.

Die Schutzfolie soll 10 cm über der Erdoberfläche enden.

Das Lot hängt auf einem drehbar aufgeschraubten Leistchen.

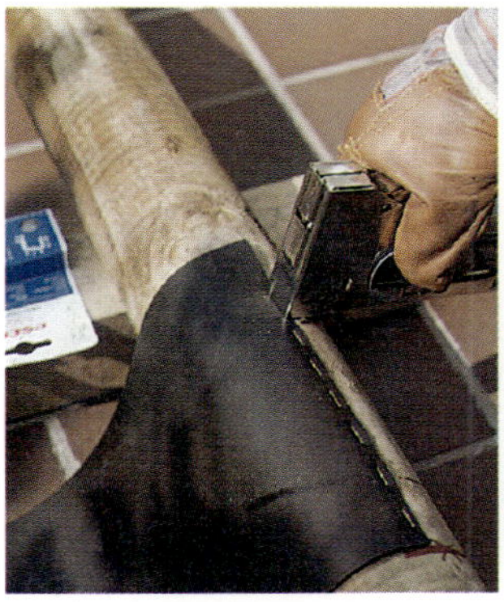

Die Folienstreifen erst an einer Kante festklammern.

Die Füllung in dünnen Lagen mit einem Kantholz verdichten.

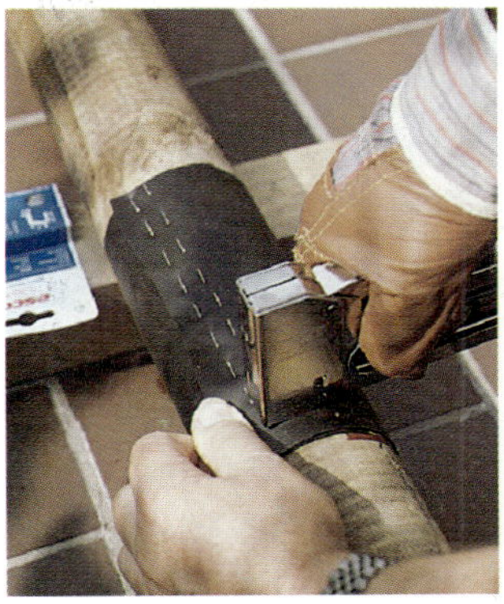

Anschließend straff um den Pfosten spannen.

Sauberer Sand als oberste Schicht hält Kleinlebewesen fern.

EXTRATIP: Sollten sich Risse im Pfosten zeigen, lassen die sich intensiv schützen, wenn man sie mit Imprägnierung oder Holzschutzlasur füllt. Das Holz soll sich damit möglichst vollsaugen.

ARBEITSMATERIAL
- Holzschutzlasur
- Filzstift
- Handtacker
- Kantholz
- Teichfolie
- Senklot

Gehölze erziehen

Entsprechend den Lichtverhältnissen wachsen Gehölze manchmal nicht nur in die Höhe, sondern auch unkontrolliert hinüber zum Nachbarn oder gar über öffentliche Verkehrswege hinaus.

Allzufest um den Stamm geschlungene **Bandagen** sind dabei zu vermeiden, denn

Die heiße Lötspitze trennt und verschweißt das Gurtgewebe.

sie könnten recht schnell einwachsen. Auf jeden Fall sollten sich die **Schlingen** so über und unter Ästen befinden, daß sie nicht wegrut-

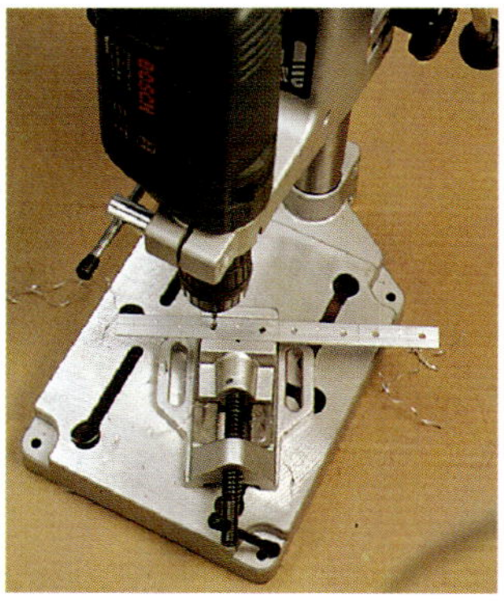

Beim Bohren in Metall, Maschine und Werkstück einspannen.

schen können. Die **Verankerung** an der Gegenseite geschieht am besten im unteren **Bereich** eines anderen Stammes, der in **Zugrichtung** etwa zwei Meter entfernt steht. Wo keine geeigneten Gehölze zur **Verfügung** stehen, kann man an dieser Stelle zum Beispiel einen mindestens 60 cm

Blindniete werden mit einer Spezialzange verarbeitet.

langen **Rundstahlstab,** 15 bis 20 mm im Durchmesser, schräg in den Boden treiben. Oder auch, wenn man dabei keine Wurzeln ver-

Mit der kleinen Ratsche erzielt man hohe Spannkräfte.

letzt, einen **Betonsockel** für Zaunpfähle eingraben.

Sicherheitsgurte helfen

Für die **Schlaufen** um die Stämme eignen sich ausgediente KFZ-**Sicherheitsgurte** vom Autoverwerter besonders gut. Sie sind breit genug, um nicht in das **Holz** einzuschneiden, und sehr witterungsbeständig. Für die **Verbindung** zwischen zwei Schlaufen genügt verzinkter Bindedraht mit 2 mm Durchmesser. Um ihn mit den Schlaufen zu verbinden, werden die **Gurtenden** mit Aluflachprofilen, Querschnitt etwa 20 x 4 mm, vernietet.

Die einzelnen **Profilabschnitte** zunächst auf einem längeren Stück anzeichnen und die **Nietlöcher** (4,2 mm) sowie die Löcher für den Draht (6mm Ø) bohren. Erst dann die **Einzelstücke** absägen, und die Schnittkanten mit der Feile entgraten.

Draht zum Spannen und Befestigen mit der Kombizange fassen.

Blindniete als Verbindung

Entweder zwei **Profilstücke** gegeneinander vernieten, oder auf der **Gegenseite** für die Blindniete passende **Nietscheiben** mit großem Durchmesser verwenden. Blindnietwerkzeug gibt es im **Set** mit unterschiedli-

So hindern Äste die Schlaufen am Wegrutschen.

chen Blindnieten und passenden Bohrern. Das **Loch** für den Draht im Gurtgewebe, mit der heißen **Lötspitze** durch die Bohrung im Flachprofil, öffnen. Sofern kein **Flaschenzug** vorhanden ist, läßt sich ein preisgünstiger **Zurrgurt** mit Spannratsche einsetzen, um die Gehölze annähernd in die gewünschte **Stellung** zu ziehen.
Der **Stamm** soll jedoch nicht auf einmal, sondern besser in mehreren **Etappen,** etwa in Monatsabständen, geradegerichtet werden. Das schont den **Baum** und belastet den Spanndraht weniger. Der wird durch die Bohrungen an den Schlaufenenden gezogen und mäßig gespannt verdrillt. Wickeln Sie die **Drahtenden** eng um den Draht, damit sich niemand verletzen kann.

ARBEITSMATERIAL

- Lötgerät
- Blindnietset
- Treviragurt
- Aluprofil
- Bohrmaschine im Ständer
- Zurrgurt
- Bindedraht
- Kombizange

Teichsandbett herstellen

Ein Gartenteich, und sei es nur ein kleiner, der Natur nachempfundener Tümpel mit gut sechs Quadratmeter Wasserfläche, bereichert jeden Garten – mit einer Pflanzen- und Tiervielfalt, auf die man jedoch warten muß.

Der menschliche **Einfluß** beschränkt sich dann auf die Grube mit der **Folienauskleidung,** Randgestaltung und Startbepflanzung. Danach genügt es, wenn Sie verhindern, daß der **Wasserspiegel** zu weit fällt. Ein Schauteich, mit stets klarem **Blick** bis auf den steinigen Grund, wird im

Für einige Kubikmeter Aushub ist eine Verwendung zu finden.

Prinzip genau so angelegt, nur mit größeren Maßen, mehr **Aufwand** und später mit sehr viel mehr **Pflege.**

Sand als Ausgleich

Nicht immer kann man ein möglichst tiefes **Loch** buddeln. Je nach Art des vorhandenen **Bodens** braucht man auch wieder ein bis zwei **Kubikmeter** gesiebten Grubensand, um einen glatten Untergrund, völlig frei von spitzen **Steinen,** für die Folie zu schaffen. Auf seit langem bebauten **Grundstücken** ist die Erdbewegung nur mit der **Schubkarre** möglich, falls man den Tümpel, wie in dem Beispiel, nicht direkt am **Kellermauerwerk** unter der Terrasse anschließen läßt und mit dem **Aushub** das Gelände sanft abfallend modelliert. Ob am **Mauerwerk** oder mitten im Gelände, ein umlaufender und genau waagerechter **Wall** ist für jeden Folienteich notwendig. Er läßt sich mit **Richt-**

Randhöhe von einem Pfosten im Mittelpunkt aus festlegen.

latte und Wasserwaage festlegen. Dadurch erreicht man einen gleichmäßigen **Überlauf** und damit ringsum eine feuchte Uferzone. Deren **Vegetation** läßt den Tümpel größer erscheinen und erlaubt einen sanften **Übergang** zum trockenen Gelände.

Teichzonen gestalten

Der **Teichgrund** sollte (je nach Temperaturregion) mindestens 80 cm unter diesem **Rand** liegen, damit Amphibien überwintern können. Je vielseitiger die ansteigenden Wände mit flacher Sumpfzone, Trittsteinen, Geröllkante oder **Ein-**

Bei warmem Wetter die dann weichere Folie auslegen.

fassungen zur Terrasse gestaltet sind, umso leichter wird sich die künstliche An-

Feldsteine im Betonbett als Brücke und für Tiere zum Sonnen.

lage in die vorhandene **Situation** einfügen, sofern sich die Art der sichtbaren **Gestaltungselemente** auf dem anschließenden Grundstück wiederfindet. Wenn Sie die **Teichfolie** als Plane bestellen, sollten Sie die genaue **Größe** erst nach der fertigen Grube festlegen. Mit zwei dicken **Bindfäden,** die man im rechten Winkel zueinander in der größten Länge und Breite auslegt. Mit einer selbst aus **Einzelbahnen** zusammengeschweißten Plane sind Sie wesentlich freier bei der **Gestaltung** der Form. Außerdem ist es wirtschaftlicher, weil Sie überflüssige **Stücke** leicht an anderer

Gewaschenes Geröll im dicken Klebemörtelbett verlegen.

Stelle ansetzen können. **Teichfolie** versprödet mit der Zeit, wenn sie ungeschützt dem **Tageslicht** ausgesetzt ist.

Die Art der Gestaltung soll den Tümpel nahtlos einfügen.

ARBEITSMATERIAL

- Grubensand
- Teichfolie
- Geröll
- Feldsteine
- Beton
- Klebemörtel
- Richtlatte
- Wasserwaage
- Heißluftgebläse

Teichfolie abdichten

Wenn die Teichfolie ein Leck bekommt, hat das meist äußere Ursachen. Ein Umstand, der hilft, die Leckstelle leichter zu finden.

Das Schleifvlies am Schwamm scheuert die Folie sauber.

Für eine **Notreparatur** muß man nur einen **Folienrest** und den geeigneten Kleber im Vorrat haben. Dann kann zwar eine Reparatur unter der **Wasseroberfläche** nur ein vorläufiger Notbehelf,

Mit dick aufgetragenem Kleber das Wasser verdrängen.

aber trotzdem wirkungsvoll sein. Auf ein **Pflaster** aus einem PVC-Folienrest einen universellen Plastkleber oder speziellen PVC-Kleber sehr dick auftragen. Sofort auf das zuvor vom **Algenbelag** gesäuberte Leck drücken. Der **Haushaltsschwamm** dient dabei als Druckpolster, mit dem man das Pflaster wenigstens eine **Minute** lang festhält.

Zwei Reparaturverfahren

Danach hat man jedenfalls soviel Zeit, sich für ein **Reparaturverfahren** zu entscheiden und das notwendige **Material** zu beschaffen. Denn für eine dauerhafte Abdichtung muß man einen

Klebeband hält ein improvisiertes Schwimmkissen.

Flicken entweder mit **Heißluft** aufschweißen oder im **Quellschweißverfahren** aufkleben. Beide Verfahren

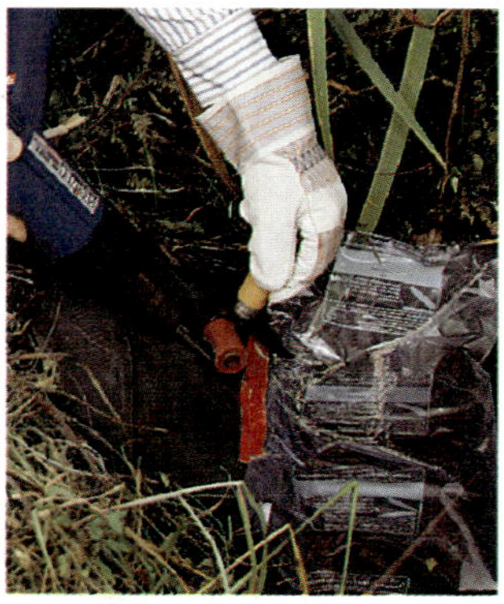

VORSICHT, das Elektrogerät sichern, es darf nicht ins Wasser fallen.

verlangen etwas **Übung,** und die sollten Sie sich besser durch einen Test auf dem **Trockenen** aneignen. Es setzt Heißluftgebläse, Silikon-Andruckrolle und eine faltenfreie Teichfolie voraus. **Quellschweißen** kann man nur mit einem relativ aggressiven Lösungsmittel, von dem die Weich-PVC-Oberfläche aufquillt. Wenn die aufgeweichten **Flächen** unmittelbar und mit Druck **Kontakt** bekommen, ver-

Quellschweißmittel anwenden erfordert etwas Übung.

bindet sich das PVC in dem Maß, wie das Lösungsmittel weiter in die **Folie** wandert. Dazu drückt man den Flikken mit einem **Sandpolster** paßgenau auf das Leck. Das **Quellschweißmittel** muß satt zwischen die Folien fließen können. Druckpolster und **Flicken** soweit anheben, daß man den breiten, mit Quellschweißmittel getränkten **Pinsel** dazwischenstecken und das Mittel einfließen lassen kann. Den Pinsel langsam herausziehen und gleichzeitig den Flicken mit dem **Polster** andrücken. Für beide Verfahren ist die **Teichfolie** sauber zu scheuern. Und sie muß trocken sein. Dazu den

Flüssigfolie kann den Flicken zusätzlich abdichten.

Wasserspiegel gut 10 cm unter das **Leck** absenken. Ein zugeschweißter Plastikbeutel als Schwimmkissen kann verhindern, daß etwas versinkt.

EXTRATIP: Ein Flicken muß rund sein, damit man nicht an spitzen Ecken hängen bleibt. Entweder mit Spezialstift kreisrund aufzeichnen, oder von einem Quadrat die Ecken zum Achteck und weiter zum Vieleck stutzen.

ARBEITSMATERIAL

- Haushaltsschwamm
- Folienrest
- Plastkleber
- Plastikbeutel
- Heißluftgebläse oder
- Quellschweißmittel
- Spezialpinsel
- Flüssigfolie

Miniteich auf Rollen bauen

Wenn für einen Teich kein Platz ist, lassen sich Wasserpflanzen auch im Kübel halten. Durch Lenkrollen beweglich, mal auf der Terrasse, mal im Haus oder auch in einem eingegrabenen Mörtelbottich.

Für den **Zuschnitt** genügt eine Elektrostichsäge. Denn die gewählte **Konstruktion** verträgt geringe Ungenauigkeiten und macht so die **Anfertigung** einfach. Bis auf den Sperrholzboden (44 x 44 x 1 cm) zur **Aussteifung**

Kräftige Farben stehen im bewußten Kontrast zu den Pflanzen.

und als Auflage für einen Foliensack sind alle Teile aus **Profilbrettern** 144 x 19 mm. Die Bretter für die Seitenteile sind 44 cm und für die **Stollen** 30 cm lang.

Zuschneiden

Für die Winkelstollen 60 und 41 mm breite **Streifen** zu Winkelprofilen verleimen, und anschließend die **Kanten** mit einem Sandplateschleifer abrunden. In jedem Fall für alle **Verbindungen** wasserfesten Fensterleim verwenden. Für das obere **Brett** der Seitenteile nur Feder und Schattennutfalz abtrennen. Die abgerundete **Kante** bleibt. Zwischen Leisten, die als **Schablone** auf eine Platte geschraubt wurden, lassen sich die **Brettstücke** und Winkelstollen einfach, aber genau miteinander verschrauben.

Anschließend zwei **Seitenteile** mit den restlichen **Brettstücken** zum Kasten verschrauben und als Träger für den Sperrholzboden **Leisten** einleimen. Die Kopfstücke auf den Winkelstollen sind aus zwei quadratischen **Zuschnitten** aufeinander geleimt.

Verleimte Winkelstollen lassen sich leichter abrunden.

Die Oberflächen zuerst mit **Primer** grundieren. Vor allem dann, wenn Reste verarbeitet werden, die schon vorbehandelt waren. Dann können sich weder auf farbiger noch auf weißer **Lackierung** Verfärbungen zeigen. Den möglichen **Wechsel** zwischen Regen und Trokkenheit im Haus kann **Acryllack** am besten aushalten. Um die **Pflanzen** leicht an den jeweils günstigsten Standort zu bringen, montiert man stabile **Gerätelenkrollen** unterm Kasten. So bleiben auch die unteren Enden der Winkelstollen 5 mm über der **Bodenfläche** und damit trocken.

Brettstücke mit den Stollen zu Seitenteilen verschrauben.

Bepflanzen

Als **Foliensack** entweder eine große Schutzhaube für den Transport von Polster-

Eingenagelte und geleimte Leisten tragen später den Boden.

möbeln aus **PE-Folie** verwenden. Besser noch ein 100 x 100 cm großes Stück dünne **Teichfolie** gefaltet in den Kasten tackern. Zum Bepflanzen **Gewächse** verwenden, die am Teich in der **Sumpfzone** wachsen: Pa-

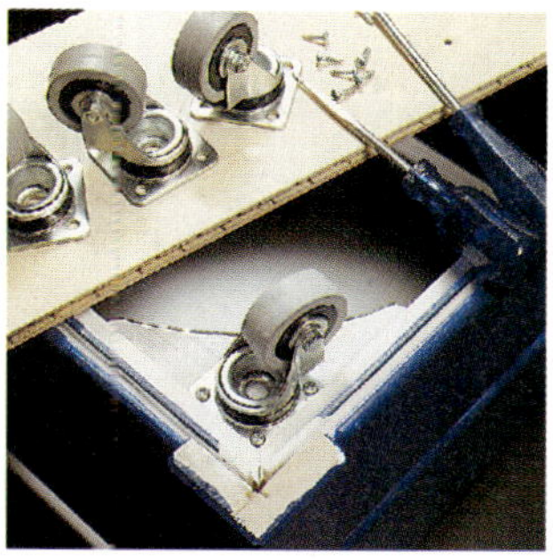

Möbel- oder Gerätelenkrollen machen den Kasten mobil.

pyrus, Zyperngras, Sumpfkalla, Blumenbinse oder

Teichfolie mit der oberen Holzkante bündig abschneiden.

Wasserfarn. Ein **Wasserstandsanzeiger** aus einem Hydrokultursystem erinnert, wenn **Wasser** nachzufüllen ist.

Sumpfpflanzen auf Resten von Hartschaumplatten arrangieren.

ARBEITSMATERIAL

- Profilholz-Restlängen
- Sperrholzboden
- Teichfolie
- Gerätelenkrollen
- Sandplateschleifer
- Elektrostichsäge

Verbundpflastersteine nivellieren

Mitunter sacken nur einzelne Pflastersteine oder Gehwegplatten ab. Ursachen gibt es viele: Unterspülungen, Ameisennester, Wühler. Man muß versuchen, die eng begrenzte Fläche wieder zu ebnen.

Man muß den Stampfer nur anheben, um die rund 10 Kilogramm Gewicht arbeiten zu lassen.

Auch wenn man dabei keinen Straßenbau betreiben kann gelten ähnliche

Reduzierstück mit Schmelzkleber auf der Fußplatte abdichten.

Grundsätze. Ein dauerhaft ebener Belag läßt sich nur auf verdichtetem **Untergrund** erstellen. Bei wenig belasteten **Flächen** genügt es, ein 10 x 10 cm **Kantholz** als Stampfer zu verwenden. Wo man auch mit dem PKW darüber fährt, muß man schon kräftiger verdichten. Dafür lohnt es sich dann schon, einen eigenen **Stampfer** anzufertigen, der durch sein eigenes **Gewicht** den Untergrund besser verdichten kann: mit einer 10 mm dicken **Stahlplatte** 10 x 10 cm als Fuß. Es gibt zwar auch im Handel **Fußplatten** mit Steindolle für Stützen, aber die sind nur selten vorrätig. Die hier verwendete **Einzelanfertigung** mit dem angeschweißten Anker hat als **Lehrlingsübung** beim Dorfschmied 10 Mark gekostet. Das ist preiswerter als ein **Fertigprodukt.** So besteht der Stampfer aus der Fußplatte und einem mit Beton gefüllten **Regenfallrohr** mit Reduzierstück 90 auf 70 mm. Die unterste, etwa 20 mm dicke **Schicht** der Füllung ist aus **Kunstharzbeton,** die Reduzierstück, Anker und Platte stabil miteinander verbindet. Den ein Meter langen **Schaft** erst einmal in bequemer Höhe für einen **Griffstab,** 300 x 30 mm Ø, durchbohren. Das läßt sich auch mit einem preiswerten **Flachfräsbohrer** erledigen, falls kein entsprechender Kunst-, Forstnerbohrer oder ein Satz Lochsägen vorhanden ist. Die **Bohrlochmittelpunkte** im Abstand von 118 mm (Außen-

Nur wenig Beton zum Verdichten in das Rohr füllen.

durchmesser 75 mm) auf einer rechtwinkelig zur Mittelachse liegenden **Linie** (siehe Extratip) markieren. Diesen **Abstand** können Sie auch gleich auf der **Manschettenkante** kennzeichnen und dann übertragen.

Schmelzkleber verbindet Rohr und Reduzierstück

Für die rund 4 Liter **Füllung** zunächst erdfeuchten Sand mit 1/3 Zement trocken mischen und nach und nach nur wenig Wasser zugeben. Die **Mischung** soll steif bleiben und darf nicht von der **Kelle** fließen, weil sie sich sonst im Rohr nur schlecht verdichten läßt. Jeweils nur

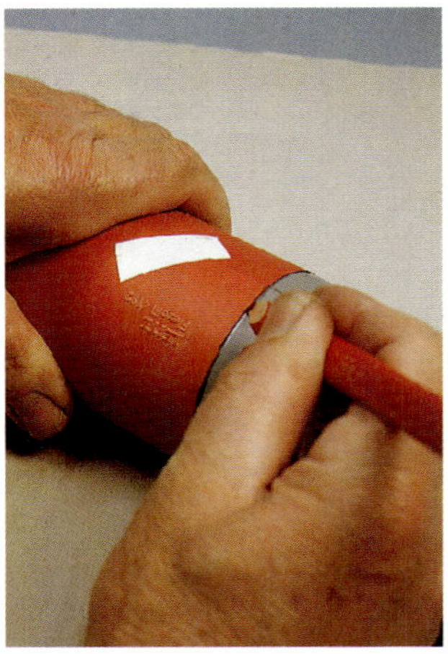

EXTRATIP: Eine Manschette aus steifem Plastik oder Karton straff so um ein Rohr legen, daß eine gerade Längskante an der Überlappung genau übereinander liegt. Diese Kante bezeichnet eine Linie im rechten Winkel zur Längsachse. An dieser Linie läßt sich zum Beispiel das Rohr genau rechtwinkelig absägen.

eine **Schaufel** voll einfüllen und durch Aufstampfen verdichten, bis die **Betonoberfläche** vom Wasser glänzend wird. Erst wenn die **Griffbohrungen** erreicht sind, den Griff einstecken und das Rohr bis oben füllen.

Der Dübeltrick

Zunächst muß man jedoch erst einmal an den **Untergrund** herankommen. Vom

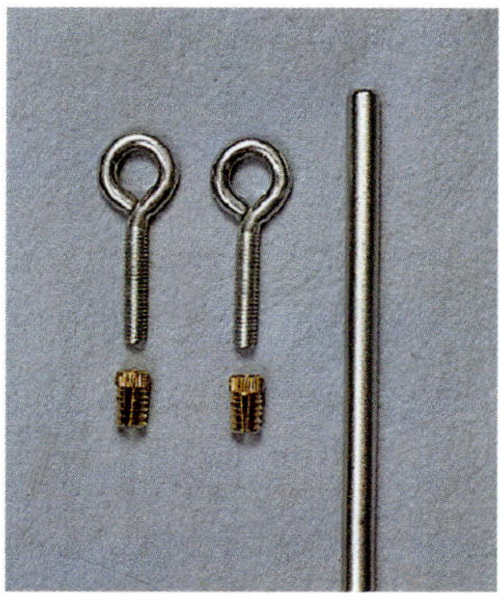

Ösenschrauben und Messingdübel M6, Stahlstab 8 mm Ø.

Rand aus ist es relativ einfach, Begrenzungsteine, **Pflaster** oder **Gehwegplatten** aufzunehmen. Um inmitten einer gepflasterten **Fläche** als Anfang einen

Wechselseitig anheben, um den Stein herauszubekommen.

einzelnen **Pflasterstein** herauszubekommen, bleibt meistens nur eine Möglichkeit: die **Oberfläche** symmetrisch anbohren und zwei **Ösenschrauben** in Messingdübeln montieren. Bei sehr eng aneinander verlegten **Gehwegplatten** muß man die Dübel eventuell sogar an allen vier Ecken montieren. Die **Platte** zu zweit gleichmäßig anhebeln, damit sie nicht verkanten kann.

Bohrer kühlen

Die **Messingdübel** sind nur 11 oder 14 mm lang und können, ohne besonders aufzufallen, im **Stein** verbleiben. Für Dübel mit Metallgewinde M6 genügt eine 8 mm-**Bohrung,** die auch in hartem **Verbundpflasterstein** für einen mittleren Schlagbohrer kein Problem ist. Trotzdem ist es nicht falsch, die **Bohrerspitze** mit Wasser zu kühlen. Die Ösenschrauben lassen sich

Die Fläche von wenigstens zehn Steinen freimachen.

mit einer **Stahlstange** verbinden, um daran den ersten Stein mit **Stäben auf einer Latte** herauszuhebeln. Die angrenzenden Steine kann man dann leicht mit einer **Maurerkelle** oder Pflanzschaufel herausheben.

Beim Mischen den Sand stets von außen zur Mitte hin häufeln.

Pflastersteine einbetten

Ein aufgeschraubter Brettabschnitt ragt genau um **Steindicke minus 5 mm** nach unten. Durch Zickzackbewegungen ebnet das Brett den **Untergrund.** Auf Fehlstellen weitere Mi-

Mit der Lehre entsteht ein ebener Untergrund.

schung verteilen. Darauf achten, daß in **Ecken und Kanten** angesammeltes Füllmaterial wieder auf der Fläche verteilt wird.

Jetzt sollten die **Steine** noch 5 Millimeter höher lie-

Verbundpflastersteine nur auflegen.

gen als die übrige **Fläche.** Die werden mit dem Stampfer oder einem **Kantholz** 5 mm tiefer in den Untergrund eingebettet, so daß die gesamte Fläche wieder eine Ebene bildet. **Bitte beachten:** Großflächige Gehwegplatten gleich auf endgültigem Niveau einbauen. Zum **Abschluß** können Sie noch Sand mit einem **Besen**

Den Sand für die Fugen auf der Fläche verteilen.

auf der Fläche verteilen und mit dünnem **Wasserstrahl** einschwemmen. Das Einschwemmen können Sie aber auch dem **Regen** überlassen.

EXTRATIP: Wenn's denn unbedingt sein muß, lassen sich Pflanzen aus Fugen auch mit Heißluft nachhaltig tilgen. Grünes Kraut muß jedoch einschließlich Wurzelansatz abbrennen. Das verlangt wenig Anstrengung, und die Erde bleibt wenigstens frei von Chemikalien. Neue Samen werden jedoch immer wieder nachkeimen.

ARBEITSMATERIAL

- Heißklebepistole
- Bohrmaschine
- Pflanzschaufel
- Ösenschrauben
- Messingdübel M6
- Maurerkelle
- Stampfer
- Zement
- Grubensand

Gelände naturnah neu gestalten

Wer etwas mehr Natur als eine topfebene, pflegeleichte Rasenfläche um sein Haus haben möchte, muß nicht unbedingt ein Grundstück mit altem Baumbestand sein Eigen nennen.

Man kann auch innerhalb weniger Jahre ein **Einzelhausgrundstück** der Natur nähern, wenn man **Beispiele** aus der natürlichen Umgebung übernimmt. Das beginnt bei der **Geländeform** und hört bei heimischen **Heckenpflanzen** noch lange nicht auf. Ebene Flächen findet man nur selten in der **Natur.** Schon ein niedriger Wall als **Begrenzung** bringt etwas Bewegung in die Fläche. Leitet den **Blick** weiter - meistens ja leider nur bis zu Nachbars Hauswand – und versteckt unschöne **Zäune,** ohne die es nun manchmal wirklich nicht geht. Inmitten fertiger **Bebauung** ist es allerdings sehr aufwendig, das Gelände umzuformen, falls mehr **Boden** notwendig ist.

Nach 4 Jahren läßt sich eine deutliche Wandlung erkennen.

Pflanzen aus dem Haus passen im Sommer harmonisch ins Gesamtbild.

Selbst viel Heckenschnitt findet Platz unter den Himbeeren.

Nur die niedrigen Wälle an den Seiten sind schon da.

Boden für die Gartenwiese intensiv mit Motorhacke bearbeiten.

Stümpfe und Stämme der Grenzfichten wurden zum Naturzaun.

Die Natur als Vorbild

Aber schon ein paar abgestufte **Bereiche,** Böschungen oder Kuhlen mit geringem **Höhenunterschied,** zum Beispiel mit dem Aushub für einen **Teich** aufgeschüttet, verändern eine ebene Fläche beträchtlich. Die **Umrisse** neuer Formen aber nicht geometrisch exakt modellieren, denn das gibt es in der **Natur** auch nicht. Als Basis für eine **Gartenwiese** ist eine ehemalige Rasenfläche nicht ideal. Man muß sich damit abfinden, daß es auch gepflanzte **Wildblumen** und Stauden aus der Umgebung schwer haben, sich gegen die **Gräser** durchzusetzen. Den angeblichen Wildblumensaaten geht es erst recht so.

Mit Geduld zur Blumenwiese

Oder die gesamte **Fläche** schwarz machen, das heißt frei von Pflanzen und Wurzeln, und neu nur wilde **Blütenpflanzen** und Kräuter säen und pflanzen. Dafür aber nur **Arten** aus der heimischen Flora verwenden. Vorzugsweise geschützte **Pflanzen** aus gekaufter **Saat** ansiedeln. Die Gräser kommen von allein wieder und wachsen auf dem nährstoffreichen **Boden** ohnehin besser als alles andere.

EXTRATIP: Für Steigung und Gefälle und auch als Mulchmäher sind Luftkissengeräte ideal. Beim Mähen kreuz und quer auf den Fangkorb verzichten.

ARBEITSMATERIAL

- Motorhacke
- Grabgabel
- Spaten
- Sichel
- Baumschere

Grasschnitt recyceln

Grundstücksbesitzer mit Nutzgarten, Blumenbeeten, Gehölz- und Beerenhecken haben wenig Probleme, geschnittenes Gras von Rasenflächen oder Gartenwiese unterzubringen. Im Gegenteil, es gibt selten genug davon.

Der **Rasenschnitt** bleibt ohnehin gleich als Mulch liegen. Er ist bis zum nächsten **Mähtermin** längst gewelkt und verschwunden. Aber auch gesammeltes **Schnitt-**

Auf einer sichtgeschützten Fläche kann Rasenschnitt trocknen.

gut läßt sich sinnvoll verwenden oder für eine weitere **Verwendung** aufbereiten. Denn die bequemste Verwertung von Rasenschnitt ist eine **Mulchschicht** über Erdoberflächen. Gleich nach dem **Mähen** dort verteilt, trocknen die Halme schnell und werden nach und nach zu **Humus,** dem natürlichen

Dafür das Gras ausbreiten und häufig wenden.

ÖKOTIP
Grasschnitt ist wertvolle Biomasse, zu schade, um ihn in den nächsten Graben zu kippen. Schließlich stecken im Gras die Nährstoffe, die es zum Wachsen dem Boden entzogen hat. Dort sollten sie auch wieder hin, um den biologischen Kreislauf zu schließen. Auf kultiviertem Land sollte der Mensch der Natur helfen, diesen Kreislauf zu erhalten.

Speicher von Nährstoffen für Pflanzen.

Heu wird schnell zu Kompost

Auch auf abgesonderter Fläche läßt sich Gras zu **Heu** trocknen. Fast trocken

Im Thermokomposter werden auch frische Abfälle recycelt.

kann Grasschnitt in einen **Kompostbehälter.** Der funktioniert aber nur zufriedenstellend, wenn er nicht als Abfallbehälter, sondern als **Verwertungsprinzip,** mit entsprechendem Pflegeaufwand, verstanden wird.

Ganz besonders effektiv arbeitet so ein biologisches **Recyclingsystem** in einem wärmegedämmten, gut mit Kompostwürmern durchsetztem **Thermokompo-**

Frisches Schnittgut dünn und locker verteilen.

ster. Wenn die Lebewesen in so einem **Behälter** gleichmäßig gefüttert werden, verarbeiten sie sogar frischen **Rasenschnitt** in kurzer Zeit zu hochwertiger Wurmkomposterde.

Etwas **Einfühlungsvermögen** in die Zusammenhänge und **Geduld** muß man aber

Ein dickes Mulchpolster unter Ziergehölzen.

aufbringen, bis dieser **Prozeß** richtig läuft. Grasschnitt von der **Gartenwiese** fällt

Auf einer dreibeinigen Heinze bleibt das Heu bis zum Frühjahr.

nur ein- oder zweimal im Jahr an und kann auf der gemähten Fläche gut zu **Heu** trocknen. Das wird dann gleich als **Mulch-**

EXTRATIP: Am Elektromäher ist das Kabel manchmal im Weg. Gerät es ins Messer, ist Personenschutz über einen Steckdosenverteiler mit Fehlerstrom-Schutzschalter nicht zu unterschätzen.

schicht verteilt oder auf einer dreibeinigen **Heuheinze** gelagert.

ARBEITSMATERIAL

- Mähgerät
- Heugabel
- Heurechen
- Kompostbehälter
- Thermokomposter
- Dreibeinheinze

Palisadeneinfassung wiederherrichten

Wenn man Pflanzenbeete mit Palisaden einfassen will, müssen diese sehr korrekt und fachgerecht eingegraben werden. Sonst können solche Einfassungen schon nach wenigen Jahren krumm und schief aussehen.

Kräftige Schraubzwingen drücken die Palisaden gerade.

Zuerst die Palisaden zwischen einer etwa 55 x 30

Für die Schrauben muß noch gesundes Holz vorhanden sein.

mm dicken **Latte** und dem 90 x 21 mm-**Deckbrett**

So erhalten Sie einen exakten Gehrungsschnitt.

An abgerundeten Schnittkanten kann sich niemand verletzen.

einspannen, damit sie wieder in Reih und Glied stehen. Ausreichend stabile **Schraubzwingen** sind dazu allerdings Voraussetzung.

Lange Schrauben halten besser

Anschließend wird jede einzelne **Palisade** mit einer 60 bis 70 mm langen **Schraube** befestigt. Schraublöcher in der Latte vorbohren, damit die Schraube die Palisade an die **Latte** ziehen kann. Damit die **Deckbretter** die ganze Einfassung wie ein **Rahmen** umschließen, sollten sie an den Ecken schräg (auf Gehrung) zugeschnitten aneinanderstoßen.

Einen exakt passenden **Gehrungsschnitt** erhalten Sie, wenn Sie die Bretter in der endgültigen **Position** aufeinanderlegen, zusammenspannen und gleichzeitig durchsägen. Das paßt auch, wenn die **Ecken** keinen genau rechten Winkel von 90 Grad bilden. Wo sich Vorder- und Hinterkanten kreuzen, sind die **Ansatzpunkte** für den Fuchsschwanz.

Damit die **Außenecken** nicht gar zu spitz ausfallen, kann man sie um einige Zentimeter kappen. Um unter anderem auch ein gefälliges **Aussehen** zu erreichen, werden die Kanten abgerundet.

EXTRATIP: Falls Sie Nacktschnecken von den Pflanzen innerhalb der Einfassung fernhalten wollen, sollten Sie unter dem Deckbrett einen Teichfolienstreifen einbauen. Wenn er die Palisaden um mindestens 2 cm überragt und sich leicht nach unten biegt, können Schnecken diese Barriere nicht überwinden.

Schnittflächen zusätzlich schützen

Denn die **Deckbretter** sollen sowieso nicht dicht aneinanderstoßen, damit auch die **Hirnkanten** immer wieder abtrocknen können. Die Schnittkanten sind satt mit Holzschutzimprägnierung oder -lasur zu tränken. Zu-

Schnittflächen mit mehrfachem Anstrich imprägnieren.

letzt werden die **Deckbretter** auf die an den Innenflächen der Palisaden befestigte Latte geschraubt. Verwenden Sie möglichst **Edelstahlschrauben.** Nur galvanisch verzinkte Schrauben können eher verrosten als hochdruckimprägniertes **Gartenholz** zerfällt.

In einem vorgebohrten Loch halten Holzschrauben besser.

ARBEITSMATERIAL

- Schraubzwingen
- Bohrschrauber
- Edelstahlschrauben
- Fuchsschwanz
- Schleifer
- Holzschutzlasur

Gartenschlauch abdichten

Bandagen mit Klebeband oder Schnur sind meistens nur wenig haltbar. Selbst Knetdichtmasse, unter einem Folienstück mit dünner Perlonkordel bandagiert, hält dem Wasserdruck aus einem kleinen Loch nicht lange stand.

In der Materialrestesammlung finden sich immer irgendwelche rohrartigen **Gebilde,** die in den Schlauch

Ein mittels Heißluft erwärmter Schlauch läßt sich in glattem Schnitt trennen.

passen. Ob Lötfittings, Gewindemuffen, Alu- oder Kunststoffröhrchen oder ähnliches, irgend etwas wird sich eignen, um mit **Bordmitteln** wirkungsvoll zu improvisieren.

Drahtverbindung

Zum **Beispiel** paßt der 5 cm lange Schaft von einem langen 14 mm-**Kunststoffdübel** korrekt in einen 3/8-Zoll-Schlauch. Verzinkter **Bindedraht** mit 2 Millimeter Durchmesser ist ebenfalls ein unentbehrliches **Hilfsmittel** im Gartenbereich. Fehlt als Werkzeug noch das scharfe **Messer,** um den Schlauch an der Leckstelle zu trennen. Das geht natürlich leichter, wenn man den Schlauch im warmen **Wasser** etwas weicher machen kann. Ganz komfortabel und vor allem trocken, erledigt man das allerdings mit dem **Heißluftgebläse.** Besonders dann, wenn es gilt, die Schlauchenden über das **Röhrchen** zu schieben. Auch um das eine Ende mit einer verdrillten **Drahtschlinge** eng um das Röhrchen zu zwingen. Die Schlin-

Über dem Verbindungsröhrchen wird er zusammengeschoben.

ge soll sich dabei ruhig etwas in den weichen Kunststoff eindrücken. Doch wird der Draht nicht etwa abgezwickt, sondern zu einer

Der Draht kann sich in die weiche Oberfläche drücken.

längeren **Brücke** verdrillt, die bis zum gegenüberliegenden **Schlauchende**

So hält der Draht beide Enden sicher zusammen.

reicht. Und dort wiederum um den Schlauch geschlungen, 2 **Windungen** verdrillt, abgezwickt und die Drahtenden mit der **Feile** gerundet. Das Ganze ergibt eine nur wenig dickere **Stelle** im Schlauch.

Kautschukmanschette

Einen modernen **Flachgewebeschlauch** kann man dagegen auch nur mit einer

Um knappe Schlauchesbreite soll sich das Gewebe überlappen.

modernen **Methode** sanieren, wozu die Leckstelle auf dem nassen Schlauch mit **Kopierstift** zu markieren ist. Auf dem notwendigerweise trockenen **Schlauch** ist sie sonst nicht wiederzufinden. Er wird in eine **Schicht** aus Siliconkautschuk und feinem Perlondrahtgewebe eingebettet. Ihm sind ringsum ein paar **Drähtchen** auszuzupfen, was weiche Übergänge zum Ergebnis hat. Alles zusammen eng und ohne **Falten** in schwarze PE-Folie einwickeln, und anschließend die Siliconmasse unter der Folie zu einer gleichdicken **Schicht** verstreichen. Das gelingt am besten, wenn man die Enden vom **Folienwickel** mit kleinen Schraubzwingen auf ein Brettchen klemmt.

EXTRATIP: Sogenannte Reparatoren können nicht nur Schläuche an Schadstellen verbinden. An ihnen lassen sich auch Ösen aus Bindedraht anlegen, die den Schlauch auf dem Weg nach oben an der gewünschten Position halten.

ARBEITSMATERIAL

- Verbindungsröhrchen
- Bindedraht
- Siliconkautschuk
- Perlondrahtgewebe
- Schwarzfolie
- Heißluftgebläse
- Cuttermesser
- Kombizange
- Druckpistole

Schlauchwaage fachgerecht improvisieren

Fast alles, was der Mensch baut, befriedigt nur, wenn senkrechte Konturen im Lot und horizontale Begrenzungen auch wirklich waagerecht sind. Mit dem Augenmaß allein ist das nicht zu kontrollieren.

Viel genauer läßt sich eine Waagerechte mit Hilfe eines **Wasserspiegels** kontrollieren. Es genügt, wenn sich

Nur wenig Kleber fixiert zunächst die Teile miteinander.

das Wasser in einem **Schlauch** befindet, denn es bildet immer eine waagerechte **Oberfläche.** Nur muß man diese Oberfläche auch erkennen können. Das heißt der Schlauch muß wenigstens an den Enden durchsichtig sein, um auch als sogenannte **Schlauchwaage** zu dienen. Dafür eignet sich jeder Gartenschlauch, wenn man an beiden Enden durchsichtige **Röhren** aus Plexiglas anschließt. Die gesamte Schlauchlänge spielt dabei keine **Rolle.** Höchstens sein Gewicht, wenn man ihn gefüllt transportieren muß.

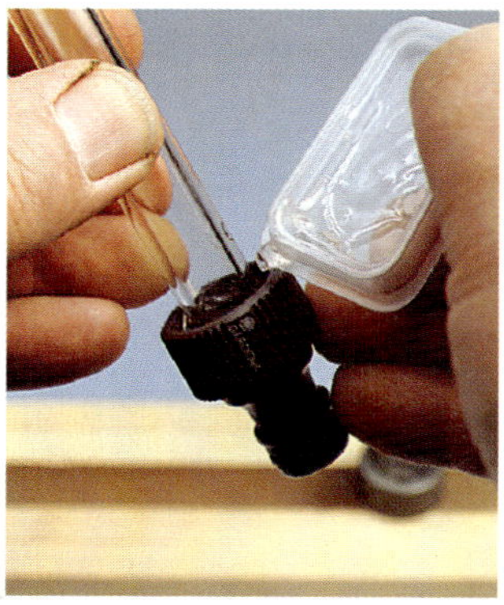

Eine zweite Mischung füllt den Raum zwischen Rand und Rohr.

Systemteile in neuer Funktion

Zwei zum **Schlauchsystem** passende Anschlußstücke für Wasserhähne und zwei mindestens 15 cm lange Röhrchen, 10-15 mm Durchmesser, genügen. Diese Art bekommt man

Füllen aus der Wasserleitung vermeidet Luftblasen.

leicht beim **Plexiglasverarbeiter** (Stichwort in den Gelben Seiten) aus der **Restekiste.** Die Röhrchen sind natürlich wasserdicht mit den **Hahnanschlußstücken** zu verbinden. Das ist mit schnell abbindendem **Epoxidharzkleber** leicht erreicht. Bereits nach 2 Minuten ist jede Klebermischung fest. Dazu sollten die **Rohre** wenigstens an einem Ende

Ein Tropfen Speisefarbe und das Wasser ist besser erkennbar.

genau winkelrecht abgesägt sein, und die Anschlußstücke auf zwei **Leisten** sicher und gerade liegen. Zuvor jedoch die Dichtungen aus den Anschlußstücken entfernen. Wenn der Schlauch dann mit **Wasser** gefüllt ist, sollte man die Anschlußstücke

Die Markierung liegt waagerecht zu einem entfernten Punkt.

immer gleichhoch halten, damit kein Wasser verschüttet wird. Man kann auch die Röhrchen zur Sicherheit beim Transport mit **Korken** verschließen. Zum Auswiegen der Waagerechten muß man sie allerdings abnehmen. Sonst verfälscht die Luft über der **Wassersäule** das Ergebnis. Aus dem gleichen Grund dürfen sich auch keine **Luftblasen** im Schlauch befinden.

Luftblasen ausschließen

Darauf ist zu achten, wenn man den **Schlauch** aus einer **Blumengießkanne** nachfüllen muß, damit der Wasserspiegel sichtbar wird. Dabei das Wasser im schräg gehaltenen Rohr an der **Wandung** entlang fließen lassen. Gut erkennbar ist ein mit **Speisefarbe** gefärbter Wasserspiegel.

EXTRATIP: Für kürzere Entfernungen, oder auch als Ersatz für eine fehlende Wasserwaage, genügen meistens 3 bis 4 Meter von einem durchsichtigen, preiswerten PVC-Schlauch.

ARBEITSMATERIAL

- Hahnanschlüsse, passend zum Schlauchsystem
- Plexiglasröhrchen
- Sofortfestkleber
- Speisefarbe

Mülltonne instand setzen

Der Kunststoff ist zwar geschmolzen, weil die Asche doch noch zu heiß war, dennoch ist der Eimer nicht reif für den Müll. Die Löcher lassen sich schließen, und die Tonne ist noch für gelbe Säcke oder anderen Müll gut.

Über dieses Beispiel hinaus, lassen sich auch andere Behälter aus **Metall** oder Kunststoff mit dem gleichen Verfahren reparieren. Die verformten **Bereiche** werden erst einmal ausgesägt, sofern nicht mehr als zwei Drittel des **Umfangs** der Tonne beschädigt sind. Ent-

Mit der Multisäge die beschädigten Teile aussägen.

weder mit Hand- oder Elektrostichsäge oder Multisäge.

Alublech zurichten

Als neue **Abdeckung** eignet sich 0,5 mm dickes Alumini-

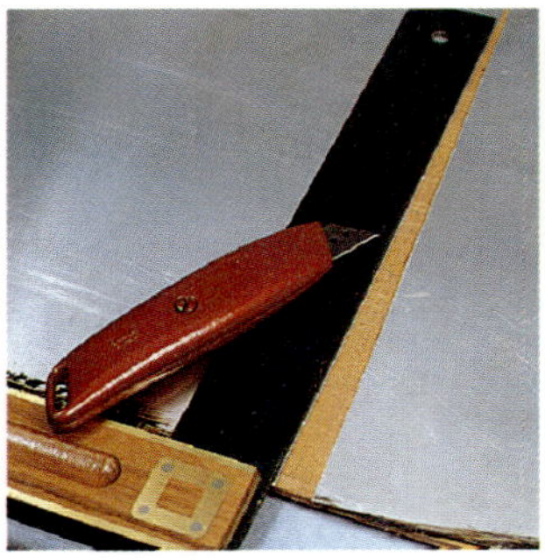

Dünnes Alublech durch Reißen spannungsfrei trennen.

um-Reparaturblech. Das kann man entweder auf das erforderliche **Maß** zurechtsägen, oder die **Trennschnitte** mit einer alten Messerklinge reißen. Die Blechkanten bleiben dabei, im Gegensatz zum Schnei-

Blechkante, mit Kante der Unterlage bündig, entgraten.

den mit der **Blechschere,** spannungsfrei und gerade. Alle vier Ecken großzügig abtrennen. An **Ecken** bleibt man leicht hängen und sie können die Ursache für **Verletzungen** sein. Ebenso wie

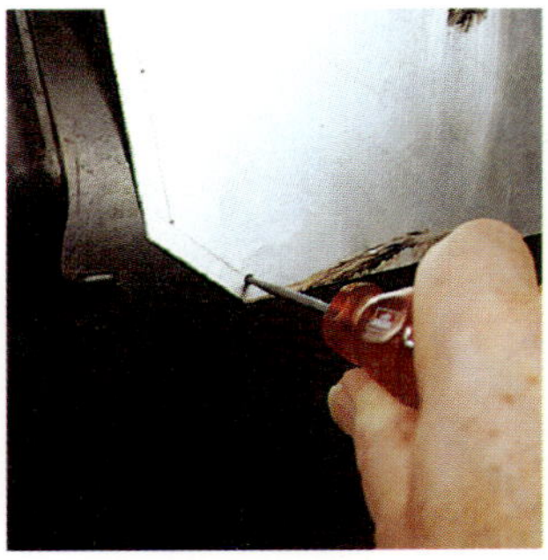

Am ausgerichteten Blech die erste Bohrung vorstechen.

Blechkanten, die nicht sauber mit der Feile entgratet wurden. Die Blindniete möglichst knapp an den **Blechrändern,** bis Mitte Niet etwa 5 mm, in **Abständen** von höchstens 50 mm vorsehen und anzeichnen. Vor allem an jeder Ecke eine Niete. Zum **Ankörnen** der Bohrungen dünnes Blech auf eine **Stahlfläche** legen. Selbst auf Hartholz werden es

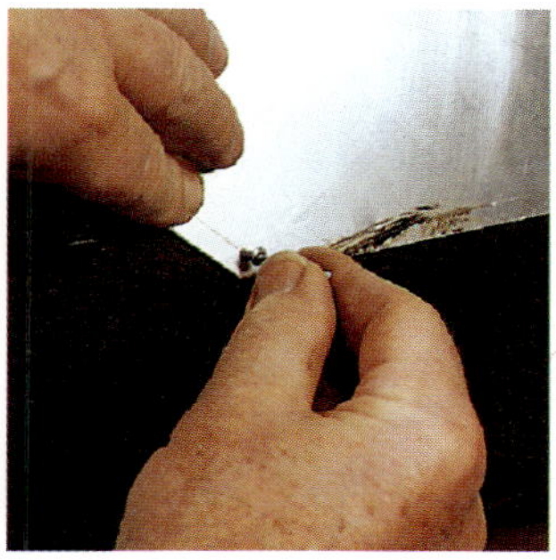

Den Niet in die Bohrungen stecken.

sonst eher Beulen als **Markierungen** für den Bohrer.

Blindniete einziehen

Es genügen vier **Bohrungen** an den Ecken, um erst mal

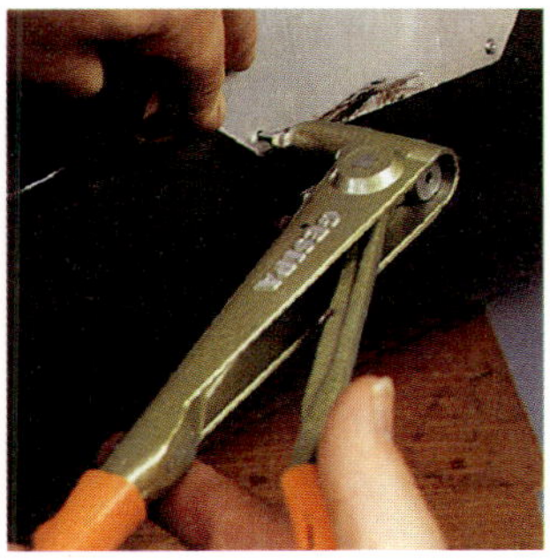

Mit der Nietzange zuerst eine Ecke fixieren.

an einer Ecke, nach dem ausgerichteten Blech, die **Tonnenwand** vorzustechen und zu durchbohren. Für Alu-Blindniete 3,0 x 6,5 mm mit einem 3,1 mm-Bohrer. Im Set gibt es die Niete auch mit dem passenden **Bohrer.** Dann kann man das Blech mit der ersten eingesteckten **Niete** fixieren, die Nietzange aufsetzen und zusammendrücken. Da

Nach den Ecken die weiteren Markierungen durchbohren.

sich bei dem relativ weichen Kunststoff der Kopf vom **Nietstift** weiter ins Material zieht, muß man eventuell

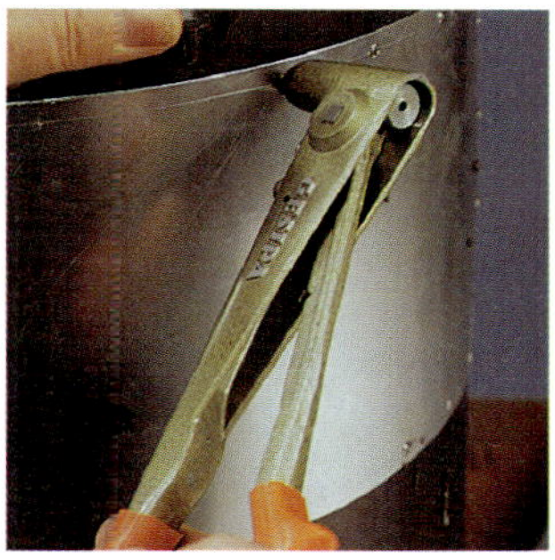

Anschließend jeweils gleich den Niet einziehen.

mit der Nietzange noch einmal nachfassen, bis der **Schaft** an der vorgegebenen Stelle abreißt. Das hat auch den **Vorteil,** daß die Nietenden in der Tonne nicht zu weit vorstehen. Falls erforderlich, kann man auch **Beilagescheiben** mit einnieten.

ARBEITSMATERIAL

- Alu-Reparaturblech
- Blindniete
- Universalmesser
- Feile
- Körner
- Bohrmaschine
- Blindnietzange

Feldsteine schichten

Trockenmauern aus Feldsteinen und großformatigem Geröll sind sehr beliebt. Als natürliches Gestaltungselement meistens auch attraktiver als Maschendraht oder Jägerzaun.

Gängiges **Geröll,** zum Beispiel mit Durchmessern von 40 bis 60 cm, wird zum Teil schon importiert und ist entsprechend teuer. Fündig wird man aber oft noch in **Kiesgruben,** vor allem ausgebeuteten oder stillgeleg-

Für die untere Lage möglichst den Mutterboden abräumen.

ten, und auf den **Bauhöfen** kleiner Erdbewegungs-Unternehmer. Der Transport im eigenen PKW kann jedoch zum **Problem** werden, so-

Man benutzt ihn, um Hohlräume zu füllen.

wohl beim Beladen über eine hohe Ladekante am **Kofferraum** als auch vom

Steine an drei Punkten und auf losem Mutterboden auflegen.

Gesamtgewicht. Denn ein nahezu runder **Brocken** von 60 cm Durchmesser kann gut und gern 75 kg wiegen und ist dabei, durch die run-

Die offenen Fugen nicht ganz mit Boden füllen.

den Flächen, auch noch schlecht anzufassen.

Auflagepunkte ausprobieren

Ob man nun nur einen geordneten **Steinhaufen** als Stellplatz für den Gartengrill oder Pflanzenschalen oder eine längere **Trockenmauer** plant, das Prinzip der Schichtung bleibt gleich. Das **Puzzle** mit den unterschiedlichsten Steinformaten und -größen läuft immer darauf hinaus, eine feste **Auflage an drei Punkten** für den jeweiligen Stein zu finden. Entsprechend lange

So können Gras, Moos und Pflanzen auch noch Halt finden.

muß man den **Stein** drehen und wenden oder immer mal wieder einen anderen ausprobieren. Jede **Steinlage** wird in lose aufgeschüt-

Es dauert nicht lange, bis die Fugen zuwachsen.

tetem Mutterboden eingebettet und solange hin und her bewegt, bis der Stein die zuvor ausprobierte **Dreipunktauflage** gefunden hat. Nur dann bleibt ein gestalteter **Haufen** auch stabil und kann im Lauf der Zeit in allen **Fugen** grünen. Landschaftsgärtner, die sich auf diese **Mauerart** spezialisiert haben, erkennen aufgrund der **Übung und Erfahrung** sicher schneller, welcher als nächster Stein am besten paßt.

Erdwall als Stütze

Bei den friesischen **Steinwällen,** die jetzt auch im Binnenland zu sehen sind, lehnt sich die **Trockenmauer** aus Geröll an einen Erdwall an. An der **Frontseite** ist er um etwa 15 Grad nach hinten geneigt. Die **Rückseite** neigt sich mit etwa 60 Grad zur Waagerechten. So ein Wall bietet einen festen dritten Punkt als **Auflage.** Ob er gut in die heimische Landschaft paßt, ist aller-

Klassische Trockenmauer mit wenigen Steingrößen.

dings eine **Geschmacksfrage.** Ebenso die Mauern, die mehr aus Beton als aus Steinen bestehen.

ARBEITSMATERIAL

- Spaten
- Schubkarre
- Stampfer
- Geröll
- Bepflanzung

Stehleiter schützen

Wer selbst Hand anlegt, kann auf eine mehrteilige Stehleiter für Haus und Grundstück kaum verzichten. Auch wenn ein solches Gerät recht sperrig und daher nicht so leicht zu verstauen und zu sichern ist.

Abschließbare Träger gibt es jedoch kaum. Die dargestellten **Tragbügel** hat der Dorfschmied sogar aus Edelstahl-**Flachprofil** 40 x 3 mm für 30 Mark pro Paar nach Maß angefertigt. Mit zwei 6 mm-Bohrungen zum **An-**

Schablonengröße und Lochabstand entsprechen dem Original.

schrauben und zwei 10 mm-Bohrungen für das massive **Vorhängeschloß.**

Sie sollten dem Schlosser oder Schmied aber die genauen **Innenmaße** entsprechend den Holmen Ihrer Leiter sagen.

Die Bohrung muß 10 mm tiefer sein, als der Dübel lang ist.

Schrauben mit Steckschlüssel oder Ratsche eindrehen.

Metall heiß biegen

Wenn man einen kräftigen **Schraubstock** hat und das Material an der Biegestelle mit dem **Heißluftgebläse** gut aufheizt, lassen sich diese Bügel auch aus ALU-Flachmaterial 40 x 5 mm biegen. Für leichtere Leitern natürlich auch aus **Material** mit dem Querschnitt ab 30 x

Sind die Schlösser eingehängt und abgeschlossen, wirken die Leiterholme vor den Schraubenköpfen als Diebstahlsicherung.

3 mm. Wenn der Platz für die **Leiter** nicht witterungsgeschützt ist, sollten Sie auch für die Befestigung Schrauben 6,0 x 50 aus

PROFITIP
Mauerdübel sind in der Mitte geschlitzt. Um zu halten, muß die eingedrehte Schraube die Dübelhälften auseinanderdrücken. Dabei entwickelt sie soviel Kraft, daß der Druck den Mauerstein unter ungünstigen Umständen spalten kann. Das passiert besonders leicht, wenn Dübel zu knapp an der Außenkante einer Mauer plaziert werden.

Edelstahl rostfrei mit Sechskantkopf in den 10 mm-Mauerdübeln wählen.

Zum Bohren der Dübellöcher sollten Sie sich eine **Bohrschablone** anfertigen. Denn bei eng nebeneinanderliegenden Bohrungen wirken sich **Ungenauigkeiten** deutlicher aus. Deshalb auch erst mit Hilfe der Schablone ein 6 mm-**Führungsloch** bohren, das anschließend auf 10 mm Durchmesser erweitert wird. Bevor Sie die **Dübel** in die Bohrung stecken und mit dem **Hammer** etwas nachhelfen, sollten Sie die Spreizrichtung bedenken. In der gezeigten

Zwischen Schloßbügel und Leiterholm soll kein Raum bleiben.

Situation sollten sich die zwei Dübel nebeneinander in waagerechter **Richtung** spreizen.

EXTRATIP: An einem weitgehend trockenen Platz läßt sich eine Leiter auch auf handelsüblichen, verzinkten Hakenträgern aufbewahren. Sie wird mit einem abschließbaren Stahlseil in gesonderten Ösen gesichert.

ARBEITSMATERIAL

- Bohrmaschine
- Mauerbohrer 6 + 10 mm Ø
- Tragbügel
- 10 mm Mauerdübel
- Schrauben 6,0 x 50
- Schraubenschlüssel
- Bügelschlösser

Spatenstiel auswechseln

Da der Spatenstiel fest mit der Tülle am Spatenblatt vernietet ist, wird zwangsläufig auch das Lösen nicht ganz einfach. Auch am eingepreßten Stiel muß man Widerstand überwinden.

Man muß den gesäuberten **Schaft** schon sehr genau ansehen, um die feinen **Umrisse** der eben geschliffenen Niet-Senkköpfe zu entdecken. Eingekerbt ist es jedoch relativ einfach, den

Mit einer Rundfeile zunächst den Kopf ausfeilen.

Niet auszutreiben, das letzte Stück mit passendem **Stahlstift,** zum Beispiel

Eventuell mit einer Kerbe den Niet ausschleifen.

einem 5 mm dicken Nagel. Der Kraftaufwand bei diesen **Arbeiten** setzt voraus, daß Sie den Spaten fest in einen **Schraubstock** einspannen können.

Ersatz kaufen

An einem normalen **Spaten,** Damenspaten haben schlankere **Stiele,** hat die Tülle einen Durchmesser von 40 mm. Entsprechend geformt, aber mit erheblichen **Toleranzen** werden auch die Standardstiele angeboten. Der **Rest** als Mu-

Senkstift (Durchschläger) treibt den Niet aus der Bohrung.

ster oder das genaue Maß mitgenommen, verhindern einen **Fehleinkauf.** Fein

Rest notfalls durchbohren, um ihn aus der Tülle zu schlagen.

lackierte Stiele sind zwar ansehnlicher, im Gebrauch ist der **Lack** aber bald ab. Für die meisten Werkzeug-

Schrauben M5 in eine 4,5 mm Bohrung drehen.

stiele dieser **Art** ist rohes Eschen- oder gar Robinienholz (Akazie) das zweckmäßigste **Material.** Glatt, aber nicht zu fein nachschleifen oder mit der **Zieh-**

Auf der Gegenseite mit Muttern sichern.

klinge glätten und mit flüssigem **Bienenwachs** behandeln. Dann ist der Stiel vor **Schmutz** geschützt und bleibt ausgesprochen gut griffig. Zum Eintreiben den **Stiel** in die Tülle stecken und darauf achten, daß der **Griff** parallel zum Spatenblatt bleibt. Auf festem Boden den **Spaten** senkrecht mit dem Griff kräftig auf eine massive **Holzunterlage** stauchen, bis sich der Stiel nicht weiter in die **Tülle** treiben läßt. Da man nie wissen kann, wie gut das **Holz** wirklich ist oder was der Spaten noch aushalten muß, besser **Schrauben** anstelle der Niete verwenden. Das bewahrt vor der Wiederholung einer aufwendigen **Prozedur.** Durchgehende Senkkopf-Gewindeschrauben (M5 x 50 mit Unterlegscheiben) aus

Abwechselnd mal links, mal rechts die Gabel herausschlagen.

Edelstahl liegen mit versenktem Kopf nur auf der **Oberseite** glatt im Stahl der Tülle. Allzu störend sind die Muttern auf der **Gegenseite** auch nicht.

Die **Grabgabel** hat nur eine kurze Angel, läßt sich also leicht aus dem gebrochenen **Stiel** herausschlagen.

ARBEITSMATERIAL

- Ersatzstiel
- Bienenwachs, flüssig
- Rundfeile
- Durchschläger
- Schraubstock
- Bohrmaschine
- Hammer
- Metallgewindeschrauben

Handsichel schärfen

Auch auf naturnah gestalteten Grundstücken kann nicht alles wachsen, wie es will. Doch Akkuscheren und Motormäher sind in vielen Situationen zu unhandlich, manchmal auch zu umständlich und nicht schnell genug einsatzbereit.

Eine Handsichel ist auch in den **Randbereichen** an gepflegten Rasenflächen oft zweckmäßiger. In jedem **Fall** läßt sich mit einer **Sensen-**

Nie gegen, sondern immer in der Bandlaufrichtung schleifen.

sichel leichter umgehen als mit der Rundsichel. Die Sensensichel läßt sich einfacher schärfen, und ohne scharfe **Schneide** ist weder jungen und weichen Halmen noch harten **Gräsern** beizukommen.

Zu Anfang steht die Finnenkuppe 2 mm hinter der Schneide.

Schnitter-Technik

Eine **Sense** muß völlig frei schwingend schneiden. Beim **Sicheln** kann man längere Halme mit der Hand zu Büscheln zusammenfassen, um sie dann knapp über der **Erde** abzutrennen oder mit stumpfer Schneide abzuhacken. Das geht, wenn auch etwas mühsamer, sogar mit einfach geschliffener **Schneide.** Nachschleifen sollte man sie nur auf einem Schleifband. An Schleifscheiben (Winkelschleifer/Schleifbock) verbrennt sie, weil sie so dünn ist, sehr leicht. Weicher **Rasen** läßt sich nur mit sehr scharfer Schneide kürzen. Dazu muß man die **Sichel** wie eine Sense dengeln. Dabei wird mit schnellen, leichten **Hammerschlägen** der Stahl wieder zu einer ganz dünnen **Schneide** getrieben. Als Ersatz für einen eigenen **Dengelamboß** kann man sich mit einem zweiten **Schlosserhammer** helfen. Der wird als Amboß mit dem spitzen Ende, der **Finne,** nach oben in den Schraubstock gespannt. Die

Für die zweite Phase den Abstand verringern.

Fingerkuppen unter dem Sichelblatt liegen am Hammer an, um den erforderlichen **Abstand** zu halten.

Notwendiger Schutz für die Hände: Leder-Arbeitshandschuhe.

Zuletzt die Schneide genau auf der Finne treffen.

Dengeln

Das Formen der Schneide geschieht in drei **Phasen.** Die Sichel nach jedem **Hammerschlag** ein paar Millimeter weiter bewegen.

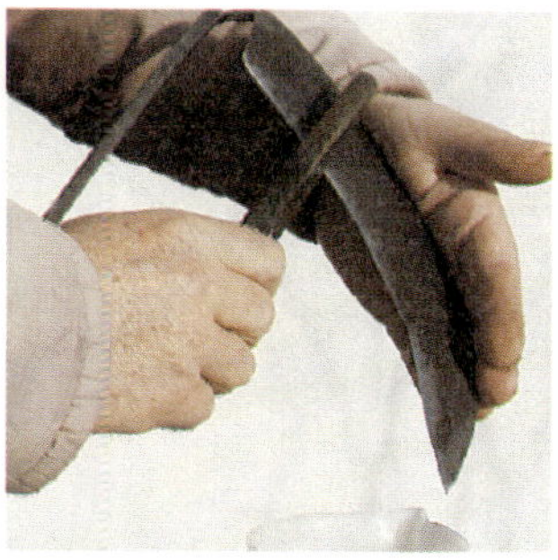

Mit nassem Wetzstein ist die Wirkung besser.

Zwei bis drei Mal sollte man die drei Phasen jeweils wiederholen. So wird die **Schneide** bis auf Null flachgehämmert. Wenn dabei aus sogenannten **Mäusezähnchen** eine Wellenlinie entsteht, behält die Schneide wie bei einem Wellschliffmesser die **Schärfe** sogar etwas länger. Sie läßt sich außerdem leichter mit dem **Wetzstein** zur höchstmöglichen Schärfe nachwetzen.

ARBEITSMATERIAL

- Sensensichel
- Wetzstein
- Wasserköcher
- 2 Schlosserhämmer
- Schraubstock
- Bandschleifer

Wetterfestes Namensschild anfertigen

Ein nobles, wetterfestes Namensschild ist als Einzelanfertigung immer eine kostspielige Angelegenheit. Bei einer Eigenanfertigung bleiben die Materialkosten gering, und der Gestaltungsspielraum ist fast unbegrenzt.

Attraktive Visitenkarte mit Gußeisencharakter.

Mit **Epoxidharz** für Modellbauer, Zusätzen für Färbung und **Struktur** sowie mit individueller Gestaltung lassen sich Schilder herstellen, die den **Charakter** von Holz, Glas oder Gußeisen haben. In jedem Fall sind derartige **Schilder** so wetterfest, daß man sie auch ungeschützt im **Freien** anbringen kann.

Modell als Vorlage

Basis ist ein **Modell** aus Holzresten und **Plastikbuchstaben.** Man wählt zunächst den gewünschten **Schriftzug** und die Buchstabentype. Plastikbuchstaben gibt es im Fotofachgeschäft als **Filmtitelbuchstaben** und auch im Dekorationsbedarf für Schaufenster.

Grundplatte für das Urmodell aus Holzresten.

Die **Modellkonturen** sollten etwas abgerundet sein, damit sich weder scharfkantige noch bruchempfindliche **Ränder** bilden können.

Die **Buchstaben** auf der zuvor maßgerecht festgelegten Fläche zunächst nach **Augenmaß** genau ausrichten und dann mit Plastikkleber auf der **Grundplatte** befestigen. Eine Pinzette ist dabei eine brauchbare **Hilfe.** Man beginnt beim Ausrichten mit den breiten Buchstaben und ordnet die anderen **Zeichen** immer in Richtung auf eine ohnehin vorhandene **Worttrennung.**

Sand als Struktur

Zum **Erreichen** der gewünschten Oberflächenstruktur, im Beispiel **Gußeisen,** wird die Oberfläche entsprechend gestaltet. Feiner **Quarzsand,** über die Modellfläche gesiebt, ergibt die entsprechende **Struktur** für Metallguß. Dazu das Mo-

Für Kunststoffbuchstaben speziellen Plastikkleber verwenden.

dell mit **Holzleim** bestreichen, die senkrechten Außenkanten zunächst in

Oberflächenstruktur mit Quarzsand modellieren.

den Sand drücken, und die **Fläche** mit Sand übersieben.

Gußeisen modellieren

Nach dem **Trocknen** den überschüssigen, nicht festgeklebten **Sand** abbürsten. Damit sich die Oberfläche der Buchstaben besser vom

Untergrund unterscheidet, dort den Sand wieder abschleifen.

Das ganze Modell anschließend mit **Klarlack** überziehen. Das mildert die scharfe **Sandstruktur** und läßt die Buchstaben deutlicher auf dieser matten Fläche erscheinen. Als Gießform einen Abformguß mit gießfähigem Siliconkautschuk herstellen. Dazu mit ein paar **Leimpunkten** etwa 30 mm hohe Leisten als Rahmen auf ein Stück **Spanplatte** kleben. Der Innenraum soll ringsum wenigstens 15 mm größer sein als das **Schild.** Das Modell wird ebenfalls mit vier Leimpunkten auf der **Platte** befestigt und anschließend mit Trennwachs behandelt. Das trockene **Trennwachs** mit einer Bürste polieren, damit die **Buchstabenoberfläche** hochglänzend wird. Anschließend **Formtrennpaste** (Vaseline) auftragen und mit der warmen Luft aus einem **Heißluftgebläse** verteilen und trocknen.

Modell mit Trennwachs für den Silicongguß vorbereiten.

Form möglichst in nur dünnem Gießstrahl füllen.

Siliconkautschuk zum Gießen

Die erforderliche **Siliconmasse** errechnen und entsprechend der Herstellervorschrift mit **Vernetzer** intensiv vermischen. Zuerst nur wenig Masse auf die Buchstaben gießen und mit einem **Pinsel** verteilen. Damit lassen sich **Lufteinschlüsse** vermeiden und eine hohe Abformgenauigkeit erreichen.
Anschließend den **Rest** in dünnem Strahl langsam in die Form gießen. Dazu den **Becher** wenigstens 50 cm über die Form halten, um einen fadendünnen **Strahl** zu erreichen. Bereits nach 2 Stunden kann man das **Namensschild** in die Siliconform gießen. Als Gußmaterial ist **Epoxidharz** besonders geeignet. Es läßt sich problemlos verarbeiten, wenn man sich genau an die Verarbeitungsanleitung hält. Durch **Beimischungen** von Grauguß-, Bronze- oder Zinnstaub erhält man ein wetterfestes **Gießteil** mit dem entsprechenden Metallcharakter. Es läßt sich optisch kaum von **Originalmetallguß** unterscheiden. Ersatzweise kann man auch Polyestergießharz verwenden. Die **Form** zum Guß genau waagerecht aufstellen, damit das Schild gleichmäßig dick wird. Auf **Formtrennmittel** kann man hierbei verzichten. Die Siliconform verbindet sich nicht mit dem **Harz.**

Konturen für perfekte Nachbildung mit Gießmasse einpinseln.

Epoxidharz mit Graugußstaub ist das Material für den Guß.

PROFITIP
Bei größeren Gießteilen zunächst nur die Oberfläche in dünner Schicht herstellen und bei schräg gestellter Form jeweils die vier Kanten mit eingefärbtem Harz angießen und härten lassen. In den Hohlraum der Rückseite Glasfaservlies zur Verstärkung mit eingießen. Auch auf diese Weise ließen sich zum Beispiel die Ziffern auf der nächsten Seite herstellen.

Oberfläche mit Stahlwolle oder Schwabbelscheibe verfeinern.

Befestigungslöcher mit geringer Drehzahl bohren.

Mengen ermitteln

Zunächst die Form mit **Wasser** füllen und ausmessen, um so die erforderliche Menge genau zu ermitteln. Von dem **Metallstaub** kann man bis zu 50 Prozent beimischen. Das **Gemisch** muß jedoch gut gießfähig bleiben. Das Material schichtweise eingießen, damit eingemischte **Luftbläschen** aufsteigen und entweichen können.
Zum **Aushärten** die Form bis zu 40 Grad warm lagern. Das fertige Gußteil läßt sich für die **Befestigung** problemlos bohren.

ARBEITSMATERIAL
- Plastikbuchstaben
- Holzreste
- Pinzette
- Quarzsand
- Trennwachs
- Formtrennpaste
- Siliconkautschuk und Vernetzer
- Epoxidharz
- Metallstaub
- Schwabbelscheibe

Hausnummer ersetzen

Wenn die alte Hausnummer unlesbar wird oder nicht mehr leicht genug lesbar ist, versuchen Sie es doch mal mit dekorativen Maxiziffern. Leute, die Ihr Haus suchen, werden's Ihnen danken.

Ziffern auf das Glas eines Diarähmchens abreiben.

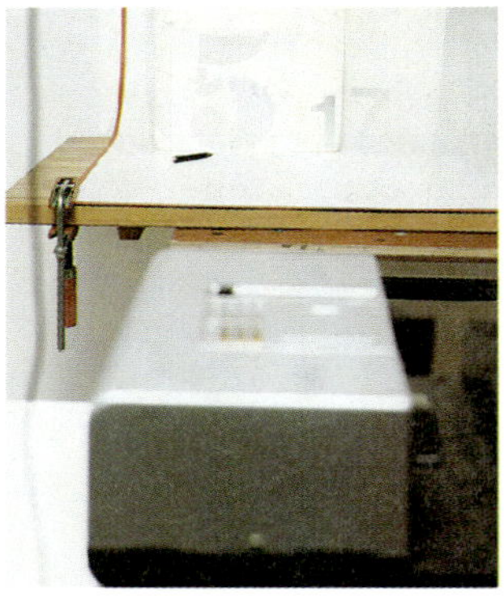

Vergrößert auf dicken Zeichenkarton projizieren.

Die Ziffern lassen sich mit einem **Heißdrahtschneider** (Hobbybedarf) aus Hartschaumplatten schneiden. Für diesen Zweck sollten Sie jedoch Platten aus extrudiertem **Polystyrolschaum** (Roofmate, Styrodur) verwenden. Mit ihren geschlossenen **Poren** nehmen sie auch kein **Wasser** auf.

Ziffern vergrößern

Die mit dem **Diaprojektor** vergrößerten Konturen genau nachzeichnen und wenn möglich anschließend mit **Lineal und Zirkel** korrigieren.

Zuerst die Kreise für die **Außenecken** aufzeichnen und Kurven sowie gerade Linien anschließen lassen. Mit einem scharfen **Cuttermesser** in einem langen Schnitt die Konturen ausschneiden.

Messer in gleicher Richtung, ohne Absätze, weiterziehen.

Zum Beispiel beim **Schneiden** der Innenrundungen den Karton drehen, um die **Schnittrichtung** beizubehalten. Die Kanten der **Kartonschablone** können Sie auch noch mit sehr feinem Schleifpapier glätten. Damit sich der **Schneiddraht** an glatten Kartonkanten führen läßt und nirgends an Kerben oder **Ecken** hängen bleiben kann, den heißen Schneiddraht am Anfang an einer geraden **Außenecke** ansetzen. Mit etwas Übung gelingt es auch, die Ziffern aus einer drei Zentimeter dicken **Platte** mit rechtwinkeligen Kanten auszuschneiden.

Ecken runden, sonst trennt sich der Lack an scharfen Kanten.

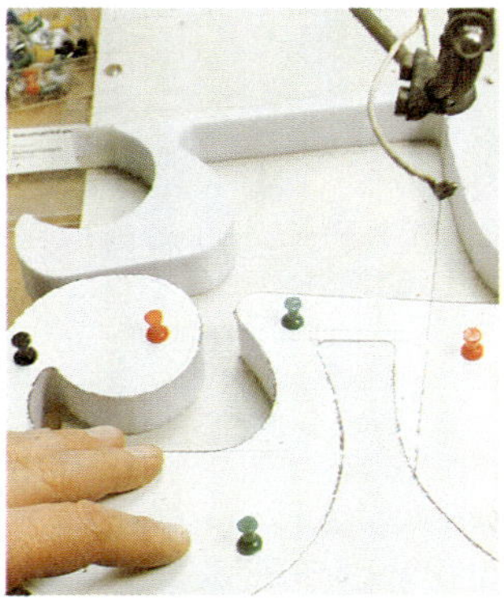

Schablone mit Pinnadeln auf die Hartschaumplatte heften.

Unebenheiten mit Dispersionsspachtel ausgleichen.

Schleifen und Lackieren

Mit feinem **Schleifpapier** die Schnittfläche glätten und die Kanten der **Konturen** abrunden. Für den Acryllacküberzug eine **Acryl-Vorstreichfarbe** als Grundierung verwenden. Nach einem letzten Schliff der getrockneten **Spachtelschicht** Vorder- und Rückseite lackieren.

Decklackierung mit zwei bis drei Schichten Acryllack.

Weithin sichtbare Ziffer auf dem Glas der Eingangsleuchte.

ARBEITSMATERIAL

- Abreibebuchstaben
- Hartschaumplatten
- Heißdrahtschneider
- Diaprojektor
- Cuttermesser
- Pinsel
- Acryllack
- Vorstreichfarbe
- Dispersionsspachtel

Abkleben
Bereiche, die bei Anstricharbeiten vor Farbe geschützt werden sollen, mit schwach haftendem Klebeband abdecken. Es schützt die Flächen jedoch nur gegen unbeabsichtigte Farbspritzer oder Berührung mit den Werkzeugen zum Auftragen der Farbe. Sollen Farbflächen genau eingegrenzt werden, sind sie zu maskieren.

Ablüften
Das Verdunsten von Lösemitteln aus Kleberschichten. Die dafür erforderlichen Zeiträume sind abhängig vom Lösemittel und von der Umgebungstemperatur. Wässrige Lösemittel brauchen dafür erheblich länger als organische Lösungsmittel.

Aceton
Brennbares, aber etwas hautfreundlicheres organisches Lösungsmittel als zum Beispiel das nicht brennbare Methylenchlorid. Speziell um frische Rückstände von Bauschaum oder Polyestermischungen zu entfernen.

Acryl-Dichtungsmasse
Lufttrocknende Dichtungsmasse auf der Basis von Acrylharz. In frischem Zustand wasserlöslich und getrocknet mit Farbe überstreichbar.

Acrylat (Harz)
Kunstharz

Acrylfarben
Erzeugnisse von seidenmatten Wandfarben bis zu hochglänzenden Lackfarben mit Acrylharz als Bindemittel und wässrigen Lösemitteln. Auch als lösungsmittelhaltiger, glasklarer Überzugslack oder Sprühlack im Handel.

Acrylglas
Auch unter der Markenbezeichnung „Plexiglas" geläufig. Kunstglas mit hoher Lichtdurchlässigkeit und Witterungsbeständigkeit. Im Gegensatz zu Mineralglas mit üblichen Werkzeugen zu bearbeiten.

Adernfarben
Die Farben der Adernisolierung kennzeichnen die Funktion der verschiedenen Leiter. So transportieren die in der Regel braun oder schwarz isolierten Leiter die mit Energie beladenen Elektronen (Phase) zum elektrischen Verbraucher. Aktuelle Bezeichnung: Außenleiter L1, L2 oder L3 (alt: R, S oder T). Im blau isolierten Leiter können die entladenen Elektronen zurück ins Erdreich fließen. Aktuelle Bezeichnung: Neutralleiter N (alt: Mp). Wenn dieser nicht als Neutralleiter notwendig ist, zum Beispiel in Lichtschaltern, darf er auch als Spannung führender Leiter verwendet werden. Der gelbgrün isolierte Leiter, aktuelle Bezeichnung: Schutzleiter PE (alt SE) darf – **ohne Ausnahme** – nur alle elektrisch leitenden Teile (vornehmlich Metalle) mit dem Erdreich verbinden, auch zum Beispiel Wasser, über die Wasserleitung oder den Potentialausgleich an Wannen. Berührt im Fehlerfall zum Beispiel ein Außenleiter unter Spannung irgend ein Metallteil im Elektrogerät, entsteht ein Kurzschluß. Die Sicherung schaltet den betreffenden Stromkreis ab. Manchmal nicht schnell genug. Besondere Schutzschalter sind da schneller.

Adern
Die Leitungen in einem Stromkabel. Bestehend aus Draht oder Litze und der farbigen Isolierung.

Andrückrolle, beidhändig
Spezialwerkzeug mit harter Gummiwalze und zwei Handgriffen. Zur Verarbeitung von Belägen mit Kontaktkleber.

Armaturenfett
Heißwasserbeständiges Gleit- und Pflegemittel für Dichtungen und Verschraubungen an Sanitärarmaturen. In einfacher Form als Wasserpumpenfett. Mit deutlich besseren Gebrauchseigenschaften als synthetisches Siliconfett.

Armierung
Auch als Bewehrung oder Verstärkung bezeichnet. Gewebe, Matten, Vliese und ähnliche, auch ungeordnete (wirre) Strukturen aus Kunststoff-, Metall- oder Mineralfasern. Eingelagert in einen anderen Werkstoff eingefügt, verleihen sie dem erheblich verbesserte Eigenschaften. Beispiele: Armierungstreifen über Fugen von Ausbauplatten. Bewehrungsmatten in Beton, faserverstärkte Anstrich- und Klebemittel.

Bindemittel
Die in einem Anstrichmittel enthaltenen Substanzen, die zusammen mit den Pigmenten (Farbpartikel) den getrockneten Anstrichfilm bilden.

Binder
siehe Härter. Auch farbloses Anstrichmittel aus Binde- und Lösemitteln. Auch zum Anmischen pigmentierter Wandfarben.

Blendrahmen
Der äußere, im Mauerwerk verankerte Rahmen von Fenstern und Türen.

Blindniete
Spezialniet für Verbindungen, die nur von einer Seite aus zugänglich sind.

Bohremulsion
Mischung aus Öl und Wasser als Kühl- und Gleitmittel bei der Bearbeitung (Bohren, Gewindeschneiden) von Metallen. Auch als Spray für begrenzte Anwendungen.

Chrom-Vanadium-Stahl
Besonders harter, aber elastischer Stahl für Werkzeuge. Die Bezeichnung allein garantiert jedoch noch nicht die hohe Qualität, die man bei einem namhaften Qualitätswerkzeug erwarten kann.

Dachlatten
Bauholz, Rohquerschnitt etwa 60 x 40 mm.

Dispersionen
Feinst in Wasser verteilte, feste oder flüssige Stoffe. Kunstharzdispersion, Grundlage für übliche Wandfarben.

Edelkorund
Auf technisch kontrolliertem Weg hergestellte Mineralkörnung als Schleifmittel. Mit weniger aggressiven Schneiden, im Gegensatz zu Siliciumkarbid, für welche Werkstoffe (Holz) besser geeignet.

eloxiert
Auf technischem Weg veranlaßte,

kontrollierte Oxydation (chemische Reaktion mit Sauerstoff) der Oberfläche von Aluminium, bei der auch Farbstoffe in die Poren der Oberfläche eingelagert werden können. Diese Oberflächenschicht ist, durch harte Gegenstände (Werkzeuge, Sand) verletzt, nicht wieder instandzusetzen.

Epoxidharz-Knetmasse
Harz und Härter zu einer gleichmäßigen, klebefreudigen Reparaturmasse verknetbar.

Epoxidharzkleber
Zweikomponenten-Klebstoffe mit unterschiedlichen Verarbeitungs- und Aushärtezeiten. Mischungen werden bei Erwärmung fließfähiger und klarer. Die chemische Reaktion wird dabei, wenig kontrollierbar, beschleunigt. Die Festigkeit warm gehärteter Klebeverbindungen ist höher.

Epoxidharzspachtel
Selbst in dünnen Schichten, auch auf nicht saugenden Flächen, wasserdichte Spachtelschicht mit hoher Klebkraft. Härtung durch chemische Reaktion.

Epoxidharz
Hochwertiges, chemisch härtendes Kunstharz ohne Lösungsmittel. Basis für viele widerstandsfähige Hilfsstoffe.

Essigessenz
Essigsäure 25 %tig, löst Kalkrückstände durch Neutralisation. Stechender Geruch.

Färbepaste
Reine Farbpigmente in neutralem Lösemittel. Zum Einfärben von Kunstharzen wie Acryl-, Epoxid-, Polyesterharzmischungen. Für Spachtelmassen, auf der Basis wasserhaltiger Dispersionen, Trockenpigmente verwenden.

Faservlies
Ungeordnete (wirre) Schicht von Fasern aus unterschiedlichen Grundstoffen. Durch die Oberflächenstruktur der Fasern verfilzt oder durch Bindemittel zusammengehalten.

Fase
Die abgeschrägte Fläche an einer winkeligen Kante. Auch die schräge Fläche, die eine Stahlklinge zur Schneide verjüngt.

Fensterflügel
Der innere, bewegliche und verglaste Rahmen von Fenstern.

Florrichtung
Die geringe Neigung des Teppichflors, bedingt durch den fortschreitenden Herstellungsvorgang. Bei seitlichem Lichteinfall, vor allem bei Veloursware, durch unterschiedliche Schattierung erkennbar.

Füllstoffe
Stoffe meist mineralischen Ursprungs, die in einem Bindemittel das Volumen und auch die Festigkeit des Produktes beeinflussen. Beispiele: Kies im Beton, Quarzmehl in Spachtelmassen, Mineralmehl in Klebemitteln. Zuviel davon mindert zwar oft den Preis, allerdings auch die Qualität der Produkte.

Furnierplatten
Ein Holzwerkstoff, für den sehr dünne (Flugzeugsperrholz) oder auch dickere Furnierschichten kreuz- oder sternförmig übereinander verleimt (wasserfest als Bootsbausperrholz) werden.

Gartenholz
Vor dem Angriff von Mikroorganismen, Pilzen und Insekten durch Hochdruckimprägnierung geschützt. Schutzsalze werden dabei so fest in die Holzstruktur eingelagert, daß man an der Oberfläche unbedenklich lecken könnte.

Gewichte
Hohes Gewicht mit geringem Volumen: Ausgleichsgewichte aus Gußstahl in sperrmüllreifen Waschautomaten. Bleiplatten im Schrotthandel. Granitpflaster, Geröll (Feldsteine) oder Betonfertigteile (Sockel) im Baumarkt.

Gewinde schneiden
Innen- oder Außengewinde mit Gewindebohrern oder Gewindeschneidern herstellen. Per Hand die Schneidwerkzeuge jeweils nur eine knappe Umdrehung vorwärts (im Uhrzeigersinn) und dann wieder eine halbe Umdrehung rückwärts bewegen. Damit sich die Späne lösen und von den Spannuten der Werkzeuge aufgenommen werden. Öl als Gleitmittel verwenden.

Gewindemuffe
Kurzes, dickwandiges Stahlrohr mit durchgehendem Innengewinde. Zum Aneinanderkoppeln von Gewinden.

Gewindesicherung
Schraubensicherung

Glasfasergewebe
Weiche Gewebe aus Glasfasern in unterschiedlichen Webarten als Armierung der Oberfläche an glasfaserverstärkten Kunststoffteilen.

Glasfasern
Zu feinsten Fasern gesponnenes Mineralglas. In dieser Form, auch als Rovingstränge bezeichnet, im Verhältnis zu starrem und sprödem Flachglas ein sehr flexibles Material.

Glasfasertapete
Gewebe aus Glasfasern mit spezieller Ausrüstung oder eingefärbt und auf Papier kaschiert, zur Verarbeitung als Wandbekleidung.

glasfaserverstärkt
Anstrich-, Klebemittel oder Kunststoffe, die durch Beimischung oder Einlagern von losen Glasfasern oder Glasfaservliesen wesentlich höhere Festigkeiten erreichen.

Glyzerin
Wirkt wasserbindend, pflegt Kautschukoberflächen.

Graphitstaub
Gleitmittel

Graupappe
Feste, dicke Kartonpappe ohne Hohlräume.

Grubensand
Ungewaschener und ungesiebter Sand aus Kiesgruben.

hämmern
Mit leichten, schnell aufeinander fol-

genden Hammerschlägen, Metall in eine bestimmte Form treiben.

Härter
Bei Mischungen aus härtbaren Kunstharzen in der Regel die zweite Komponente mit Pigmenten und/oder Füllstoffen.

Haftbrücke
Auch Haftvermittler oder Primer. Eine spezielle, werkstoffabhängige Beschichtung, die einer verbesserten Haftung zwischen zwei Stoffen dient. Beispiel: Voranstrich auf frischen Zinkschichten oder glatten Kunststoffen für Kunstharzlacke.

Hartmetall
Durch Sintern (Verschmelzen zu Beginn der flüssigen Phase) erzeugte Metallegierung. Sehr hart und spröde. An scharfen Kanten druckempfindlich.

Hartplastikfolie
Weichmacherfreie Kunststoffe für Aktenhefter. Für Schablonen besser als dünner, nicht wasserfester Karton.

Hinterschneidung
Erweiterung einer Aussparung hinter der sichtbaren Öffnung.

Hochdruckimprägnierung
Zugeschnittene Hölzer werden in einem Druckkessel zunächst einem Vakuum ausgesetzt, damit die anschließend eingefüllte Imprägnierlösung mit Metallsalzen von der Holzoberfläche möglichst intensiv aufgenommen wird. Überdruck in dem Kessel fördert diesen Vorgang. Je nach Materialdicke, Holzart und -struktur ist die Imprägnierung mehr oder weniger durchdringend. Besonders an Schnittflächen werden nicht imprägnierte Bereiche freigelegt.

Holzbeize
Mischung aus Farbpigmenten, wässrigem Lösemittel, Netzmittel. Zum tiefreichenden Einfärben von Holzoberflächen.

Holzfaserhartplatte
Ein Holzwerkstoff. Durch Schleifen erzeugte Holzfasern, mit Bindemitteln zu dünnen Platten gepreßt.

Holzleim „Spezial"
Speziell zum Verleimen von Holz oder Holzwerkstoffen mit Oberflächenbeschichtungen aus Kunststoffen für Plattenwerkstoffe.

Holzschutz
Die Behandlung der Holzoberfläche mit wirkstoffhaltigen Anstrichen oder Imprägnierungen. Die Wirkstoffe vernichten Bakterien, Insekten und Pilze. Damit sind sie, je nach Konzentration und Dauer der Einwirkung, auch für den Menschen nicht unbedenklich. Konstruktiver Holzschutz sorgt dafür, daß Nässe auf der Oberfläche von trockenem Holz schnell wieder abtrocknen kann. Damit fehlt die Lebensgrundlage für Bakterien, Kleinlebewesen und Pilze.

Holzwerkstoffe
Zum Beispiel Halbfertigerzeugnisse wie: Furnierplatten, Holzfaserhartplatten, Holzspanplatten, MDF-Platten (Mittel-Dichte-Faserplatte), Tischlerplatten.

HSS
Abkürzung für Hochleistungs-Schnellschnittstahl. Auch kurz als Schnellstahl bezeichnet.

hydraulisch
Die Fähigkeit einer Substanz, flüssiges oder auch gasförmiges Wasser chemisch zu binden und damit zu härten. Beispiel: Zement bei normaler Aushärtung oder der Aushärtung bei längerer Lagerung durch die Feuchtigkeit der Luft.

hygroskopisch
Die Fähigkeit vieler Werkstoffe, Feuchtigkeit in Form von Wasserdampf aus der Umgebungsluft aufzunehmen, zu speichern und bei absinkender Luftfeuchte wieder abzugeben. Besonders ausgeprägt und spürbar bei massivem Holz, weil mit deutlichen Maßänderungen verbunden. Bei Holzwerkstoffen ist diese Fähigkeit eingeschränkt.

induktiv gehärtet
An Metallteilen nur eng begrenzte Bereiche mit elektrischem Strom erhitzen und dadurch zu härten.

Intensiv-/ Extensivkultur
Die Begrünung vom Erdreich unabhängiger Flächen mittels Pflanzen, die regelmäßig mit Wasser und Nährstoffen zu versorgen sind (intensiv). Oder durch niedrige, robuste Pflanzen mit geringem Nährstoffbedarf, die auch Trockenperioden überstehen (extensiv).

Isolierung
Absolute Trennung. In der Bautechnik praktisch nur weitgehend, nicht absolut zu erreichen. Selbst aus dick isolierten, spannungsführenden Leitern geht elektrische Energie verloren. Im Zusammenhang mit der Verbreitung von Wärme und Schall spricht man deshalb seit längerem vom Dämmen.

Japanspachtel
Dünnes, elastisches Stahlblatt, zum Herstellen glatter und ebener Flächen mit Spachtelmassen. Als elastisches Werkzeug auch für andere Arbeiten geeignet.

Kanthölzer
Bauholz mit dem Rohquerschnitt über 60 x 60 mm.

Kerndurchmesser
Der volle, ungeschmälerte Materialquerschnitt im Gegensatz zum nur stellenweise vorhandenen Außendurchmesser.

Kies
Gewaschener Grubensand mit gesiebter Korngröße.

Klebeband, doppelseitig
Mit zweiseitiger Kleberschicht auf Gewebe-, Papier oder Vliesträger. Als Verlegeband für textile Teppichböden oder Montagehilfe auf glatten Flächen.

Kleben
Verbinden gleicher oder ungleicher Werkstoffe mit Klebemitteln. Die Verbindung ist abhängig von der eigenen Festigkeit der Klebemittel (Kohäsion) und dem Haften der Klebemittel (Adhäsion) auf den Oberflächen. Selbst nicht sichtbarer Staub, ein Feuchtigkeitsfilm vom Atem (außer Sekundenkleber) oder das natürliche Hautfett an den Händen kann die Klebkraft verhindern oder zum mindesten einschränken.

Glossar

Klebestrip
Doppelseitiger Klebestreifen mit 37 x 20 mm großer Klebefläche aus Synthesekautschuk oder mit Kleberbeschichtung aus modifizierten Naturharzen. Anwendung in Räumen, auf glatten Flächen; rückstandslos zu entfernen.

Klemmzwinge, Holz
Praktisches Spannwerkzeug mit Stahlschiene, Excenterspannhebel und Schonauflagen aus Kork.

Klemmzwinge, Stahl
Praktisches Spannwerkzeug zum vorübergehenden Sichern.

Knetdichtmasse
siehe Dichtungs-Knetmasse

Körnung
Bei Schleifkörnungen beziffert die Zahlenangabe von 24 bis 1000 die Maschenweite der Siebe je Zoll.

Kontaktkleber
Kautschukkleber, mit wässrigen Lösemitteln oder lösungsmittelhaltig. Zum beidseitigen Auftragen auf die Kontaktflächen. Zusammenfügen unmittelbar nach dem Ablüften.

Kriechöl
Dünnes Schmieröl mit Zusätzen aus Spraydosen.

Kunstharze, härtbar
Beispiele: Acryl-, Epoxid-, Polyesterharze, die durch Härterzugabe, Luftfeuchtigkeit, UV-Licht härten.

Litze
Gezwirnte Drähte für flexible, elektrische Leitungen.

Lösungsmittel
Leicht verdunstende, chemisch hergestellte Flüssigkeiten, mit zum Teil umweltbelastenden Nebenwirkungen und sehr feuergefährlich (Methylenchlorid, Trichloräthylen).

Maurerschnur
Elastische, farbige Kordel als Richtschnur.

Mehrschichtsperrholz
Auch Multiplexplatten. Vielschichtige, über 10 mm dicke Furnierplatten.

Mineralfaser
Geschmolzene Mineralstoffe, zu mehr oder weniger feinen Fasern durch Spinndüsen gepreßt.

Mineralglas
Flach- oder Hohlglas aus Mineralstoffen. Als Abgrenzung zu Kunstglas aus Acrylharz, Polykarbonat, PVC, ...

O-Ringe
Sehr präzise gefertigte Dichtungen aus synthetischem Kautschuk. Zum Beispiel für Armaturen. Es gibt verschiedene Typen mit geringen Maßunterschieden.

Perlondrahtgewebe
Als Armierung in Spachtelschichten oder als Fenster- und Türenschutz vor Insekten.

Phase
Ein Spannung führender Leiter in elektrischen Leitungen (Kabeln).

polieren
Schleifen der werkstoffeigenen Oberfläche mit sehr feinen Schleifmitteln. Auch Oberflächenbehandlung von Holz mit polierfähigen Lackschichten ist möglich.

Polierpaste
Feinste Schleifkörnungen mit wässrigen Lösemitteln. Körnung abhängig vom zu bearbeitenden Werkstoff. Wachshaltige Polierpaste (Chromputz) verdeckt vorübergehend feine Spuren.

Polierwatte
Baumwolle, zum Verarbeiten von Polierpaste.

Polyesterspachtel
Spachtelmasse auf Basis von Polyesterharz.

Polyethylenfolie
„PE". Abdeckfolien, Polybeutel, Tragetaschen.

Polystyrolschaum
Hartschaum. Freigeschäumt (Styropor) mit offenen, wasseraufnahmefähigen Zellen. Extrudierte Platten mit glatter Oberfläche und geschlossenen Poren.

PU-Schaum
Bauschaum aus Polyurethan. Härtbares Kunstharz.

Pulverbeschichtung
Aufgeschmolzene Epoxidharz-Beschichtung.

Quarzsand
Gebrochener, fein gesiebter Flußsand. Durch scharfe Kanten besonders intensive Verzahnung mit Zement.

Rattermarken
Gleichförmige Spuren mehrschneidiger Werkzeuge bei der spanenden Bearbeitung. Wird vor allem beim Aufreiben oder Ansenken von Bohrungen für Schrauben mit Senkkopf erkennbar. Rattermarken lassen sich durch sehr geringe Drehzahl oder exakte Bohrtiefe am Bohrständer verhindern.

Reaktionsharze
Kunstharze, härtbar.

Sandplateschleifer
Mit geätzten Stahlblättern als wirkungsvolle und sehr dauerhafte Schleiffläche.

Schallbrücken
Jeder feste Kontakt zwischen Bauteilen, die durch freie Zwischenräume oder elastische Zwischenlagen schalltechnisch voreinander getrennt sein sollten.

Schleifpapiere
Mit mineralischer Körnung aus Korund oder Siliciumkarbid, in einer Leimschicht eingebettet, beschichtete Spezialpapiere. Erhebliche Qualitätsunterschiede sind möglich.

Schleifvlies
Die Körnung ist mit einem flexiblen Faservlies verbunden. Rückstände können sich darin kaum festsetzen und lassen sich zudem auswaschen. Schleifvlies gibt es auch als Topf- oder Glasschwamm.

Schmelzkleber
Schmelzbare Kunstharze. Durch schnelle Abkühlung besonders schnelle Klebeverbindungen oder Abdichtungen.

schwimmend
Die Trennung von Bauteilen durch eine weiche, elastische Zwischenschicht über der starren Trägerfläche.

Siliciumcarbid
Mineralkörnung als Schleifmittel. Mit aggressiven Schneiden besonders für harte Werkstoffe geeignet.

Siliconkautschuk
Besonders elastischer Kunstkautschuk mit ungewöhnlichen Eigenschaften. Hitzefest, witterungs- und alterungsbeständig, klebt in frischem Zustand fast auf allen Oberflächen - vulkanisiert überhaupt nicht.

Siliconpapier
Schutzpapier auf selbstklebenden Flächen.

Spaltmakulatur
Untertapete, bei der sich die Fläche leicht spalten und bequem abziehen läßt.

spanend
Jeder formgebende Bearbeitungsvorgang bei dem Späne abgetragen werden (hobeln, fräsen, schleifen). Im Unterschied zu spanlosen Formarbeiten (biegen, abkanten, ziehen).

Spiritus
Alkohol, ungenießbar. Ein Lösungsmittel mit relativ geringer Umweltbelastung.

Spitzengeometrie
Die absolut symmetrische Form der Spitze von Bohrwerkzeugen mit exakt definierten Schneiden, Winkeln, Hinterschliffflächen.

Stopfbuchse
Der Hohlraum um eine Ventilspindel, der zur Abdichtung mit einer Graphitschnur ausgestopft wird. Die Schnur wird von der Überwurfmutter zusammen- und dabei um die Spindel gepreßt. An moderneren Ventilkonstruktionen ist sie einfachheitshalber durch O-Ringe ersetzt.

Teflonband
Gewindedichtung an Sanitär- und Heizungsinstallationen.

Teflonfolie
(Backfolie) Beidseitig mit Teflon beschichtetes Glasfasergewebe. Hervorragende Trennschicht bei Verklebungen.

Testbenzin
(veraltet: Terpentinersatz) Lösungsmittel und Reiniger für übliche Kunstharzlacke. Auch Kühl- und Gleitmittel zur Bearbeitung von harten Kunststoffen. Beispiel: Acrylglas.

treiben
Formen und Bewegen durch Hammerschläge mit dosierter Kraft (hämmern).

Trichloräthylen
Organisches Lösungsmittel. Nicht brennbar.

Unfallursachen
Die häufigste Ursache für Unfälle beim Werken im privaten Bereich: leichtsinniges Verhalten wider besseres Wissen beim Umgang mit Werkzeugen.

UV-Strahlung
Der nicht sichtbare, ultraviolette Anteil am Tages- oder Kunstlicht. Schädigt die meisten Kunststoffe im Zusammenhang mit anderen klimatischen Einflüssen. Wird industriell jedoch auch zum kontrollierten Härten von Kunststoffbeschichtungen eingesetzt.

Verarbeitungszeit
Die Zeit, in der eine Mischung (Kunstharze, Mineralstoffe mit Wasser) zu verarbeiten ist, bevor der Härtungsprozeß einsetzt.

verharzen
Verhärten von harzigen Substanzen in Ölen durch Verdunsten flüchtiger Bestandteile und Oxydation (chemische Reaktion mit Luftsauerstoff).

verzinken
Die Oberfläche von Stahl mit einer Zinkschicht gegen Korrosion schützen. Im flüssigen Zinkbad (feuerverzinkt) mit einer dicken oder auf elektrochemischen Weg (galvanisch) mit einer sehr dünnen, für die Verwendung im Außenbereich oft zu dünnen Schicht .

Vlies-Schleifkissen
Schleifvlies, beidseitig auf eine handliche Filzplatte aufgebracht.

vulkanisieren
Erstarren mittels Vernetzung der molekularen Strukturen zu elastischem Material. Durch chemische Reaktion mit der Feuchtigkeit in der Luft oder dem Beimischen von Vernetzer.

Wasserdampf
Gasförmiges Wasser dessen Moleküle, außer Metall und Glas, jeden anderen Baustoff durchwandern. Vor allem dann, wenn zwischen Innen- und Außenluft unterschiedliche Feuchtigkeit und Temperaturen herrschen. Was in aller Regel der Fall ist. Besonders jedoch zwischen feuchter Raumluft und extrem trockener Luft in einer Dämmschicht.

Wechselschaltung
Bei einer Wechselschaltung kommt nur in einer der beiden Schalterdosen die Phase auf einem Leiter an. Sie wird je nach Schalterstellung auf die Wechseldrähte als Schaltdrähte zum Schalter 2 verteilt. Wenn man alle Drähte von den Klemmen löst, steht, bei Spannung auf diesem Stromkreis, im Schalter 2 kein Draht und im Schalter 1 nur ein Draht unter Strom. An dieser Phase wird ein für Wechselschaltung geeigneter Dimmer wie beschrieben angeschlossen. Die beiden Wechseldrähte in den Buchsen mit dem nach außen zeigenden Pfeil anklemmen.

Zulässige Lasten
Die Kraft, zum Beispiel das Gewicht, die in jeder Richtung an einer zuverlässig und korrekt ausgeführten Dübelverbindung zerren kann. In den Druckschriften der Dübelhersteller werden zulässige Lasten einschließlich einem Sicherheitsfaktor in Kilonewton angegeben. Sie können 1 kN mit etwa 100 Kilogramm vergleichen. Bruchkräfte dürfen nur zu höchstens 15 % ausgenutzt werden.

Zweikomponentenkleber
Kleber auf Basis härtbarer Kunstharze.

Stichwortverzeichnis

Stichwortverzeichnis

Stichwortverzeichnis

Stichwortverzeichnis

Stichwortverzeichnis

Stichwortverzeichnis

Herstellerverzeichnis

Verlag und Autor bedanken sich für die Unterstützung bei:

Abus August Bremicker Söhne KG, Postfach 220,
58290 Wetter (Riegel, Sicherungen, Schlösser)

AG Ziegeldach/PR Nord, Postfach 3739,
38027 Braunschweig (Dach) Foto S. 182

F.Athmer, Rönkhauser Str. 9,
59757 Arnsberg (Gurtführungen, Dichtungsschienen)

Auro GmbH, Postfach 1238,
38002 Braunschweig (Farben)
Foto S. 112

Bauta GmbH & Co.KG, Postfach 1162,
45702 Datteln (Email-Reparatursets)

Bierbach GmbH & Co.KG, Rudolf-Diesel-Str.,
59425 Unna (Lochband, Nagelverbinder, Setzeisen)

Black & Decker GmbH, Postfach 1202,
65502 Idstein/Taunus (Luftkissenmäher)

Hubert Blome GmbH, Postfach 1180,
59844 Sundern (Fensterdekoration, Seilspanner)

Robert Bosch GmbH, Postfach 100156,
70745 L.-Echterdingen (Elektrowerkzeuge)

Josef Bohle Stiftung & Co.KG, Postfach 1163,
42755 Haan (Glasbearbeitungswerkzeuge)

Braas GmbH, Frankfurter Landstr. 2-4,
61437 Oberursel (Dach) Foto S. 208

Alfred Clouth Lackfabrik, Postfach 100363,
63003 Offenbach/M. (Oberflächenbehandlung f. Holz)

Esco-Rapid GmbH, Postfach 1641,
22906 Ahrensburg (Elektro-, Handtacker)

Fia Farbwerkzeug GmbH & Co.KG, P.Dörfler-Str. 32,
88239 Wangen (Farb-, Nahtroller, Andrückwalze)

Fischerwerke A.Fischer GmbH & Co.KG, Postfach,
72176 Waldachtal (Anker, Mauer-, Metalldübel, Systemträger)

Filzfabrik Fulda GmbH & Co.KG, Frankfurter Str. 62,
36035 Fulda (Dekofilz)

Geiger Chemie GmbH, Postfach 1349,
78330 Engen (Oxalsäure, Tapetenschutzlack)

Gesipa Blindniettechnik, Nordendstr. 13-39,
64546 Mörf.-Walldorf (Blindniete, Blindnietewerkzeug)

Glöckner GmbH, Postfach 150147,
67026 Ludwigshafen/Rh. (Teppich-Reinigungsspray)

Hage Fittings GmbH & Co.KG, Blumenau 1,
63110 Rodgau (Klemmringverschraubungen)

Hailo-Werk, R.Loh GmbH & Co. KG, Postfach 1262,
35702 Haiger (Abfallsammler, Bügeltisch, Stehleitern)

Hansa Licht- und Sonnenschutz GmbH, Postfach,
22532 Hamburg (Vossloh-Jalousette)

Haro Hamberger Industriewerke GmbH, Postfach 100353,
83003 Rosenheim (Holzbekleidung) Foto S. 32

Hebel AG, Postfach 1353,
82243 Fürstenfeldbruck (Porenbeton, Bausatz)

Theodor Jacob Helly-Erzeugnisse, Postfach 1654,
63406 Hanau/Main (Schutzkappen, Türbremse, -sicherung)

Hörmann KG Amshausen, Postfach 1261,
33792 Steinhagen (Türen) Foto S. 94

Konrad Hornschuch AG, Postfach,
74679 Weißbach (d-c-fix Tafelfolie)

Junkers/Robert Bosch GmbH, Postfach 1309,
73243 Wernau (Heizung) Foto S. 174

Knauf Bauprodukte GmbH, Postfach 10,
97343 Iphofen (Bauschaum, Direktabhänger, Siliconkautschuk)

Leifheit AG, Leifheitstr.,
56337 Nassau (Microfaserwischer)

Legrand GmbH, Postfach 1765,
59491 Soest (Schaltersysteme) Foto S. 142

Martor-Argentax Beermann KG, Postfach 100387,
42648 Solingen (Cutter-, Universalmesser, Klingenschaber, Rollschneider)

Korbach Werkzeug GmbH & Co.KG, Postfach,
40822 Mettmann (Locheisen, Kittmesser, Stoßspachtel,)

Molto GmbH, Postfach 1120,
35790 Löhnberg (Holzfüller, Fliesen-, Parkett-, Tapetenkleber,)

Ostermann & Scheiwe GmbH & Co., Postfach 6340,
48033 Münster (Dekorwachs, Holz, Lasuren, Parkettelemente)
Fotos S. 6, 64

Rekord Fenster & Türen GmbH, Itzehoer Str.,
25578 Dägeling (Fenster, Türen) Foto S. 74

Ropönus Communications, Agnesstr. 56A,
80798 München (Fotos: Hebel)

Sandvik Belzer, Postfach 120123,
42349 Wuppertal (Handwerkzeuge, Sandplateschleifer)

Alfred Schellenberg GmbH, Postfach 223550,
57041 Siegen (Insektengitter, Rolladen, Sicherungen,...)

Schläfer GmbH & Co., Luisenstr. 12,
74378 Bad Liebenzell (Sanitär-Installationsmaterial)

Selva Technik K.C.Schlenker KG, Postfach 1560,
78647 Trossingen (Abformgießtechnik, Zinngußzubehör)

Peter Schreiber GmbH, Schädleweg 10,
70563 Stuttgart (Teflonfolie)

SFS Stadler GmbH & Co.KG, Postfach,
61440 Oberursel (Rostumwandler)

Stabila Meßgeräte, Postfach 1340,
76855 Annweiler (Meßwerkzeuge, Wasserwaagen)

Steinel GmbH & Co.KG, Postfach,
33435 Herzebrock-Clarholz (Heißlöter, Gebläse, ...)

Tesa Beiersdorf AG - Marketing DIY, Postfach,
20245 Hamburg (Klebeband, Power-Strips, Dichtungen)

Tox-Dübel-Werk GmbH & Co.KG, Postfach,
78346 Bodmann-Ludwigshafen (Allzweckdübel, Waschtischbefestigung)
Fotos S. 87, 157

Uhu Vertrieb GmbH, Postfach 1552,
77813 Bühl (Kleber, Holzleim, Montageacryl)

Villeroy & Boch AG, Postfach 1120,
66688 Mettlach (Fliesen) Foto S. 156

J.Wagner GmbH, Postfach 1120,
88677 Markdorf (Elektrofarbroller)

Wanit Universal GmbH & Co.KG, Postfach 2020,
63120 Dietzenbach (Folien, Dicht-, Dämmaterial)

Stephan Witte GmbH & Co.KG, Postfach 4060,
58040 Hagen (Schrauber-Klingenset)

Wolfcraft R.Wolff GmbH & Co.KG, Löhstr. 18,
56745 Weibern (Bohrmaschinenführung)